本书撰稿人：
（按撰写内容顺序）

刘智慧　李卓凡　王哲悦　韩木斯

姜　涵　王　增　许颢玥

中华人民共和国
传染病防治法
理解与适用

刘智慧 ◎ 主 编

中国法治出版社
CHINA LEGAL PUBLISHING HOUSE

序 言

2025年4月30日，十四届全国人大常委会第十五次会议表决通过了新修订的《传染病防治法》①，这是我国公共卫生法治建设的一件大事，对于提升我国传染病防治能力、维护人民群众生命健康安全、保障经济社会稳定发展具有极其重要的意义。新《传染病防治法》于9月1日起正式实施，值此之际，编写这本释义著作，期望能为广大读者深入理解和准确执行这部法律提供有益的帮助。

一、《传染病防治法》立法综述

我国的《传染病防治法》至今经历了1989年立法奠定法治基础、2004年修订应对新挑战、2013年修正完善病种调整规定、2025年修订适应新时代需求这样四个发展阶段。

中华人民共和国成立后，党和政府高度重视传染病防治工作，陆续制定了一系列相关法规政策，为传染病防控事业发展提供了有力支持。然而，随着时代的发展，制定一部全面、系统的传染病防治专门法律的需求日益迫切。1989年2月21日，第七届全国人民代表大会常务委员会第六次会议通过了《中华人民共和国传染病防治法》，自当年9月1日起施行。这部法律全面规定了传染病防治工作的方针原则、各项措施，明确了公民、社会有关组织和政府有关部门在传染病防治工作中的责任，规范了传染病的诊断、报告、调查、处置等关键环节，成为我国传染病防治法律体系中的基础性法律，不仅为后续传染病防治工作的开展提供了重要法律依据，而且也是我国传染病防治工作正式步入法治化轨道的重要标志。

在进入21世纪以后，随着我国经济社会快速发展，传染病防治形势也发生了深刻变化，亟须在总结我国传染病防治经验的基础上，完善我国公共卫生系统相关法律制度。2004年8月28日，第十届全国人民

---

① 本书中引用的《中华人民共和国传染病防治法》统一简称为《传染病防治法》，除【关联规范】部分外，全书其他法律法规采用同样的处理方式。

代表大会常务委员会第十一次会议对1989年的《传染病防治法》进行了全面修订，并于当年12月1日起施行。此次修订幅度较大，对法定传染病进行了更科学的分类管理，突出了对传染病的预防和预警，健全了疫情的报告、通报和公布制度，完善了传染病暴发、流行的控制措施，增加了传染病医疗救治的规定，加强了对传染病防治的网络建设和经费保障，进一步明确了地方政府、卫生行政部门等各方面的责任和义务，构建了更为完善的防治传染病法律制度，使我国传染病防治工作在应对新形势、新挑战时更具科学性和有效性。随着传染病防治实践的不断推进，一些具体问题需要进一步明确和规范。2013年6月29日，第十二届全国人民代表大会常务委员会第三次会议对《传染病防治法》进行了局部修正，主要针对国务院对传染病病种调整的相关规定进行了完善，使传染病病种的调整机制更加科学、合理、规范，能够更好地适应传染病疫情的动态变化，及时将新出现的、危害较大的传染病纳入防控视野，或者根据疫情变化对已有的传染病防控措施进行合理调整。

近些年来，全球公共卫生安全形势越发严峻，新发传染病不断涌现，对人类健康和经济社会发展构成了巨大威胁。与此同时，国内在传染病防控实践中，既有防控体系在信息报送、部门协同、基层防控以及监测预警、应急响应、医防协同等制度方面存在改进空间。此外，大数据、人工智能等新兴科技在传染病防控中的应用，既带来了新的机遇，也引发了数据共享、隐私保护等新问题。在此背景下，对《传染病防治法》进行全面修订势在必行。经过多次审议和修改完善，《传染病防治法》最终于2025年4月30日由十四届全国人大常委会第十五次会议修订通过。新《传染病防治法》共9章115条，在坚持预防为主方针的基础上，从完善传染病防治体制机制、改进预防监测预警报告机制、优化应急处置制度、健全疫情救治体系等多个方面进行了全面升级，充分体现了时代性、科学性和前瞻性，为我国应对未来复杂多变的传染病挑战提供了更加坚实的法律保障。

二、本著作的写作目的

本次《传染病防治法》的修订体现出多个方面的变化。例如，强化传染病分类的动态管理，提升了对新发传染病的应对灵活性；构建了更灵敏的监测网络，强化信息互通与多部门协同；提高了报告效率，扩大报告主体的范围；响应《个人信息保护法》，规范数据使用与隐私保护；强化中医药在传染病防治中的法定地位；提升应急措施透明度，强调人权保障与社会稳定；强化重大疫情下的医疗废物处理能力；加大对违法行为的惩处力度，增强法律威慑力；规范病原微生物全流程管理，防范实验室泄漏风险；强化国际合作的法律依据，推动全球公共卫生治理；关注疫情对心理健康的影响，完善全链条防控体系；强化劳动者权益保护，减少疫情对个人生活的影响等。本著作的出版旨在助力准确理解法律条文内涵、推动法律有效贯彻实施，并促进传染病防治法治体系完善。

新《传染病防治法》内容丰富、涉及面广，条文表述严谨且专业，对于广大读者而言，准确理解其内涵和要义并非易事。本著作编写的首要目的，就是对法律条文进行逐条、详细的阐释，深入剖析每条法律规定的立法宗旨、核心内容以及在实践中的具体适用，帮助读者透彻理解法律条文的精髓，避免在法律适用过程中出现误解或偏差。通过对法律条文的解读，希望能够为各级政府部门、卫生健康机构、相关企事业单位以及社会公众提供一个准确的法律理解指南，助力读者在传染病防治工作中能够依法依规行事，切实维护法律的严肃性和权威性。

法律的生命力在于实施，而准确理解是有效实施的前提。本著作通过在释义中结合实际案例、工作经验以及相关政策文件，详细说明法律条文在传染病预防、疫情报告、疫情控制、医疗救治、监督管理等各个环节中的具体实施方式和要求，为各相关主体提供具有针对性和可操作性的指导意见。无论是政府部门在制定传染病防治规划、组织实施防控措施，还是医疗卫生机构在开展医疗救治、疫情监测报告，抑或是社会公众在履行个人防控义务等方面，在写作过程中作者竭力使各方都能从本著作寻找具体的实施依据和工作方法，从而推动新《传染病防治法》在全社会得到全面、有效、准确的贯彻执行，充分发挥其在传染病防治工作中的规范、引导和保障作用。

随着社会的不断发展和传染病防治形势的持续变化，传染病防治法治体系也需要与时俱进、不断完善。本著作在写作过程中，不仅着眼于对现行法律条文的解释，还对法律实施过程中可能出现的新问题、新情况进行了前瞻性思考，并结合国内外先进的传染病防治理念和实践经验，提出了一些具有建设性的意见和建议。希望通过本著作的出版，能够引发社会各界对传染病防治法治建设的深入讨论和关注，为进一步完善我国传染病防治法治体系贡献一份力量。

三、本著作的结构安排与阅读建议

本著作对新《传染病防治法》各章的法律条文进行详细解读。读者在使用本著作时，建议首先从整体上了解法律的框架结构和各章之间的逻辑关系，明确传染病防治工作从预防到控制、从报告到救治、从监督到保障等各个环节的法律规定及其相互联系。通过系统学习，全面掌握法律的基本内容和精神实质，避免孤立地理解和应用个别条文。在阅读过程中，可以对照法律原文，将条文与释义相结合，加深对法律的理解和记忆。

新《传染病防治法》在修订过程中，针对实践中出现的重点难点问题进行了专门规定和完善。本著作在"条文释义"模块，对这些重点难点内容进行了特别强调和深入分析。读者在学习过程中，应重点关注这些内容，如传染病的监测预警机制、疫情信息报告与公布制度、不同类型传染病的防控措施、医防协同机制、公民在传染病防治中的权利与义务等。对于这些重点难点条文，要首先通过"条文主旨"模块体会立法目的，反复研读"条文释义"模块的内容，结合"适用指南"模块进行思考，必要时可以查阅"关联规范"模块提示的相关法律法规和政策文件，加深对问题的理解和认识。同时，对于自己在实际工作或生活中遇到的与这些重点难点问题相关的困惑，也可以通过本著作的学习寻求答案和解决方案。

为了帮助读者更好地将法律条文应用于实际工作和生活中，本著作在部分"条文释义"或者"适用指南"模块中穿插了具有代表性的实际案例。这些案例体现传染病防治工作的某些场景，通过对案例的分析，揭示法律条文在具体实践中的应用过程和方法，以及可能出现的问题和应对策略。读者在学习过程中，要关注这些案例，思考案例中所涉及的法律问题以及如何依据法律条文进行判断和处理。同时，要善于将所学的法律知识与自己身边的实际情况相结合，积极思考如何运用法律武器维护自身合法权益，以及如何在日常工作和生活中履行传染病防治义务，提高传染病防治工作的实际操作能力。

传染病防治工作关系到每一个人的生命健康，关系到社会的稳定和发展。新《传染病防治法》的颁布实施，为我们做好传染病防治工作提供了强大的法律武器。然而，法律是社会发展的产物，随着社会的不断进步和变化，法律也需要不断修订和完善。新《传染病防治法》的实施并不意味着法律的发展就此停止，未来可能会根据传染病防治工作的实际需要，对法律进行进一步的调整和补充。同时，相关部门也可能会出台一系列的配套法规、规章和政策文件，以细化和落实法律的各项规定。因此，读者在使用本著作时，要保持对法律发展动态的关注，及时了解法律的修订情况以及相关配套文件的出台信息。读者也可以通过关注政府部门网站、新闻媒体以及专业的法律资讯平台等渠道，获取新的传染病防治法律法规信息，不断更新自己的知识体系，确保在实际工作和生活中能够始终准确适用法律。

希望本著作能够成为广大读者学习、理解和应用新《传染病防治法》的得力助手，共同推动我国传染病防治工作，为保障人民群众的身体健康和生命安全、维护经济社会的稳定发展作出积极贡献。

刘智慧

2025 年 7 月 15 日

目　录
Contents

第一章　总　　则

第 一 条　【立法目的】 …………………………………………… 1
第 二 条　【传染病防治工作的行动指南、基本理念、方针和
　　　　　原则】 …………………………………………………… 6
第 三 条　【传染病的分类及名录动态调整机制】 …………… 10
第 四 条　【突发原因不明的传染病、乙类传染病的特殊管理】 …… 16
第 五 条　【地方性传染病的管理权限】 ……………………… 22
第 六 条　【传染病防治的体制机制】 ………………………… 25
第 七 条　【各级人民政府在传染病防治工作中的地位与职责】 …… 28
第 八 条　【国务院及县级以上地方人民政府相关部门的职责
　　　　　分工】 …………………………………………………… 34
第 九 条　【重大传染病疫情应对中政府的关键职责与运作机制】 … 38
第 十 条　【国家在疾病预防控制体系建设方面的核心举措】 ……… 42
第十一条　【中西医并重与结合】 ……………………………… 47
第十二条　【国家支持和鼓励传染病防治科学研究】 ………… 51
第十三条　【运用现代信息技术、规范个人信息处理】 ……… 55
第十四条　【全社会共同参与传染病防治工作】 ……………… 59
第十五条　【城乡社区传染病预防、控制工作及各方职责】 ……… 63
第十六条　【传染病患者、病原携带者和疑似患者的权益保障】 …… 67
第十七条　【传染病预防、控制措施实施原则以及单位和个人
　　　　　救济途径】 …………………………………………… 70
第十八条　【传染病防治健康教育与宣传责任主体及要求】 ……… 74
第十九条　【国际交流与合作的指导原则】 …………………… 79
第二十条　【相关人员权益的激励和保护机制】 ……………… 84

第二章 预 防

第二十一条	【政府的预防职责】	88
第二十二条	【地方政府的公共卫生建设和医疗废物处置措施】	90
第二十三条	【主管部门的预防职责】	93
第二十四条	【免疫规划制度】	95
第二十五条	【疾病预防控制机构的防控职责】	97
第二十六条	【医疗机构的防控职责】	100
第二十七条	【医疗机构的传染病预防要求】	103
第二十八条	【政府传染病预防控制应急预案】	105
第二十九条	【单位传染病预防控制应急预案】	107
第 三 十 条	【传染病预防控制应急预案的特点、修订与演练】	108
第三十一条	【传染病病原体的实验室管理】	111
第三十二条	【血液和血液制品的管理】	112
第三十三条	【人民政府的艾滋病防治职责】	115
第三十四条	【人畜共患传染病的防治】	117
第三十五条	【病原微生物菌（毒）种保藏和传染病检测样本】	119
第三十六条	【传染病病原体污染物及场所消毒处理】	121
第三十七条	【自然疫源地建设项目的兴建】	123
第三十八条	【消毒产品、饮用水及涉及饮用水卫生安全的产品】	125
第三十九条	【单位和个人的传染病防控配合义务】	127
第 四 十 条	【重点场所的传染病防控义务】	130

第三章 监测、报告和预警

第四十一条	【监测预警体系的总体目标】	132
第四十二条	【传染病监测制度】	134
第四十三条	【疾病预防控制机构的监测职责】	138
第四十四条	【联动监测与信息互通共享】	141
第四十五条	【传染病疫情责任报告】	144
第四十六条	【传染病疫情报告管理制度】	148
第四十七条	【重点场所和检验检测机构的传染病疫情报告】	152

第四十八条	【传染病疫情的社会报告】	154
第四十九条	【传染病疫情信息的处理与上报】	157
第五十条	【禁止干预、隐瞒、谎报、缓报、漏报传染病疫情报告】	159
第五十一条	【报告奖励和责任豁免】	162
第五十二条	【传染病疫情风险评估制度】	164
第五十三条	【传染病预警制度】	167
第五十四条	【疾病预防控制部门向疾病预防控制机构和医疗机构的通报义务】	170
第五十五条	【疾病预防控制部门的相互通报义务】	172
第五十六条	【疾病预防控制部门与有关部门通报与信息共享】	175
第五十七条	【传染病疫情信息公布制度】	177

第四章　疫情控制

第五十八条	【医疗机构、疾病预防控制机构对甲类传染病的控制措施】	180
第五十九条	【甲类传染病患者、疑似患者的移交】	183
第六十条	【医疗机构对乙类或丙类传染病的控制措施】	185
第六十一条	【医疗机构对被病原体污染的物品等实施消毒和无害化处置】	188
第六十二条	【疾病预防控制机构发现疫情时应采取的控制措施】	190
第六十三条	【发生重大传染病疫情时的紧急措施】	193
第六十四条	【对已发生甲类传染病的场所或场所内人员实施隔离措施】	195
第六十五条	【对新发、突发传染病预先采取甲类传染病防控措施】	197
第六十六条	【对受疫情影响的相关区域实施卫生检疫和封锁】	199
第六十七条	【采取疫情防控措施后政府的公告义务和社会保障义务以及用人单位的劳动者保障义务】	201
第六十八条	【发生甲类传染病时的交通卫生检疫】	204
第六十九条	【紧急调集人员、征用物资、要求提供技术支持】	206
第七十条	【传染病检验检测】	209

第七十一条　【传染病患者尸体处理和解剖查验】……………… 212

第七十二条　【使用、出售和运输被病原体污染的物品应消毒处理】……………………………………………………………… 214

第七十三条　【保障疫情防控所需应急物资的生产、供应及运送】……………………………………………………………… 216

第七十四条　【单位和个人的申诉权】………………………… 218

第五章　医疗救治

第七十五条　【传染病医疗救治服务网络】…………………… 220

第七十六条　【重大传染病疫情医疗救治体系】……………… 222

第七十七条　【医疗机构救治方式与程序】…………………… 224

第七十八条　【中西医结合并结合自身特色的救治方式】…… 228

第七十九条　【药品、医疗器械的优先审评审批与使用】…… 230

第 八 十 条　【心理援助制度】………………………………… 233

第六章　保障措施

第八十一条　【国民经济和社会发展规划保障】……………… 236

第八十二条　【各级部门经费保障】…………………………… 239

第八十三条　【疾病防控经费保障】…………………………… 241

第八十四条　【基层传染病防治保障】………………………… 244

第八十五条　【医疗机构防控能力建设保障】………………… 246

第八十六条　【人才队伍与学科建设保障】…………………… 249

第八十七条　【信息化建设保障】……………………………… 252

第八十八条　【医疗费用保障】………………………………… 255

第八十九条　【应急物资保障】………………………………… 258

第 九 十 条　【特定传染病防治能力储备机制】……………… 261

第九十一条　【特定接触人员防护与津贴保障】……………… 263

第七章　监督管理

第九十二条　【同级人大及上级政府监督】…………………… 266

第九十三条　【疾控部门监督检查内容】……………………… 268

第九十四条　【卫健疾控部门调查取证】…………………… 272
第九十五条　【临时控制措施】…………………………… 275
第九十六条　【执法行为规范】…………………………… 278
第九十七条　【内部监督与上下级监督】………………… 281
第九十八条　【社会监督】………………………………… 283
第九十九条　【行政执法与刑事司法的衔接】…………… 287

第八章　法律责任

第 一 百 条　【地方政府及其人员未依法履职的法律责任】…… 292
第一百零一条　【卫生健康主管部门、疾病预防控制部门未依法履职的法律责任】…………………… 294
第一百零二条　【政府其他部门及其人员未依法履职的法律责任】…………………………………… 298
第一百零三条　【疾病预防控制机构及其责任人员的法律责任】…………………………………… 300
第一百零四条　【医疗机构及其责任人员的法律责任】… 303
第一百零五条　【采供血机构及其责任人员的法律责任】… 308
第一百零六条　【运输保障单位的法律责任】…………… 312
第一百零七条　【饮用水及消毒产品领域的各类经营单位违反卫生规范的法律责任】………………… 316
第一百零八条　【各类专业性机构、重点场所的法律责任】… 319
第一百零九条　【在自然疫源地违法兴建项目的法律责任】… 324
第一百一十条　【未依法履行个人信息保护义务的法律责任】… 326
第一百一十一条　【行政相对人的法律责任】…………… 329
第一百一十二条　【其他部门法上的法律责任】………… 332

第九章　附　　则

第一百一十三条　【术语解释】…………………………… 334
第一百一十四条　【引致规范】…………………………… 336
第一百一十五条　【施行日期】…………………………… 338

第一章　总　　则

> **第一条　【立法目的】**[①] 为了预防、控制和消除传染病的发生与流行，保障公众生命安全和身体健康，防范和化解公共卫生风险，维护国家安全和社会稳定，根据宪法，制定本法。

【条文主旨】

本条是关于传染病防治法立法目的与立法依据的规定，是整部法律的总纲与核心指引。

【条文释义】

一、传染病防治法的立法目的

本条首先明确了传染病防治法的四个基本目标，以下逐一说明。

（一）预防、控制和消除传染病的发生与流行

本法是关于预防、控制和消除传染病的发生与流行的专门法律。一般认为，传染病是指由于具有致病性的细菌、病毒、支原体、立克次体、寄生虫等微生物作为病原体侵入人体，使人体健康受到某种损害甚至可能罹患危及生命的具有传染性的疾病。[②]

由于传染病能够相互传染并对人类的健康甚至生命造成严重威胁，世界各国和地区对传染病的控制和管理都很严格。传染病能在人群中流行，其流行过程受自然、社会等诸多因素的影响，并表现出多方面的流行特征，人类可以通过控制传染源、切断传染途径、增强人的抵抗力等措施有效地预防、控制其发生和流行。其中，预防传染病，是指加强传染病的监

[①] 简要条文主旨为编者所加，下同。
[②] 李兰娟：《传染病学（第十版）》，人民卫生出版社2024年版，第1~3页。

测和预警,在传染病发生前采取有效的措施以减少传染病的发生与流行;控制和消除传染病,是指在传染病发生后及时依法采取综合性防疫措施,消除或者遏制各种传播因素,限制传染病发生和流行的强度和范围,使传染病发病率降到最低水平或者某种传染病在一定范围内经过一定时间不再出现,将危害减少到最低。

（二）保障公众生命安全和身体健康

在我国,尽管公众健康意识提升,但传染病威胁依然显著。每年法定传染病的报告病例数和死亡人数也提醒着我们防控传染病的紧迫性。故制定传染病防治法,加强预防、控制传染病的措施,对于切实保障公众的生命安全和身体健康具有深远意义。传染病防治法将保障公众的生命安全和身体健康作为立法目的之一,就是从法律的高度强调了传染病防治的重要性。

（三）防范和化解公共卫生风险

防范和化解公共卫生风险涵盖面广,涉及多个方面的工作,需要多方面协同努力,如加强国家公共卫生体系建设、加大公共卫生监督执法力度、健全公共卫生基础设施、改善环境卫生条件、提高公共卫生服务能力等,而预防、控制、消除传染病的发生与流行与防范、化解公共卫生风险存在辩证关系,两者相互影响、相互制约。其中,法律在防范和化解公共卫生风险中发挥着规范和引导作用,通过明确各部门职责、规范公众行为,提升全社会防范和化解公共卫生风险的能力。正因为如此,本法的很多具体条款中也都有关于防范和化解公共卫生风险方面的规定。

（四）维护国家安全和社会稳定

由于航空业的发达和全球化进程的加速,新发传染病可以轻易地在数小时之内传遍全球。在最近的几十年中,人类已经发现了艾滋病病毒、埃博拉病毒、西尼罗病毒等三十多种新的病原微生物导致严重的传染病,且不少新发传染病的控制相当困难,疫苗尚未研制成功,治疗难度很大。更有甚者,曾被很好控制了的肺结核、黑热病等传染病近年来又"卷土重来",死亡人数也在不断上升,让人类防不胜防,这些都给传染病防控带来了严峻挑战。

我国历来高度重视传染病的防治工作,为预防、控制传染病的发生与流行采取了很多有效的措施,近些年在传染病的防治方面取得了显著成效,常见多发传染病得到有效控制,发病率大幅下降。但是,目前仍存在不少不容忽视的导致传染病发生和流行的多方面因素,部分重大传染性疾病的危害仍很严重，潜在威胁公众的身体健康和生命安全。[1] 尤其是突发公共卫生事件发生后，如果不能有效应对，生产、生活和社会经济发展均会受到影响，必然波及社会稳定，甚至危及国家安全。从这个意义上看，有效预防、控制和消除传染病的发生与流行，对于维护国家安全和社会稳定也具有重要意义。

二、《传染病防治法》的立法依据

《宪法》作为国家的根本大法，是其他一切法律的立法基础和依据。本条中"根据宪法，制定本法"充分彰显了宪法在传染病防治领域的根本性指导价值，蕴含着下列丰富的法理逻辑与实践意义。

（一）传染病防治相关法律实质是将宪法的规则具体化

1. 《宪法》对公民基本权利的保障在传染病防治法中得到具体化

我国《宪法》明确赋予公民生命健康权等基本权利，这一原则贯穿于本法的每一个条款、每一项制度之中。传染病的发生与流行直接侵害公众的健康甚至生命，传染病防治法通过疫情监测、医疗救治、信息公开等一系列制度，确保公众在面对传染病威胁时，生命健康权能得到保障。从疫情控制措施的实施到医疗救治的组织开展，无一不是以保障公众基本权利为出发点和落脚点。公民在传染病防治过程中既依法享有获得医疗救治、知情权、隐私权等权利，也应当履行配合政府及相关部门采取防控措施的义务。例如，本法第十三条、第十四条，以及第十六条等明确规定任何单位和个人不得歧视传染病患者、病原携带者和疑似患者，不得泄露其个人隐私信息，这是对公众隐私权的切实保护；而公众也应当接受和配合为预防、控制、消除传染病危害依法采取的调查、采集样本、检验检测、隔离治疗、医学观察等措施，这是公众应尽义务的具体要求。通过将宪法中的公民权利义务在传染病防治法中予以明确和细化，实现了宪法原则在传染病防治这一特定领域的具体实施，既保障了公众在传染病防治工作中的合法权益，又促进了公众积极主动参与传染病防治，营造全社会共同防控的良好氛围。

2. 《宪法》对国家机构职责的规定与《传染病防治法》相衔接

宪法规定了国家机构的设置、职责和运行原则，为传染病防治工作的

---

[1] 参见《国务院办公厅关于加强传染病防治人员安全防护的意见》，载国家卫生健康委员会网站，https://www.nhc.gov.cn/jkj/c100063/201502/c743ed4307124648a7f5dea3b0c5ee42.shtml，2025年6月2日访问。

有效组织与实施提供了清晰的指引。在传染病防治工作中，各级政府、卫生健康部门、医疗机构等国家机构都承担着重要职责和具体任务。这些职责的设置正是本法基于《宪法》所赋予的行政管理职能而明确确定。例如，根据本法第一章规定，国务院作为最高国家行政机关，肩负着领导、组织和管理全国传染病防治工作、保障防控物资供应的重任；卫生健康主管部门、疾病预防控制部门等在各自职责范围内承担着组织协调、监督指导、开展疫情监测、制定防控策略等关键任务；县级以上地方各级人民政府负责本行政区域内的传染病防治工作，确保各项防治政策和措施在地方层面得以精准落地、有效执行；医疗机构要承担患者救治、疫情报告等工作。这些规定使得宪法中关于国家机构职责的原则性规定在传染病防治领域得以细化和落实，确保各国家机构在传染病防治中各司其职、协同作战。这种依据宪法构建的国家机构职权分工体系，形成了一个从中央到地方，层次分明、职责明确、协同配合的传染病防治工作格局，为实现传染病防治的目标提供了强有力的组织保障。

3.《宪法》维护国家安全与社会秩序的要求在本法中有具体体现

维护国家安全和社会秩序是宪法的重要任务，而传染病的暴发可能引发社会秩序混乱，甚至威胁国家安全。本法通过规制和打击故意传播传染病、扰乱传染病防治秩序等行为，保障传染病防治工作的顺利进行，从而维护社会的正常运转和国家安全。

(二)《宪法》的权威性与本法的效力层级关系

本法在制定过程中，严格遵循《宪法》的原则和精神，确保与《宪法》保持一致。《宪法》的权威性决定了以其为依据制定的《传染病防治法》具有相应的法律效力。在法律适用过程中，如果其他法律、法规与《传染病防治法》在传染病防治相关问题上存在冲突，应以《传染病防治法》为准，而《传染病防治法》的效力又来源于《宪法》。这就形成了一个以《宪法》为核心，以《传染病防治法》等相关法律、法规为支撑的法律体系，保障传染病防治工作在法治轨道上有序开展。

(三)《宪法》的稳定性与本法的与时俱进

《宪法》具有相对稳定性，而传染病防治工作面临的形势不断变化。本法在依据《宪法》制定的基础上，在面对新发传染病时，能够根据传染病防治的实际需求进行修订和完善。《宪法》为《传染病防治法》提供了稳定的框架，《传染病防治法》在这个框架内不断适应新情况、解决新问题，更好地服务于传染病防治工作，体现了《宪法》稳定性与法律灵活性的统一。

【适用指南】

我国《传染病防治法》分9章共115条，对传染病防治的立法目的与防治原则，传染病的预防，疫情报告、通报与公布，疫情控制，医疗救治，保障措施，监督管理以及法律责任等作了规定，而本条规定则为我国传染病防治方面立法、司法以及执法的总纲。换言之，虽然我国有关传染病防治的法律、行政法规、部门规章、地方性规定等规则有很多，但当涉及传染病防治相关的案件或事务时，无论是在立法抑或司法、执法层面，均须遵循本条所确立的立法宗旨，围绕本条规定的立法目的进行判断和处理。

在执法层面，对于明确属于传染病防治范畴的事项，要严格依据本法进行处理；对于一些边缘性或存在争议的情况，要结合立法目的进行综合判断。例如，在判断医疗机构是否履行了传染病防控职责，要依据本条立法目的，审查其在疫情报告、患者救治、感染控制等方面的行为是否符合法律要求；在判断某一新型疾病是否应纳入本法防控范围时，要从其传染性、对公众健康的危害程度、对社会秩序的影响等方面进行分析，确保法律适用的准确性。

在司法层面，对于是否适用传染病防治法，或者在判断某一行为是否违反传染病防治法时，应当特别关注比照案例事实与本法的立法目的和适用范围是否契合，即必须考量该行为是否对传染病的预防、控制和消除产生不利影响，是否危害公众生命安全和身体健康，是否增加公共卫生风险，是否破坏国家安全和社会稳定。例如，在"原告钟某等诉某医院等医疗损害责任纠纷再审案"中，原告钟某等认为，依据《中华人民共和国传染病防治法》（2013年）第二十八条及《传染病病人或疑似传染病病人尸体解剖查验规定》第五条规定，被告某医院等作为医疗机构应主动启动尸检，而本案医疗机构存在依据疑似传染病尸检程序进行鉴定的可能性，却未主动申请尸检，应由其承担不利后果。再审法院则根据《中华人民共和国传染病防治法》（2013年）第一条规定的立法宗旨和适用范围明确指出，本案医疗机构对患者疾病的诊断不属于传染病，不能适用传染病防治法及《传染病病人或疑似传染病病人尸体解剖查验规定》认定普通医疗机构在医疗纠纷中的权利和义务。[①]

[①] 参见广东省高级人民法院（2016）粤民再211号民事判决书，载中国裁判文书网，2025年4月5日访问。

【关联规范】

《中华人民共和国国境卫生检疫法》第一条；《中华人民共和国动物防疫法》第一条；《中华人民共和国疫苗管理法》第一条；《医疗废物管理条例》第一条；《国内交通卫生检疫条例》第一条；《血液制品管理条例》第一条；《突发公共卫生事件与传染病疫情监测信息报告管理办法》第一条；《消毒管理办法》第一条；《传染病病人或疑似传染病病人尸体解剖查验规定》第一条。

> **第二条 【传染病防治工作的行动指南、基本理念、方针和原则】** 传染病防治工作坚持中国共产党的领导，坚持人民至上、生命至上，坚持预防为主、防治结合的方针，坚持依法防控、科学防控的原则。

【条文主旨】

本条规定旨在为有效预防、控制和消除传染病的发生与流行确立行动指南、基本理念、方针和原则。

【条文释义】

一、坚持中国共产党的领导

中国共产党的领导是中国特色社会主义制度最本质的特征，坚持中国共产党对传染病防治工作的领导，也是做好我国传染病防治工作的根本保证。这是基于我国的政治体制和治理模式作出的重要规定。中国共产党作为中国特色社会主义事业的领导核心，在传染病防治这一复杂艰巨的系统性工程中，发挥着总揽全局、协调各方的作用。从宏观层面的战略规划制定，到具体防治措施的组织实施，党的领导能够确保传染病防治工作的正确方向，凝聚各方力量，形成统一的防控合力，有效应对传染病带来的挑战。在传染病防治的历程中，党的领导始终发挥着"定海神针"的关键作用。从历史经验来看，只有坚持中国共产党的领导，才能确保全国一盘棋，高效调配资源，通过制定科学的防控策略，根据传染病疫情形势的变化及时调整防治措施，使传染病防治工作始终保持正确的方向，最大限度地保障公众的生命安全和身体健康。①

二、坚持人民至上、生命至上的理念

"人民至上、生命至上"是中国共产党的执政理念在传染病防治领域的生动体现,是贯穿于传染病防治工作的核心价值追求。这一理念有着深刻的内涵和丰富的实践表现。在传染病防治工作中,"人民至上"意味着将人民的利益置于首位,把保护人民生命安全和身体健康作为工作的出发点和落脚点。面对传染病的威胁,无论是采取防控措施、调配医疗资源,还是制定救治方案,都以满足人民群众的需求为导向。"生命至上"则强调每一个生命都无比珍贵,无论年龄、性别、职业,都应得到平等的救治和保护。同时,为了保障人民群众在传染病疫情防控期间的基本生活需求,政府会根据需求加大对生活物资的调配力度,确保物资供应充足、价格稳定。

三、传染病防治工作的两大方针

(一) 预防为主

预防为主、防治结合是人类在与传染病长期斗争中总结出来的宝贵经验,也是我国传染病防治工作长期坚持并实践检验行之有效的方针,对传染病的有效控制起着决定性作用。预防为主强调传染病防治要将工作重心前置,把预防工作放在首位,从预防传染病发生入手,通过采取建立传染病监测制度等一系列措施,使传染病不发生、不流行,从源头上降低传染病发生与传播的风险。需要注意的是,倡导预防为主,并非不重视医疗,而是要求无病防病,有病治病,立足于防。

在传染病预防方面,健康教育是重要手段之一。利用电视、广播、网络、社区宣传栏等多种渠道,通过广泛开展社区宣传、学校课程、媒体报道等多种措施向公众开展健康教育,普及传染病预防知识,提高公众的自我防护意识和能力。

疫苗是用于人体免疫接种的预防性生物制品,被认为是人类同疾病斗争过程中产生的伟大发明。② 在传染病预防方面,强化疫苗接种工作也是关键举措。国家实行有计划的预防接种制度,常见的如通过政府补贴、社区组织接种等方式,预防如乙肝、麻疹、脊髓灰质炎等传染病的发生。通过提高人群的疫苗接种率,可以构建群体免疫屏障,阻断传染病的传播途径。

---

① 马小飞:《中国式现代化进程中的风险防范机制构建研究》,载《中国应急救援》2025年第1期。

② 许安标:《深入贯彻疫苗管理法 切实保障公众健康》,载《行政管理改革》2021年第10期。

加强公共卫生设施建设和环境卫生管理也是传染病预防的重要手段。如加强对公共场所、饮用水、食品卫生等方面的安全监管等,对污水、污物、粪便进行无害化处置,消除鼠害和蚊、蝇等病媒生物的危害,以降低传染病传播风险。

(二) 防治结合

防治结合要求在贯彻预防为主方针的前提下,实行预防措施和治疗措施相结合。质言之,预防和治疗是相辅相成的,预防可以减少传染病的发生,但一旦传染病发生,迅速采取及时有效的治疗措施控制传染病的传播,同样不可或缺。在实际工作中,要注重预防与治疗的有机结合:一方面,需要疾病预防控制机构与医疗机构的协同合作:疾病预防控制机构负责传染病监测、预测、流行病学调查、疫情报告等工作,为医疗机构提供传染病信息,指导其做好防控工作;医疗机构则应当将临床救治过程中发现的疫情及时向疾病预防控制机构反馈,配合开展流行病学调查,共同做好传染病的防治工作。另一方面,医疗机构承担着传染病医疗救治的重要责任,需要具备完善的医疗救治体系和专业的医疗团队,不断提升传染病诊断与治疗能力。在传染病疫情发生时,医疗机构应当制定科学的治疗方案,及时对患者进行诊断、隔离和治疗,提高治愈率,降低病死率。只有二者协同,紧密合作,形成防控合力,才能确保传染病防治工作的全面性和有效性。

四、传染病防控工作的两大原则

依法防控和科学防控是传染病防治工作的重要原则,两者相辅相成,为传染病防治工作提供坚实的保障。

(一) 依法防控

依法防控,是指传染病防控工作必须在法治轨道上进行。我国制定了一系列与传染病防治相关的法律法规,如我国《传染病防治法》《疫苗管理法》等,这些法律、法规明确了政府、部门、单位和个人在传染病防治工作中的权利和义务,规范了疫情报告、疫情控制、医疗救治、监督管理等各个环节的工作。从疫情报告、防控措施实施到疫情信息公布等各个环节,都应当以我国《传染病防治法》及相关法律、法规为依据。例如,在传染病疫情防控期间,医疗机构和疾病预防控制机构等负有疫情报告职责的单位和个人,必须按照法律规定及时、准确报告疫情,不得隐瞒、谎报、缓报,否则应当承担相应的法律责任;在实施防控措施时,对拒绝执行防控措施的单位和个人进行处罚等,也需严格依照法定程序进行,确保防控工作有法可依、执法必严,保障公众合法权益,防止权力滥用。同时，公众也应依法履行义务，如配合疾病预防控制机构、医疗机构进行调查、检验、隔离治疗等。

（二）科学防控

科学是战胜传染病的有力武器，传染病防治是一个复杂的系统工程，科学防控要求以科学知识和技术为支撑，运用科学的方法和手段开展传染病防控工作。例如，在传染病监测方面，运用大数据、人工智能等先进技术手段，建立传染病监测预警系统，实时监测疫情动态，准确分析疫情传播趋势，以便及时掌握疫情动态，为防控决策提供科学依据；在疾病诊断和治疗方面，不断研发新的检测技术和治疗方法，提高传染病的诊断准确率和治疗效果；在疫苗研发、药物治疗等方面，组织科学攻关，依靠科研力量，不断探索创新，为传染病疫情防控提供科研支撑，实现科学治疗；在防控措施制定方面，依据流行病学调查结果、病毒传播特点等科学数据，对于不同类别的传染病采取不同的防控措施，根据疫情风险等级实施差异化防控，坚持科学决策，避免过度防控和防控不足，实现精准防控；在防控管理方面，根据传染病不同病种的传播方式、传播速度、流行强度以及对人类健康危害程度的不同，参照国际统一分类标准确定科学管理的原则。

【适用指南】

在传染病防治工作中，必须贯彻本条规定确立的方向、理念、方针和原则。在具体落实本条规定的过程中，应当把握下列两个方面。

一、将坚持中国共产党的领导，坚持"人民至上、生命至上"，作为预防、控制和消除传染病的发生与流行的行动指南和基本理念

在风险防控方面，需要凭借敏锐的洞察力和科学的决策力，提前判断传染病潜在风险，组织专家开展风险评估，制定针对性防控预案，加强传染病治理体系建设，推动多部门协作、全社会参与，不断提升传染病防控的整体效能。例如，在季节性传染病高发期来临前，可以提前部署防控工作，协调卫生健康、交通、教育等部门做好防控准备，有效降低传染病传播风险。

二、在传染病的不同防控阶段，防控工作遵循的方针和原则应有所侧重

在传染病的起始阶段，相关工作部门应当严格依据"预防为主"方针与"科学防控"原则开展疫情监测工作。例如，在这一阶段，疾病预防控制机构应当利用构建大数据监测平台等先进技术手段，实时收集医疗机构报告的病例信息、药店药品销售数据以及环境监测数据等多源数据，运用数据分析模型，精准预测传染病流行趋势。一旦监测到传染病发生风险升高或出现异常病例，应当依据"依法防控"原则，按照我国《传染病防治法》规定的程序，及时向卫生健康行政部门和上级疾病预防控制机构报告，同时通报相关医疗机构，做到信息共享，为后续防控措施的制定提供科学依据。

当传染病已经发生并达到一定响应级别时，疾病预防控制机构应当深入开展流行病学调查，追踪传染源、传播途径，排查密切接触者，并依据调查结果，按照"科学防控"原则，为实施防控措施提供科学指导；医疗机构应当严格落实传染病预检分诊制度，加强对传染病患者的诊断、治疗和管理，按照规定报告传染病疫情，配合疾病预防控制机构开展流行病学调查和疫情处置工作，加强对医院感染的防控，防止院内交叉感染的发生等，落实"防治结合"的方针；公安部门应当维护防控秩序，保障防控措施顺利实施，市场监管部门加强对市场的监管等，体现"依法防控"原则。

在传染病疫情进入常态化防控阶段，应当持续坚持各项原则与方针。例如，疾病预防控制机构和医疗机构应当继续做好疫情监测、医疗救治、流行病学调查等工作，巩固"防治结合"的成果。同时，进一步强化"依法防控"，落实"科学防控"，共同维护社会的正常生产生活秩序，将传染病风险控制在最低水平。

【关联规范】

《中华人民共和国宪法》第二条、第二十一条、第三十三条；《中华人民共和国基本医疗卫生与健康促进法》第十六条；《中华人民共和国国境卫生检疫法》第四条；《中华人民共和国动物防疫法》第十五条；《中华人民共和国突发事件应对法》第七条；《中华人民共和国行政处罚法》第四十九条；《中华人民共和国行政强制法》第一条；《中华人民共和国传染病防治法实施办法》第二条；《突发公共卫生事件应急条例》第二条；《医疗机构管理条例》第三十四条；《病原微生物实验室生物安全管理条例》第一条；《医疗废物管理条例》第一条。

> 第三条 【传染病的分类及名录动态调整机制】本法所称传染病，分为甲类传染病、乙类传染病、丙类传染病，以及突发原因不明的传染病等其他传染病。

甲类传染病，是指对人体健康和生命安全危害特别严重，可能造成重大经济损失和社会影响，需要特别严格管理、控制疫情蔓延的传染病，包括鼠疫、霍乱。

乙类传染病，是指对人体健康和生命安全危害严重，可能造成较大经济损失和社会影响，需要严格管理、降低发病率、减少危害的传染病，包括新型冠状病毒感染、传染性非典型肺炎、艾滋病、病毒性肝炎、脊髓灰质炎、人感染新亚型流感、麻疹、流行性出血热、狂犬病、流行性乙型脑炎、登革热、猴痘、炭疽、细菌性和阿米巴性痢疾、肺结核、伤寒和副伤寒、流行性脑脊髓膜炎、百日咳、白喉、新生儿破伤风、猩红热、布鲁氏菌病、淋病、梅毒、钩端螺旋体病、血吸虫病、疟疾。

丙类传染病，是指常见多发，对人体健康和生命安全造成危害，可能造成一定程度的经济损失和社会影响，需要关注流行趋势、控制暴发和流行的传染病，包括流行性感冒、流行性腮腺炎、风疹、急性出血性结膜炎、麻风病、流行性和地方性斑疹伤寒、黑热病、包虫病、丝虫病、手足口病，除霍乱、细菌性和阿米巴性痢疾、伤寒和副伤寒以外的感染性腹泻病。

国务院疾病预防控制部门根据传染病暴发、流行情况和危害程度，及时提出调整各类传染病目录的建议。调整甲类传染病目录，由国务院卫生健康主管部门报经国务院批准后予以公布；调整乙类、丙类传染病目录，由国务院卫生健康主管部门批准、公布。

【条文主旨】

本条规定为传染病防治工作提供了关键的分类依据和具体框架。在综合考量传染病的病原体特性、传播途径、对人体健康和生命安全的危害程度、可能引发的经济损失和社会影响范围大小和深度，以及相应的防控策略和措施的有效性等因素的基础上，本条规定将传染病分为甲类传染病、乙类传染病、丙类传染病，以及突发原因不明的传染病等其他传染病，并明确了传染病名录的动态调整机制，旨在对不同类型的传染病实施差异化、精准化的防控管理，以最优化的资源配置实现最佳的防控效果，最大限度保障公众的生命健康安全，维护社会的稳定和经济的正常运行。

【条文释义】

一、对传染病进行分类管理的意义

对传染病进行科学分类，有助于明确防控重点，合理配置资源，实现精准防控。

首先，通过分类管理，能够明确不同传染病的防控重点和措施，使有限的资源得到合理分配，提高防控工作的针对性和效率。例如，对甲类传染病集中力量进行严格隔离和治疗，对乙类传染病加强监测和疫苗接种，对丙类传染病注重日常监测和健康教育。

其次，分类管理有助于及时发现和控制传染病的传播，减少传染病对公众健康的危害。严格的防控措施可以有效遏制传染病的蔓延，保护易感人群，降低发病率和病死率，维护社会公共卫生安全。

此外，通过科学的分类管理和有效的防控措施，能够增强公众对传染病防治工作的信心，减少社会恐慌，保障社会秩序的稳定，促进经济社会的持续健康发展。

二、传染病的分类

（一）甲类传染病的特点

根据本条第二款规定，甲类传染病具有极高的发病率和病死率，传播途径容易实现且传播速度快，能在短时间内造成大规模流行，对人体健康和生命安全危害特别严重，对公共卫生安全构成极大威胁，可能造成重大经济损失，对社会秩序和经济发展产生严重影响。甲类传染病主要包括鼠疫和霍乱。

鼠疫是一种由鼠疫耶尔森菌引起的烈性传染病，主要通过鼠类及其身上的跳蚤传播给人类，人与人之间也可通过呼吸道飞沫传播。一旦感染鼠疫，病情发展极为迅速，几乎所有类型的鼠疫都有可能恶化为败血症，具有极高的传染性和致死率。历史上鼠疫曾多次引发全球大流行，如欧洲中世纪的"黑死病"，深刻改变了当时的社会结构和经济发展。[1]

霍乱则是由霍乱弧菌引发，可引起剧烈的水样腹泻和呕吐，若得不到

---

[1] 姜志宽、贾德胜、韩招久：《鼠疫的流行特点与防控对策》，载《中华卫生杀虫药械》2020年第1期。

及时有效的治疗，脱水、电解质紊乱等严重并发症可能会危及生命。这种烈性肠道传染病的主要传播途径是食用被霍乱弧菌污染的食物或水。①

由于这两种甲类传染病的高危害性，一旦发现，应当采取最为严格的防控措施来控制疫情的蔓延，如强制管理、强制隔离治疗、强制卫生检疫、对密切接触者的强制检疫和医学观察等，以最大限度地切断传播途径，控制疫情迅速蔓延。

(二) 乙类传染病的特点

乙类传染病对人体健康和生命安全的危害也十分严重，具有较高的发病率和病死率，部分病种传播能力较强，可能引发较大范围的流行，进而造成较大经济损失和社会影响。例如，艾滋病作为一种由人类免疫缺陷病毒（HIV）引起的慢性传染病，目前虽无法完全治愈，但通过规范的抗病毒治疗可以有效控制病情，但由于其传播途径（性传播、血液传播和母婴传播）的特殊性，以及社会对艾滋病患者的认知偏见，给患者的生活和社会融入带来了诸多困难，也对社会稳定造成了一定影响。②

乙类传染病种类较多，根据本条第三款的规定，包括新型冠状病毒感染、传染性非典型肺炎、艾滋病、病毒性肝炎、脊髓灰质炎、人感染新亚型流感、麻疹、流行性出血热、狂犬病、流行性乙型脑炎、登革热、猴痘、炭疽、细菌性和阿米巴性痢疾、肺结核、伤寒和副伤寒、流行性脑脊髓膜炎、百日咳、白喉、新生儿破伤风、猩红热、布鲁氏菌病、淋病、梅毒、钩端螺旋体病、血吸虫病、疟疾。

对于乙类传染病，应当严格管理、全面落实各项防控措施，通过加强疫情监测、及时隔离治疗患者、追踪管理密切接触者、开展健康教育提高公众防控意识等措施，降低发病率，减少疾病对社会和公众的危害。需要注意的是，这些传染病在传播途径、感染人群、流行趋势等方面均存在差异，需要采取计划性疫苗接种、对传染源和传播环节进行系统控制等针对性的防控措施。

(三) 丙类传染病的特点

相较于甲类和乙类传染病，丙类传染病危害程度相对较低，但由于发病人数较多，总体上仍会对人体健康和生命安全造成一定危害，也可能造成一定程度的经济损失和社会影响。例如，流行性感冒作为一种由流感病毒引起的常见的急性呼吸道传染病，传播速度快，每年在全球范围内都会

---

① 韩艺萱等：《2023 年全球霍乱疫情风险评估》，载《疾病监测》2024 年第 3 期。
② 邱春婷、马萍：《HIV 感染流行病学及综合防控策略研究进展》，载《中国病毒病杂志》2025 年第 2 期。

引起季节性流行，虽然大多数患者症状较轻，但需要注意的是，在特定情况下也可能导致严重并发症，尤其对老年人、儿童等易感人群构成威胁，影响正常的生产生活秩序。

根据本条第四款规定，丙类传染病包括流行性感冒、流行性腮腺炎、风疹、急性出血性结膜炎、麻风病、流行性和地方性斑疹伤寒、黑热病、包虫病、丝虫病、手足口病，除霍乱、细菌性和阿米巴性痢疾、伤寒和副伤寒以外的感染性腹泻病。

丙类传染病在日常生活中较为常见且多发，具有一定的季节性和周期性流行特点。因此，对于这类传染病，防控重点在于做好监测管理工作，密切关注其流行趋势，加强监测和预警，及时发现并采取加强环境卫生管理、开展健康教育、及时隔离治疗患者、对重点人群进行疫苗接种等控制措施，防止暴发和流行，保障公众健康。

（四）突发原因不明的传染病等其他传染病

传染病防治实践中，由于病原体的多样性、变异性以及人类对自然环境的不断探索和改变，可能会出现一些突发原因不明的传染病。这些传染病往往具有不可预测性，在初期可能对其病原体、传播途径、致病机制等了解甚少，防控难度极大。在历史上曾出现过一些新的传染病，如埃博拉病毒病在首次暴发时，由于对其认识不足，疫情迅速扩散，给当地人民的生命健康和社会稳定带来了巨大灾难。因此，将突发原因不明的传染病纳入本法的调整范围，具有重要的现实意义。当此类传染病出现时，国务院疾病预防控制部门应及时组织专家开展调查研究，尽快明确病原体、传播途径等关键信息，为制定科学有效的防控措施提供依据。同时，政府及相关部门应根据疫情的严重程度，及时启动应急响应机制，采取相应的防控措施，如加强疫情监测、隔离治疗患者、追踪密切接触者、开展流行病学调查、加强宣传教育提高公众防范意识等，以最大限度地控制疫情的扩散，减少其对公众健康和社会经济的影响。

此外，本条第一款中"等其他传染病"这一表述具有一定的开放性和包容性，为未来可能出现的新的传染病类型或尚未被明确分类的传染病预留了法律调整空间，确保本法能够适应不断变化的传染病防治形势。

三、传染病名录的动态调整机制

传染病的种类和危害程度并非一成不变。随着时间推移、环境变化、人口流动、病原体变异等因素，新的传染病可能不断出现，原有传染病的流行特征、传播范围和危害程度也可能发生显著变化。例如，某些原本危害性较小的传染病，可能由于病原体的变异获得更强的传播能力和致病性，从而对公众健康构成更大威胁；而一些曾经严重危害人类健康的传染病，通过大规模的疫苗接种、有效的防控措施和公共卫生水平的提高，其发病率和危害程度可能大幅降低。因此，为了确保传染病防治工作的科学性和有效性，需要根据传染病暴发、流行情况和危害程度的动态变化，及时对传染病目录进行调整。

国务院疾病预防控制部门作为专业的公共卫生机构，在传染病防控工作中承担着重要职责，且具备丰富的流行病学调查、疫情监测和数据分析等专业能力和经验，能够密切跟踪传染病的最新动态，及时准确地评估传染病的流行态势和危害程度，从而为传染病目录的调整提供科学、可靠的建议。故本条第五款明确规定，国务院疾病预防控制部门根据传染病暴发、流行情况和危害程度，及时提出调整各类传染病目录的建议。

在调整甲类传染病目录时，由于甲类传染病的极端严重性，其调整需极为谨慎，而国务院作为最高国家行政机关，能够从国家整体利益和社会稳定的高度，综合考量各种因素，作出最为恰当的决策。故本条规定在国务院卫生健康主管部门在收到国务院疾病预防控制部门提出的调整建议后，须由国务院卫生健康主管部门报经国务院批准后予以公布，这一严格的程序体现了对甲类传染病管理的高度重视，确保决策的科学性、权威性和全局性。对于乙类、丙类传染病目录的调整，由国务院卫生健康主管部门批准、公布。这是因为乙类、丙类传染病虽然危害程度相对甲类传染病较低，但在数量上较多，情况更为复杂，需要专业的卫生健康主管部门能够根据传染病的具体情况，及时、灵活地做出调整决策。国务院卫生健康主管部门在收到国务院疾病预防控制部门的调整建议后，会组织相关领域的专家进行充分论证，综合考虑传染病的流行病学特征、对公众健康的危害程度、防控措施的可行性和有效性、社会经济影响等多方面因素。本条第五款规定的这一动态调整机制便于传染病防控工作与实际疫情形势紧密结合，以保障传染病分类的科学性和时效性，使防控措施能够更好地适应实际情况，有效应对传染病的威胁。

【适用指南】

在传染病防控工作中具体适用本条，需要注意以下几点。

首先，对于政府、相关部门、社会力量及个人，不同的主体，应当针对不同类型的传染病，在传染病的疫情监测与报告阶段、防控措施实施阶段、应急响应调整阶段等不同防控阶段采取相应的措施，确保防控工作科学、精准、有效。

其次，在司法实践中，一方面，应当注意甲乙丙类传染病的分类在保险理赔、婚姻撤销等领域，具有重要意义。例如，在"曹某某等保险纠纷案"中，当事人在《传染病身故保险条款》中约定确诊法定甲乙类传染病并因此身故才属于保险责任范围，但对于原告方的疾病是否属于乙类传染病双方存在分歧，最终法院对此做出认定并据以支持了原告的主张。① 另一方面，在工伤纠纷领域，需要注意传染病与职业病的关系。例如，在"张某诉某市人力资源和社会保障局纠纷案"中，当事人的争议焦点主要在于对"职工在外派期间因工作原因感染疟疾致使其身体受到伤害是否应被认定为工伤"的问题。根据《传染病防治法》的规定，疟疾同属于乙类传染病，市人社局认为张某感染疟疾属于疾病，不属于《职业病分类和目录》中职业病的范畴，应不予视同工伤。最终法院认为，职工受到的伤害能否被认定为工伤或视同工伤，工作原因是关键要素之一；职工因工作外派感染疟疾，导致其身体器官及功能受到伤害，具备工作原因要素；因此，职工在外派期间因工作原因感染疟疾致使其身体受到伤害的，应认定为工伤。②

【关联规范】

《中华人民共和国国境卫生检疫法》第二条至第五十七条；《中华人民共和国突发事件应对法》第三条至第七条、第四十二条、第四十四条、第四十五条、第四十九条、第五十条、第六十三条至第六十九条；《中华人民共和国疫苗管理法》第二十条；《中华人民共和国母婴保健法》第八条、第三十八条；《突发公共卫生事件应急条例》第二条至第三十条。

> **第四条** 【突发原因不明的传染病、乙类传染病的特殊管理】突发原因不明的传染病需要采取本法规定的甲类传染病预防、控制措施的，国务院疾病预防控制部门及时提出建议，由国务院卫生健康主管部门报经国务院批准后予以公布。

---

① 广东省恩平市人民法院（2024）粤0785民初2645号民事判决书，载中国裁判文书网，2025年6月3日访问。
② 湖南省长沙市芙蓉区人民法院（2015）芙行初字第332号行政判决书，载中国裁判文书网，2025年6月3日访问。

> 对乙类传染病中的传染性非典型肺炎、炭疽中的肺炭疽，采取本法规定的甲类传染病预防、控制措施。其他乙类传染病需要采取本法规定的甲类传染病预防、控制措施的，依照前款规定的程序批准、公布。
> 需要解除依照本条规定采取的甲类传染病预防、控制措施的，国务院疾病预防控制部门及时提出建议，由国务院卫生健康主管部门报经国务院批准后予以公布。
> 依照本法规定采取甲类传染病预防、控制措施的传染病，适用本法有关甲类传染病的规定。

【条文主旨】

本条明确了对特定乙类传染病以及具备传染病流行特征的不明原因聚集性疾病采取甲类传染病预防、控制措施的条件和程序，以及赋予省级政府对地方性传染病进行分类管理的权限，以确保在面对不同传染病威胁时能够采取科学、有效的防控措施，保障公众健康和社会稳定。

【条文释义】

本条是关于乙类传染病以及具备传染病流行特征的不明原因聚集性疾病的特殊管理与地方性传染病的管理权限的规定。

一、关于突发原因不明传染病采取甲类防控措施的规定

（一）决策程序与责任主体

当面临突发原因不明的传染病，且经专业评估认为需要采取本法规定的甲类传染病预防、控制措施时，决策程序有着严格且明确的规定。根据本条第一款规定，国务院疾病预防控制部门凭借其专业的流行病学调查、疫情监测分析以及风险评估能力，承担着及时提出建议的重要职责。该部门会聚了全国顶尖的公共卫生专家，拥有先进的监测技术和数据收集分析系统，能够迅速对突发原因不明传染病的传播态势、危害程度等进行科学研判。在提出建议后，由国务院卫生健康主管部门将建议报经国务院批准。国务院从国家整体利益、社会稳定以及公共卫生安全的战略高度，综合考量各种因素，作出最终决策。这一严格的程序设计，旨在确保在面对未知且可能极具危险性的传染病时，决策的科学性、权威性和审慎性，最大限度降低传染病疫情对公众健康和社会经济的冲击。

(二)意义与必要性

突发原因不明的传染病往往具有高度的不确定性和危险性。在疫情初期,由于对病原体的特性、传播途径、致病机制等关键信息缺乏了解,防控工作面临巨大挑战。因此,将此类传染病纳入严格的防控体系,一旦判断需要采取甲类传染病预防、控制措施,能够在疫情早期迅速启动最严格的防控手段。通过实施诸如对患者的强制隔离治疗、对密切接触者的严格追踪和隔离观察、对相关区域的封锁等措施,最大限度地切断传播途径,遏制疫情的扩散势头,为后续深入研究病原体、制定更精准的防控策略争取宝贵时间,从而有效保护公众的生命健康安全,维护社会的稳定和正常运转。

二、部分乙类传染病的特殊管理

(一)基本类型

本条第二款明确规定了特定乙类传染病以及其他需要采取本法规定的甲类传染病预防、控制措施的乙类传染病,实行甲类管理。根据本款规定,应当采取甲类传染病的预防、控制措施的传染病有以下两大类。

第一类是传染性非典型肺炎、炭疽中的肺炭疽这两种具有极高危害性的传染病:(1)传染性非典型肺炎(SARS)具有极高的传播性和病死率,曾在2003年引发全球性疫情,对公共卫生体系构成重大冲击。其病原体为SARS冠状病毒,由于其传播途径主要为近距离飞沫传播,病毒传播力强,人群普遍易感且重症患者病死率较高,[1] 一旦暴发,可能迅速蔓延,造成严重的社会和经济影响,因此需要采取甲类传染病的预防、控制措施。(2)炭疽中的肺炭疽是由炭疽芽孢杆菌引起的一种严重传染病,主要通过吸入炭疽芽孢的粉尘或气溶胶而感染,病情凶险,进展迅猛,可出现高热、呼吸困难、胸痛等症状,病死率高。[2] 其传播途径相对特殊,但一旦发生,可能引发社会恐慌和较大范围的传播,故需采取严格的甲类管理措施。将这两种传染病纳入甲类防控措施范畴,是基于它们对公众健康的严重威胁、传播特性以及可能造成的社会恐慌等多方面因素综合考量的结果,旨在最大限度地降低其传播风险,保障公众的生命安全。

第二类是其他需要采取本法规定的甲类传染病预防、控制措施的乙类

---

[1] 张广、杨维中:《传染性非典型肺炎的流行病学特征研究进展》,载《预防医学情报杂志》2004年第5期。

[2] 陈卫民、刘丹:《一例肺炭疽死亡病例的流行病学调查分析》,载《疾病监测》2004年第5期。

传染病。除上述明确规定的两种乙类传染病外，其他乙类传染病若出现特殊情况，经评估认为需要采取甲类传染病预防、控制措施的，同样依照特定程序执行。例如，当某地区出现一种传播途径不明、重症率较高的新型呼吸道传染病，且在短时间内出现多起聚集性病例，对公众健康和社会安全造成严重威胁时，国务院卫生健康主管部门会迅速组织专家开展流行病学调查、病毒溯源等工作，评估疫情风险。评估内容涵盖疾病的传播速度、致病力、病死率、对医疗资源的占用情况以及对社会经济的影响等多方面因素。若专家研判认为疫情形势严峻，该乙类传染病暴发、流行，且其传播速度、范围和危害程度达到可能严重威胁公众健康和社会稳定时，国务院疾病预防控制部门可以及时提出对该疾病采取甲类传染病的预防、控制措施的建议，由国务院卫生健康主管部门报经国务院批准后予以公布。这一规定体现了法律的灵活性和适应性，能够应对传染病疫情的复杂多变性。

这种依据传染病的不同特性与危害程度确定的类型，一方面有助于精准地制定差异化的防控策略，为科学、高效地开展传染病防治工作提供了坚实的法律依据；另一方面也有助于应对突发、新发传染病，确保能够迅速采取有效的防控措施，遏制疫情蔓延。

（二）甲类传染病的预防、控制措施的适用

为保证法律适用的一致性和连贯性，避免因传染病类别不同而在防控措施的实施、法律责任的认定等方面出现差异，确保在面对具有严重危害性和传播风险的传染病时，能够实施统一、严格、有效的防控措施，本条第四款特别规定，对于上述两类传染病，需要采取甲类传染病的预防、控制措施时，在法律适用上均统一适用本法有关甲类传染病的规定，严格执行甲类传染病的相关防控要求，最大限度地遏制疫情传播。毋庸置疑，明确采取甲类防控措施传染病适用甲类传染病规定，对传染病防控工作具有重要的规范作用，为政府及相关部门、医疗机构、疾病预防控制机构等在传染病疫情防控中的行为提供了明确的法律依据和操作准则。根据本法规定，具体预防、控制措施一般有以下几种。

1. 加强监测和预警，进行隔离治疗与医学观察，完善应急预案，加大对传染病防治科研的投入力度。国家卫生健康主管部门应建立、健全传染病监测网络，支持开展传染病病原学、流行病学、诊断技术、治疗药物和疫苗等方面的研究，利用大数据、人工智能等技术手段，加强对全国传染病疫情的监测和分析，提高监测的灵敏度和准确性，及时发现异常情况和潜在风险，制定和完善针对不同传染病的应急预案，规范应急处置流程，定期组织应急演练，实现早期预警和快速响应，提高各部门之间的协同配合能力和应急处置水平，确保在疫情暴发时能够迅速、有序地开展防控工作。例如，医疗机构一旦发现甲类传染病患者，应立即对确诊患者和疑似患者实施隔离治疗措施，将患者安置在专门的隔离病房，隔离期限根据医学检查结果确定，配备专业的医护人员进行治疗和护理，确保传染源得到有效控制，防止疾病进一步传播；同时，对患者的密切接触者进行详细追踪和严格的医学观察，医学观察期限一般根据该传染病的最长潜伏期确定，观察期间限制其活动范围，密切接触者需定期接受体温检测、症状询问等医学检查，以便及时发现和处理潜在的感染风险；建立传染病防治技术储备库，储备必要的诊断试剂、治疗药物、疫苗和防护物资等，以应对可能发生的传染病疫情等。

2. 限制或停止人群聚集活动。在疫情严重地区，可限制或停止集市、影剧院演出等人群聚集活动，减少人员流动和接触机会，降低疾病传播的可能性。

3. 交通卫生检疫。对出入相关区域的人员、物资和交通工具实施卫生检疫，防止疫情通过交通工具传播到其他地区，控制疫情的扩散范围。

（三）甲类传染病的预防、控制措施的解除

本法第三条已经确立了国务院卫生健康主管部门及时确定和调整各类传染病名录的动态调整机制，这一机制确保了传染病分类的科学性和时效性，使防控措施能够更好地适应实际情况，有效应对传染病的威胁。在采取严格防控措施期间，许多行业，如交通运输、旅游、餐饮、娱乐等受到严重冲击，经济活动受限，企业面临经营困难，劳动者就业受到影响。而适时解除防控措施，能够逐步恢复社会正常生产生活秩序，促进经济复苏。但在解除过程中，必须充分考虑疫情反弹的风险，确保解除措施不会导致疫情的再次大规模暴发。所以，当依照本条规定采取的甲类传染病预防、控制措施需要解除时，同样应当遵循严格的决策程序。根据本条第三款的规定，当采取甲类传染病预防、控制措施的前述传染病疫情得到有效控制，新增病例数持续下降并维持在较低水平，传播链清晰且得到有效阻断，疾病的传播风险显著降低，疫情反弹风险极低，对公众健康和社会安全的威胁大幅减轻时，国务院卫生健康主管部门会再次组织专家进行全面评估。评估指标同样包括发病率、病死率、病毒变异情况、疫情的发展态势、人群免疫水平以及医疗资源的承载能力等。当经过专家评估，综合考虑各种因素后，认为需要解除依照本条规定采取的甲类传染病预防、控制措施的，国务院疾病预防控制部门及时提出解除甲类传染病预防、控制措施的建议，由国务院卫生健康主管部门报经国务院批准后予以公布。这一规定旨在既保障解除防控措施的严肃性和科学性，也避免过早或过晚解除措施对传染病疫情防控和社会稳定造成不利影响，以保障社会经济的正常运行和公众的正常生活，实现公共卫生安全与经济社会可持续发展的双赢。

【适用指南】

在传染病防控工作中，具体落实本条规定，在传染病的不同防控阶段，应当有针对性地采取相应措施。在疫情监测与风险评估阶段，疾病预防控制机构、医疗机构等在日常疫情监测工作中，要对炭疽中的肺炭疽等采取甲类防控措施的乙类传染病保持高度警惕。具体地，可以通过建立专门的监测哨点，运用先进的检测技术和信息化手段，实时收集病例信息，包括患者的症状、发病时间、接触史等，及时发现疫情苗头。例如，在医疗机构发热门诊设置专门的监测流程，对出现不明原因发热、呼吸道症状的患者进行重点排查，一旦发现疑似病例，立即按照相关规定进行隔离观察和核酸检测，确保早发现、早诊断。与此同时，还应当强化对其他乙类传染病的监测，如利用大数据分析、人工智能等技术，整合医疗机构报告信息、药店药品销售数据、环境监测数据等多源信息，构建全方位的监测网络。当发现某种乙类传染病发病数异常升高，应当立即组织专家进行风险评估，判断是否需要采取更为严格的防控措施，为后续决策提供科学依据。

在防控措施实施阶段，应当严格落实甲类防控措施。一旦确定对某种传染病采取甲类传染病的预防、控制措施，相关部门必须严格执行：医疗机构对患者和病原携带者实施隔离治疗，隔离期限依据医学检查结果确定，确保患者得到有效治疗的同时，防止病毒传播；疾病预防控制机构立即开展流行病学调查，追踪传染源、传播途径，排查密切接触者，并对密切接触者实施集中隔离医学观察，对被污染的场所进行全面、彻底的卫生处理，包括环境消毒、垃圾无害化处理等；公安机关协助医疗机构采取强制隔离治疗措施，维护防控秩序，保障防控措施顺利实施。在司法实践中，突发原因不明的传染病经专业评估认为需要采取本法规定的甲类传染病预防、控制措施的，会影响法官对某些案件的裁判。

在防控措施调整阶段，在国务院卫生健康主管部门报经国务院批准对传染病防控措施进行调整后，各地应当迅速响应。在某种传染病的甲类防控措施解除时，相关部门应当及时调整工作重点，如疾病预防控制机构调整监测策略，从全面监测转为重点监测，关注疫情的流行趋势和病毒变异情况，取消对密切接触者的追踪和管理，不再划定高低风险区，恢复正常的生产生活秩序等。

【关联规范】

《中华人民共和国国境卫生检疫法》第四条；《中华人民共和国突发事件应对法》第二条；《中华人民共和国疫苗管理法》第二十条、第二十八条；《突发公共卫生事件应急条例》第二条至第五条、第十九条、第二十条、第二十三条、第二十六条、第三十条、第三十八条。

> **第五条 【地方性传染病的管理权限】** 省级人民政府对本行政区域常见多发的其他传染病，可以根据情况决定按照乙类或者丙类传染病管理并予以公布，报国务院疾病预防控制部门备案。

【条文主旨】

本条规定赋予省级人民政府对于本行政区域常见多发传染病的管理权限，旨在使其能够根据本地区传染病的实际流行特点和防控需求，灵活制定管理措施，提高传染病防治工作的针对性和有效性。

【条文释义】

一、省级人民政府管理权限的赋予

不同地区由于地理环境、气候条件、人口密度、生活习惯、经济发展水平以及卫生设施等因素的差异，传染病的流行种类和特点不尽相同。例如，南方部分省份因气候湿热，蚊虫滋生，一些虫媒传染病相对高发；而北方某些省份在冬季，呼吸道传染病的流行情况可能更为突出；在某些山区，由于特定的自然环境和动物宿主分布，可能存在一些地方特有的传染病，如蜱虫传播的疾病，这些疾病在当地较为常见，但在其他地区可能极为罕见。根据本条规定，省级人民政府对本行政区域常见多发的其他传染病，拥有决定按照乙类或者丙类传染病管理的权力，这一规定充分考虑了我国地域辽阔、各地传染病流行情况差异较大的实际国情。赋予省级人民政府这一管理权限，使其能够根据本地区传染病的实际流行特点和防控需求,灵活制定管理措施,提高传染病防治工作的针对性和有效性。这种管理权限的赋予,是基于省级人民政府对本地区情况的深入了解和快速反应能力,能够及时掌握本地传染病的发病数据、传播趋势、危害程度等信息,在面对常见多发的其他传染病时,能够迅速作出判断,决定采取乙类或丙类传染病的管理措施。与全国统一管理相比,地方政府的自主决策可以避免"一刀切"的管理模式,更贴合地方实际需求,提高防控效率,合理配置防控资源,避免资源浪费。

二、省级人民政府制定管理措施决策的考量因素

省级人民政府在决定对本行政区域常见多发的其他传染病按照乙类或者丙类传染病管理时,需要综合考量多方面因素。在决定对常见、多发的其他传染病按照乙类或者丙类传染病管理后,省级人民政府会组织相关部门制定具体的防控方案。

首先,传染病的病原体特性是关键因素之一。病原体的传染性、致病性、变异性等直接影响传染病的传播速度和危害程度。例如,对于一些传染性较强且可能引发严重并发症的病原体所导致的传染病,省级人民政府可能倾向于按照乙类传染病管理,以便采取更严格的防控措施;而对于致病性相对较弱、传播范围较容易控制的病原体引发的传染病,则可能按照丙类传染病管理。

其次,传染病的发病数量、流行范围、传播速度、是否出现聚集性发病等流行情况也是重要的考量依据。如果某传染病在短时间内发病数量快速上升,且有向周边地区扩散的趋势,对居民健康影响较大,省级人民政府可能会提高管理级别,采取相对严格的防控措施;反之,若发病数量较少,疾病危害程度相对较低,且处于零星散发状态,传播范围有限,管理级别可以相对较低。

此外,当地的医疗卫生资源状况、社会经济承受能力等因素也会影响决策。如果当地医疗卫生资源有限,难以应对大规模疫情,可能会对某些传染病采取更严格的管理措施,以减少疫情对医疗系统的冲击;而在社会经济承受能力较弱的地区,在制定管理措施时也需要充分考虑对当地经济发展和社会稳定的影响,避免因过度严格的防控措施对经济造成过大的负面影响。

三、管理措施的公布与备案程序

省级人民政府在作出按照乙类或者丙类传染病管理的决定后,需要及时予以公布。公布管理措施是保障公众知情权的重要环节,有助于公众了解当地传染病的防控情况,提高公众的自我防护意识和配合度。具体地,可以通过政府网站、新闻发布会、官方媒体等官方渠道,向社会公开相关信息,使公众能够及时获取准确的防控要求和指导,积极参与到传染病防控工作中来。

同时,省级人民政府在决定对地方性传染病进行分类管理后,应当将决定报国务院疾病预防控制部门备案。备案程序的设置具有两个方面的重要意义:一方面,国务院疾病预防控制部门有权对地方的传染病管理工作进行监督和指导,确保地方的管理措施符合国家法律法规和防控要求,保障全国传染病防控工作的统一性和协调性。这一备案制度,有助于国务院疾病预防控制部门及时掌握全国各地区传染病管理的动态情况,为国家层面制定全国性的宏观防控政策、进行资源调配和协调提供依据。通过对各地备案信息的分析和汇总,国家能够全面了解全国传染病的流行趋势和防控工作进展,及时发现潜在的风险和问题,采取针对性的措施进行指导和干预。另一方面,备案程序也起到了监督和规范省级人民政府管理行为的作用,确保地方政府在行使管理权限时,遵循法律规定和国家统一的防控原则,避免出现管理混乱或不合理的情况,保障全国传染病防治工作的整体性和协调性。

【适用指南】

在传染病防控工作中,具体落实本条规定,在传染病的不同防控阶段,应当有针对性地采取相应措施。例如,在防控措施实施阶段,如果省级人民政府根据本地区传染病流行情况,决定按照乙类传染病管理,则应当加强疫情监测,提高监测频率和覆盖面,加强疫情监测,落实患者隔离治疗,开展流行病学调查等,确保及时掌握疫情动态;在防控措施调整阶段,省级人民政府应当根据国家政策调整和本地区实际情况,适时优化本地传染病防控策略;在调整防控策略过程中,则要充分征求专家意见,进行科学评估,同时做好信息公开和公众沟通工作,确保防控措施调整平稳有序进行。

【关联规范】

《中华人民共和国宪法》第一条;《中华人民共和国基本医疗卫生与健康促进法》第十六条;《中华人民共和国国境卫生检疫法》第四条;《中华人民共和国突发事件应对法》第四条、第八条、第二十六条;《突发公共卫生事件应急条例》第三条至第五条。

> **第六条　【传染病防治的体制机制】** 国家建立健全传染病防治体制机制，明确属地、部门、单位和个人责任，实行联防联控、群防群控。

【条文主旨】

本条旨在确立我国传染病防治的体制机制，明确各主体在传染病防治工作中的责任，强调通过联防联控、群防群控的方式，构建全面、高效的传染病防控体系，有效预防和控制传染病的传播。

【条文释义】

一、建立健全我国的传染病防治体制机制

国家建立健全传染病防治体制机制是传染病防治工作的基础和保障。这一体制机制涵盖了从中央到地方，从政府部门到社会各界的多个层面。在中央层面，国家统筹规划传染病防治工作，制定总体战略和方针政策。通过整合卫生健康、疾控、财政、交通等多部门资源，形成协同工作的合力。在地方层面，各级政府依据国家政策，结合本地实际情况，制定具体的实施方案和行动计划。地方政府需要建立完善的疾病预防控制体系，加强基层医疗卫生机构建设，提高疫情监测、预警和处置能力。同时，要协调好辖区内各部门之间的工作，确保传染病防治工作在基层能够有效落实。

此外，根据本法规定，这一体制机制还包括建立完善的疫情监测、预警、报告、处置等系统：疫情监测系统通过对医疗机构、社区等多渠道数据的收集和分析，及时掌握传染病的流行态势；预警系统则根据监测数据，对可能出现的疫情风险进行预测和警示，为防控工作争取时间；报告系统要求责任单位和责任人按照规定及时、准确地报告疫情信息，确保信息的畅通；处置系统则针对不同类型和规模的疫情，制定科学合理的应对方案，确保疫情能够得到及时有效的控制。

二、明确属地、部门、单位和个人责任

(一) 属地责任

属地责任强调地方各级政府对本行政区域内的传染病防治工作负总责。这意味着地方人民政府要将传染病防治工作纳入当地经济社会发展规划，保障防治工作所需的人力、物力和财力。同时，地方人民政府还要协

调辖区内各部门、各单位之间的工作，形成工作合力。对于辖区内发生的传染病疫情，地方人民政府要第一时间启动应急响应，采取有效措施控制疫情传播，向上级政府和有关部门及时报告疫情信息，接受上级的指导和监督。

（二）部门责任

不同部门在传染病防治工作中承担着不同的职责。相关部门应当依法各司其职，按照职责分工，共同做好传染病防控工作。其中，卫生健康部门是传染病防治工作的主要负责部门，应当依法履行传染病防控的监管职责，承担疫情监测、诊断治疗、防控技术指导等重要任务。例如，加强对医疗机构、疾病预防控制机构等的管理和指导，强化信息共享和沟通协调，制定传染病诊断标准、治疗方案，组织开展传染病防治培训和演练、流行病学调查，提高专业人员的防控能力和应急处置水平，确保各项防控措施的落实。疾控机构则负责传染病监测、预警、风险评估等工作，为传染病疫情防控提供科学依据。医疗机构应当严格落实传染病预检分诊制度，加强对传染病患者的诊断、治疗和管理，按照规定报告传染病疫情，配合疾病预防控制机构开展流行病学调查和疫情处置工作，加强对医院感染的防控，防止院内交叉感染的发生等。其他部门如教育部门要负责学校的传染病防控工作，加强对学校传染病防治工作的管理，督促学校落实晨午检、因病缺勤追踪等制度，防止传染病在校园内的传播，保障师生健康；农业、林业等部门要加强动物疫病的监测和防控，防止动物疫病向人类传播；交通部门在疫情期间要配合实施交通卫生检疫，防止疫情通过交通工具传播；市场监管部门要加强对食品、药品市场的监管，确保防疫物资和食品药品的质量安全等。各部门之间需要密切配合，形成工作协同效应，共同做好传染病防治工作。

（三）单位责任

各类单位包括企事业单位、社会组织等，都要承担起本单位的传染病防治责任，积极参与传染病防控工作，充分发挥社会力量的作用。企事业单位要制定本单位的传染病防控预案，加强对员工的健康管理，如开展健康监测、组织员工接种疫苗等。同时，要做好单位内部的环境卫生管理，定期对工作场所进行消毒，为员工提供安全的工作环境。

此外，社会组织也应当发挥自身优势，积极参与传染病防治工作，如慈善组织可以筹集防疫物资，志愿者组织可以协助社区开展宣传、排查等工作。各单位也可以通过提供志愿服务、开展健康教育等方式，为传染病患者提供心理支持、生活帮扶等服务；广泛宣传普及传染病防控知识，加强对流动人口、弱势群体等重点人群的宣传教育，提高公众的健康意识和自我防护能力，落实各项防控措施。

（四）个人责任

个人在传染病防治工作中也肩负着重要责任。每个公众都应当遵守传染病防治法律法规，积极配合政府和医疗机构等相关部门采取的防控措施。如在疫情期间，主动进行核酸检测、如实报告个人健康状况和行程信息、配合隔离管控等。同时，个人要养成良好的卫生习惯，如勤洗手、戴口罩、保持社交距离等，减少传染病传播的风险。此外，个人还应当密切关注自身和家人的健康状况，增强自我保护意识，提高健康素养，学习传染病防治知识，积极参与传染病防治宣传活动，向身边的人传播正确的防控信息。

三、传染病防控工作的两大措施

（一）联防联控

联防联控强调各级政府、不同部门、不同地区之间应当协同合作。鉴于传染病传播不受地域、部门限制，因此传染病防控也需要各级政府、各部门、各地区打破壁垒，建立起紧密的协作机制，共同开展传染病防控工作，形成防控合力。例如，卫生健康部门发现疫情后，及时将信息通报给交通、公安等部门，交通部门可以根据疫情情况调整交通运营安排，公安部门协助实施人员管控等措施。再如，卫生健康、市场监管、农业农村等部门在防控人畜共患传染病时，应当加强信息共享与联合执法，共同做好动物疫病防控和市场监管工作。尤其是在跨区域疫情传播中，相关地区应当加强与周边地区的传染病防控协作，建立区域联防联控机制，共同应对跨区域传播的传染病疫情。通过建立信息沟通渠道，流入地与流出地应当密切配合，实现信息共享、资源调配和协同处置人员排查、隔离管控等工作，防止疫情跨区域传播，保障区域公共卫生安全。如果是在边境地区，还应当加强与周边国家和地区的卫生合作，共同防控跨境传染病传播。

（二）群防群控

群防群控，是指应当充分调动广大人民群众的积极性和主动性，依靠群众，让群众参与到传染病防控工作中。传染病防治工作涉及面广，需要全社会的共同参与，而群众是传染病防控的重要力量，依靠群众也体现了我国传染病防治工作的群众路线。在具体防控工作中，应当通过宣传引导，加强健康教育，让公众了解传染病的危害和防控知识，提高自我防护意识和能力，自觉遵守防控规定，积极主动地配合防控工作，营造全社会共同参与传染病防控的良好氛围。

社区是群防群控的重要阵地，社区居民通过成立志愿者队伍，协助社区开展人员排查、防控宣传、物资配送等工作。同时，居民之间要相互监督，发现违反防控规定的行为及时报告。

【适用指南】

在传染病防控工作中，必须贯彻本条规定的体制机制。在具体落实本条规定的过程中，应当注意在传染病的不同防控阶段，防控工作遵循的方针和原则应有所侧重。

在传染病防控的起始阶段，一旦监测到传染病发生风险升高或出现异常病例，应当按照我国《传染病防治法》规定的程序，及时向卫生健康行政部门和上级疾病预防控制机构报告，同时通报相关医疗机构，做到信息共享，为后续防控措施的制定提供科学依据，体现"联防联控"原则。

当传染病已经发生并达到一定响应级别时，应当充分发挥"群防群控"作用，通过社区宣传、志愿者服务等方式，引导公众积极配合防控工作，缓解了防控压力。

在疫情进入常态化防控阶段，应当进一步强化"群防群控"，通过宣传教育，让公众保持良好的卫生习惯，提高自我防护意识。此外，各部门应当持续加强协作，落实"联防联控"，共同维护社会的正常生产生活秩序，将传染病风险控制在最低水平。

【关联规范】

《中华人民共和国基本医疗卫生与健康促进法》第十六条、第二十一条；《中华人民共和国国境卫生检疫法》第四条；《中华人民共和国动物防疫法》第十五条；《中华人民共和国突发事件应对法》第七条；《中华人民共和国传染病防治法实施办法》第二条；《突发公共卫生事件应急条例》第二条、第四条；《病原微生物实验室生物安全管理条例》第一条；《医疗废物管理条例》第一条。

第七条　【各级人民政府在传染病防治工作中的地位与职责】 各级人民政府加强对传染病防治工作的领导。

县级以上人民政府建立健全传染病防治的疾病预防控制、医疗救治、应急处置、物资保障和监督管理体系，加强传染病防治能力建设。

【条文主旨】

本条强调各级人民政府需加强对传染病防治工作的领导，强调政府在传染病防治中的组织管理、保障和监督职责，明确县级以上人民政府更要构建全方位的涵盖疾病预防控制、医疗救治、应急处置、物资保障和监督管理等多个关键环节传染病防治体系，并着力提升传染病防治能力，以此有效预防、控制和消除传染病的发生与传播，切实保障公众的生命健康与社会的稳定发展。

【条文释义】

一、各级人民政府加强对传染病防治工作的领导

各级人民政府对传染病防治工作的领导职责体现在多个方面，如政策制定与规划引领、组织协调与资源整合、政策保障与监督落实，以及宣传教育与社会动员等。

（一）政策制定与规划引领

各级人民政府在传染病防治工作中扮演着政策制定者与规划引领者的关键角色。从国家层面到地方各级政府，均需依据当地传染病流行特点、人口结构、医疗卫生资源分布等实际情况，制定长期与短期相结合的传染病防治政策、规划和工作方案。国家层面制定的《全国疾病预防控制行动方案（2024—2025年）》《全国结核病防治规划（2024—2030年）》等，明确了这一段时间内全国传染病防治工作的总体目标、重点任务和保障措施，为地方政府制定本地规划提供了宏观指导。省级人民政府可以根据国家传染病防治的整体要求，结合本地人口结构、地理环境、医疗卫生资源等实际情况，制定涵盖未来五年的传染病防治规划或者某类传染病的防治规划，明确在疫苗接种推广、医疗救治、健康教育、疫情监测体系完善等方面的具体目标和行动计划，确定重点防控的传染病种类、防控措施的实施步骤以及各部门的分工安排，确保传染病防治工作与当地经济社会发展相协调。[①]

（二）组织协调与资源整合

传染病防治工作涉及卫生健康、疾控、财政、民政、教育、公安、交通运输等多个部门，需要政府进行有效的组织协调。各级政府建立健全传染病防治工作领导组织协调机制，定期召开多部门传染病疫情防控联席会

---

① 例如，云南省疾病预防控制局于2025年5月发布《云南省结核病防治规划（2025—2030年）》，以加强结核病防治工作。

议，协调各部门共同参与传染病防治工作。例如，在应对流感高发季节时，地方政府可以组织卫生健康部门和学校、社区等单位共同开展流感防控宣传活动，协调疾控部门提供技术指导，财政部门保障宣传经费，形成多部门联动的防控格局。

在资源整合方面，政府统筹调配财政资金、医疗资源、人力资源等；财政部门加大对传染病防治的资金投入，用于疾病预防控制机构建设、医疗救治设备购置等；卫生健康部门调配医护人员支援疫情严重地区；交通运输部门保障医疗物资和生活物资的运输畅通。

(三) 政策保障与监督落实

在政策保障与监督落实方面，各级政府应当制定有利于传染病防治的政策措施，如对参与传染病防治工作的医疗卫生机构给予财政补贴、税收优惠等，并监督下级政府和相关部门贯彻落实传染病防治工作要求。

(四) 宣传教育与社会动员

各级政府应当积极开展传染病防治宣传教育工作，提升公众的健康意识和自我防护能力。通过电视、广播、网络、社区宣传等多种渠道普及传染病防治知识。例如，在流感季节，政府可以通过电视公益广告、社区宣传栏等多种方式，宣传勤洗手、戴口罩、保持社交距离等流感预防知识。同时，可以动员社会力量参与传染病防治工作，鼓励社会组织、志愿者、企业等积极投身传染病疫情防控，如组织志愿者参与社区传染病疫情防控值守、物资配送等工作，引导企业捐赠医疗物资和资金。

二、县级以上人民政府建立健全传染病防治体系及加强能力建设

(一) 疾病预防控制体系

县级以上人民政府应当致力于构建完善的覆盖城乡的疾病预防控制体系，包括各级疾控中心、社区卫生服务中心、乡镇卫生院等基层预防保健单位，明确各级机构的职责和服务范围，实现传染病监测、预警、流行病学调查等功能的全覆盖。具体而言，在机构建设方面，通过加强疾病预防控制机构基础设施建设，为其配备基因测序仪、全自动生化分析仪等先进的实验室检测设备，提升对传染病病原体的快速检测能力和鉴定水平；在人员队伍建设上，通过招聘、引进、培训等方式，配备充实专业技术人员，提高人员素质；在工作机制上，通过建立健全传染病监测、预警、流行病学调查、预防控制措施制定与实施等工作机制，如建立覆盖城乡的传染病监测哨点，实时收集疫情病例信息，运用大数据分析技术分析疫情动态，及时发现传染病早期迹象并发出预警等，为防控决策提供科学依据。

(二) 医疗救治体系

完善医疗救治体系是县级以上人民政府的重要职责。一方面，县级以上人民政府应当优化医疗机构布局，即合理规划和设置各级各类医疗机构，确保有足够的传染病定点医疗机构和隔离治疗设施。特别是在人口密集地区和传染病高发地区，要加大对传染病专科医院、综合医院感染科的投入，保障传染病医院或综合性医院传染病区的建设，改善医疗设施条件，增加传染病病床数量，配备充足的医疗设备和专业医护人员并加强传染病医疗救治队伍建设，提高医护人员对传染病的诊断、治疗能力。例如，规划新建传染病专科医院，或者对现有综合医院的传染病科室进行扩建和升级改造，明确不同级别医疗机构在传染病救治中的职责分工，实现患者的合理分流和有效救治，以满足传染病患者的救治需求。另一方面，县级以上人民政府应当建立分级诊疗和转诊机制，明确不同级别医疗机构在传染病救治中的角色，基层医疗机构负责传染病的初步诊断和轻症患者的治疗，上级医疗机构负责重症患者的救治和疑难病例会诊，同时建立顺畅的转诊通道。例如，社区卫生服务中心对疑似传染病患者进行初步筛查，对疑似重症患者及时转诊至上级医院，上级医院安排专家会诊并接收转诊患者，提高医疗资源利用效率和救治效果。

(三) 应急处置体系

县级以上人民政府应当建立健全传染病应急处置体系。首先，需要制定完善的传染病疫情应急预案，明确在传染病暴发、流行时的应急组织架构、应急响应程序、应急资源调配、各部门职责分工、防控措施等。传染病疫情应急预案要根据不同类型传染病的特点和风险等级进行分类细化，涵盖从疫情监测预警、病例发现与报告、隔离治疗到社区防控、物资保障等各个环节的具体措施，确保在疫情发生时能够迅速、有序地启动应急响应。其次，还应当建立包括医疗救治、疾病控制、卫生监督等多专业人员的传染病应急处置队伍，并定期组织开展应急演练，检验和提升应急处置能力。演练内容可以包括模拟疫情场景下的应急指挥、现场处置、物资调配等环节，通过演练检验应急预案的科学性和可操作性，提高应急队伍的实战能力，以便在疫情发生时，能够迅速启动应急预案，开展流行病学调查、传染源隔离等应急处置工作。

(四) 物资保障体系

物资保障是传染病防治工作的重要支撑。一方面，县级以上人民政府健全医疗物资储备制度，建立传染病防治物资储备库，储备充足的口罩等防护用品、医疗器械、消毒用品、检测试剂、药品等必要的医疗物资。物资储备量应根据本地区人口数量、传染病流行趋势等因素科学确定，确保在疫情发生时能够满足应急需求。另一方面，县级以上人民政府应当与相关部门和企业建立物资生产、采购、调配的协同机制，确保在紧急情况下能够及时补充和调配物资。例如，加强物资储备管理，定期更新和补充物资，确保物资质量和数量；同时，建立物资调配机制，在疫情发生时，能够根据防控需求，合理调配物资，优先保障疫情严重地区和重点医疗机构；建立跨地区物资调配绿色通道，便于从其他地区紧急调配物资支援本地传染病疫情防控等。

（五）监督管理体系

为确保传染病防治工作依法依规开展，县级以上人民政府应当构建监督管理体系。卫生健康行政部门及其监督机构要加强对传染病防治工作的日常监督管理，对医疗机构、疾病预防控制机构、公共场所等进行定期检查和不定期抽查。监督检查内容包括但不限于传染病防治法律法规的执行情况、医疗废物处置是否规范、传染病报告是否及时准确，以及对疾病预防控制机构的疫情监测、流行病学调查工作进行检查，对公共场所的卫生消毒、通风等防控措施落实情况进行督查等，确保各项传染病防治工作合法合规开展。对违反传染病防治法律法规的行为，依法依规追究法律责任，保障公众健康权益。例如，根据《消毒管理办法》第四条规定，对医疗机构的消毒隔离制度执行情况进行每月一次的常规检查，对发现问题的机构责令限期整改，并跟踪复查整改落实情况。再如，根据本法第六十九条规定，对未按照规定报告传染病疫情导致疫情扩散的医疗机构，对相关责任人给予行政处分，并对机构处以罚款；对在应急物资采购中存在贪污受贿等违法行为的人员，移送司法机关追究刑事责任等。

（六）加强传染病防治能力建设

县级以上人民政府应当从多个方面加强传染病防治能力建设。具体地，在人才队伍建设方面，应当加大对临床医学、预防医学、护理学、公共卫生管理等传染病防治相关专业人才培养的投入力度，培养适应传染病防治工作需要的实用型人才，如设立传染病防治专项奖学金，吸引优秀学生报考传染病相关专业；鼓励医疗机构和疾控机构引进具有丰富传染病防治经验的专业人才，充实到传染病防治工作岗位；定期组织对现有从事传染病防治工作的人员进行业务培训和继续教育，更新知识和技能，提高业务水平；加强实习基地建设，为学生提供充足的实践机会，提高学生的临床操作能力和疾病防控实践能力等。在科研创新能力方面，应当鼓励科研机构、高校开展传染病防治科研项目，加大科研投入，支持研发新型诊断技术、治疗药物和疫苗。在基础设施建设方面，一方面，应当改善医疗卫生机构设施条件，加大对医疗卫生机构基础设施建设的投入，特别是传染病防治重点科室的建设，对医疗机构的传染病门诊、病房、检验科、重症监护室等进行升级改造，配备符合传染病防治要求的通风系统、污水处理系统、医疗废物暂存设施等。另一方面，在信息化建设能力上，应当推进传染病防治信息化建设，建立传染病疫情信息管理系统，实现疾病预防控制机构、医疗机构、卫生监督机构之间的信息互联互通，疫情信息的实时收集、分析和共享。通过信息化手段提高传染病疫情监测的敏感性和及时性，实现传染病病例的实时报告、分析和预警。例如，开发移动终端传染病报告 APP（应用程序），方便基层医疗卫生人员及时录入传染病病例信息，上级部门能够实时掌握疫情动态，提高决策的科学性和时效性。在国际合作能力方面，应当积极参与传染病防治国际合作，学习借鉴国际先进经验和技术，提升我国传染病防治水平。

【适用指南】

在司法实践层面，本条规定对于行政诉讼以及对政府行为进行合法性审查都有重要意义。一方面，在涉及传染病防治工作的行政诉讼案件中，本条规定是审查各级人民政府及其相关部门是否履行了传染病防治工作的领导和体系建设职责的重要依据。另一方面，对于政府部门因传染病防治工作的需要采取行政强制措施等行为，法院在审理相关行政案件时，可以本条规定为参考，审查政府行为是否符合加强传染病防治工作领导和体系建设的要求。

在执法实践层面，本条规定是政府部门履职监督和跨部门联合执法行动的依据。一方面，上级人民政府可以依据本条规定对下级人民政府及其相关部门进行监督检查，确保传染病防治的各项体系建设和能力建设任务得到有效落实。另一方面，在开展传染病防治工作联合执法行动时，卫生健康、疾控、市场监管、公安等多部门以本条规定为依据，明确各自的执法职责和任务，共同打击传染病防治领域的违法违规行为。以打击非法行医收治传染病患者的专项行动为例，卫生健康行政部门可以负责对医疗机构的执业资质和诊疗行为进行检查，疾控机构可以提供传染病诊断和疫情评估技术支持，市场监管部门可以查处无证经营药品和医疗器械行为，公安部门可以对阻碍执法的行为进行处理，各部门按照本条规定的职责分工，协同开展执法行动，维护传染病防治秩序。

在传染病防治实际操作中，本条规定既是政府决策和资源配置的依据，也是公共卫生机构和医疗机构的工作规范。一方面，县级以上人民政府在制定本地区传染病防治规划和年度工作计划时，可以将本条规定作为重要依据，合理配置资源，确保各项体系建设和能力建设工作有序推进。例如，根据本条规定，市政府可以在财政预算中安排专项资金用于建设市级传染病医院、购置疾控机构的先进检测设备、开展传染病防治人员培训等项目，同时，将传染病防治工作纳入政府绩效考核体系，对相关部门和下级政府的传染病防治工作进行量化考核，推动各项任务的落实。另一方面，疾病预防控制机构和医疗机构在开展传染病防治工作时，可以本条规定作为工作规范，不断完善自身服务体系和能力建设。例如，县级疾控中心就可以根据本条规定，加强实验室能力建设，引进新的检测技术和设备，提高对传染病病原体的检测速度和准确性；各级医疗机构可以按照医疗救治体系建设要求，优化传染病科室设置，加强医护人员配备和培训，提高传染病患者的救治水平。

【关联规范】

《中华人民共和国基本医疗卫生与健康促进法》第九条、第十一条、第十六条、第二十二条、第三十二条、第九十九条；《中华人民共和国国境卫生检疫法》第四条；《中华人民共和国食品安全法》第三十三条；《中华人民共和国动物防疫法》第十五条；《中华人民共和国突发事件应对法》第七条；《中华人民共和国传染病防治法实施办法》第二条；《突发公共卫生事件应急条例》第二条、第十七条至第七十条；《病原微生物实验室生物安全管理条例》第一条；《医疗废物管理条例》第一条。

第八条　【国务院及县级以上地方人民政府相关部门的职责分工】 国务院卫生健康主管部门牵头组织协调全国传染病疫情应对工作，负责全国传染病医疗救治的组织指导工作。国务院疾病预防控制部门负责全国传染病预防、控制的组织指导工作，负责全国传染病疫情应对相关工作。国务院其他有关部门在各自职责范围内负责传染病防治有关工作。

县级以上地方人民政府卫生健康主管部门牵头组织协调本行政区域传染病疫情应对工作，负责本行政区域传染病医疗

> 救治的组织指导工作。县级以上地方人民政府疾病预防控制部门负责本行政区域传染病预防、控制的组织指导工作，负责本行政区域传染病疫情应对相关工作。县级以上地方人民政府其他有关部门在各自职责范围内负责传染病防治有关工作。
>
> 中国人民解放军、中国人民武装警察部队的传染病防治工作，依照本法和中央军事委员会的有关规定办理，由中央军事委员会负责卫生工作的部门实施监督管理。

【条文主旨】

传染病的防控工作涉及社会的方方面面，绝非单一部门能够独立完成。本条是对传染病防治工作中国务院及县级以上地方人民政府相关部门职责分工的规定，明确了从中央到地方，包括卫生健康主管部门、疾病预防控制部门以及其他政府部门等不同主体在传染病防治工作中的职责分工，同时对军队传染病防治工作的监督管理作出特别规定，旨在构建一个全方位、多层次、协同配合的传染病防治监管工作体系，通过明确各主体的具体职责，确保在传染病防治工作中能够高效、有序地开展，从而有效预防、控制和消除传染病的发生与流行，切实保障公众的生命安全和身体健康，维护社会的稳定与经济的正常运行。

【条文释义】

一、国务院各部门的职责

（一）国务院卫生健康主管部门的职责

传染病疫情应对涉及多个环节和部门，需要一个部门进行统筹安排。国务院卫生健康主管部门凭借其综合职能，能够协调各方资源与力量，故而其在全国传染病疫情应对和医疗救治方面肩负统领全局、牵头组织协调与组织指导的重任。在疫情应对方面，作为核心组织者，需整合全国卫生健康系统资源，依据传染病的流行态势、国内外防控经验以及我国国情，制定全国性的疫情应对策略与工作方案。例如，在疫情初期，需要迅速组织专家研判疫情形势，确定疫情的严重程度，制定从人员防护、隔离措施到医疗救治流程等各个方面的防控策略，协调各地医疗资源支援疫情严重地区等。

医疗救治是传染病防治的关键环节。在医疗救治组织指导工作中，国务院卫生健康主管部门应当负责制定全国统一的传染病医疗救治技术规范、标准与指南，规范临床诊疗行为，指导各级医疗机构开展救治工作。例如，组织专家编写不同传染病的诊疗方案，为全国医疗机构救治患者提供科学指导；组织开展医疗救治培训，提升各级医疗机构救治能力，协调优质医疗资源向疫情严重地区倾斜，最大限度提高治愈率。

（二）国务院疾病预防控制部门的职责

预防和控制传染病传播是阻止疫情扩大的根本。国务院疾病预防控制部门负责全国的传染病预防、控制及相关疫情应对工作的组织指导工作，从源头上遏制传染病。具体地，在预防与控制组织指导方面，国务院疾病预防控制部门应当拟订国家传染病预防控制规划和方案，如制定流感、乙肝等重点传染病的预防控制规划，明确预防控制目标、策略和措施；组织开展全国性传染病监测工作，收集、分析疫情数据，掌握传染病流行态势；建立传染病监测哨点，对流感、手足口病等传染病进行实时监测。在传染病疫情应对相关工作中，国务院疾病预防控制部门应当及时研判疫情形势，为国务院的传染病疫情防控决策提供科学依据；组织开展流行病学调查、疫情溯源等工作，指导各地开展传染病疫情防控措施。

（三）国务院其他有关部门职责

国务院其他有关部门依据自身职能，在传染病防治中承担相应的支持性工作。例如，发展改革部门负责协调医疗物资生产企业的产能，保障口罩、防护服等物资的供应；交通运输部门负责保障医疗物资、生活物资运输畅通，在疫情期间开辟绿色通道，确保防控物资及时送达需求地，同时在交通枢纽落实体温检测、通风消毒等防控措施，防止疫情通过交通运输传播；科技部门则支持传染病防治相关科研项目的开展，加速检测试剂、治疗药物的研发进程；市场监管部门加强市场监管，打击哄抬防疫物资价格、销售假冒伪劣防疫产品等违法行为，维护市场秩序，保障公众合法权益。

二、县级以上地方人民政府各部门职责

（一）县级以上地方人民政府卫生健康主管部门的职责

县级以上地方人民政府卫生健康主管部门在本行政区域内发挥着传染病疫情应对的牵头组织协调以及医疗救治组织指导作用。在疫情应对方面，应当结合本地实际情况，制定本地区传染病疫情应对方案，组织协调本地卫生健康系统资源，开展传染病疫情防控工作，落实上级部门的传染病疫情防控要求。在医疗救治组织指导上，应当结合本地医疗资源状况，制定本地传染病医疗救治实施细则，协调辖区内各县区的医疗资源，组织医疗机构开展救治工作，对本地医疗机构救治质量进行监督管理，提升本地医疗救治能力，确保患者得到及时、有效的治疗。

(二)　县级以上地方人民政府疾病预防控制部门的职责

县级以上地方人民政府疾病预防控制部门负责本行政区域内传染病预防、控制及疫情应对相关工作的组织指导工作。在预防控制组织指导方面，应当根据国家和省级传染病预防控制规划，制定本地区具体实施方案，组织开展疫苗接种、健康教育、环境卫生监测等预防控制工作，深入基层开展传染病预防宣传活动，提高居民的防病意识。在疫情应对相关工作中，应当开展本地疫情监测、流行病学调查、疫情处置等工作，及时向本级政府和上级疾病预防控制部门报告疫情信息，为地方政府决策提供参考，指导基层开展传染病疫情防控，防止传染病疫情在本地扩散。

(三)　县级以上地方人民政府其他有关部门的职责

县级以上地方人民政府其他有关部门在各自职责范围内协同开展传染病防治工作。例如，教育部门负责学校、托育机构的传染病防控工作，制定学校传染病防控指南，组织开展学校传染病防控培训和演练，落实晨午检、因病缺勤追踪等制度，保障师生健康；公安部门维护疫情防控期间社会秩序，协助落实人员管控、隔离措施等，保障疫情防控工作顺利进行；民政部门负责保障困难患者的救助工作，确保他们能获得基本的医疗救治和生活支持；市场监管部门加强对医药市场的监管，打击哄抬物价、销售假冒伪劣药品等违法行为，维护市场秩序。

三、军队传染病防治工作规定

军队有其独特的组织架构和管理体系，其人员相对集中且流动性特殊，传染病防治工作需要结合军队实际情况进行安排。因此，中国人民解放军、中国人民武装警察部队的传染病防治工作遵循本法以及国务院、中央军事委员会的有关规定办理。中央军事委员会负责卫生工作的部门实施监督管理，确保军队传染病防治工作依法依规开展。军队医疗机构承担军队内部人员的传染病医疗救治工作，同时在必要时，根据国家统一部署，支援地方的传染病防治工作。在我国历次重大传染病疫情中，军队医护人员迅速奔赴抗疫一线，参与医疗救治、传染病疫情防控等工作，展现了强大的战斗力和担当精神，为全国的传染病疫情防控工作作出了重要贡献。

【适用指南】

在司法实践层面，如果出现因政府部门在传染病防治工作中不履行或不当履行职责引发的行政诉讼，法院将可依本条为依据明确各部门的职责范围。

在执法实践层面，一方面，上级政府部门可以依据本条规定对下级部门进行履职监督。例如，国务院卫生健康主管部门定期检查省级卫生健康部门在传染病医疗救治组织指导方面的工作，查看是否建立了完善的救治网络、是否对医疗机构进行了有效培训等，确保全国传染病防治工作按统一标准和要求推进。另一方面，在一些复杂的传染病防治场景下，可以依据本条规定明确牵头部门和配合部门，如卫生健康主管部门牵头，疾病预防控制部门提供专业技术支持，公安部门负责现场秩序维护等，各部门按照规定各司其职又紧密配合，维护传染病防治秩序。

在传染病防治实际操作中，各级政府可以依本条规定建立起部门间的长效协作机制。例如，可以成立由卫生健康、疾控、公安、民政等部门组成的传染病防治工作领导小组，定期召开会议，共同商讨本地传染病防治策略，遇到突发疫情时能迅速启动应急响应，实现信息互通、资源共享、措施联动。此外，各部门可以根据本条规定的职责参与应急演练。例如，卫生健康主管部门模拟组织医疗救治场景，疾控部门开展流行病学调查演练，其他部门配合进行社区封控、物资调配等演练环节，通过演练提升各部门在传染病疫情应对中的协同作战能力，优化疫情防控流程。

【关联规范】

《中华人民共和国基本医疗卫生与健康促进法》第九条、第十一条、第二十二条、第三十二条、第九十九条；《突发公共卫生事件应急条例》第四条、第十七条至第七十条。

> **第九条** 【重大传染病疫情应对中政府的关键职责与运作机制】国务院和县级以上地方人民政府的重大传染病疫情联防联控机制开展疫情会商研判，组织协调、督促推进疫情防控工作。
>
> 发生重大传染病疫情，构成突发公共卫生事件的，国务院和县级以上地方人民政府依照有关突发公共卫生事件应对的法律、行政法规规定设立应急指挥机构、启动应急响应。

【条文主旨】

本条是关于政府在重大传染病疫情防控中的组织协调和应急处置职责的规定,通过确立国务院和县级以上地方人民政府的重大传染病疫情联防联控机制在疫情会商研判、组织协调及督促推进防控工作的主导地位,以及明确在构成突发公共卫生事件时政府设立应急指挥机构、启动应急响应的法定程序,旨在构建一套高效、有序、协同的重大传染病疫情应对体系,有力保障公众健康与社会稳定。

【条文释义】

一、重大传染病疫情联防联控机制的运作

(一)疫情会商研判

疫情会商研判是对传染病疫情的形势、发展趋势、风险程度等进行综合分析和评估的过程。国务院和县级以上地方人民政府的重大传染病疫情联防联控机制的首要任务是进行疫情会商研判。这一过程集合了多领域专业力量,包括疾病预防控制专家、临床医疗专家、公共卫生学者以及相关政府部门工作人员等。通过收集来自医疗机构、疾病预防控制机构、社区基层组织等多渠道的疫情信息,涵盖病例数量、传播范围、人群分布、病毒变异情况等关键数据,运用大数据分析、流行病学模型等科学方法,对疫情发展态势进行精准评估和预测,为制定防控策略和措施提供依据。

(二)组织协调工作

在组织协调方面,联防联控机制发挥着中枢作用,包括制定疫情防控工作方案、明确各部门任务分工、调配疫情防控物资和人力、推动部门之间的工作衔接等。通过有效的组织协调,确保疫情防控工作的各个环节紧密配合、高效运行,避免出现工作脱节、资源浪费等问题。从部门协作角度,需要协调卫生健康、交通运输、公安、市场监管等多个部门。例如,卫生健康部门负责疫情监测、医疗救治、防控技术指导;交通运输部门保障医疗物资和生活物资的运输畅通,落实交通枢纽的防控措施;公安部门维护社会秩序,协助落实人员管控;市场监管部门加强市场秩序监管,打击哄抬物价、制假售假等行为。在资源调配方面,根据疫情严重程度和防控需求,合理分配医疗资源,包括口罩、防护服、检测试剂、药品等物资,优先保障疫情高发地区和重点医疗机构。同时,调配人力资源,组织医护人员、社区工作者、志愿者等投入防控一线。

(三) 督促推进防控工作

为确保各项防控措施有效落实，联防联控机制承担督促推进职责，及时发现和解决工作中存在的问题和困难，推动疫情防控措施的有效实施。例如，建立严格的工作督查制度，定期对各级政府部门、各防控工作环节进行检查；对医疗机构的患者救治、感染防控情况，疾病预防控制机构的疫情监测、流行病学调查工作，社区的人员排查、隔离管控措施等进行细致督查。对于工作落实不到位的单位和个人，及时提出整改要求并进行通报批评，对造成严重后果的依法依规追究责任，以此保障防控工作高效、有序推进。

二、突发公共卫生事件时政府的应对举措

(一) 设立应急指挥机构

当重大传染病疫情构成突发公共卫生事件时，国务院和县级以上地方人民政府依照相关法律、行政法规的规定设立应急指挥机构。通过建立高效的信息沟通机制和决策执行机制，确保在紧急情况下能够迅速、果断地作出决策，并将决策有效传达至各执行单位。

(二) 启动应急响应

应急响应是针对突发公共卫生事件采取的一系列紧急措施和行动。我国《突发事件应对法》和《突发公共卫生事件应急条例》对突发公共卫生事件应急工作作出了全面规定。根据突发公共卫生事件的性质、危害程度、可控性和涉及范围等因素，将应急响应分为不同级别。不同级别对应不同的防控措施强度和资源调配力度。启动应急响应后，各级政府和相关部门按照预定的应急预案，迅速进入应急状态，调动一切必要资源，全力开展传染病疫情防控工作，包括但不限于实施交通管制、限制人员聚集等紧急措施，以控制疫情的扩散蔓延，最大限度减少疫情对社会和公众的危害。在启动应急响应后，应当及时向社会公布，引导公众配合防控工作，同时组织各方力量迅速投入应急处置，全面开展疫情防控工作。

【适用指南】

在司法实践层面，一方面，在涉及重大传染病疫情联防联控机制和应急指挥机构的行政诉讼案件中，法院可以依据本条规定审查行政机关在疫情防控工作中是否依法履行了联防联控、组织协调、督促推进以及应急响应启动等职责。另一方面，在与重大传染病疫情相关的违约、侵权赔偿等民事纠纷中，本条规定的政府职责和应急响应措施可以作为判断不可抗力、紧急避险等民事责任免责事由的重要参考。

在执法实践层面，卫生健康行政部门和其他相关部门在执法过程中，

可以依据本条规定，对各级政府、部门和单位落实重大传染病疫情联防联控机制和应急响应措施的情况进行监督检查。具体地，可以重点检查联防联控机制是否有效运行，疫情会商研判是否及时准确，组织协调和督促推进工作是否到位，应急指挥机构是否依法设立并有效履行职责等。对于发现的问题，及时督促整改，并对违法违规行为依法进行查处，确保疫情防控工作依法依规开展。在重大传染病疫情发生时，相关部门和人员依据本条规定可以迅速启动应急响应，按照应急指挥机构的统一指挥和应急预案的要求，落实各项防控措施。执法人员在应急处置过程中，严格履行职责，加强对疫情防控重点场所、重点环节的执法检查，如对医疗机构的预检分诊、发热门诊规范设置和运行情况的检查，对药店、超市等公共场所防控措施落实情况的检查，对防疫物资生产企业的质量监管等，保障应急处置工作的顺利进行。

在实际操作中，国务院和县级以上地方人民政府及其相关部门应严格按照本条规定，建立健全重大传染病疫情联防联控机制，明确各部门在机制中的职责和任务分工，加强部门之间的沟通协作和信息共享。在疫情发生时，及时组织召开联防联控工作会议，开展疫情会商研判，根据研判结果制定科学合理的疫情防控方案，组织协调各方力量落实防控措施，并加强对防控工作的督促检查，确保各项防控工作落到实处。同时，按照突发公共卫生事件应对的法律、法规要求，及时设立应急指挥机构，启动应急响应，全面进入应急状态，采取一切必要措施控制疫情发展。除政府部门外，其他单位和个人也应积极配合重大传染病疫情联防联控机制和应急响应的工作。医疗机构应加强与疾控机构的协作，及时报告疫情信息，落实院内感染控制措施，积极参与医疗救治和疫情防控工作；企业应遵守政府的防控要求，做好员工的健康监测和防护，配合开展流行病学调查和消毒等工作；社会组织和志愿者团体可以发挥自身优势，协助政府开展疫情防控宣传、物资捐赠、社区防控等工作；个人应增强社会责任感，自觉遵守疫情防控规定，配合政府和相关部门开展的防控工作，如接受核酸检测、隔离观察、疫苗接种等措施，共同构筑起疫情防控的坚固防线。

【关联规范】

《中华人民共和国突发事件应对法》第七条、第四十一条至第一百条；《突发公共卫生事件应急条例》第四条、第十七条至第七十条；《国家突发公共卫生事件应急预案》第三条至第四十条。

> **第十条　【国家在疾病预防控制体系建设方面的核心举措】**国家建立健全城乡一体、上下联动、功能完备的疾病预防控制网络。
>
> 　　国务院疾病预防控制部门领导各级疾病预防控制机构业务工作，建立上下联动的分工协作机制。
>
> 　　国家、省级疾病预防控制机构成立疾病预防控制专家委员会，为传染病防治提供咨询、评估、论证等专业技术支持。

【条文主旨】

本条是关于建立健全疾病预防控制网络以及规范疾病预防控制机构工作和专家委员会设立的规定，明确了国务院疾病预防控制部门对各级机构的业务领导及分工协作机制，旨在构建完善的疾病预防控制体系；设立国家、省级疾病预防控制专家委员会提供专业技术支持，旨在强化传染病防治的专业技术支撑，全方位提升国家疾病预防控制能力，有效应对传染病威胁，保障公众健康与社会稳定。

【条文释义】

一、国家建立健全城乡一体、上下联动、功能完备的疾病预防控制网络

（一）城乡一体的内涵

城乡一体强调消除城乡二元结构在疾病预防控制领域的差异，实现城乡在疾病预防控制资源配置、服务水平和管理模式上的均衡发展。在资源配置方面，加大对农村地区疾病预防控制机构的资金投入，改善其基础设施和设备条件，使其达到与城市相当的水平。例如，为农村疾病预防控制机构配备先进的实验室检测设备，提升对传染病病原体的检测能力。在人才队伍建设上，通过制定优惠政策，吸引专业人才到农村地区工作，确保城乡疾病预防控制机构都有足够的专业人才。在服务提供上，实现城乡居民在传染病疫苗接种、健康体检、健康教育等方面享受同等质量的服务，消除城乡差距。

（二）上下联动的运作机制

上下联动旨在构建起国家、省、市、县、乡（镇）各级疾病预防控制机构之间紧密协作的工作模式：国家疾病预防控制机构在政策制定、技术标准规范、疫情监测预警等方面发挥顶层设计和宏观指导作用；省级疾病预防控制机构承上启下，将国家政策和要求细化落实到本地区，并对下级机构进行业务指导和监督；市、县级疾病预防控制机构负责具体执行疾病预防控制任务，包括传染病疫情调查处置、疫苗接种管理、健康危害因素监测等；乡（镇）级疾病预防控制机构则作为基层前沿，承担基本的疾病预防控制服务，如开展社区卫生宣传、收集疫情信息等。当传染病疫情发生时，各级机构迅速响应，上级机构及时为下级机构提供技术支持、物资调配等，下级机构向上级机构及时准确报告疫情信息，协同开展疫情防控工作。

(三) 功能完备的体现

功能完备要求疾病预防控制网络具备全面的职能和强大的应对能力。在监测预警功能上，建立覆盖全人群、全区域、全时段的传染病监测体系，运用大数据、人工智能等技术，实时收集分析疫情信息，及时发现传染病的早期迹象并发出预警。在预防控制功能方面，能够开展疫苗接种、健康教育、环境卫生监测与干预等多种预防措施，有效降低传染病发生风险；在疫情发生时，具备快速处置能力，包括流行病学调查、传染源隔离等。在科研与技术支撑功能上，疾病预防控制机构能够开展传染病防治相关科研工作，探索新的防治技术和方法，为防控工作提供科学依据。

二、国务院疾病预防控制部门领导各级疾病预防控制机构业务工作，建立上下联动的分工协作机制

(一) 业务领导职责

国务院疾病预防控制部门在全国疾病预防控制工作中处于核心领导地位。这种业务领导关系确保了全国疾病预防控制工作的统一性和权威性，使各级疾病预防控制机构在工作目标、技术规范、工作流程等方面保持一致，形成全国一盘棋的工作格局。在政策制定与规划方面，国务院疾病预防控制部门负责牵头制定全国性的疾病预防控制战略规划、政策法规和技术规范，明确疾病预防控制工作的目标、任务和方向，对各级疾病预防控制机构的业务工作进行指导、监督和管理。

(二) 分工协作机制构建

建立上下联动的分工协作机制旨在明确各级疾病预防控制机构的职责分工，促进协同工作。为进一步细化和落实疾病预防控制网络的上下联动要求，应当强调建立明确的分工协作机制。在这种机制下，不同级别的疾病预防控制机构根据自身的职责和能力，承担不同的工作任务，同时又紧密协作、相互配合。一般而言，上级疾病预防控制机构主要负责制定技术方案、提供技术指导和培训、协调资源调配、开展监督评估等工作；下级疾病预防控制机构则负责具体实施各项预防控制措施、收集和报告疫情信息、开展现场流行病学调查等工作。通过明确分工和加强协作，避免了职责不清、工作推诿等现象的发生，提高了疾病预防控制工作的效率和效果。具体地，国家疾病预防控制机构侧重于宏观政策研究、技术标准制定、全国性疫情监测与分析等工作；省级疾病预防控制机构除执行国家政策外，负责本地区疾病预防控制工作的组织协调、技术指导和质量控制，同时承担部分重大传染病疫情的调查处置职责；市、县级疾病预防控制机构主要负责本辖区内传染病疫情监测报告、现场调查处置、疫苗接种组织实施、健康教育宣传等日常工作；乡镇卫生院和社区卫生服务中心负责做好基层的疫情监测和防控工作。通过建立信息共享平台、定期召开工作协调会议等方式，加强各级机构之间的沟通协作，实现信息互通、资源共享、协同作战。

三、国家、省级疾病预防控制机构成立疾病预防控制专家委员会，为传染病防治提供咨询、评估、论证等专业技术支持

（一）专家委员会的组成

国家、省级疾病预防控制专家委员会由多领域的权威专家组成。[①] 例如，医学领域涵盖传染病学、流行病学、临床医学等专业的专家，他们凭借丰富的临床经验和专业知识，为传染病防治提供医学专业视角的建议；公共卫生领域专家，包括环境卫生、职业卫生、营养与食品卫生等方面的专家，从公共卫生角度对传染病防控策略进行评估，如分析环境因素对传染病传播的影响并提出干预措施；此外，还有微生物学、免疫学、生物信息学等相关学科专家，为传染病病原体研究、疫苗研发、疫情监测数据分析等提供技术支持。专家们通过严格的遴选程序入选，确保具备深厚的专业造诣和丰富的实践经验。专家委员会是咨询性、评估性和论证性机构，虽然不具有行政决策权，但为政府部门和疾病预防控制机构提供重要的专业技术支持和决策参考。

（二）提供专业技术支持的方式

1. 提供咨询意见

在传染病防治工作中，当面临重大传染病防控决策时，政府部门或疾病预防控制机构向专家委员会咨询意见，专家们依据专业知识和国内外防

[①] 参见《国家疾病预防控制标准委员会章程》，载国家疾病预防控制局网站，https://www.ndcpa.gov.cn/jbkzzx/c100014/common/content/content_1714901259309674496.html，2025年6月3日访问。

控经验，为防控策略制定、疫情应对措施选择等提供科学建议。例如，在新型传染病出现时，对于其传播途径、易感人群、防控策略等方面的问题，专家委员会可以迅速组织相关领域的专家进行研究讨论，向政府提供关于如何开展监测、如何进行公众风险沟通、如何调配防控资源等方面的咨询建议，帮助政府作出科学合理的决策。

2. 作出专业评估

专家委员会可以对传染病疫情的形势、传染病防控政策的实施效果、疫苗接种计划的可行性、疫情防控应急预案的合理性等进行评估，通过收集疫情数据、对防控现场的考察以及对相关工作的实地调研等方式，及时发现疫情防控工作中的问题，提出改进建议。

3. 进行相关论证

对一些涉及重大传染病防治项目的立项，以及在新技术的应用推广、新政策的出台等事项中，专家委员会负责进行科学论证。通过对项目的可行性和实用性、技术的先进性、政策的科学性和合理性等方面进行深入研究和论证，专家委员会为政府决策提供科学依据，为科研资源合理配置和新技术推广应用把关，避免盲目决策和资源浪费。例如，在引进新的传染病诊断技术和治疗药物时，专家委员会需要对其安全性、有效性、经济性等进行充分论证，确保其能够在实际应用中发挥积极作用，提高传染病防治的水平和效益。

【适用指南】

在司法实践层面，一方面，在涉及疾病预防控制机构及其工作人员在履行职责过程中的行政诉讼案件中，法院可以依据本条及相关规定，审查疾病预防控制机构的行为是否符合其法定职责和权限，是否遵循了上下联动、分工协作的工作机制。另一方面，在一些与传染病防治相关的民事纠纷中，如因疫情防控措施导致的合同纠纷、侵权纠纷等，本条关于疾病预防控制网络和专家委员会的规定可以作为参考依据。虽然这类案件主要依据民法来解决，但疾病预防控制机构的行为和专家委员会的意见可能对案件的事实认定和责任划分产生重要影响。

在执法实践层面，一方面，卫生健康行政部门在对疾病预防控制机构以及相关单位进行监督检查时，本条规定是重要的执法依据之一。监管部门可以对照本条要求及相关规定，检查各级疾病预防控制机构是否建立了完善的城乡一体、上下联动的工作网络和机制，是否按照职责分工开展了传染病防治工作，国家和省级疾病预防控制机构是否依法成立了专家委员会并发挥了其专业技术支持作用等。对于发现的问题，监管部门可以依法责令相关机构限期整改，并对违法违规行为进行处罚，确保传染病防治工作的规范开展。另一方面，在传染病疫情防控过程中，卫生健康行政部门需要依据本条规定，协调各级疾病预防控制机构之间的关系，确保上下联动、分工协作机制的有效运行。

在实际操作层面，一方面，各级疾病预防控制机构应以本条规定为指导，加强自身建设和管理，不断完善城乡一体、上下联动、功能完备的疾病预防控制网络。例如，在机构建设方面，应当加大对农村和基层地区疾病预防控制机构的投入，改善基础设施条件，提高人员配备标准，加强实验室建设和信息化建设，实现城乡疾病预防控制机构在服务能力和水平上的同质化。在工作机制方面，应当建立健全上下联动的分工协作制度，明确不同级别机构之间的职责边界和协作方式，加强信息共享、技术交流和联合行动，形成工作合力。同时，国家和省级疾病预防控制机构应按照规定成立专家委员会，完善专家委员会的工作规则和运行机制，充分发挥专家委员会在传染病防治中的智力支持作用，为疫情防控提供科学、专业的决策建议和技术指导。另一方面，除疾病预防控制机构外，医疗卫生机构、科研机构、教育机构、社区组织等相关单位也应在传染病防治工作中与疾病预防控制网络相衔接，协同配合。医疗卫生机构应按照规定及时向疾病预防控制机构报告传染病疫情信息，积极配合开展病例调查、样本采集等工作，并在疾病预防控制机构的指导下落实医院感染控制措施；科研机构应加强与疾病预防控制机构的合作，共同开展传染病防治的科研项目，加快科技成果转化应用；教育机构应开展传染病防治知识的宣传教育，提高师生的健康意识和自我防护能力，并协助疾病预防控制机构做好学校传染病的监测和防控工作；社区组织应发挥基层组织的优势，动员居民参与传染病防治工作，落实社区防控措施，与疾病预防控制机构共同构建群防群控的工作格局。

【关联规范】

《中华人民共和国基本医疗卫生与健康促进法》第九条、第十一条、第二十二条、第三十二条、第九十九条；《突发公共卫生事件应急条例》第四条、第十八条至第五十一条；《国家突发公共卫生事件应急预案》第五条至第四十条；《国家疾病预防控制标准委员会章程》。

第十一条 【中西医并重与结合】 国家坚持中西医并重,加强中西医结合,充分发挥中医药在传染病防治中的作用。

【条文主旨】

本条着重强调国家在传染病防治战略层面,对中医药发展的重视以及坚持中西医并重、加强中西医协同合作,共同应对传染病防治挑战的坚定决心,旨在挖掘和发挥中医药独特优势,通过中西医并重与深度结合的方式,全面提升我国传染病防治能力,为保障公众健康、维护社会稳定筑牢坚实的健康防线。

【条文释义】

一、国家坚持中西医并重

(一)理念融合

中西医并重是我国医疗卫生事业的基本方针之一。中医药作为我国传统医学,强调人体整体的平衡与协调,通过调整人体阴阳气血,增强机体自身抵抗力,达到祛邪外出的目的,具有悠久的历史和丰富的临床实践经验。[1] 在传染病防治中,中医药有着独特的理论体系和治疗方法,能够从调整人体自身机能、改善内环境等多方面入手,对防治疾病、有效控制疫情蔓延、维护民众健康发挥着至关重要的作用。西医学注重对病原体的检测、诊断和针对性治疗,在传染病的病原学和病理学研究、诊断技术和现代治疗手段、快速控制病情和挽救生命等方面具有优势。有观点指出,中医理论和西方医学二者实无优劣,现代医学发展应在追求普适性的基础上保持多元医学文化之间的张力,实现优势互补。[2]

(二)政策支持与资源投入均衡

国家从政策顶层设计入手,制定了一系列鼓励中医药与西医药平等发展的政策、法规,如《中医药法》《中共中央 国务院关于促进中医药传承创新发展的意见》《关于进一步加强综合医院中医药工作推动中西医协同

---

[1] 廖蔚茜、林春阳:《从"扶正祛邪"探中医治病的本质》,载《中医学报》2013年第9期。

[2] 柏宁等:《对中、西医学文化差异的分析与解构》,载《中国医学伦理学》2018年第12期。

发展的意见》《中医医药振兴发展重大工程实施方案》等。具体地，在医疗资源配置上，实现中西医资源的合理整合；在医疗机构设置规划中，确保中医医疗机构与西医医疗机构合理布局，各级医疗机构加强中医科室与西医科室的协作，在传染病防治过程中建立联合诊疗机制；在科研投入上，应加大对中医药科研资源的投入力度，与西医科研资源相互配合，鼓励中西医科研人员联合攻关，在传染病的发病机制、防治策略等方面开展多学科研究，充分发挥中西医各自的科研优势，提高科研成果的转化效率。

（三）人才培养体系并重

在医学教育领域，一方面要大力发展中医药高等教育，支持高校加强中医专业建设，优化课程设置，建立中西医结合人才培养体系。例如，开设中西医结合专业课程、举办中西医结合培训班、开展师承教育等，为中西医结合事业培养和输送大量专业人才。另一方面，要注重中西医结合人才培养，鼓励高校开设中西医结合专业或课程，使医学生既能掌握扎实的西医基础知识和临床技能，又能了解中医药的理论体系和诊疗方法，开展在职医务人员的中西医结合培训，通过跨学科教育模式，培养既掌握中医理论与技能，又熟悉西医知识和方法的复合型高素质人才，提高医务人员运用中西医结合方法防治传染病的能力。这种复合型人才能够在传染病防治工作中更好地将中西医知识和技能相融合，推动中西医结合的发展。此外，在毕业后教育和继续教育中，要为中西医从业人员提供同等的培训和晋升机会，促进中西医人才队伍均衡发展。

二、加强中西医结合

中西医结合不是简单的中西医相加，而是要通过深入研究和实践，将中西医的理论、方法和技术等进行有机融合，产生协同增效的作用。

（一）临床诊疗协作

在传染病临床诊疗和康复等各个环节，鼓励中医和西医医务人员共同参与，建立健全中西医联合会诊制度。当传染病疫情发生时，可以迅速组建由中医专家和西医专家共同参与的医疗救治团队，针对患者病情进行联合诊断、制定个性化治疗方案。在诊疗模式上，结合大数据、人工智能等技术，探索建立中医传染病诊疗智能辅助系统，通过对大量临床病例数据的分析，为医生提供更精准的辨证论治方案。在治疗传染病患者时，西医可以通过实验室检查、影像学检查等手段明确病原体和病情，运用抗病毒药物、呼吸支持技术等进行对症治疗；中医则根据患者的症状、舌象、脉象等进行辨证论治，给予中药汤剂、针灸等治疗，发挥中医药在调节机体整体状态、增强免疫力、缓解症状等方面的优势,两者相互配合,优势互补,提高临床疗效。

(二) 科研协同创新

国家鼓励中西医科研人员携手合作与交流,共同开展传染病防治的科研项目。通过合作与交流,可以充分发挥双方的优势,深入研究中医药和西医药在传染病防治中的作用机制,探索中西医结合的新方法、新技术和新方案,为传染病防治提供更丰富的科学依据和技术支持。具体地,在研究传染病的发病机制、传播规律等基础研究中,要运用西医的现代科学技术和中医的整体观念、辨证论治思维,从不同角度深入探索;在研发传染病防治药物和疫苗方面,借鉴现代制药技术和西药的研发思路和方法,对中药有效成分进行提取、分离和纯化,开展临床试验,提高中药新药研发的科学性和成功率,研发出更高效、便捷的中药注射剂、颗粒剂等中药新药或新剂型,提高中医药在传染病临床治疗中的应用效果。此外,还可以运用现代科学技术手段,通过基因测序、细胞实验、动物实验等方法,对中医药的抗病毒、抗炎、免疫调节等作用机制进行深入研究,揭示其防治传染病的科学内涵,促进中医药理论的创新发展和临床应用的优化。

三、充分发挥中医药在传染病防治中的作用

中医药在传染病防治中具有独特的优势和作用,主要表现在以下几个方面。

(一) 预防保健作用

中医药在传染病预防方面具有独特优势。中医的"治未病"理念深入人心,关注机体的整体状态,通过中药茶饮、食疗、艾灸、按摩等方法,调理人体阴阳平衡,调节人体的脏腑功能和气血运行,增强机体免疫力,从而帮助人们更好地预防和应对传染病的威胁和疾病的发生。例如,中医可以根据不同季节、地域和人群的体质特点,制定具有针对性的、个性化的中医药预防方案。

(二) 临床治疗作用

中医药有着丰富的抗病毒、抗炎等药物和治疗方法。在传染病临床治疗中,许多中药具有广谱的抗病毒活性,对一些病毒性传染病,能够有效改善患者症状,缩短病程。在治疗一些细菌性传染病方面,中医药也可以通过清热解毒、活血化瘀等方法,增强机体的抵抗力,促进炎症的吸收和消散。同时,中医药在缓解传染病患者的临床症状,如发热、咳嗽、乏力、腹泻等方面有着显著的效果,能够提高患者的生活质量和治疗依从性。

（三）康复调理作用

传染病患者在康复阶段，往往会出现一些后遗症或身体虚弱、免疫力低下等身体机能下降的情况，中医药在康复调理方面具有显著优势。中医通过饮食调理、中药调理、针灸、推拿、康复锻炼等综合手段，帮助患者恢复体力、调节机体功能、增强免疫力，提高康复效果。而且，可以根据患者康复期的不同阶段和体质特点，制定个性化的康复方案。此外，中医还注重对患者心理状态的调整，通过情志疏导等方法，帮助患者缓解因患病产生的焦虑、抑郁等情绪，促进身心全面康复。

【适用指南】

在司法实践层面，落实本条主要涉及医疗纠纷处理和知识产权保护。一方面，在涉及传染病防治的医疗纠纷中，如果患者对中西医结合的治疗方案或中医药的使用存在质疑，司法机关应依据相关法律法规和医疗规范，对医疗机构和医务人员的医疗行为进行审查，判断其是否符合中西医并重和中西医结合的要求，是否存在医疗过错。另一方面，中医药在传染病防治中涉及大量的知识产权问题，如中药方剂、中医诊疗技术等。如果出现中医药知识产权被侵权的情况，权利人可以依据我国《民法典》《专利法》《著作权法》及《中医药法》等法律法规，通过司法途径维护自身合法权益。

在执法实践层面，落实本条主要涉及医疗机构监管和中医药科研项目管理。一方面，卫生健康行政部门在对医疗机构进行监督检查时，应关注医疗机构是否贯彻了落实中西医并重的方针，是否为中西医结合工作创造了良好的条件。同时，要加强对中医药服务的监管，确保中医药的诊疗行为符合相关规范和标准，保障医疗质量和安全。另一方面，相关部门在组织和管理传染病防治科研项目时，应鼓励和引导中西医结合项目的申报和实施，加大对中医药防治传染病科研项目的支持力度。对于中西医结合科研项目，在立项评审、过程管理、结题验收等环节，应充分考虑中西医结合的特点，邀请中西医专家共同参与评审和管理，确保科研项目的科学性和有效性。同时，要加强科研项目经费的监管，保障科研经费的合理使用，提高科研项目的质量和效益。

在医疗实践层面，落实本条主要涉及医疗机构协作、医务人员培训与教育，以及患者就医引导。其一，各级各类医疗机构应积极落实国家中西医并重的政策，加强中西医科室之间的协作与交流。其二，医疗机构应加强对医务人员中西医结合知识和技能的培训，提高医务人员对中西医结合的认识和应用能力。通过举办中西医结合培训班、学术讲座、病例讨论等活动，促进中医和西医医务人员之间的相互学习和交流，培养医务人员的中西医结合思维和临床实践能力。其三，医疗机构和医务人员在传染病防治过程中，应向患者宣传中西医并重的理念和中西医结合治疗的优势，引导患者正确认识和接受中西医结合的治疗方案。在临床治疗中，根据患者的病情和意愿，合理应用中医药和西医药，为患者提供最佳的治疗效果。

【关联规范】

《中华人民共和国中医药法》第五条、第十条至第三十四条；《关于促进中医药传承创新发展的意见》；《关于进一步加强综合医院中医药工作推动中西医协同发展的意见》；《中医药振兴发展重大工程实施方案》。

> 第十二条 【国家支持和鼓励传染病防治科学研究】国家支持和鼓励开展传染病防治的科学研究，组织开展传染病防治和公共卫生研究工作以及多学科联合攻关，提高传染病防治的科学技术水平。

【条文主旨】

本条是关于国家在传染病防治科学研究领域的导向与支持举措的规定，旨在通过大力支持和鼓励开展传染病防治科学研究，组织多学科协同合作，联合攻克传染病防治及公共卫生领域的难题，从根本上提升传染病防治的科学技术水平，为传染病的预防、控制与消除提供坚实的科技支撑，更好地保障公众健康与社会稳定。

【条文释义】

一、国家支持和鼓励开展传染病防治的科学研究

传染病的发生与流行严重威胁公众健康、社会稳定和经济发展，而传染病防治是一项复杂的系统工程，需要坚实的科学技术支撑。科学研究是提升传染病防治能力的核心驱动力，能够为传染病的预防、诊断、治疗和控制提供坚实的理论基础与技术支撑。国家对传染病防治科学研究给予支持和鼓励，体现了对科技在传染病防治中重要性的充分认识。这种支持和

鼓励可以通过多种方式实现，主要体现在政策扶持与资金投入，以及科研设施建设。

（一）政策扶持与资金投入

国家通过政策扶持和资金投入支持和鼓励开展传染病防治的科学研究。在政策层面，国家通过制定一系列优惠政策，鼓励科研机构、高等院校和企业等各类主体投身传染病防治研究。例如，对从事传染病防治科研的企业、科研机构给予税收减免，降低其研发成本，提高其投入研发的积极性；国家通过设立传染病防治专项科研基金，简化申报流程，优先受理和评审传染病防治相关科研项目，确保有潜力的科研项目能够及时获得稳定的资金支持。在资金投入方面，国家协调各方资源，积极引导社会资本投入传染病防治科研领域，搭建科研共享平台，通过设立产业引导基金等方式，撬动更多社会资源参与其中，为科研工作提供充足的资金保障，促进科研设备、数据资源、人才等要素的优化配置和高效利用，确保科研工作的顺利开展。

（二）人才培养与引进

人才是科研创新的核心要素。国家通过加大对传染病防治相关专业人才的培养力度，在高校学科设置上，鼓励高校开设传染病学、公共卫生等专业，并给予重点学科建设支持，配备优质师资力量，完善课程体系，培养一批具有扎实专业知识和创新能力的人才。同时，积极从国外引进传染病防治领域的高端人才和创新团队，为其提供良好的科研环境、优厚的待遇和广阔的发展空间，吸引全球优秀人才投身我国传染病防治科研事业，积极参与国际合作研究，跟踪全球传染病研究动态，提升我国科研团队的整体实力。

（三）科研设施建设

先进的科研设施是开展高质量科研工作的基础。一方面，应加大对传染病防治科研基础设施建设的投入，建设一批高水平的生物安全实验室，设立专门的传染病防治和重大公共卫生研究机构，[1] 会聚顶尖的科研人才，配备先进的科研设备，承担着传染病防治领域前沿性、基础性和战略性研究任务，提升对高致病性传染病病原体的研究能力。另一方面，应完善科研仪器设备共享平台，整合各科研机构、高校、医疗机构的大型科研仪器设备资源，实现资源共享，提高设备使用效率，降低科研成本，形成协同创新的科研格局，为科研人员开展传染病防治研究提供便利条件。

---

[1] 例如，中国疾病预防控制中心病毒病预防控制所长期致力于病毒相关传染病的研究，在病毒的分离鉴定、病毒基因组学、病毒传播机制等方面开展深入研究，为我国病毒类传染病的防控提供了强有力的技术支持。参见中国疾病预防控制中心病毒病预防控制所网站，https://ivdc.chinacdc.cn/jggk/jj/，2025年6月5日访问。

二、组织开展传染病防治和公共卫生研究工作以及多学科联合攻关

（一）构建传染病防治研究体系

应建立多层次、多领域的传染病防治和公共卫生研究体系。传染病防治研究涵盖基础研究、应用研究和开发研究等多个方面，包括病毒学、细菌学、免疫学、流行病学、临床医学、预防医学等多个学科领域，形成全方位的科研布局，为传染病防治提供全面的科学技术支撑。例如，在传染病病原体研究上，深入探究病原体的生物学特性、遗传变异规律、致病机制等，为研发针对性的诊断试剂、治疗药物和疫苗提供理论依据；对传染病流行病学的研究，通过分析传染病的流行特征、传播途径、人群易感性等，制定科学有效的防控策略，如研究流感的季节性流行规律，提前做好防控部署；在传染病诊断技术研究方面，致力于开发快速、准确、便捷的诊断方法，如核酸检测技术、抗体检测技术的不断革新，大大提高了传染病的诊断效率和准确性。

（二）公共卫生研究重要性

公共卫生研究与传染病防治紧密相连。研究公共卫生体系的建设与完善，包括疾病预防控制机构、医疗机构、卫生监督机构等的协同运作机制，提高公共卫生服务能力和应急响应水平；关注环境卫生与传染病的关系，如研究饮用水卫生、空气污染、土壤污染等对传染病传播的影响，通过改善环境卫生条件，减少传染病的传播风险；开展健康教育与健康促进研究，探索如何提高公众的健康意识和自我防护能力，培养良好的卫生习惯，从源头上预防传染病的发生。

（三）多学科联合攻关模式

传染病防治是一个复杂的系统问题，面临的难题往往具有复杂性、交叉性和系统性，单一学科的研究方法和手段难以满足其解决需求，需要多学科协同合作。多学科联合攻关模式整合了医学、生物学、化学、信息科学、统计学等多个学科的优势资源和专业智慧，有助于打破学科壁垒，促进知识和技术的交叉融合与协同创新，从而更有效地应对传染病防治中的各种挑战。[1] 例如，医学专家凭借临床经验，为科研提供实际病例和临床需求；生物学专家深入研究病原体的生命活动规律；化学专家研发新型药物和诊断试剂；信息科学专家利用大数据、人工智能等技术，对传染病疫情进行监测、分析和预测；统计学专家则对科研数据进行分析处理，为科

---

[1] 例如，国家通过设立"艾滋病和病毒性肝炎等重大传染病防治"科技重大专项，引导各方科研力量围绕传染病防治关键问题开展联合攻关。参见科学技术部网站，https：//www.most.gov.cn/xwzx/twzb/fbh18032701/index.html，2025年6月5日访问。

研决策提供数据支持；结合生物信息学、大数据分析和人工智能技术，可以对传染病的流行趋势进行精准预测；集成材料科学、工程技术和医学的成果，能够研发出更高效的防护装备和诊断治疗器械等。

三、提高传染病防治的科学技术水平

（一）技术创新推动防控变革

通过持续的科学研究和多学科联合攻关，不断探索传染病的发生发展机制、传播规律、诊断治疗方法以及预防控制策略等，能够产生一系列具有创新性和应用价值的科技成果，如新型疫苗、特效药物、快速检测试剂、先进的防控技术等，进而提高我国传染病防治的整体科学技术水平，增强应对传染病疫情的能力，保障人民群众的生命安全和身体健康，对传染病防治工作产生深远影响。

（二）科技成果转化应用

提高传染病防治科学技术水平的关键在于将科研成果转化为实际应用。一方面，国家可以建立健全科技成果转化机制，加强科研机构、高校与企业之间的合作，促进科研成果的产业化。另一方面，国家可以鼓励企业参与传染病防治科研成果的转化，完善科技成果转化激励机制，通过政策扶持、资金奖励等方式，激发各方参与成果转化的积极性，推动企业将科研成果转化为产品和服务，如将新型诊断试剂、治疗药物推向市场，将优化的防控策略应用于实际疫情防控实践，提高传染病防治工作的实际效果。

【适用指南】

就司法实践层面来看，落实本条规定，要注意两个方面的问题：一方面，要注意对传染病防治科研成果的知识产权保护。在传染病防治科学研究中产生的专利、著作权、技术秘密等的知识产权，受到法律保护。如果发生侵权纠纷，相关当事人可以依据我国《民法典》等法律法规，通过司法途径维护自身合法权益。另一方面，在组织实施传染病防治科研项目过程中，涉及委托开发合同、合作开发合同等各类科研项目合同，若出现合同履行不到位、研究成果不符合约定要求等合同纠纷，合同当事人可依据《民法典》合同编的相关规定，向法院提起诉讼，要求追究违约方的违约责任，解决合同争议。例如，如果某科研机构与企业签订了一份传染病防治药物合作开发合同，企业按照约定投入了研发资金，但科研机构未能在规定时间内完成药物研发任务且无正当理由，企业可向法院起诉要求科研机构承担违约责任，如返还研发资金、支付违约金等。

在执法实践层面，落实本条规定也需要注意两个方面：一方面，政府部门作为传染病防治科研项目的组织和支持者，应当加强对科研项目的管理监督，确保科研项目按照预定目标和要求顺利实施。这包括对科研项目的立项评审、过程管理、结题验收等环节进行严格把关，防止科研项目出现弄虚作假、骗取科研经费等违法违规行为。另一方面，政府部门应积极采取措施促进传染病防治科研成果的转化应用，推动科研成果从实验室走向实际应用，为传染病防治工作提供有效的技术和产品支持。

在科研实践活动层面，科研机构、高等院校、企业和其他社会力量对于传染病防治科学研究都有所作为。科研机构和高等院校作为传染病防治科学研究的主要力量，应积极响应国家政策，紧密围绕国家传染病防治战略需求，结合自身优势，明确研究方向，加大对传染病防治研究的投入，加强学科建设和人才培养，组织科研团队开展深入的科学研究和多学科联合攻关；在科研实践中，应遵循科学研究的规律和伦理准则，确保科研数据的真实性和可靠性，严谨地开展实验研究和数据分析等工作，努力取得具有创新性和应用价值的科研成果，并及时将科研成果进行转化和应用，为传染病防治工作贡献力量。企业作为科技创新的主体，在传染病防治科学研究中也应发挥重要作用。具体地，企业可以结合市场需求和自身技术优势，加大在传染病防治相关产品研发生产方面的投入，开展产学研合作，与科研机构和高等院校共同开展科研项目，加速科研成果的转化和产业化应用。

【关联规范】

《中华人民共和国科学技术进步法》第六条至第一百二十条；《中华人民共和国促进科技成果转化法》第四条至第五十条；《中华人民共和国专利法》第二条、第五条、第二十二条至第一百条；《中华人民共和国生物安全法》第五条至第一百五十条。

> **第十三条 【运用现代信息技术、规范个人信息处理】**
> 国家支持和鼓励在传染病防治中运用现代信息技术。
> 传染病防治中开展个人信息收集、存储、使用、加工、传输、提供、公开、删除等个人信息处理活动，应当遵守《中华人民共和国民法典》、《中华人民共和国个人信息保护法》等法律、行政法规的规定，采取措施确保个人信息安全，保护个人隐私，不得过度收集个人信息；相关信息不得用于传染病防治以外的目的。

【条文主旨】

本条是关于在传染病防治中运用现代信息技术以及规范个人信息处理活动的规定,一方面明确国家对在传染病防治中运用现代信息技术的支持鼓励态度,旨在借助先进技术提升传染病防治工作效能,促使现代信息技术在传染病防治中发挥积极作用;另一方面着重规范传染病防治过程中的个人信息处理活动,依据相关法律确保个人信息安全、保护个人隐私,防止信息滥用,平衡传染病防治工作需求与个人权益保护的关系。

【条文释义】

一、国家支持和鼓励运用现代信息技术

(一)支持和鼓励在传染病防治中运用现代信息技术的重要意义

现代信息技术在传染病防治领域应用广泛且具有重要意义。通过大数据、人工智能、物联网等技术,可对涵盖病例信息、人员流动轨迹、医疗资源分布等海量的传染病相关数据进行收集、整理与分析。通过分析这些数据,能够精准掌握传染病传播规律、预测疫情传播、发展趋势,实现对传染病疫情的实时监测、快速预警、精准溯源和高效防控。在传染病疫情期间,利用大数据进行监测和分析人员跨区域流动情况,预测疫情可能扩散的方向和范围,可以为疫情防控措施的制定提供有力依据。人工智能技术在疾病诊断、疫情监测预警方面发挥重要作用。借助人工智能算法,能够辅助医生快速筛查疑似病例、对传染病进行快速准确诊断,提高诊断效率和准确率;通过对传染病监测数据的实时分析,及时发现异常情况并发出预警。物联网技术实现对医疗设备、防控物资的智能化管理,实时监测设备运行状态和物资库存情况,确保医疗资源的合理调配与高效利用。

国家支持和鼓励在传染病防治中运用现代信息技术,有助于推动技术创新和应用,提升我国传染病防治的科技水平和能力,更好地应对传染病疫情对公众生命安全和身体健康的威胁。

(二)推进现代信息技术应用的支持鼓励举措

国家持续完善相关法律政策,为现代信息技术在传染病防治领域的应用创造良好的法治环境,加大对传染病防治信息技术研发的投入力度,鼓励科研机构、高校、企业聚焦传染病防治领域的关键技术难题,开展前瞻性研究。例如,设立专项科研基金,资助研发传染病监测预警系统、智能化疫情防控平台、便捷的个人健康信息采集设备、更精准的传染病预测模型、开发智能化的疫情防控管理软件、高效的疫情监测算法等项目;对参

与相关技术研发的企业给予税收优惠、研发补贴等政策支持；在基础设施建设方面，持续加大网络通信基础设施建设力度，保障传染病防治相关信息能够及时、稳定传输；鼓励产学研合作，促进高校、科研机构与企业之间的技术交流与合作，加速科技成果转化，推动现代信息技术在传染病防治领域的实际应用。

二、传染病防治中的个人信息保护

（一）法律遵循

传染病防治中开展个人信息收集、存储、使用、加工、传输、提供、公开、删除等处理活动，需严格遵守我国《民法典》和《个人信息保护法》等相关法律规定。例如，我国《民法典》明确规定自然人的个人信息受法律保护，处理个人信息应遵循合法、正当、必要原则，并符合征得同意、公开规则、明示目的等条件，任何组织或者个人不得非法收集、使用、加工、传输他人个人信息，不得非法买卖、提供或者公开他人个人信息。我国《个人信息保护法》对个人信息处理的原则、规则、主体权利、义务等也作出了详细规定。在传染病防治场景下，相关单位在收集个人信息时，要遵循合法、正当、必要和诚信原则，明确、合理的目的原则，公开、透明原则，质量保证原则等，不得通过误导、欺诈、胁迫等方式收集个人信息。

（二）确保信息安全与保护隐私

个人信息处理者应当采取措施确保个人信息的安全，防止个人信息被泄露、篡改、丢失或未经授权的访问。例如，在技术层面，采用加密、匿名化等技术对个人信息进行加密存储和传输，防止信息在存储和传输过程中被窃取或篡改；建立严格的访问控制机制和操作规程，对接触个人信息的人员进行身份认证和权限管理，只有经过授权的人员才能访问和处理相关信息；在管理层面，制定完善的个人信息安全管理制度，明确信息收集、存储、使用、加工、传输、提供、公开、删除等各个环节的操作规范和责任人员；定期对信息处理系统进行安全评估和检测，及时发现并修复安全漏洞。

任何组织或个人不得以刺探、侵扰、泄露、公开等方式侵害他人的隐私权和个人信息安全。个人信息中的私密信息保护，适用隐私权保护的相关规定；没有规定的，适用个人信息保护的规定。需要注意的是，为防止个人信息被滥用，保护个人的合法权益，维护社会的正常秩序，保护个人隐私要求不得过度收集个人信息，而是仅能收集与传染病防治直接相关的必要信息。例如，在进行流行病学调查时，收集患者的姓名、联系方式、行程轨迹、接触人员等信息是必要的，但不应收集与疫情防控无关的个人财产、兴趣爱好等信息。同时，收集的个人相关信息只能用于疫情监测、流行病学调查、医疗救治、防控措施实施等与传染病防治相关的合法目的，不得用于传染病防治以外的目的，若将传染病患者的个人信息泄露给保险公司用于保险评估，或者泄露给企业用于商业营销，均属于违法行为。

【适用指南】

首先，在传染病防治的司法实践中，如果个人信息处理者违反了法律规定，导致个人信息泄露、被非法利用等，给个人造成损害的，个人可以依据我国《民法典》等相关法律法规，向信息处理者提起民事诉讼，要求其承担停止侵害、赔礼道歉、赔偿损失等民事责任；对于违反个人信息保护规定的单位或个人，网信部门、卫生健康部门等相关监管部门可以我国《个人信息保护法》等法律、法规，责令其改正违法行为，给予警告、罚款等行政处罚，构成犯罪的，依法追究刑事责任；在个人信息处理活动中，如果存在损害社会公共利益的行为，检察机关可以依据相关法律规定提起公益诉讼，要求侵权方承担相应的民事责任，维护社会公共利益。

其次，在传染病防治的执法实践中，网信部门作为个人信息保护的主要监管部门，应当加强对传染病防治中个人信息处理活动的监督检查，指导督促信息处理者落实个人信息保护责任；卫生健康部门在履行传染病防治职责过程中，也应加强对涉及个人信息的相关工作的管理，确保个人信息的安全和合法使用。此外，监管部门可以采取要求信息处理者进行自查自纠、开展现场检查、调取相关资料、询问相关人员等多种执法措施，对个人信息处理活动进行全面监管。对于发现的违法行为，应当及时依法予以处理，保障个人信息权益不受侵害。

此外，在传染病防治的社会实践活动中，涉及个人信息处理的政府部门、医疗机构、疾控机构、科研单位、企业等各类主体，应当严格遵守法律规定，建立健全个人信息保护管理制度，明确各部门和人员在个人信息处理过程中的职责，加强对工作人员的培训教育，规范个人信息处理流程，确保在利用现代信息技术开展传染病防治工作的同时，切实保护好个人信息安全和隐私。同时，社会公众应当增强个人信息保护意识，在配合传染病防治工作提供个人信息时，了解自己的权利和义务，关注个人信息的收集、使用等情况，当个人认为其在传染病防治中的个人信息权益受到侵害时，有权依据相关法律规定，通过向有关部门投诉、申请行政复议或提起诉讼等方式寻求救济。

【关联规范】

《中华人民共和国民法典》第一百一十一条、第一千零三十二条至第一千零三十九条;《中华人民共和国个人信息保护法》第二条至第十条;《中华人民共和国网络安全法》第四十一条;《中华人民共和国数据安全法》第二十七条。

> **第十四条 【全社会共同参与传染病防治工作】** 中华人民共和国领域内的一切单位和个人应当支持传染病防治工作,接受和配合为预防、控制、消除传染病危害依法采取的调查、采集样本、检验检测、隔离治疗、医学观察等措施,根据传染病预防、控制需要采取必要的防护措施。
>
> 国家支持和鼓励单位和个人参与传染病防治工作。各级人民政府应当完善有关制度,提供便利措施,引导单位和个人参与传染病防治的宣传教育、疫情报告、志愿服务和捐赠等活动。

【条文主旨】

本条聚焦于明确中华人民共和国领域内的单位和个人在传染病防治工作中的权利与义务,以及国家和各级政府在鼓励引导单位和个人参与传染病防治工作方面的责任,旨在凝聚全社会力量,形成全民参与、协同配合、共建共享的传染病防治工作格局,有效应对传染病威胁,保障公众健康和社会稳定。

【条文释义】

传染病防治是一项复杂的社会系统工程,仅依靠政府部门的力量远远不够,故而本条规定中华人民共和国领域内的一切单位和个人均有支持传染病防治工作、接受和配合防控措施、采取必要的防护措施等义务,而国家对单位和个人参与传染病防治工作持支持和鼓励的态度,各级人民政府在传染病防治方面均有具体责任。

一、单位和个人的支持、配合以及采取必要防护措施的义务

（一）支持传染病防治工作

在中华人民共和国领域内的一切单位和个人，都应当积极支持传染病防治工作。这是全社会共同的责任和义务。

支持传染病防治工作涵盖多方面内容：首先，从意识层面，单位和个人应充分认识到传染病防治工作对于维护公众健康、保障社会经济正常运转的重要性，树立积极参与、配合的态度，强化责任意识。其次，在实际工作中，单位可以通过合理安排员工工作时间，确保员工能够按时参加传染病防治培训、疫苗接种等活动；企业可以发挥自身产业优势，如医药企业加大对传染病防治药品和医疗器械的研发、生产和供应力度；餐饮企业严格落实食品安全和卫生防疫措施，降低传染病传播风险。个人则应积极参加社区、单位组织的传染病防治知识培训，传播正确的传染病防治知识，引导身边人提高防控意识，营造良好的社会防控氛围。

（二）接受和配合防控措施

为预防、控制、消除传染病危害，相关部门会依法采取调查、采集样本、检验检测、隔离治疗、医学观察等措施，单位和个人对此应予以接受和配合。调查是为了准确了解传染病的流行情况、传染源、传播途径等关键信息，以便制定科学有效的防控策略。在调查方面，当疾病预防控制机构或相关部门针对传染病疫情开展流行病学调查时，单位和个人应如实提供相关信息，包括近期行程、接触人员等，这对于追踪传染源、切断传播途径至关重要。采集样本是进行实验室检测的必要环节，通过检测样本可以确诊传染病、确定病原体类型等，而检验检测能够为传染病的诊断、治疗和疫情监测提供重要依据。在采集样本和检验检测环节，单位和个人应积极配合医疗机构、检测机构进行核酸检测、抗体检测等，及时准确地检测结果为疫情防控决策提供关键依据。隔离治疗是对传染病患者采取的必要措施，旨在控制传染源，防止疫情扩散。对于被判定为传染病患者、病原携带者或疑似患者，必须接受隔离治疗，以防止病毒传播给他人。医学观察则是对可能被感染的人群进行健康监测，以便及时发现潜在的感染者。对于密切接触者，需配合进行医学观察，在观察期间遵守相关规定，如实报告自身健康状况。

在面对传染病疫情时，单位要迅速启动内部应急预案，配合政府部门落实各项防控措施。如企业按照要求进行员工健康排查、实行弹性工作制度、加强办公场所防控管理等。个人要严格遵守疫情防控规定，配合流调工作，如实报告信息，按要求进行检测、隔离或医学观察，不隐瞒、不逃避。

(三) 采取必要的防护措施

根据传染病预防、控制的需要，采取必要的防护措施是单位和个人保护自身及他人健康的重要手段。这些措施包括但不限于佩戴口罩、保持社交距离、注意个人卫生、对工作和生活环境进行消毒等。采取防护措施不仅能够保护自身免受感染，也有助于阻断传染病的传播途径，保护他人健康。

在面对传染病疫情时，单位要制定完善的防护制度，配备和提供口罩、消毒液等必要的专业防护设施和物资，并制定完善的单位内部防控措施，定期对员工进行防护知识培训和演练，确保工作环境安全，如对办公场所定期消毒、实行分餐制、控制会议规模和时长等。个人要养成良好的卫生习惯，随身携带口罩、消毒湿巾等防护用品，在日常生活中严格落实防护措施，保护自己和他人健康。

二、国家和政府对单位和个人参与的支持鼓励举措

(一) 国家支持和鼓励参与传染病防治工作

国家从宏观层面营造良好环境，积极支持和鼓励单位和个人参与传染病防治工作。传染病防治是一项社会系统工程，需要政府、社会组织、企业和个人等各方力量的共同参与。国家通过法律政策引导、资金支持、宣传引导等多种方式，激发社会力量参与传染病防治的积极性和主动性。在法律政策引导方面，国家应当完善传染病防治相关政策法规，明确单位和个人在传染病防治工作中的权利义务边界，细化支持鼓励措施的实施细则，增强政策的可操作性。在资金支持方面，国家可以通过出台一系列优惠政策，对参与传染病防治科研攻关的企业给予税收减免、资金扶持等政策，激发企业投入传染病防治研发的积极性；对捐赠传染病防治物资用于传染病防治的单位和个人，给予税收优惠，以激励更多主体参与捐赠。在宣传引导方面，国家可以通过多种媒体广泛宣传传染病防治工作的重要性和单位、个人参与的积极意义，以及传染病防治先进单位和个人的事迹，树立榜样，弘扬正能量，激发全社会参与传染病防治的热情。

(二) 各级人民政府的具体责任

各级人民政府要根据国家政策，结合本地实际情况，制定具体的实施办法，确保政策落地见效，其具体责任主要体现在完善制度、提供便利措施以及引导参与活动等方面。在完善制度方面，各级人民政府应当建立健全传染病防治工作的协调机制、信息共享机制、志愿服务机制、捐赠机制等，简化参与流程，提高参与效率。在提供便利措施方面，当单位和个人参与宣传教育活动时，政府可以协调相关部门提供宣传场地、宣传资料制

作支持等；对于参与疫情报告的单位和个人，建立便捷的报告渠道，确保信息能够及时准确上报。在引导参与活动方面，各级人民政府可以组织开展各类传染病防治宣传教育和培训活动，鼓励单位和个人积极参与。

【适用指南】

在司法实践中，本条规定为确定单位和个人在传染病防治中的法律责任提供了依据。如果单位或个人拒绝接受或配合依法采取的传染病防治措施，可能会面临相应的法律责任追究。法院在审理此类案件时，本条规定也是判断被告是否履行了支持和配合传染病防治工作的义务的重要依据。例如，在某保健中心诉某市区生态环境保护局、区人民政府行政处罚及行政复议案中，法院认定，医疗机构采取了不正常运行水污染防治设施的方式，将医疗污水未经处理直接排入市政管道，依法应予行政处罚；而此违法行为人的一个违法行为同时触犯两个法律规定，最终法院支持行政机关按照罚款数额高的规定实施处罚的决定。[①]

在执法层面，本条规定是卫生健康行政部门和其他相关部门加强监督和检查、确保单位和个人依法履行传染病防治义务的重要依据。执法部门可以通过现场检查、查阅资料、询问相关人员等方式，对单位和个人的传染病防治工作进行监督。当然，执法部门也应积极落实国家支持和鼓励社会力量参与传染病防治工作的政策，加强对参与单位和个人的指导和服务，为其参与工作提供便利条件。

在社会实践活动中，本条规定为单位和个人参与传染病防治工作提供了明确的行为准则。例如，单位可建立健全传染病防治工作制度，加强对员工的宣传教育和培训，配合政府部门开展疫情排查和防控工作等；个人应增强传染病防治意识，自觉遵守防控规定，积极配合调查、检验检测等工作等。

【关联规范】

《中华人民共和国民法典》第一千一百六十五条至第一千二百零七条；《中华人民共和国刑法》第三百三十条、第三百三十八条至第四百二十条；《中华人民共和国突发事件应对法》第十七条至第七十条；《中华人民共和

[①] 参见北京市第一中级人民法院（2019）京01行终837号行政判决书，载人民法院案例库，https://rmfyalk.court.gov.cn/view/content.html? id = CY% 252BWv8rFi89qwwRA1ZBkx2xkpQ%252BNA6v0ZjSNC0gYMA4%253D&lib=ck&qw=%E4%BC%A0E6%9F%93E7%9785，2025年6月3日访问。

国公益事业捐赠法》第二条至第五条、第九条至第三十条;《突发公共卫生事件应急条例》第三十七条;《志愿服务条例》第三条。

> **第十五条 【城乡社区传染病预防、控制工作及各方职责】** 疾病预防控制部门、街道办事处和乡镇人民政府应当开展群防群控工作,指导居民委员会、村民委员会协助做好城乡社区的传染病预防、控制工作。
>
> 居民委员会、村民委员会应当协助县级以上人民政府及其有关部门、街道办事处和乡镇人民政府做好城乡社区传染病预防、控制的宣传教育、健康提示以及疫情防控工作,组织城乡居民参与城乡社区的传染病预防、控制活动。
>
> 县级以上人民政府及其有关部门、街道办事处和乡镇人民政府应当为居民委员会、村民委员会开展传染病预防、控制工作提供必要的支持和保障。

【条文主旨】

本条是关于城乡社区传染病预防、控制工作及各主体职责的规定。聚焦于传染病防治工作中不同主体在城乡社区层面的职责与协作关系,旨在构建多层次、全方位的城乡社区传染病防控体系和群防群控机制,提升基层防控能力,充分发挥基层组织的作用,有效遏制传染病传播,确保传染病防治工作在城乡社区层面的有效实施。

【条文释义】

本条明确了疾病预防控制部门、街道办事处和乡镇人民政府在开展群防群控及指导基层组织方面的主导作用;规定了居民委员会、村民委员会协助上级部门并组织居民参与防控活动的具体任务;强调了县级以上人民政府及其有关部门、街道办事处和乡镇人民政府对基层组织开展防控工作给予支持保障具有必要性。

一、疾病预防控制部门、街道办事处和乡镇人民政府的职责

(一)疾病预防控制部门的主要职责

疾病预防控制部门作为专业的公共卫生机构,具备传染病预防控制的

技术能力和经验，在传染病防控体系中处于专业核心地位，发挥主导作用，其主要职责体现在两个方面：一方面，积极组织开展群防群控工作，即从专业技术角度，制定传染病预防控制规划、技术方案，并指导实施。另一方面，在组织指导基层防控工作中，对街道办事处、乡镇人民政府以及居民委员会、村民委员会开展专业培训，提升其传染病防控知识和技能水平，如指导社区工作人员正确进行环境消毒、开展流行病学调查基础工作等。

（二）街道办事处和乡镇人民政府的主要职责

街道办事处和乡镇人民政府是连接上级政府与基层社区的关键枢纽，在传染病防控中发挥着组织协调和一线指挥作用，其主要职责也体现在两个方面：一方面，在组织群防群控工作时，统筹整合辖区内各方资源，协调社区民警、卫生服务机构、志愿者等力量，形成防控合力，如，在疫情期间组织社区工作人员对辖区进行网格化管理，落实人员排查、小区封闭管理等措施等。另一方面，在指导居民委员会、村民委员会工作中，应结合本地实际情况，为其提供具体的工作指导和任务安排；同时，及时传达上级政府的防控政策和要求，确保基层防控工作方向准确、执行有力。

二、居民委员会、村民委员会的协助职责

居民委员会和村民委员会要加强自身建设，提高组织动员能力。居民委员会、村民委员会的协助职责旨在发挥基层自治组织在传染病防治中的重要作用，能够有效弥补政府力量的不足，增强社区防控能力。

（一）协助上级部门工作

居民委员会、村民委员会作为基层群众性自治组织，在传染病防控工作中具有独特的优势和作用，主要承担着协助上级部门开展宣传教育、健康提示和疫情防控的大量基础性工作。在宣传教育方面，居民委员会和村民委员会利用贴近居民、村民的优势，主要通过社区宣传栏、宣传手册、社区广播、线上平台等多种渠道向居民宣传传染病防治知识和防控政策，提高居民对传染病的认知和防控意识。在健康提示方面，根据疫情动态，及时向居民发布疫情动态、防控要求、个人防护措施等健康提示信息，提醒居民正确佩戴口罩、勤洗手、保持社交距离等做好个人防护，引导居民养成良好的卫生习惯和生活方式。在疫情防控的具体工作中，在传染病流行期间，协助上级部门落实各项防控措施，对社区内人员的流动情况、健康状况进行详细登记，建立社区传染病信息管理系统，实时掌握社区内传染病的流行情况，按照规定及时将相关信息报送至上级部门，为疫情防控决策提供准确的数据，做好社区内的疫情监测、密切接触者管理、环境卫生整治等工作，支持配合做好重点人员的隔离管控工作，为隔离人员提供生活物资保障，组织社区居民参与消毒、垃圾清运等疫情防控活动等。

（二）组织居民参与防控活动

发动居民力量参与防控是基层防控工作的重要一环，居民委员会和村民委员会还应发挥组织动员作用，主要在两个层面开展组织工作。一方面，居民委员会、村民委员会通过组织志愿者队伍，参与在小区出入口协助进行体温检测、人员登记、社区巡逻、宣传引导等社区防控工作。另一方面，居民委员会、村民委员会可以组织居民开展环境卫生整治活动，定期对社区公共区域进行清洁消毒，清除病媒生物滋生地，改善社区卫生环境，对违反防控规定的行为及时劝阻，提高居民参与防控的积极性和主动性，营造全民参与、共同防控的良好氛围。

三、县级以上人民政府及其有关部门、街道办事处和乡镇人民政府的支持保障职责

（一）县级以上人民政府及其有关部门的支持保障职责

县级以上人民政府及其有关部门应从宏观层面统筹资源，为基层防控工作提供坚实保障，主要体现在政策支持、物资保障、资金支持和人员支持等方面：在政策支持方面，制定出台有利于基层传染病防控工作的政策措施，如给予参与防控工作的志愿者适当补贴政策、对积极配合防控工作的企业给予税收优惠政策等；在物资保障方面，协调相关部门保障基层防护用品、消毒用品、检测试剂和设备等防控物资，医疗物资，以及米面粮油等生活物资，确保基层疫情防控工作的顺利开展；在资金支持方面，可以安排专项经费，用于社区传染病预防控制工作的人员培训、宣传教育、物资采购等方面；在人员支持方面，根据疫情防控需要，组织调配医疗卫生人员、社区工作者等支援基层防控工作，开展对社区工作人员的传染病防治知识和技能培训，提高他们的防控能力和水平。

（二）街道办事处和乡镇人民政府的支持保障职责

街道办事处和乡镇人民政府处于基层治理的前沿阵地，在传染病防控中发挥着关键的组织协调作用，应当积极争取上级政府的支持，组织居民委员会、村民委员会做好辖区内的支持保障工作。例如，在自身职责范围内，合理调配和整合社区和农村的人力、物力资源，为居民委员会、村民委员会提供具体支持保障，形成群防群控的强大合力；在工作指导方面，可以定期组织居民委员会、村民委员会工作人员进行业务培训，提升其防控工作能力；在物资分配方面，应将上级政府下拨的防控物资合理分配到各个社区、村庄，并监督物资的使用情况；在协调解决问题方面，应及时协调解决居民委员会、村民委员会在防控工作中遇到的困难和问题，如协调解决社区防控工作中的场地问题、人员纠纷问题等。

【适用指南】

在执法层面，疾病预防控制部门、街道办事处和乡镇人民政府根据本条规定开展工作应当注意三个方面：一是应当加强协作配合。疾病预防控制部门与街道办事处、乡镇人民政府应建立常态化的协作配合机制。在疫情处置过程中，疾病预防控制部门发挥专业优势，提供技术指导，街道办事处和乡镇人民政府负责具体组织实施，确保各项防控措施高效落实。二是强化宣传培训。疾病预防控制部门要加强对街道办事处、乡镇人民政府以及居民委员会、村民委员会工作人员进行传染病防控知识、流行病学调查方法、消毒技术等方面的专业培训。街道办事处和乡镇人民政府要加大对居民的宣传力度，创新宣传方式，强化宣传效果。三是科学精准防控。主要是要根据传染病的特点和流行态势，制定科学合理的防控策略，避免过度防控或防控不足的情况发生。

在城乡社区层面，本条规定为社区传染病预防控制工作提供了明确的操作指南。社区应建立健全传染病预防控制工作机制，明确各方职责，加强协调配合。具体而言，居民委员会、村民委员会在落实本条规定的工作过程中，也应当注意三个方面：一是充分发挥居民委员会、村民委员会的自治组织优势，发动居民参与社区防控工作的决策和监督，形成上下联动、群防群控的工作格局。二是建立健全社区传染病防控长效机制。三是加强与上级政府部门、疾病预防控制部门、街道办事处和乡镇人民政府以及社区居民的沟通协调，可以及时向上级部门反馈社区防控工作中的问题和困难，争取支持和帮助；积极回应居民关切，解答居民疑问，化解居民矛盾，维护社区稳定。

【关联规范】

《中华人民共和国城市居民委员会组织法》第二条至第七十六条；《中华人民共和国村民委员会组织法》第二条至第一百二十条；《中华人民共和国基本医疗卫生与健康促进法》第九条、第十一条、第二十二条、第三十二条、第九十九条；《突发公共卫生事件应急条例》第十八条至第五十一条、第五十七条。

> **第十六条 【传染病患者、病原携带者和疑似患者的权益保障】** 国家和社会应当关心、帮助传染病患者、病原携带者和疑似患者,使其得到及时救治。
>
> 任何单位或者个人不得歧视传染病患者、病原携带者和疑似患者,不得泄露个人隐私、个人信息。

【条文主旨】

传染病患者、病原携带者和疑似患者作为特殊群体,在患病期间面临着生理和心理的双重压力。本条聚焦于这一特殊群体的权益保障,明确了国家、社会以及单位和个人在对待传染病患者、病原携带者和疑似患者时的义务,强调应当给予这一特殊群体关心、帮助、及时救治、禁止歧视以及保护隐私信息,体现了人道主义精神与公共卫生伦理原则,旨在维护这一特殊群体的合法权益,构建和谐社会关系,促进社区疫情防控工作的顺利开展,助力传染病防治工作全面推进。

【条文释义】

一、国家和社会的关心、帮助和及时救治

(一)国家层面的责任

国家在传染病患者、病原携带者和疑似患者的救治保障体系构建中起着主导作用。具体而言,国家应当从宏观政策制定、资源调配、医疗保障体系完善等多方面发力。在政策制定上,可以出台一系列有利于传染病患者救治的政策法规,如《传染病防治法》本身就是从法律高度保障传染病防治工作有序开展,其中就涵盖对患者救治的要求。在资源调配方面,当传染病暴发流行时,国家应当统筹调配人力、物力和财力等医疗资源,保障医疗资源的充足供应和合理配置。在医疗保障体系完善上,应当不断加强医疗卫生体系建设,加大对传染病专科医院的建设投入力度,提升综合医院传染病科室的救治能力,推动医保制度对传染病治疗费用的合理覆盖。

(二)社会层面的参与

社会力量广泛参与是对国家救治工作的有力补充。具体而言,社会组织、企业和个人可以通过捐赠物资、提供志愿服务等方式,为传染病患者、病原携带者和疑似患者等群体提供物质和精神上的支持。社会层面的

关心参与可以为这一特殊群体提供情感上的支持，营造温暖包容的社会氛围，有助于患者消除歧视和偏见带来的心理负担，如实报告病情，更好地接受治疗，配合隔离治疗等防控措施，增强战胜疾病的信心。除治疗和生活上的帮助外，在社会层面，还应当致力于促进传染病患者、病原携带者和疑似患者在康复后能够顺利回归社会。

二、关于单位或者个人的禁止歧视规定

(一) 歧视的表现形式

任何单位或个人不得歧视传染病患者、病原携带者和疑似患者。歧视传染病患者、病原携带者和疑似患者的行为在社会生活中表现多种多样。例如，在就业领域，用人单位可能以求职者是传染病病原携带者为由拒绝录用，或者在员工患病后将其辞退，侵犯其平等就业权；在教育领域，学校可能对传染病患者或病原携带者学生采取不合理的区别对待。

(二) 禁止歧视的意义

禁止歧视传染病患者、病原携带者和疑似患者这一群体具有重要意义。从权利角度看，每个人都享有平等的权利和尊严，传染病患者等群体不应因其患病或携带病原体身份而被歧视或者受到不公正待遇，这是对基本人权的尊重和保障。歧视传染病患者等群体的行为违反了平等原则，严重侵害这一群体的合法权益。从社会稳定角度，歧视行为容易引发矛盾和冲突，破坏社会和谐，禁止歧视有利于维护社会秩序稳定。从疫情防控角度，歧视会导致患者延误治疗，从而增加疫情传播风险和隐患，阻碍传染病防治工作的有效开展。禁止歧视可以让患者感受到社会的关心和尊重，能促使患者更愿意积极配合治疗和防控措施，有利于提高疫情防控效果，及时控制和消除传染病的传播。

本条规定为保障传染病患者等群体反歧视、保护自己的合法权益提供了明确的法律依据。当传染病患者、病原携带者和疑似患者因被歧视而使自己的合法权益受到侵害时，他们可以依据本条规定提起民事诉讼，要求侵权方承担停止侵害、消除影响、恢复名誉、赔礼道歉等民事责任。

三、单位或者个人的隐私和个人信息保护义务

(一) 隐私与个人信息范畴

保护个人隐私是保障患者权益的重要方面，未经患者本人或其法定监护人同意，任何单位或个人不得擅自泄露患者的个人隐私和信息。医疗机构和相关工作人员应严格遵守保密制度，加强信息安全管理，防止患者隐私泄露。传染病患者、病原携带者和疑似患者的隐私和个人信息包含多方面内容。个人基本信息如姓名、年龄、住址、联系方式等，以及与疾病相

关的信息，如患病类型、病情严重程度、病情诊断治疗记录、核酸检测结果等都属于保护范畴。传染病患者、病原携带者和疑似患者的相关信息往往涉及个人隐私，这些信息一旦泄露，可能导致患者在生活、工作、社交等方面遭受困扰。

（二）保护的必要性与法律依据

保护这一群体的隐私和个人信息极为必要。一方面，它是维护患者人格尊严和合法权益的必然要求，能让患者在接受治疗过程中感受到尊重和安心，避免因隐私和个人信息泄露而遭受困扰和伤害。另一方面，也有助于建立患者与医疗机构、疾病预防控制机构之间的信任关系，使患者能够放心地配合诊疗和防控工作。此外，从公共卫生角度，合理保护信息能保障疫情防控工作平稳推进。法律依据方面，《传染病防治法》明确规定不得泄露个人隐私、个人信息；《民法典》规定自然人的个人信息受法律保护，任何组织和个人不得非法收集、使用、加工、传输他人个人信息，不得非法买卖、提供或者公开他人个人信息；《个人信息保护法》更是从专门法角度对个人信息处理活动进行规范，要求采取措施确保个人信息安全，保护个人隐私，不得过度收集个人信息，相关信息不得用于传染病防治以外的目的。

【适用指南】

首先，政府相关部门要加强对社会各单位和机构的监督检查，定期对用人单位、学校、医疗机构等进行检查，查看其是否存在歧视行为和隐私泄露问题。执法部门在处理传染病疫情时，应注重平衡疫情防控与患者权益保护的关系，避免因过度防控措施而对患者造成不必要的伤害。

其次，医疗机构、疾病预防控制机构等涉及患者信息收集和管理的单位，要建立严格的隐私保护和信息管理制度；明确信息收集的目的、方式和范围，遵循最小必要原则，仅收集与传染病防治直接相关的信息；对收集到的信息进行加密存储，设置访问权限，只有经过授权的人员才能查阅和使用患者信息；在信息传输过程中，采用安全可靠的传输方式，防止信息泄露；定期对信息系统进行安全评估和维护，及时修复漏洞，防止信息泄露。同时，还应当加强对工作人员的培训，提高其隐私保护意识和法律意识，确保在工作中规范收集、存储、使用和传播患者隐私信息；在向其他部门或单位提供患者信息时，要经过严格的审批程序，确保信息使用目的合法、正当，并采取加密等措施保护信息安全。

此外，对于违反隐私和个人信息保护规定的单位和个人，依法严格追究责任。根据我国《个人信息保护法》第六十六条的规定，对违法处理个人信息的个人或组织，由履行个人信息保护职责的部门责令改正，给予警告，没收违法所得，对违法单位并处 100 万元以下罚款，对违法个人并处 1 万元以下罚款；情节严重的，对违法单位并处 500 万元以下或者上一年度营业额 5% 以下罚款，对违法个人并处 10 万元以上 100 万元以下罚款；构成犯罪的，依法追究刑事责任。通过严格的责任追究机制，可以形成有力的法律威慑，确保患者隐私和个人信息得到有效保护。

【关联规范】

《中华人民共和国民法典》第一千零三十二条至第一千零三十九条（关于隐私权和个人信息保护的规定）；《中华人民共和国基本医疗卫生与健康促进法》第九条、第十一条、第二十二条、第三十二条、第九十九条；《中华人民共和国精神卫生法》第二条、第三条、第七条、第八条、第二十七条至第三十条、第六十二条、第六十三条；《中华人民共和国残疾人保障法》第三条至第一百七十六条；《中华人民共和国公益事业捐赠法》第二条、第四条、第九条至第三十条；《中华人民共和国就业促进法》第三十条；《中华人民共和国个人信息保护法》第十三条；《社会救助暂行办法》第九条至第三十条。

> **第十七条 【传染病预防、控制措施实施原则以及单位和个人救济途径】** 采取传染病预防、控制措施，应当依照法定权限和程序，与传染病暴发、流行和可能造成危害的程度、范围等相适应；有多种措施可供选择的，应当选择有利于最大程度保护单位和个人合法权益，且对他人权益损害和生产生活影响较小的措施，并根据情况变化及时调整。
>
> 单位和个人认为有关地方人民政府、卫生健康主管部门、疾病预防控制部门和其他有关部门，以及疾病预防控制机构、医疗机构等实施的相关行政行为或者传染病预防、控制措施，侵犯其合法权益的，可以依法申请行政复议、提起诉讼。

【条文主旨】

本条是关于传染病预防、控制措施实施原则以及单位和个人权益救济途径的规定，旨在规范传染病防治过程中的权利义务关系，确保采取的预防、控制措施既科学合理，又充分保护单位和个人在面对行政行为时的合法权益，促使行政机关依法履行职责，确保防控措施的合理性和合法性，同时为传染病防治工作提供明确的法律依据和救济途径。这一规定保障了单位和个人的合法权益。

【条文释义】

一、传染病预防、控制措施实施原则

（一）法定权限和程序原则

根据本条第一款规定，各级政府、卫生健康主管部门、疾病预防控制机构等在实施传染病预防、控制措施时，必须严格依照法定权限和程序进行。这意味着相关部门在采取措施时，其权力的来源和行使方式都要有明确的法律依据。这一原则旨在确保行政权力的规范行使，防止权力滥用，保护自然人、法人和非法人组织的合法权益。例如，根据《突发公共卫生事件应急条例》第十九条规定，国家建立突发事件应急报告制度，明确规定了信息报告的主体、时限和程序，相关部门在报告传染病疫情时必须遵循这一规定，不得越权或违反程序。

（二）适应性原则

鉴于不同类型的传染病，其传播速度、危害程度、影响范围都有所不同，故而采取的预防、控制措施应当与传染病暴发、流行和可能造成危害的程度、范围等相适应。例如，对于局部地区出现的个别传染病病例，可能只需对该地区进行针对性的消毒、隔离等措施；而对于大规模流行的传染病，则需要采取更为广泛的措施，如限制人员流动、关闭公共场所等。这就要求相关部门根据传染病的实际情况，精准制定和实施防控措施，避免过度防控或防控不足。我国《进出境动植物检疫法》第二条就明确规定了进出境动植物检疫的范围和措施，这些措施的实施就是基于对不同病原体可能造成的危害程度和范围的评估，以适应不同情况下的防疫需求。

（三）权益平衡保护原则

在传染病防控过程中，防控措施不可避免地会对单位和个人的权益产生影响。例如，实施居家隔离措施会限制个人的行动自由，对企业的生产经营也会造成一定影响。因此，当有多种措施可供选择时，就应当对不同措施的利弊进行评估和权衡，选择既能有效防控疫情，又能最大限度保护单位和个人合法权益，且对他人权益损害和生产生活影响较小的措施。

（四）动态调整原则

所谓动态调整原则，是指传染病预防、控制措施应当根据传染病疫情的变化情况及时调整。例如，当疫情得到有效控制，风险等级降低时，应及时调整防控措施，放宽或解除相应的限制措施，恢复正常的社会生产生活秩序；反之，当疫情出现反弹或加剧时，应及时加强防控措施，以符合实际情况的需要。这一原则体现了传染病防治工作的灵活性和时效性。

二、单位和个人权益的救济途径

在传染病防治过程中，相关人民政府、卫生健康及其他部门、疾病预防控制机构和医疗机构等实施的行政管理和预防、控制措施，有时可能会侵犯单位和个人的合法权益。例如，在实施隔离措施时，对隔离范围的划定不合理，将一些不应隔离的人员纳入隔离范围，限制了他们的人身自由；在征用房屋、交通工具等物资时，未按照法定程序进行，或者征用后未及时返还、给予合理补偿；在信息公开过程中，过度公开个人隐私信息，侵犯了个人的隐私权等。根据本条第二款规定，单位和个人如果认为有关地方人民政府、卫生健康主管部门、疾病预防控制部门和其他有关部门，以及疾病预防控制机构、医疗机构等实施的相关行政行为或者传染病预防、控制措施，侵犯其合法权益的，可以依法申请行政复议、提起诉讼。本款规定实际上是为单位和个人提供了行政复议与提起诉讼两类法律救济途径。通过行政复议和诉讼，为单位和个人提供维护自身合法权益的有效途径，监督行政机关依法行使职权，保障传染病防治工作在法治轨道上进行。

所谓行政复议，是指单位或者个人认为行政机关的具体行政行为侵犯其合法权益，可以依法向作出行政行为的上一级主管部门或本级人民政府提出复议申请，由受理该申请的行政复议机关对原具体行政行为依法进行审查并在规定期限内作出复议决定的活动。例如，根据我国《行政复议法》第二十条规定，除法律另有规定外，单位或者个人认为具体行政行为侵犯其合法权益的，可以自知道或者应当知道该具体行政行为之日起60日内提出行政复议申请。行政复议作为一种行政救济途径，是由上级行政机关对下级行政机关的具体行政行为进行审查，以保障单位或者个人的合法权益。

所谓提起诉讼，是指单位和个人向人民法院提起行政诉讼，由法院对行政行为的合法性进行审查并作出判决。根据我国《行政诉讼法》第十二条规定，人民法院受理公民、法人或者其他组织对行政机关实施的行政行为不服提起的诉讼，包括对限制人身自由或者对财产的查封、扣押、冻结等行政强制措施和行政强制执行不服的诉讼，以及对行政机关作出的关于确认土地、矿藏、水流、森林、山岭、草原、荒地、滩涂、海域等自然资源的所有权或者使用权的决定不服的诉讼等。

【适用指南】

在实际应用中，无论是行政机关实施传染病预防、控制措施，还是单位和个人寻求权益救济，都需要严格遵循本条规定。

在传染病防治实践中，要落实本条第一款的规定，行政机关在实施防控措施时要把握下列三个方面的原则：其一，各级政府及相关部门在制定和实施传染病预防、控制措施时，要严格按照我国《传染病防治法》以及相关法律法规规定的程序进行，充分考虑措施的合法性、合理性和必要性。其二，行政机关应当建立科学的评估机制，对传染病的危害程度、范围等进行准确评估，确保所采取的防控措施与之相适应。其三，在选择防控措施时，行政机关要充分听取单位和个人的意见，综合考虑各种措施对不同群体权益的影响。需要注意的是，人民法院在审理涉及传染病防治的行政案件时，应严格审查行政机关实施的传染病预防、控制措施是否符合法定权限和程序，是否与疫情的实际危害程度相适应，是否充分考虑了对公民、法人和其他组织合法权益的保护等因素。如果行政机关的措施存在违法或不合理的情况，法院应依法予以纠正，维护单位和个人的合法权益。

在传染病防治实践中，要落实本条第二款的规定，单位和个人在寻求权益救济时，应注意下列三个方面：其一，单位和个人应当了解行政复议和行政诉讼的相关法律规定，在认为自身合法权益受到相关行政行为侵犯时，要准确判断权益受损的事实和范围，仔细分析行政行为是否违反法律法规规定，是否对自身的人身权、财产权、经营自主权等合法权益造成损害；在申请行政复议时，要在规定的期限内，向有管辖权的行政机关提出申请；根据《行政诉讼法》第四十六条的规定，在提起行政诉讼时，原告要在知道或者应当知道作出行政行为之日起 6 个月内提出，向有管辖权的人民法院提交起诉状及相关证据。其二，单位和个人在认为自身合法权益受到侵犯时，在申请行政复议或提起诉讼前，要对行政行为进行仔细分析，判断其是否确实侵犯了自身的合法权益。如果行政行为存在程序违法、超越职权等问题，可以依法寻求救济；如果行政行为是依法作出的，且合理必要，则应理解和支持防控工作。其三，在寻求权益救济的过程中，单位和个人要积极配合传染病防控工作，不能因寻求救济而干扰正常的防控秩序。即使对防控措施存在异议，也应通过合法、合理的方式表达，避免采取过激行为。

【关联规范】

《中华人民共和国突发事件应对法》第十一条、第四十九条、第五十条;《中华人民共和国行政复议法》第六条、第九条、第二十八条;《中华人民共和国行政诉讼法》第十二条、第七十六条;《中华人民共和国进出境动植物检疫法》第二条;《中华人民共和国动物防疫法》第十七条;《突发公共卫生事件应急条例》第十九条、第二十条。

第十八条 【传染病防治健康教育与宣传责任主体及要求】国家开展传染病防治健康教育工作,加强传染病防治法治宣传,提高公众传染病防治健康素养和法治意识。

学校、托育机构应当结合年龄特点对学生和幼儿进行健康知识和传染病防治知识的教育。

新闻媒体应当开展传染病防治和公共卫生知识的公益宣传。

个人应当学习传染病防治知识,养成良好的卫生习惯,培养健康的生活方式。

【条文主旨】

本条是关于各主体在传染病防治健康教育、法治宣传以及提升公众健康素养和法治意识方面的职责的规定,旨在通过多主体协同,提升公众在传染病防治方面的健康素养与法治意识,从社会、教育、媒体和个人层面,全面推动传染病防治知识的普及与良好行为习惯的养成,为传染病防治工作筑牢社会基础。

【条文释义】

一、国家主导开展传染病防治健康教育与法治宣传的重要性

传染病防治工作,不仅是医疗技术和专业防控体系的较量,更是全社会健康意识和法治观念的综合体现,关系到整个社会的公共卫生安全和人民群众的生命健康,而公众对传染病防治知识的了解程度和健康素养水平,直接影响着传染病的传播态势。从历史经验来看,许多传染病的大规

模传播，往往与公众对传染病认知不足、防范意识薄弱以及不遵守防疫法规等密切相关。通过广泛、深入、系统的传染病防治健康教育，能够让公众了解传染病的基本知识，清楚认识到传染病的危害、传播途径、症状表现、防控方法等关键信息，使公众在日常生活中能够主动采取预防措施，降低感染风险。而加强传染病防治法治宣传，则是让公众知晓在传染病防治过程中的权利和义务，明白违反相关法律法规可能带来的后果，从而促进公众自觉遵守法律规定，配合政府和相关部门开展传染病防治工作。

在传染病防治健康教育和法治宣传过程中，国家处于主导地位，因为国家层面对传染病防治健康教育和法治宣传的组织开展，可以整合各方资源，制定统一的宣传教育策略和标准。国家开展这些工作的途径和方式多样，例如，可以制定完善的健康教育规划和政策，明确不同阶段、不同地区的健康教育目标和任务，为工作开展提供指导；可以组织专业的医学专家和法律专家编写全国性的传染病防治知识普及教材、宣传标识、科普视频和法律解读手册等，通过社区、乡村等基层组织进行发放，确保各地在开展宣传时信息准确、重点突出；也可以利用现代信息技术，通过电视、广播、移动客户端、网络等多种媒体平台和渠道，制作专题节目或公益广告、发布权威科普文章、推送健康提示等，广泛传播传染病防治知识和法律常识，提高知识传播的覆盖面和时效性；还可以举办大型的宣传活动，在活动中设置互动环节，增强公众的参与感和对知识的理解等。此外，国家还可以加大对传染病防治健康教育和法治宣传工作的资金投入力度，建设专业的健康教育机构，培养高素质的健康教育人才，保障宣传活动的顺利开展，支持相关科研机构对公众健康教育效果的研究，以便不断优化宣传策略。总而言之，国家主导传染病防治健康教育和法治宣传，可以高效地在全国范围内营造浓厚的传染病防治氛围，使健康和法治理念深入人心，促使公众积极配合政府和相关部门的防控工作，形成全社会共同参与传染病防治的良好局面。

二、学校、托育机构的健康教育职责及实施方式

学校和托育机构是培养学生和幼儿健康意识的重要场所。在学校和托育机构开展健康知识和传染病防控知识教育，不仅能够保护学生和幼儿在校期间的健康，减少传染病在校园内的传播，形成良好的校园健康文化，促进校园文明建设，还具有长远的社会意义。因为一则通过对学生和幼儿的教育，能够将健康理念和传染病防治知识传递到每个家庭，促进家庭健康意识的提升；二则培养学生良好的健康习惯和自我保护能力，将使他们受益终身，为未来社会培养具有较高健康素养的公民奠定基础。需要注意的是，学生和幼儿作为传染病易感人群之一，正处于身心发展的关键时期，其免疫系统尚未完全发育成熟，但他们好奇心强、模仿能力强，而自我保护意识和能力却相对较弱，在学校、托育机构等集体环境中容易发生传染病聚集性传播。同时，由于学生和幼儿的认知水平、生活经验和学习能力因年龄而异，因此需要结合其年龄特点开展有针对性的健康知识和传染病防控知识教育，帮助他们从小树立正确的健康观念，养成良好的卫生习惯。具体地，学校、托育机构应当根据年龄区别选择不同的健康教育内容和方式，将传染病防治知识教育纳入日常教学计划，保证教学时间和教学质量。

对于幼儿，托育机构可以主要通过简单易懂、生动有趣的游戏、儿歌、动画、故事等形式，将勤洗手、不随地吐痰、正确咳嗽和打喷嚏礼仪等基本的卫生习惯融入日常教学活动。例如，通过播放生动有趣的动画短片，让幼儿直观地了解洗手的重要性以及正确的洗手步骤，同时在活动室设置洗手示意图和洗手角，引导幼儿学会正确的洗手方法；通过讲关于细菌的故事，让幼儿了解细菌会传播疾病，从而培养他们勤洗手、不随地吐痰等卫生习惯。

对于小学阶段的学生，可以通过课堂讲解、主题班会、手抄报比赛等形式，在课堂上系统地讲解常见传染病的防治知识；开展主题班会，让学生分享自己的预防经验；组织手抄报比赛，激发学生主动学习传染病防治知识的兴趣。

在中学阶段，在内容上，学校可以将传染病防治知识纳入健康教育课程体系，结合生物学、卫生保健等学科教学内容，更加深入系统地讲解传染病的病因、传播途径与规律、防控策略以及相关法律法规等知识，同时开展心理健康教育，帮助学生正确应对疫情带来的心理压力。在方式上，可以采用课堂讲授、案例分析、观看科普视频、实践操作等多种教学方法，提高学生的学习兴趣和参与度，如组织学生开展模拟传染病暴发场景的应急演练、参观疾病预防控制中心等，让学生在实践中了解传染病监测和防控的工作流程，增强学生对传染病防治的直观认识。同时，可以利用校园广播、宣传栏、主题班会等渠道定期宣传传染病防治知识，营造校园健康教育氛围，培养学生的自主学习能力和社会责任感，让他们能够向家人和社会传播正确的知识。

三、新闻媒体的公益宣传职能与作用发挥

新闻媒体具有传播范围广、传播速度快、社会影响力大的传播优势，在传染病防治和公共卫生知识传播中能够迅速覆盖各类人群，准确地向公众传递疫情动态、防控措施、科学研究成果等传染病防治的最新信息，在传染病防治和公共卫生知识的公益宣传中发挥着不可替代的作用。同时，新闻媒体还可以通过深度报道、专家访谈等形式，普及公共卫生知识，提高公众对公共卫生体系的认识和理解。此外，新闻媒体还可以通过曝光一些违反传染病防治法律法规的行为，发挥舆论监督作用，促进全社会营造遵守法律、共同防控传染病的良好氛围。

在传染病防治问题上，传统媒体、网络媒体和新媒体平台等不同类型的新闻媒体，具有各自的传播特点和优势，可以采用多样化的宣传方式，各自发挥独特的作用，以满足不同受众的需求。具体而言，电视媒体可以通过制作专题节目、公益广告、专家访谈等形式，以直观的画面和生动的解说吸引观众，深入浅出地讲解传染病防治知识；广播媒体可以及时报道疫情动态和防控成果，方便听众在出行、工作等场景中获取信息；报纸可提供深度的专题报道；网络媒体和新媒体平台则能实现信息的即时传播和互动交流。例如，在流感高发季节，电视台播出专家讲解流感症状、预防措施的节目，并穿插生动的动画演示病毒传播过程，让观众更易理解；而网络媒体和新媒体平台则可以凭借其传播速度快、互动性强的特点，创新宣传方式，如可以利用短视频平台制作简短有趣的传染病防治科普短视频，以动漫、实验演示等形式吸引用户关注。需要注意的是，新闻媒体在宣传过程中，应注重信息的准确性和权威性，以官方发布的信息和专业机构的研究成果为依据，避免传播未经证实的消息引发公众恐慌。同时，还应当将专业知识转化为通俗易懂的语言和生动形象的案例，让公众易于理解和接受。

四、个人在传染病防治中的学习与行为养成责任

随着社会发展和全球化进程加速，传染病的种类不断增加，传播风险日益增大。个人作为传染病防治的最小单元，也是传染病防治的第一责任人，其行为直接影响传染病的传播风险。学习传染病防治知识、养成良好的卫生习惯和培养健康的生活方式，不仅关乎个人的健康，也对整个社会的传染病防治工作有着重要意义。从这个意义上看，公众了解常见传染病的特点、掌握正确的防护技能、知晓在不同场景下的行为规范，学习传染病防治的基本知识，养成良好的卫生习惯，树立正确的健康观念，既是预防传染病、提升全社会的传染病防治健康素养水平的关键，也是个人履行社会责任的基础。

个人学习传染病防治知识，可以通过阅读专业科普书籍、参加社区组织的健康讲座、观看网络科普视频、关注官方媒体发布的信息等多种途径。了解传染病的防治知识后,个人要将其转化为实际行动,养成良好的卫生习惯。此外,培养健康的生活方式也是提高人体免疫力、降低感染传染病的风险的重要手段。个人在日常生活中要时刻保持对传染病的警惕,发现身体不适,尤其是出现传染病疑似症状时,应当及时就医并如实告知医生相关接触史和旅行史,积极配合医疗机构的诊断和治疗;在传染病防控期间,个人要严格遵守政府发布的各项防控规定,如配合社区的体温检测、隔离观察等措施。这些均为传染病防治工作中个人法治意识的具体体现。

【适用指南】

本条规定的贯彻落实贯穿于立法、司法和执法等各个环节。而且,在实际应用中,各责任主体应严格按照本条规定履行职责。

从立法层面来看,国家相关部门在制定与传染病防治相关的法律法规、政策文件或者进行规划时,应将健康教育和法治宣传作为重要内容,明确规定健康教育和法治宣传的具体内容、实施主体、保障措施等,确保各项宣传工作有计划、有组织地开展。同时,立法应考虑如何激励社会力量参与传染病防治宣传教育活动,如对积极参与公益宣传的新闻媒体给予政策支持或资金奖励。

在司法实践中,当处理涉及传染病防治的案件时,如因个人拒不配合防疫措施、故意传播传染病等违法行为引发的案件,司法机关应在判决文书中引用本条规定,强调公众提高法治意识和健康素养的重要性。通过对典型案件的审理和公开宣判,起到教育公众、震慑违法的作用,引导社会公众自觉遵守传染病防治法律法规。

在执法过程中,卫生行政部门及其他相关执法部门应将健康教育和法治宣传作为传染病防治执法工作的重要组成部分。同时,执法部门应加强与新闻媒体的合作,及时发布传染病防治信息和执法工作动态,提高公众对传染病防治工作的知晓度和参与度。

【关联规范】

《中华人民共和国基本医疗卫生与健康促进法》第四条;《学校卫生工作条例》第二条、第十七条;《托儿所幼儿园卫生保健管理办法》第十五条至第十六条;《公共场所卫生管理条例》第二条。

第十九条 【国际交流与合作的指导原则】国家支持和鼓励开展传染病防治的国际交流与合作。

【条文主旨】

本法在多个章节的内容中都涉及国际交流与合作相关内容的贯彻落实。本条是关于国家在传染病防治领域对国际交流与合作态度和政策的总则性规定,从总则层面明确了国家对于开展传染病防治的国际交流与合作持支持和鼓励的态度。在立法、司法以及执法层面,均须将本条所确立的国家支持和鼓励开展传染病防治的国际交流与合作的方针作为重要指导原则。

【条文释义】

一、传染病防治国际交流与合作的重要意义

传染病的传播没有国界之分,在经济全球化深入发展的趋势下,传染病的传播不再受地理边界限制,传染病跨国或者跨地区传播的速度快、范围广,往往在全球范围内迅速扩散,对国际公共卫生安全构成严重威胁,任何一个国家都难以独善其身,只有通过国际合作,才能实现对传染病的有效防控。例如,流感、艾滋病、结核病等传染病,早已成为全球性公共卫生问题。因此,开展传染病防治的国际交流与合作具有重要意义。

(一)共享知识和技术

不同国家和地区在传染病防治方面积累了独特的经验、技术和研究成果。通过国际交流合作,各国和地区能够分享在传染病防治方面的先进的诊断方法、治疗手段、疫苗研发技术等,共同应对传染病挑战。一方面,一些发展中国家由于医疗资源匮乏、疾病监测体系不完善,面临着传染病高发却难以有效控制的困境;另一方面,发达国家同样受到新发传染病以及耐药菌株等带来的威胁。例如,埃博拉病毒在非洲局部地区的暴发,引起了全球范围的高度警觉,因其极高的致死率和快速的传播潜力,稍有不慎就可能引发全球性的公共卫生危机。只有各国携手,才能在传染病监测、预警、防控技术等方面形成合力,共同应对传染病对全人类健康的威胁。

(二)协同应对跨国疫情

当传染病跨国或者跨地区传播时,需要各国和地区共同行动。例如,

非洲埃博拉疫情暴发，多个国家和地区派遣医疗团队、提供物资援助，共同参与防控工作，有效遏制了疫情的扩散。[1] 这种协同作战能够整合资源，提高防控效率，降低疫情对全球公共卫生的威胁。

(三) 提升全球防控能力

有的发展中国家在传染病防治的基础设施、专业人才培养等方面可能存在不足。发达国家可以通过技术转让、人员培训等合作方式，帮助发展中国家提升防控能力，从而提升全球整体的传染病防治水平，构建更牢固的全球公共卫生防线。

二、国际交流与合作在传染病防治中的表现形式

(一) 信息共享

各国和地区建立传染病信息通报机制，如建立国际传染病疫情信息共享平台，及时通报各国疫情动态、防控措施和科研进展，共享传染病的发病情况、病原体特性、传播途径等关键信息，以便各国能够快速做出反应，调整防控策略。

(二) 技术交流

在传染病防治中技术交流的合作包括但不限于传染病诊断技术研发、疫苗研制、治疗方法创新等方面的合作。一方面，发达国家和地区在生物技术、医疗科研等领域往往具有先进的技术和设备，通过与发展中国家合作，可以将这些先进技术应用于全球传染病防治实践。另一方面，发展中国家在传统医学、现场流行病学调查等方面也积累了很多宝贵经验，可以与发达国家分享，促进全球传染病防治技术水平的共同提升。此外，也可以向其他国家提供传染病诊断试剂、疫苗、防护物资等技术和物资支持，帮助其提升传染病防治能力。例如，我国在非洲埃博拉疫情期间，向相关区域国家提供了大量医疗物资和专业医疗团队，协助当地开展疫情防控工作。[2]

(三) 人员培训与交流

在传染病防治中人员培训与交流的合作主要是指开展跨国界的传染病防治专业人员培训项目，派遣专家参与国际传染病防治项目，培养具有国际视野的传染病防治专业人才，提高各国医疗人员、疾控人员的业务能力。许多国际组织和发达国家会为发展中国家的卫生专业人员提供短期进

---

[1] 参见李斯博等：《命运与共 守望相助——中非携手抗击埃博拉疫情》，载中国政府网，https://www.gov.cn/xinwen/2014-10/26/content_2770766.htm，2025年6月5日访问。

[2] 参见《新时代的中非合作白皮书》，载国务院新闻办公室网站，http://www.scio.gov.cn/zfbps/ndhf/2021n_2242/202207/t20220704_130719.html，2025年6月5日访问。

修、学术访问的机会，让他们学习先进的传染病防控理念和技能。例如，2024年4月，由中国国家国际发展合作署和国家市场监督管理总局共同主办的"中国与非洲国家公共医疗与卫生健康标准化合作研修班"，就有来自埃塞俄比亚、利比里亚、塞拉利昂等5个非洲国家及非洲联盟的36名卫生部门官员和技术骨干参训；培训内容涵盖公共医疗标准化管理、中医药国际标准制定、传染病防控技术规范等领域，通过理论授课、实验室实操、医疗机构实地考察等形式，系统学习中国在公共卫生标准化领域的实践经验。①

（四）联合科研项目

围绕传染病防治的前沿问题，各国可以联合开展科研项目，不同国家和地区的科研机构、高校可以共同开展传染病防治相关基础研究和应用研究，共享科研成果。通过整合各国和地区的科研资源和优势，加快了对传染病防治关键问题的解决进程，为全球公共卫生安全提供了更有力的科技支撑。需要注意的是，在联合开展国际合作项目时，要充分尊重不同国家和地区的文化差异和科研习惯，建立良好的沟通协调机制，明确各方在合作项目中的职责和权益，确保合作项目的顺利推进。在签订合作协议后，应当认真履行合作协议，按时完成承担的研究任务，积极分享研究成果。

三、国家支持和鼓励传染病防治国际交流与合作的具体举措

（一）政策制定层面

1. 国家出台相关政策，提出要加强国际合作交流和跨境传染病联防联控工作，这也在一定程度上反映了将传染病防治国际交流与合作作为疾病预防控制工作的一个重要方面来推进，与国家公共卫生战略规划紧密相关。②

2. 国家设立专门的国际合作项目基金，为国内科研机构、医疗机构与国外同行开展合作提供资金支持。例如，我国设立的多项国家级传染病防治国际合作专项基金，资助国内团队与共建"一带一路"国家开展传染病联防联控合作项目，包括建设跨境传染病监测站点、开展联合科研攻关等。③

---

① 参见《援外培训助力中国医疗卫生标准国际化》，载国家国际发展合作署网站，http://www.cidca.gov.cn/20241223/7ee3af18184d4420a0e1ada9dd998eec/c.html，2025年6月5日访问。

② 参见《全国疾病预防控制行动方案（2024—2025年）》，载国家疾病预防控制局网站，https://www.ndcpa.gov.cn/jbkzzx/c100030/common/content/content_1867010951007031296.html，2025年6月5日访问。

③ 参见《国家卫生计生委关于推进"一带一路"卫生交流合作三年实施方案（2015—2017）》，载中国一带一路网站，https://www.yidaiyilu.gov.cn/p/23564.html，2025年6月5日访问。

（二）外交推动层面

1. 通过高层外交对话和国际会议平台，如 G20 峰会（二十国集团领导人峰会）、世界卫生大会等，强调传染病防治国际合作的重要性，倡导各国和地区共同行动。

2. 在外交活动中，国家将传染病防治合作作为重要的议题，积极推动多边和双边合作协定的签署。例如，我国积极参与并推动了《国际卫生条例（2005）》的实施，在全球传染病监测与响应体系中发挥了重要作用，展现了大国担当，也为国内开展国际合作创造了良好的外部环境和外交基础。[1]

（三）机构合作层面

鼓励我国的传染病防治研究者和工作者要积极关注国际传染病防治领域的动态和合作信息，国内的疾病预防控制中心、高校、科研机构等要积极与国外相关机构建立长期稳定的合作关系，建立合作交流机制。具体地，可以定期主动开展学术研讨会、合作论坛等活动，积极参与国际学术会议、研讨会等交流活动，利用互联网平台、国际科研合作组织等渠道，了解其他国家在传染病防治方面的研究需求和合作意向，结识国际同行，寻找合作机会，关注国家相关部门发布的国际合作项目信息，积极参与申报，促进国内外机构在传染病防治领域的深度交流与合作。

四、国际交流与合作对我国传染病防治的意义

（一）提升我国在全球公共卫生领域的影响力

一方面，通过积极参与国际交流与合作，有助于我国在国际传染病防治的理念、技术、标准和规范制定等方面能够更多地参与国际规则制定。

另一方面，我国传染病防治工作者在国际学术交流平台和多边合作机制中，要积极宣传和推广我国在传染病防治方面积累的成就和丰富经验，为全球的传染病防治事业贡献中国智慧和中国方案，展示我国在国际公共卫生领域的担当，助力提升我国在全球公共卫生领域的话语权和影响力。

（二）增强我国传染病防控的科技水平和应急能力

通过与国外先进科研团队的合作，我国能够学习其他国家的先进经验和技术，及时引进国际前沿的传染病防治技术和理念，加速国内科研创新进程。同时，在参与国际联合应对传染病疫情的过程中，可以锻炼我国的应急救援队伍，提高跨部门、跨国界协同作战能力。

---

[1] 参见《2024 年度〈国际卫生条例（2005）〉口岸公共卫生核心能力达标情况的公告解读》，载海关总署网站，http://www.customs.gov.cn/customs/302249/302270/302272/6325533/index.html，2025 年 6 月 5 日访问。

【适用指南】

在实际工作中，立法部门、科研机构、医疗机构、司法机构、执法机构等主体在开展传染病防治相关活动时，应积极响应国家鼓励国际交流与合作的政策，以真正落实本条规定。

就立法层面而言，可以从两个方面着手。一方面，应当制定和完善相关政策法规，为国际交流与合作提供支持和保障。这就需要在制定与传染病防治相关的法规、规章和规范性文件时，应充分考虑如何与国际合作接轨。另一方面，应当积极参与国际卫生合作组织和多边合作机制，在国际舞台上发挥影响力，推动全球传染病防治规则的制定和完善。

就科研机构和高校而言，也可以从两个方面着手。一方面，应当加强与国际同行的学术交流，开展联合科研项目。另一方面，鼓励科研人员参加国际学术会议、访问学者计划，拓宽国际视野，提升科研水平。

就医疗机构而言，应当积极参与国际救援行动和医疗援助项目，派遣医护人员到疫情严重国家提供医疗服务，积累跨国救治经验。同时，可以邀请国外专家进行技术指导和培训，提升自身的诊疗能力。需要注意的是，在判断一项国际交流与合作活动是否符合本法要求时，主要看其是否围绕传染病防治展开，是否有利于提升本国及全球的传染病防治水平。

就司法层面而言，当处理涉及传染病防治国际合作的法律纠纷时，如跨国联合科研项目中的知识产权纠纷、国际合作医疗救助活动中的医疗责任纠纷等，司法机关应充分考虑国家支持国际合作的立法目的，依据相关国际条约、国内法以及公平合理的原则进行裁决，既要保护我国的国家利益和公民、法人合法权益，又要维护国际合作的良好秩序，鼓励各方继续积极参与国际交流与合作。

就执法层面而言，卫生行政部门及其他相关执法部门在执行传染病防治任务时，要积极运用国际合作成果。

【关联规范】

《中华人民共和国国境卫生检疫法》第一条；《中华人民共和国动物防疫法》第一条；《中华人民共和国进出境动植物检疫法》第四十七条；《突发公共卫生事件应急条例》第一条；《医疗废物管理条例》第一条；《血液制品管理条例》第一条；《国内交通卫生检疫条例》第一条；《突发公共卫生事件与传染病疫情监测信息报告管理办法》第一条；《消毒管理办法》第一条。

> **第二十条 【相关人员权益的激励和保护机制】** 对在传染病防治工作中做出显著成绩和贡献的单位和个人，按照国家有关规定给予表彰、奖励。
>
> 对因参与传染病防治工作致病、致残、死亡的人员，按照有关规定给予补助、抚恤和优待。

【条文主旨】

本条是关于对在传染病防治工作中相关人员的激励和保护机制的规定，旨在明确两个方面的激励和保护机制：一方面，对在传染病防治工作中做出显著成绩和贡献的单位和个人，按照国家有关规定给予表彰、奖励，另一方面，对因参与传染病防治工作致病、致残、死亡的人员，按照有关规定给予补助、抚恤和优待。

【条文释义】

一、对在传染病防治工作中做出显著成绩和贡献的单位和个人给予表彰和奖励

（一）表彰、奖励的重要意义

传染病防治工作关乎公众健康与社会稳定，是一项艰巨且复杂的系统工程，需要全社会的广泛参与和共同努力。对在传染病防治工作中表现卓越、做出显著成绩和贡献的单位和个人给予表彰和奖励，具有多重重要意义。

1. 激发工作积极性和主动性。从激励角度看，给予表彰和奖励是对在传染病防治工作中表现卓越、做出显著成绩和贡献的单位和个人的辛勤付出和杰出贡献的高度认可，能够极大地激发相关单位和个人的工作积极性和主动性，形成良好的社会氛围。在传染病防控的关键时期，无论是奋战在一线的医护人员，还是积极参与社区防控的志愿者，他们面临着巨大的风险和压力。表彰、奖励能够让他们感受到自身价值得到尊重，从而在今后的工作中更加全力以赴。

2. 起到示范引领作用。从示范引领层面，给予表彰和奖励可以树立榜样，吸引更多单位和个人投身于传染病防治工作。当社会看到这些先进典型因贡献而获得荣誉，会形成一种积极的导向，促使更多人主动参与到传

染病防治的公益事业中来,营造全社会共同抗击传染病的良好氛围。

3. 凝聚全社会的力量。从社会凝聚力方面看,给予表彰和奖励有助于增强社会各界对传染病防治工作的重视和支持,凝聚起全社会的力量共同应对传染病威胁,提升整个社会的传染病防治能力。

(二)表彰、奖励的对象范围

根据本条第一款规定,表彰、奖励的对象涵盖在传染病防治工作各个环节中做出显著成绩和贡献的单位和个人,这些单位和个人在传染病防治工作中发挥了重要的作用。

本条中的"单位",可以是医疗机构、疾病预防控制机构、科研院所、企业以及其他积极参与传染病防治工作的组织。

本条中的"个人",可以是医护人员、公共卫生工作者、科研人员、社区工作者、志愿者以及其他为传染病防治工作付出努力的人员。其中,医护人员直接与患者接触,承担着诊断、治疗和护理的重任;公共卫生工作者负责疫情的监测、分析和防控措施的落实;科研人员致力于攻克传染病防治的科学难题;社区工作者和志愿者参与社区排查、宣传、物资配送等工作,为保障社区居民的健康和生活秩序发挥了重要作用。

(三)表彰、奖励的形式与标准

本条第一款规定"按照国家有关规定给予表彰、奖励"。根据目前我国有关规定,表彰奖励的形式丰富多样,以满足不同对象和贡献程度的需求。常见的表彰形式包括但不限于授予荣誉称号,这些荣誉称号具有较高的社会认可度和荣誉感;颁发奖状、证书,作为对其贡献的正式证明;进行公开表彰,通过政府公告、新闻媒体报道等方式,让其先进事迹为社会所知,提升其社会声誉。常见的奖励形式则包括但不限于给予奖金、奖品等物质奖励,以体现对其工作价值的认可。

表彰与奖励的标准主要依据单位和个人在传染病防治工作中的实际贡献的大小和重要性来确定,同时应根据传染病防治工作的形势和任务进行动态调整。

(四)表彰、奖励的实施主体与程序

表彰与奖励的实施主体通常为各级人民政府及其相关部门。国务院卫生健康主管部门负责全国范围内重大传染病防治表彰奖励工作的统筹协调和指导,制定相关政策和标准。县级以上地方人民政府卫生健康行政部门则负责本行政区域内的传染病防治表彰奖励工作的具体实施。

单位和个人在认为自身符合表彰、奖励条件时,应及时收集整理在传染病防治工作中的相关事迹材料。

二、对因参与传染病防治工作致病、致残、死亡的人员给予补助、抚恤、优待

（一）补助、抚恤、优待的必要性与依据

对因参与传染病防治工作致病、致残、死亡的人员，给予补助、抚恤和优待，既是对奉献者的关爱和尊重，对他们及其家属的关怀与慰藉，也是社会公平正义的体现。从人道主义角度出发，这些人员在履行职责或参与公益活动过程中，不幸遭受身体伤害甚至失去生命，社会有责任为他们提供经济上的支持和保障，帮助他们及其家庭渡过难关。

从法律依据看，首先本法明确规定了对这类人员给予补助、抚恤、优待。此外，《突发公共卫生事件应急条例》等相关法律法规也对具体的补助、抚恤、优待的措施和标准作出了进一步规定，为实施补助、抚恤和优待提供了法律保障。这些法律法规的制定，充分考虑到了传染病防治工作的特殊性和危险性，旨在保护传染病防治工作人员的合法权益，增强社会凝聚力，激励更多人积极投身于传染病防治工作。

（二）补助、抚恤、优待的对象与范围

补助、抚恤和优待的对象主要包括直接参与传染病防治工作的各类人员，包括但不限于医疗机构的医护人员、疾病预防控制机构的工作人员、参与疫情现场处置的政府工作人员、科研人员以及志愿者等。只要是在传染病防治工作过程中，因工作原因导致感染传染病致病、因工作意外事故致残或不幸死亡的人员，都在补助、抚恤和优待的范围内。

【适用指南】

在具体落实本条规定的过程中，各级政府部门、卫生健康部门以及其他各相关部门，应当在表彰、奖励、补助、抚恤和优待工作中做好管理与监督，发挥好相关激励和保护机制的后续影响。

（一）关于管理与监督

各级政府、卫生健康部门和其他相关部门在表彰、奖励、补助、抚恤和优待工作中负有明确的职责，必须按照职责分工依法履行相关职责，协同配合。对不履行职责、滥用职权、玩忽职守等行为，应依法追究相关部门和个人的法律责任。

就政府层面来看，各级政府应完善制度建设，制定和完善表彰、奖励、补助和抚恤的具体实施办法，明确申报条件、审核程序、奖励标准等，确保工作的规范化和制度化。同时，还应当加强组织领导，如成立专门的工作领导小组，负责表彰、奖励、补助、抚恤和优待工作的组织、协

调和监督，确保各项工作顺利开展。

卫生健康主管部门应当建立健全监督机制，规范工作流程，制定详细的工作流程和操作规范，确保表彰、奖励、补助、抚恤和优待工作的公平、公正、公开，防止滥用职权和徇私舞弊。

财政部门负责补助、抚恤资金的筹集和拨付，应当保障资金投入，确保资金足额到位，并按照规定的预算管理和资金支付程序进行操作。卫生健康行政部门应当加强对资金使用的日常监管。

(二) 关于发挥好相关激励和保护机制的后续影响作用

各级政府和相关部门应当利用表彰奖励的典型案例，加大宣传力度，通过新闻媒体、宣传活动等方式，多种渠道广泛宣传表彰和奖励的先进事迹，发挥典型示范作用，激励更多单位和个人参与传染病防治工作。

获得表彰、奖励的单位和个人，应珍惜荣誉，继续在传染病防治工作中发挥模范带头作用。单位可将荣誉作为提升自身社会形象和公信力的契机，进一步加强在传染病防治领域的投入和工作力度。个人可将表彰奖励作为职业发展的重要荣誉，在今后的工作中，积极分享经验，带动身边同事共同提升传染病防治工作能力。

【关联规范】

《中华人民共和国疫苗管理法》第七十七条；《突发公共卫生事件应急条例》第九条、第四十三条；《艾滋病防治条例》第九条；《血吸虫病防治条例》第七条；《传染性非典型肺炎防治管理办法》第六条。

第二章 预　　防

> **第二十一条 【政府的预防职责】**各级人民政府组织开展爱国卫生运动，完善公共卫生设施，改善人居环境状况，加强社会健康管理，提升全民健康水平。

【条文主旨】

本条是关于各级人民政府传染病预防职责的规定。

【条文释义】

基于传染病传播力强、传播速度快的特性，我国的传染病防治工作实施预防为主、防治结合的方针，传染病预防是传染病防治工作的重要组成部分。本条明确了各级人民政府范围广泛、内容多样的传染病预防职责。

一、开展爱国卫生运动

《国务院关于深入开展爱国卫生运动的意见》指出，爱国卫生运动是中国共产党把群众路线运用于卫生防病工作的成功实践，是贯彻预防为主方针的伟大创举；爱国卫生运动的总体目标为深入全民，从部门到地方、从社会到个人、全方位多层次推进爱国卫生运动的整体联动新格局基本建立，社会健康综合治理能力全面提高。

二、完善公共卫生设施、改善人居环境状况

根据《国务院关于深入开展爱国卫生运动的意见》的规定，完善公共卫生设施、改善人居环境状况主要包括推进城乡环境卫生综合整治、加快垃圾污水治理、全面推进"厕所革命"、切实保障饮用水安全、强化病媒生物防制五项内容。通过对病媒生物滋生环境的清理、对传染病传播途径的控制，实现对传染病的有效预防。

三、加强社会健康管理

根据《国务院关于深入开展爱国卫生运动的意见》的规定，加强社会健康管理主要包括大力推进卫生城镇创建、全面开展健康城市建设、加快健康细胞建设三项内容，从健康城市到健康村镇、健康社区、健康单位（企业）、健康学校、健康家庭，由点及面、由宏观到微观，协同推进健康中国建设。

四、提升全民健康水平

提升全民健康水平，既是传染病预防工作的内容，也是传染病预防的目的。我国《宪法》第二十一条第一款规定："国家发展医疗卫生事业……开展群众性的卫生活动，保护人民健康。"所以，国家负有保护公众健康、进行传染病防治的义务。而我国《宪法》第八十九条第七项规定国务院行使领导和管理卫生工作的职权；《地方各级人民代表大会和地方各级人民政府组织法》第七十三条第五项和第七十六条第二项规定地方各级人民政府行使管理本行政区域内的卫生事业的职权。因此，人民政府作为国家权力机关的执行机关、国家行政机关，具备传染病防治的法定职责。各级人民政府管理卫生事业职责的具体落实，在传染病预防层面需遵循本法第二条规定的预防为主、防治结合的方针和依法防控、科学防控的原则。一方面，传染病预防需自上而下的行政管理，各级人民政府应切实履行行政职能，完善公共卫生设施，改善人居环境状况，加强社会健康管理；另一方面，传染病预防需自下而上的群众参与，预防工作要与群众路线相结合，组织开展爱国卫生运动，开展传染病预防知识和防治措施的卫生健康教育，培养公众的传染病预防意识，动员公众参与传染病防治。坚持传染病防治的群防群治模式，在政府履行职责和公众广泛参与的合力下，提升全民健康水平，实现健康中国目标。

【适用指南】

本条规定的各级人民政府，应在法定权限内履行传染病预防职责，贯彻落实法定职责必须为、法无授权不可为。各级人民政府既应以积极作为的方式做好传染病预防的宣传教育、设施完善、环境改善，又应严格遵循行政权力的界限、杜绝不当干涉公众的私人领域和私人财产。与人民政府的传染病预防职责相对应的，本法多个条文规定了人民政府应采取的传染病预防和控制措施。

【关联规范】

《中华人民共和国宪法》第二十一条、第八十九条；《中华人民共和国地方各级人民代表大会和地方各级人民政府组织法》第七十三条、第七十六条。

> **第二十二条　【地方政府的公共卫生建设和医疗废物处置措施】** 地方各级人民政府应当有计划地建设和改造城乡公共卫生设施，改善饮用水卫生条件，对污水、污物、粪便进行无害化处置。城市应当按照国家和地方有关标准修建公共厕所、垃圾和粪便无害化处置场以及排水和污水处理系统等公共卫生设施。农村应当逐步改造厕所，建立必要的卫生管理制度。
>
> 　　县级以上地方人民政府应当加强医疗废物收集处置能力建设。设区的市级人民政府应当确定医疗废物协同应急处置设施，提高重大传染病疫情医疗废物应急处置能力。

【条文主旨】

本条是关于地方人民政府公共卫生建设和医疗废物处置措施的规定。

【条文释义】

本条规定作为传染病预防主体在履行传染病预防职责时的具体措施，第一款明确一个行为主体：地方各级人民政府；三个行为目标：城乡公共卫生设施的建设和改造，饮用水卫生条件的改善，污水、污物、粪便的无害化处置；两个重点抓手：城市的公共卫生设施供给和农村的厕所改造、卫生管理制度建立。第二款强调医疗废物处置的能力建设，县级以上地方人民政府应加强对医疗废物的收集处置能力，并对设区的市级人民政府提出了确定医疗废物协同应急处置设施、提高重大传染病疫情医疗废物应急处置能力的更高要求。

一、地方各级人民政府的界定

本条的行为主体为"地方各级人民政府"，结合《地方各级人民代表大会和地方各级人民政府组织法》第六十一条，可知本条的行为主体包括：省、自治区、直辖市、自治州、县、自治县、市、市辖区、乡、民族乡、镇人民政府。

二、公共卫生建设的行为目标

在城市和农村广泛存在的饮用水、污水、污物、粪便为病媒生物提供滋生环境，是病原微生物的重要载体。随着污水、污物、粪便在城乡生产生活区域散布与运输，传染病病原体易在人群中传播。为阻断病原体传播，地方人民政府实施传染病防治具体措施的目标，即建设和改造城乡公共卫生设施，改善饮用水卫生条件，实现对污水、污物、粪便的无害化处置。这要求地方人民政府，在国家卫生标准的指引下，提供干净安全的公共卫生设施和饮用水供给条件，对污水、污物、粪便进行收集、清污、贮存、封闭等消毒、净化、消除处理。

三、公共卫生建设的重点抓手

针对城市和农村的不同环境特征和人口密度，地方人民政府在城市的卫生建设重点抓手是优化公共卫生设施供给，在农村的卫生建设重点抓手是厕所改造和卫生管理制度的建立。按照《"十四五"国民健康规划》，城市的公共卫生设施供给完善需要"加强城市垃圾和污水处理设施建设，推进城市生活垃圾分类和资源回收利用。推行县域生活垃圾和污水统筹治理"。既要依照《城市环境卫生设施规划标准》（GB/T 50337—2018），完善公共厕所、垃圾箱、化粪池等公共卫生设施，严格处理城市垃圾和污水污物、清除病原体载体，又应贯彻分类回收思想，实现可持续发展。农村地区由于基础设施建设相对薄弱，传统厕所往往存在卫生条件差、粪便处理不当等问题，成为传染病的滋生和传播的温床。例如，一些简易旱厕，粪便暴露，容易滋生蚊蝇，引发肠道传染病如霍乱、痢疾等。因此，对农村厕所进行改造并建立卫生管理制度，是从源头上预防传染病在农村传播的关键举措。农村的厕所改造需要扎实推进"厕所革命"。按照《农村人居环境整治提升五年行动方案（2021—2025年）》，应当逐步普及农村卫生厕所、切实提高改厕质量、加强厕所粪污无害化处理与资源化利用；"建立必要的卫生管理制度"能够实现农村卫生的长效管护，包括持续开展村庄清洁行动，引导农民逐步养成良好卫生习惯；明确地方政府和职责部门、运行管理单位责任，基本建立有制度、有标准、有队伍、有经费、有监督的村庄人居环境长效管护机制。

四、医疗废物处置能力建设

根据《医疗废物管理条例》第二条第一款规定，医疗废物是指医疗卫生机构在医疗、预防、保健以及其他相关活动中产生的具有直接或者间接感染性、毒性以及其他危害性的废物。医疗废物作为医源性感染的主要载体之一，是传染病预防的重点对象。而我国目前存在医疗废物处理短板、亟须提高医疗废物处置能力。国家发展改革委、国家卫生健康委、生态环境部联合印发《医疗废物集中处置设施能力建设实施方案》，该方案的实施目标为："争取1~2年内尽快实现大城市、特大城市具备充足应急处理能力；每个地级以上城市至少建成1个符合运行要求的医疗废物集中处置设施；每个县（市）都建成医疗废物收集转运处置体系，实现县级以上医疗废物全收集、全处理，并逐步覆盖到建制镇，争取农村地区医疗废物得到规范处置。"为贯彻落实党中央、国务院关于医疗废物处置能力建设的决策部署，本条第二款强调县级以上人民政府的医疗废物收集处置能力建设，并对设区的市级人民政府提出加强医疗废物的应急处置能力的更高要求。具体而言，加强医疗废物收集处置能力建设，需要在建设医疗废物集中处置设施、制定医疗废物过渡性处置方案、加强部门协同配合、长效监督与评估方面多管齐下；加强医疗废物应急处置能力建设，需要在强化多部门协同应急处置、加强应急处置设施的运行监管、组织应急演练与培训等方面多措并举。

【适用指南】

首先，当地方政府未依法实施公共卫生设施供给、饮用水供给等措施，有碍传染病防治时，人民检察院可以根据我国《行政诉讼法》第二十五条第四款提起公益诉讼。

其次，针对第二款规定的医疗废物处理能力建设，根据《医疗废物管理条例》第四十二条规定，县级以上地方人民政府未依照本条例的规定，组织建设医疗废物集中处置设施或者组织制定医疗废物过渡性处置方案的，将承担相应行政责任。

【关联规范】

《中华人民共和国地方各级人民代表大会和地方各级人民政府组织法》第六十一条；《中华人民共和国行政诉讼法》第二十五条第四款；《医疗废物管理条例》第二条第一款、第四十二条。

> **第二十三条 【主管部门的预防职责】**县级以上人民政府农业农村、水利、林业草原等部门依据职责指导、组织控制和消除农田、湖区、河流、牧场、林区、草原地区的鼠害与血吸虫危害,以及其他传播传染病的动物和病媒生物的危害。
>
> 交通运输、铁路、民用航空等部门依据职责指导、监督交通运输经营单位以及车站、港口、机场等相关场所的运营单位消除鼠害和蚊、蝇等病媒生物的危害。

【条文主旨】

本条是关于行政主管部门预防职责的规定。

【条文释义】

本条第一款和第二款分别从控制传染源和介入传播途径角度,明确了农业农村、水利、林业草原等部门以及交通运输、铁路、民用航空等部门消除病媒生物的传染病预防职责。

一、控制传染源的预防职责

根据本条第一款从控制传染源的角度,规定县级以上人民政府农业农村、水利、林业草原等部门按照职责分工负责指导和组织消除农田、湖区、河流、牧场、林区、草原地区的鼠害与血吸虫危害,以及其他传播传染病的动物和病媒生物危害。根据本法第一百一十三条规定,传播传染病的动物,是指那些能够直接或间接地将病原体传播给人类的动物,这类动物通过咬伤、抓伤或唾液污染等方式将病原体传播给人类,如狼、狐、貉、臭鼬。病媒生物是能够将病原体从人或者其他动物传播给人的生物,这类生物通过机械性传播(如触摸)和生物性传播(如吸血)将病原体传播给人类,例如鼠、蚊、蝇、蟑螂。

首先,鼠媒既可通过直接接触、体外寄生虫、环境污染等多种方式传播病原体,又可传播多种传染病,如鼠疫、霍乱、流行性斑疹伤寒、钩端螺旋体病等细菌性传染病,以及流行性出血热、森林脑炎等病毒性传染病。因此,除鼠灭鼠为传染病预防的重要对象,各行政主管部门应结合辖区环境切实履行本辖区的鼠情监测、鼠害防控职责。

其次,血吸虫病是血吸虫感染人体引起的一种急性和慢性病,人们在从事日常农业、家务、职业和娱乐活动时因接触含有血吸虫尾蚴的水体（疫水）而感染血吸虫。①《健康中国行动（2019—2030年）》提出"到2030年消除血吸虫病"的目标。②因此，各行政主管部门应遵循《血吸虫病防治条例》第八条至第二十三条、《加快实现消除血吸虫病目标行动方案（2023—2030年）》，根据水域情况和农牧业环境，以传染源控制为主、强化重点环境钉螺控制的综合防治策略，因地制宜、分类施策、精准防治。落实有螺环境禁牧，在血吸虫病流行区推广、建设无害化厕所和船舶粪便收容器，统筹综合治理阻断措施，压缩钉螺面积，结合河长制湖长制工作严控涉河湖畜禽养殖污染。③

最后，农田、湖区、河流、牧场、林区、草原等自然环境是狼、狐、蝙蝠等传播传染病的动物的主要栖息地，也是鼠、蚊、蟑螂等病媒生物的孳生地，因而农业农村、水利、林业草原等行政主管部门需要承担相应传染病预防职责，指导有关单位和个人依照《病媒生物密度控制水平 鼠类》（GB/T 27770—2011）、《病媒生物综合管理技术规范 化学防治 蝇类》（GB/T 31718—2015）等国家卫生标准对传播传染病的动物和病媒生物进行科学处理、达到防疫要求。

二、介入传播途径的预防职责

本条第二款主要从介入传播途径的角度，规定交通运输、铁路、民用航空等部门依据职责指导、监督交通运输经营单位以及车站、港口、机场等相关场所的运营单位消除鼠害和蚊、蝇等病媒生物危害。现代社会中便捷的交通工具、频繁的人员流动扩大传染病病毒的传播范围、加快了传播速度，存在于交通工具、交通运输场所的鼠、蚊、蝇等病媒生物对公共卫生和公共健康造成威胁，社会公众面临着鼠疫、钩端螺旋体病、霍乱、痢疾、流行性乙型脑炎、登革热、疟疾等多种传染病感染风险。因此，对前述单位具有行政管理职责的交通运输、铁路、民用航空等部门需履行指导、监督职责，指导交通运输经营单位、交通场所运营单位依照国家卫生标准进行卫生管理、病媒生物控制与清除，保障前述单位为社会公众提供干净卫生的公共环境。

---

① 参见《全球血吸虫病防治概况》，载中国疾病预防控制中心网站，https：//www.chinacdc.cn/jkyj/jscb/xxcb_jscb/gk/202410/t20241025_302020.html，2025年5月31日访问。

②《健康中国行动（2019—2030年）》，载中国政府网，https：//www.gov.cn/xinwen/2019-07/15/content_5409694.htm，2025年5月11日访问。

③《加快实现消除血吸虫病目标行动方案（2023—2030年）》，载国家疾病预防控制局网站，https：//www.ndcpa.gov.cn/jbkzzx/c100030/common/content/content_17152036258377 85088.html，2025年5月11日访问。

【适用指南】

县级以上人民政府农业农村、水利、林业草原、交通运输、铁路、民用航空等部门未依照本条的规定履行传染病防治和保障职责的，将承担本法第一百零二条规定的行政责任。其中，县级以上人民政府有关主管部门违反《血吸虫病防治条例》对血吸虫病防治规定的，将依据该条例第四十八条承担行政责任。

【关联规范】

《血吸虫病防治条例》第八条至第二十三条、第四十八条。

第二十四条 【免疫规划制度】 国家实行免疫规划制度。政府免费向居民提供免疫规划疫苗。

国务院疾病预防控制部门制定国家免疫规划。省级人民政府在执行国家免疫规划时，可以根据本行政区域疾病预防、控制需要，增加免疫规划疫苗种类，加强重点地区、重点人群的预防接种，报国务院疾病预防控制部门备案并公布。

国家对儿童实行预防接种证制度。医疗机构、疾病预防控制机构与儿童的监护人、所在学校和托育机构应当相互配合，保证儿童及时接种免疫规划疫苗。

出现特别重大突发公共卫生事件或者其他严重威胁公众健康的紧急事件，可以依照《中华人民共和国疫苗管理法》的规定在一定范围和期限内紧急使用疫苗。

【条文主旨】

本条是关于国家免疫规划制度的规定。

【条文释义】

本条第一款规定国家实施免疫规划制度，第二款界定免疫规划制定与执行主体，第三款规定儿童预防接种证制度，第四款明确疫苗紧急使用的要求。

一、免疫规划制度

根据《疫苗管理法》第六条、第九十七条的规定，免疫规划制度是指居住在中国境内的居民，依法享有接种免疫规划疫苗的权利，履行接种免疫规划疫苗的义务，以此实现病毒免疫、传染病防治的效果。免疫规划疫苗是指居民应当按照政府的规定接种的疫苗。我国目前免疫规划疫苗的类型有：（1）国家免疫规划确定的疫苗；（2）省、自治区、直辖市人民政府在执行国家免疫规划时增加的疫苗；（3）县级以上人民政府或其卫生健康主管部门组织的应急接种、群体性预防接种所使用的疫苗。

二、免疫规划制定与执行主体

国家免疫规划制定主体为国务院疾病预防控制部门。而省级人民政府为免疫规划执行主体，并且，可根据本行政区域疾病预防、控制需要，增加免疫规划疫苗种类，但需报国务院疾病预防控制部门备案并公布。免疫规划制度的核心在于对传染病易感人群以疫苗接种的方式实现免疫，故制定及执行免疫规划时应当充分关注包括婴幼儿、学龄儿童、老年人在内的重点人群和各传染病重点发病地区。

三、儿童预防接种证制度

根据《疫苗管理法》第四十七条、第四十八条的规定，儿童预防接种证制度是为提高适龄儿童国家免疫规划疫苗接种率，加强托育机构、幼儿园和学校传染病防控，要求儿童监护人在儿童出生后一个月内，到儿童居住地承担预防接种工作的接种单位或者出生医院为其办理预防接种证；儿童入托、入学时，托育机构、幼儿园、小学查验接种证的制度。根据我国《儿童入托、入学预防接种证查验办法》第一条的规定，儿童预防接种证制度有以下参与主体：（1）卫生健康行政部门：管理托育机构的预防接种证查验；（2）教育行政部门：管理对幼儿园和学校的预防接种证查验；（3）疾病预防控制机构：为托育机构、幼儿园和学校预防接种证查验工作提供培训和技术指导，指导接种单位做好儿童入托、入学预防接种完成情况评估和补证、补种以及预防接种证查验资料的收集和报告工作；（4）托育机构、幼儿园和学校：组织开展儿童入托、入学预防接种证查验；（5）接种单位：收集托育机构、幼儿园和学校基本信息，为其提供预防接种证查验技术支持，评估儿童入托、入学预防接种完成情况，对无证、漏种儿童开展补证、补种工作，收集和报告预防接种证查验资料。

四、疫苗紧急使用

根据《疫苗管理法》第二十条的规定，疫苗紧急使用是指，出现特别重大突发公共卫生事件或者其他严重威胁公众健康的紧急事件，国务院卫生健康主管部门根据传染病预防、控制需要提出紧急使用疫苗的建议，经国务院药品监督管理部门组织论证同意后可以在一定范围和期限内紧急使用。

【适用指南】

监护人和托幼机构、学校违反本条第三款规定的儿童预防接种义务的，应承担我国《疫苗管理法》第九十二条规定的法律责任。具体而言，监护人未依法保证适龄儿童按时接种免疫规划疫苗的，由县级人民政府卫生健康主管部门批评教育，责令改正。托幼机构、学校在儿童入托、入学时未按照规定查验预防接种证，或者发现未按照规定接种的儿童后未向接种单位报告的，由县级以上地方人民政府教育行政部门责令改正，给予警告，对主要负责人、直接负责的主管人员和其他直接责任人员依法给予处分。

【关联规范】

《中华人民共和国疫苗管理法》第六条、第二十条、第四十七条、第四十八条、第五十六条、第九十二条、第九十六条、第九十七条；《中华人民共和国药品管理法》第一百四十四条；《儿童入托、入学预防接种证查验办法》第一条。

第二十五条　【疾病预防控制机构的防控职责】 各级疾病预防控制机构在传染病预防、控制中履行下列职责：

（一）实施传染病预防控制规划，制定传染病预防控制技术方案并组织实施；

（二）组织开展传染病监测，收集、分析和报告传染病监测信息，预测传染病的发生、流行趋势；

（三）开展对传染病疫情和突发公共卫生事件的流行病学调查、风险评估、现场处理及其效果评价；

（四）开展传染病实验室检验检测、诊断、病原学鉴定；

（五）实施免疫规划，负责预防性生物制品的使用管理；

（六）开展健康教育、咨询，普及传染病防治知识；

（七）指导、培训下级疾病预防控制机构及其工作人员开展传染病预防、控制工作；

（八）指导医疗机构和学校、托育机构、养老机构、康复机构、福利机构、未成年人救助保护机构、救助管理机构、体育场馆、监管场所、车站、港口、机场等重点场所开展传染病预防、控制工作；

（九）开展传染病防治基础性研究、应用性研究和卫生评价，提供技术咨询。

国家、省级疾病预防控制机构主要负责对传染病发生、流行以及分布进行监测，对重点传染病流行趋势进行预测，提出预防、控制对策，参与并指导对暴发的传染病疫情进行调查处理，开展传染病病原学鉴定，建立检验检测质量控制体系，开展基础性研究、应用性研究、卫生评价以及标准规范制定。

设区的市级、县级疾病预防控制机构主要负责传染病预防控制规划、预防控制技术方案的落实，组织实施免疫、消毒，指导病媒生物危害控制，普及传染病防治知识，负责本地区传染病和突发公共卫生事件监测、报告，开展流行病学调查和常见病原微生物检测，开展应用性研究和卫生评价。

【条文主旨】

本条是关于各级疾病预防控制机构在传染病防治中具体职责的规定。

【条文释义】

本条第一款规定列举各级疾病预防控制机构的传染病防控具体职责，第二款和第三款对国家、省级和设区的市级、县级疾病预防控制机构提出了在传染病防治整体部署下不同的工作侧重。

一、各级疾病预防控制机构的职责

根据本法第一百一十三条第十一项的规定，本条规定的疾病预防控制机构，是指从事疾病预防控制活动的疾病预防控制中心以及铁路疾病预防控制机构等与上述机构业务活动相同的单位。目前，我国的疾病预防控制机构主要为国家、省级、市级、县级四级疾控中心。本条第一款第一项至第四项，在技术层面规定了疾病预防控制机构实施传染病防控规划、制定和组织实施传染病防控技术方案，监测传染病，调查传染病和突发公共卫生事件，开展实验活动等职责；第五项规定疾病预防控制机构的免疫规划实施职责；第六项至第八项规定疾病预防控制机构对公众的宣传教育、对相关单位的指导培训职责；第九项规定疾病预防控制机构的传染病研究职责。疾病预防控制机构的职责涵盖传染病的预防和控制全过程，侧重于在专业技术层面的研究和对国家传染病防治规划、方案的落实，为我国传染病防治体系提供坚实的知识支撑和可靠的行动保障。

二、国家、省级疾病预防控制机构的主要职责

《国务院办公厅关于推动疾病预防控制事业高质量发展的指导意见》明确了国家、省级疾病预防控制机构的建设目标：做强中国疾控中心，重点强化疾病预防控制、卫生应急、科学研究、教育培训、全球公共卫生合作等职能。做优省级疾控中心，重点强化省域传染病疫情和突发公共卫生事件应急处置、实验室检验检测、应用性技术研究、公共卫生信息统筹管理和大数据分析利用、对外合作交流等职能。中国疾控中心作为国家级疾病预防控制机构，将对标职能定位，着力提升包括公共卫生监测能力、传染病和突发公共卫生事件应急处置能力、国家生物安全治理能力和实验室检验检测能力、疾控信息化建设和数字化转型能力、科技创新和成果转化能力、公共卫生人才培养能力、智库战略决策咨询服务能力、全球公共卫生治理和对外合作能力等核心能力。[①] 因此，国家和省级疾病预防机构的传染病防治职责侧重于科研支撑、技术保障、对下级疾控机构进行业务领导和工作协同。

三、设区的市级、县级疾病预防控制机构的主要职责

《国务院办公厅关于推动疾病预防控制事业高质量发展的指导意见》规定，应做好市、县级疾控中心重新组建工作，稳妥有序推进与同级卫生监督机构整合，强化疫情防控和卫生健康行政执法职能，确保疾控和卫生监督工作全覆盖、无死角。因此，市级和县级疾控中心的传染病防治职责侧重于在上级疾控中心的领导下，实施传染病防治方案、普及传染病防治知识等具体执行工作。

[①] 《推进疾控事业高质量发展——专访中国疾控中心主任沈洪兵》，载中国政府网，https://www.gov.cn/zhengce/202401/content_6924515.htm，2025年5月11日访问。

【适用指南】

　　疾病预防控制机构的传染病防治职责具备权力和义务的双重属性，既是法律授权疾病预防控制机构能为的权力，更是法律赋予疾病预防控制机构的应为的义务。首先，法定职责必须为、法定职责依法为。疾病预防控制机构在履行多种样态的防治职责时，将产生与医疗机构、动物防疫监督机构、卫生行政部门、食品安全监督管理部门的协作关系，应当严格贯彻法律、行政法规的规定，与前述单位和场所建立良好畅通的联系机制，共建各司其职、高效运行、成效显著的传染病防治网络。例如，根据《食品安全法实施条例》第五十七条，疾病预防控制机构应当对与食品安全事故有关的因素开展流行病学调查，并在调查结束后向同级食品安全监督管理、卫生行政部门同时提交流行病学调查报告。根据《血吸虫病防治条例》第二十二条，疾病预防控制机构应和医疗机构、动物防疫监督机构、植物检疫机构在各自的职责范围内，开展血吸虫病的监测、筛查、预测、流行病学调查、疫情报告和处理工作。其次，当疾病预防控制机构未依法履职时，疾病预防控制机构和有关责任人员将依本法第一百零三条承担相应行政责任。

【关联规范】

　　《中华人民共和国食品安全法实施条例》第五十七条；《血吸虫病防治条例》第二十二条。

第二十六条　【医疗机构的防控职责】 二级以上医疗机构应当有专门的科室并指定专门的人员，承担本机构的传染病预防、控制和传染病疫情报告以及责任区域内的传染病预防工作。

　　基层医疗卫生机构应当有专门的科室或者指定人员负责传染病预防、控制管理工作，在疾病预防控制机构指导下，承担本机构的传染病预防、控制和责任区域内的传染病防治健康教育、预防接种、传染病疫情报告、传染病患者健康监测以及城乡社区传染病疫情防控指导等工作。

【条文主旨】

本条是关于医疗机构传染病预防控制职责的规定。

【条文释义】

本条第一款和第二款分别规定了二级以上医疗机构和基层医疗卫生机构的传染病防控职责。

根据本法第一百一十三条第十二项的规定，本条第一款规定的医疗机构，是指依法取得医疗机构执业许可证或者进行备案，从事疾病诊断、治疗活动的机构。医疗机构按照级别分为二级及以上医院、一级医院和未定级医疗机构。《国务院办公厅关于推动疾病预防控制事业高质量发展的指导意见》指出，将疾控工作履职情况纳入医院等级评审。持续提升传染病医院和综合医院传染病院区的传染病诊疗、监测、检测、培训、科研、应急等能力和水平。本条第一款响应前述指导意见的精神，对二级以上医疗机构提出了设置专门科室并指定专门人员的要求。不仅是因为二级以上医疗机构为医源性感染和医院感染的高频场所，具有高于其他场域的传染病传播风险；更是因为二级以上医疗机构有相应的人员、资金供给能力。作为兼具传染病防控必要性和可能性的单位，二级以上医疗机构通过专人专室从事传染病防控工作是夯实疾病预防控制事业、发展公共卫生健康事业的应有之义。

具体而言，设立专门科室，是指应设立独立的感染性疾病科或传染病管理科等专门科室，作为本机构传染病预防、控制和疫情报告的工作部门，负责统筹协调全院的传染病防控工作，制定相关的工作计划、制度和流程，并督促落实。指定专门人员，是指除专门科室的人员外，还需指定一定数量的传染病防控专职人员，确保工作的连续性和稳定性。这些人员应具备传染病学、流行病学、消毒与感染控制等专业知识和技能，能够熟练开展传染病疫情监测、报告、流行病学调查、感染预防与控制等工作。承担本机构传染病防控工作，是指负责建立健全本机构传染病防控管理体系，包括加强对医务人员的传染病防治知识培训，提高其对传染病的早期识别、诊断和治疗能力；落实预检分诊制度，及时发现和隔离传染病患者，防止疫情在院内扩散；严格执行消毒、隔离和医疗废物管理制度，降低医院感染的风险。责任区域内的传染病预防工作，是指根据当地卫生行政部门的划分，确定本机构的责任区域，积极开展传染病预防工作，如对责任区域内的学校、企事业单位等进行传染病防治知识宣传，指导其开展传染病防控工作；参与责任区域内传染病疫情的调查处理和防控措施的制定实施等。

根据我国《基本医疗卫生与健康促进法》第一百零七条第三项及第三十五条第一款的规定，本条第二款规定的基层医疗卫生机构，是指乡镇卫生院、社区卫生服务中心（站）、村卫生室、医务室、门诊部和诊所等。基层医疗卫生机构主要提供预防、保健、健康教育、疾病管理，为居民建立健康档案，常见病、多发病的诊疗以及部分疾病的康复、护理，接收医院转诊患者，向医院转诊超出自身服务能力的患者等基本医疗卫生服务。为和基层医疗卫生机构的人员、资金供给能力相适应，本条对基层医疗卫生机构的传染病防控提出在设置专门科室或指定人员的二者择一要求。

设立专门科室或指定人员是指，可根据自身规模、服务人口等因素，选择设立专门的公共卫生科室或传染病防控小组等，也可指定专人负责传染病预防、控制管理工作。指定的人员应接受系统的传染病防控知识培训，熟悉传染病的诊断标准、报告程序、预防接种流程等。同时，本条强调基层医疗卫生机构接受疾病预防控制机构的指导，在进行机构内部的传染病防控时，还应落实责任区域内的传染病防治健康教育、预防接种、传染病疫情报告、传染病患者健康监测以及城乡社区传染病疫情防控指导等工作。比如，协助上级疾病预防控制机构开展传染病疫情监测，及时收集、报告本机构及责任区域内的传染病疫情信息；按照免疫规划要求，做好预防接种工作的组织和实施，为居民提供安全、有效的预防接种服务；开展传染病防治健康教育活动，通过举办讲座、发放宣传资料、设置宣传栏等形式，向居民普及传染病防治知识，提高居民的自我防护意识和能力；对传染病患者进行健康监测，按照相关要求定期随访，了解患者的治疗和康复情况，督促其规范治疗。

【适用指南】

根据本法第九十三条的规定，县级以上人民政府疾病预防控制部门对医疗机构传染病预防、控制工作进行监督检查，督促其履行法定职责。针对未依法履行本条义务的医疗机构，根据本法第一百零四条的规定，将被县级以上人民政府疾病预防控制部门追究相应行政责任。

【关联规范】

《中华人民共和国基本医疗卫生与健康促进法》第三十五条第一款、第一百零七条第三项。

> **第二十七条 【医疗机构的传染病预防要求】** 医疗机构的基本标准、建筑设计和服务流程应当符合预防医疗机构感染的要求,降低传染病在医疗机构内传播的风险。
>
> 医疗机构应当严格执行国家规定的管理制度、操作规范,加强与医疗机构感染有关的危险因素监测、安全防护、消毒、隔离和医疗废物、医疗污水处置工作,防止传染病在医疗机构内的传播。
>
> 医疗机构应当按照规定对使用的医疗器械进行消毒或者灭菌;对按照规定一次性使用的医疗器械,应当在使用后予以销毁。

【条文主旨】

本条是关于医疗机构的传染病预防要求的规定。

【条文释义】

医疗机构为患者众多、流动性大、频繁接触病原体的场所,易发医院感染(住院病人和医院工作人员在医院内感染)和医源性感染(在医学服务中因病原体传播引起的感染)。加强医疗机构的感染管理、预防控制医源性传播,对传染病防治具有重要意义。本条第一至三款分别从医疗机构的基本标准、建筑设计和服务流程要求,管理制度和操作规范,医疗器械的处理措施三个方面,明确了医疗机构的传染病预防要求。

一、基本标准、建筑设计和服务流程要求

基本标准和建筑设计需符合《传染病医院建筑设计规范》(GB 50849—2014),重点落实"三区两通道"(清洁区、潜在污染区、污染区;医务人员通道与患者通道)布局,确保呼吸道传染病、消化道传染病等不同传播途径疾病的物理隔离。服务流程应遵循"单向流"原则,避免交叉感染。例如,发热门诊需独立设置出入口,诊疗、检验、留观等功能在封闭区域内完成。同时,推行传染病预检分诊制度,将疑似传染病患者引导至专用诊疗区域,减少与其他患者接触。

二、管理制度和操作规范

医疗机构的管理制度和操作规范应当遵循我国《消毒管理办法》第四

条至第九条，以及《医院感染管理办法》第十二条、第十三条、第十四条、第十七条的规定。医疗机构应建立消毒管理组织，制定消毒管理制度；工作人员应当接受消毒技术培训、掌握消毒知识，严格执行消毒隔离制度；购进消毒产品必须建立并执行进货检查验收制度。针对危险因素监测、安全防护、消毒、隔离，医疗机构应当按照医院感染诊断标准及时诊断医院感染病例，建立有效的医院感染监测制度，分析医院感染的危险因素，并针对导致医院感染的危险因素，实施预防与控制措施。若产生传染病病原体污染物及污染场所，医疗机构应当遵循《现场消毒评价标准》（WS/T 797—2022），及时进行隔离、消毒无害化处理。

根据《医疗废物管理条例》第二条第一款的规定，医疗废物是指医疗卫生机构在医疗、预防、保健以及其他相关活动中产生的具有直接或者间接感染性、毒性以及其他危害性的废物。针对医疗废物的处置工作，医疗机构应严格遵循《医疗废物管理条例》和《医疗机构废弃物综合治理工作方案》的规定进行废物处置，防止医疗废物流失、泄漏、扩散、非法倒卖。

根据我国《医疗机构污水处理工程技术标准》的规定，医疗污水，是指医疗机构门诊、病房、手术室、各类检验室、病理解剖室、放射室、洗衣房、太平间等处排出的诊疗生活及粪便污水。当其他污水与上述污水混合排出时，统一视为医疗机构污水。针对医疗污水的处置工作，传染病医疗机构、20张床位及以上的医疗机构，应按照《医疗机构水污染物排放标准》（GB 18466—2005）、《关于加快补齐医疗机构污水处理设施短板 提高污染治理能力的通知》等相关规定，并参照《医院污水处理工程技术规范》（HJ 2029—2013）的要求，科学确定污水处理设施的规模、工艺，确保出水达标排放。20张床位以下的医疗机构污水经消毒处理后方可排放。

三、医疗器械的处理措施

根据我国《医疗器械监督管理条例》第一百零三条第一款以及第四十九条的规定，医疗器械是指直接或者间接用于人体的仪器、设备、器具、体外诊断试剂及校准物、材料以及其他类似或者相关的物品。医疗机构对重复使用的医疗器械，应当按照国务院卫生主管部门制定的消毒和管理的规定进行处理；一次性使用的医疗器械不得重复使用，对使用过的应当按照国家有关规定销毁并记录。

【适用指南】

本条规定了医疗机构为预防医院感染、医源性感染而应采取的传染病预防措施，医疗机构若违反本条规定，根据本法第一百零四条第一款第一项、第三项，医疗机构将被县级以上人民政府疾病预防控制部门追究责令改正，通报批评，给予警告，罚款，处分等行政责任。医疗机构未按照规定使用医疗器械的，将依照《医疗器械监督管理条例》第九十条第一项、第二项，被县级以上人民政府卫生主管部门追究责令改正，给予警告，罚款，处分等行政责任。前述两种情况若构成犯罪的，医疗机构或相关责任人员将被追究刑事责任。

本条既事关传染病感染与传播，也关乎医疗废物和污水污染。我国《行政诉讼法》第二十五条第四款规定："人民检察院在履行职责中发现生态环境和资源保护、食品药品安全、国有财产保护、国有土地使用权出让等领域负有监督管理职责的行政机关违法行使职权或者不作为，致使国家利益或者社会公共利益受到侵害的，应当向行政机关提出检察建议，督促其依法履行职责。行政机关不依法履行职责的，人民检察院依法向人民法院提起诉讼。"因此，当县级以上人民政府卫生主管部门和疾病预防控制部门未依法履行对医疗机构的监督管理职责时，检察院可对其作出检察建议乃至提起公益诉讼。

【关联规范】

《中华人民共和国行政诉讼法》第二十五条；《消毒管理办法》第四条至第九条；《医疗器械监督管理条例》第四十九条、第九十条、第一百零三条；《医疗废物管理条例》第二条；《医院感染管理办法》第十二条、第十三条、第十四条、第十七条。

> **第二十八条　【政府传染病预防控制应急预案】** 国务院疾病预防控制部门拟订国家重点传染病和突发原因不明的传染病预防控制应急预案，由国务院卫生健康主管部门批准、公布。
>
> 　　县级以上地方人民政府制定本行政区域重点传染病和突发原因不明的传染病预防控制应急预案，报上一级人民政府备案并予以公布。鼓励毗邻、相近地区的地方人民政府制定应对区域性传染病的联合预防控制应急预案。

> 传染病预防控制应急预案应当根据本法和其他有关法律、法规的规定，针对传染病暴发、流行情况和危害程度，具体规定传染病预防、控制工作的组织指挥体系和职责，传染病预防、监测、疫情报告和通报、疫情风险评估、预警、应急工作方案、人员调集以及物资和技术储备与调用等内容。

【条文主旨】

本条是关于政府传染病预防控制应急预案的规定。

【条文释义】

本条共三款，第一款和第二款明确了预案拟定、制定、批准、备案和公布主体，第三款明确了预案的主要内容。

一、传染病预防控制应急预案的拟定、制定、批准、备案和公布主体

根据《传染病疫情应急预案管理办法》第二条的规定，传染病疫情应急预案，是指各级疾病预防控制和卫生健康部门、单位和基层组织为依法、迅速、科学、有序、高效应对传染病疫情，最大程度减少传染病疫情及其造成的危害预先制定的方案。针对国家重点传染病和突发原因不明的传染病，应急预案由国务院疾病预防控制部门拟定、国务院卫生健康主管部门批准、公布；针对重点传染病和突发原因不明的传染病，应急预案由县级以上地方人民政府制定，报上一级人民政府备案并予以公布；针对区域性传染病，鼓励毗邻、相近地区的地方人民政府联合制定，通过信息通报与资源共享、统一指挥与协同配合，形成跨区域传染病防治合力。通过明确各责任主体的制定义务，建立分级分类、高效实用的传染病预防控制应急预案体系，以实现传染病的科学有效预防。

二、传染病预防控制应急预案的内容

传染病预防控制应急预案的内容主要包括六个方面：（1）组织和职责：应急预案需明确传染病预防控制指挥部的组成及相关部门的职责，界定疾病预防控制机构、医疗机构以及有关单位的任务分工，为传染病的预防控制奠定高效运转、良好配合的人力系统。（2）预防与监测：规定传染病的常规预防措施及监测方法，包括监测对象、监测点设置、监测数据收集与分析等，以便及时发现疫情。（3）疫情报告与通报：明确疫情报告的主体、时限、程序和内容，确保疫情信息能快速、准确地向上级部门和相关地区通报，为及时应对提供依据。（4）风险评估与预警：建立疫情风险评估模型和方法，根据疫情的传播范围、严重程度等因素进行分级预警，为采取相应防控措施提供决策支持。（5）应急工作方案：针对不同传染病和疫情场景，制定具体的应急工作流程和措施，如隔离、消毒、医疗救治等。（6）人员调集与物资技术储备：明确人员调集机制，包括应急医疗队伍、疾控队伍等的组建和调配；规定物资储备的种类、数量和管理要求，如药品、医疗器械、防护用品等；同时注重技术储备，如科研项目支持、专家咨询等，以保障应急处置所需。

【适用指南】

首先，传染病预防控制应急预案的制定，需遵循《突发事件应急预案管理办法》第二十二条第一款的规定，政府及其有关部门在应急预案编制过程中，应当广泛听取意见，组织专家论证，做好与相关应急预案及国防动员实施预案的衔接。涉及其他单位职责的，应当书面征求意见。必要时，向社会公开征求意见。其次，传染病预防控制应急预案的实施，需遵循我国《突发公共卫生事件应急条例》第十六条、第三十一条的规定，国务院有关部门和县级以上地方人民政府及其有关部门，应当根据突发事件应急预案的要求，保证应急设施、设备、救治药品和医疗器械等物资储备。应急预案启动前，县级以上各级人民政府有关部门应当根据传染病防治的实际情况，做好应急处理准备，采取必要的应急措施。应急预案启动后，传染病发生地的人民政府有关部门，应当根据预案规定的职责要求，采取有关的控制措施。

【关联规范】

《突发事件应急预案管理办法》第二十二条第一款；《突发公共卫生事件应急条例》第十六条、第三十一条。

> **第二十九条 【单位传染病预防控制应急预案】** 医疗卫生机构和学校、托育机构、养老机构、康复机构、福利机构、未成年人救助保护机构、救助管理机构、体育场馆、监管场所、车站、港口、机场等重点场所，应当制定本单位传染病预防控制应急预案。

【条文主旨】

本条是关于单位传染病预防控制应急预案的规定。

【条文释义】

本条列举了医疗卫生机构、学校、托育机构、养老机构、康复机构、福利机构、未成年人救助保护机构、救助管理机构、体育场馆、监管场所、车站、港口、机场等重点场所。这些场所具有人员密集、流动性大、老幼病残等易感人群集中等特点,一旦发生传染病疫情,极易导致疾病的快速传播和扩散,造成严重后果。通过明确人员密集或高风险单位制定传染病应急预案的强制性义务,强化重点场所的主动防控能力和应急响应效率,保护易感人群健康安全,维护社会公共卫生秩序。应急预案应涵盖传染病监测、预警、报告、隔离、消毒、医疗救治、物资储备、人员培训、宣传教育、应急演练等各环节。明确各岗位职责,确保疫情发生时能迅速、有序、高效应对,最大限度减少传染病传播和危害。

【适用指南】

根据《突发事件应急预案管理办法》第十六条第一款的规定,单位应急预案侧重明确应急响应责任人、风险隐患监测、主要任务、信息报告、预警和应急响应、应急处置措施、人员疏散转移、应急资源调用等内容。并且,在预案制定时,各单位制定应急预案应结合场所特点,差异化、针对性制定本单位预案。例如,学校、托育机构应侧重学生健康监测(如晨午检)、家长沟通机制及分时段疏散方案。养老机构应考虑老年人行动能力差异,制定分组疏散、就地保护等特殊措施。交通枢纽应强化流动人员筛查、场所通风消毒及跨区域疫情信息通报。

【关联规范】

《突发事件应急预案管理办法》第十六条。

第三十条 【传染病预防控制应急预案的特点、修订与演练】 传染病预防控制应急预案应当增强科学性、针对性和可操作性,并根据实际需要和形势变化及时修订。

> 县级以上人民政府疾病预防控制部门应当根据有关传染病预防控制应急预案定期组织开展演练。医疗卫生机构和学校、托育机构、养老机构、康复机构、福利机构、未成年人救助保护机构、救助管理机构、体育场馆、监管场所、车站、港口、机场等重点场所应当根据本单位传染病预防控制应急预案开展演练。

【条文主旨】

本条是关于传染病预防控制应急预案的特点、修订与演练要求规定。

【条文释义】

本条共两款，针对传染病预防控制应急预案，第一款明确了应急预案的特点和修订要求、第二款规定应急预案的演练主体。

一、应急预案的特点与修订

应急预案应具备科学性、针对性和可操作性。科学性是指预案的制定应基于科学研究和专业知识，对传染病的流行病学特点、传播途径、防控措施等进行深入分析，确保所采取的措施符合科学原理和规律。例如，在制定针对呼吸道传染病的应急预案时，应充分考虑空气传播、飞沫传播等特点，科学设定通风换气、佩戴口罩、环境消毒等防控措施。针对性是指紧密结合不同地区、不同场所、不同人群的实际情况，针对特定传染病的流行趋势和危害程度，制定具有针对性的防控策略和措施。如学校应急预案应着重关注学生群体的聚集性和流动性特点，制定针对校园内传染病传播的防控措施；而医疗机构的预案则应重点关注医疗救治、医院感染控制等方面。可操作性是指预案中的各项措施和要求应具体、明确、可执行，避免模糊和笼统的表述。要明确各参与部门和人员的职责分工、工作流程、物资和技术保障等细节，确保在疫情发生时能够迅速、有效地实施。

并且，由于传染病的流行形势、病原体特性、防控技术和策略、应急资源等因素会不断变化，应急预案应根据实际需要和形势变化及时进行修订。这包括对新出现的传染病的应对措施、防控技术的更新、部门职责调整等方面进行修改和完善，以确保预案始终适应实际防控工作的需要。根据《突发事件应急预案管理办法》第三十四条、第三十五条的规定，应急预案编制单位应当建立应急预案定期评估制度，分析应急预案内容的针对性、实用性和可操作性等，实现应急预案的动态优化和科学规范管理。县级以上地方人民政府及其有关部门应急预案原则上每 3 年评估一次。若存在有关法律、法规、规章、标准、上位预案中的有关规定发生重大变化的，应急指挥机构及其职责发生重大调整的，面临的风险发生重大变化的，重要应急资源发生重大变化的，在突发事件实际应对和应急演练中发现问题需要作出重大调整等情况，应当及时修订应急预案。

二、应急预案的演练

《突发事件应急预案管理办法》第三十二条规定，应急预案编制单位应当建立应急预案演练制度，通过采取形式多样的方式方法，对应急预案所涉及的单位、人员、装备、设施等组织演练。公共交通工具、公共场所和医院、学校等人员密集场所的经营单位或者管理单位等，应当有针对性地组织开展应急预案演练。演练的目的是检验预案的科学性、有效性和可操作性，提高各部门之间的协调配合能力，锻炼应急队伍的实战能力，同时通过演练发现预案中存在的问题和不足，及时进行改进和完善。医疗卫生机构、学校、托育机构等重点场所应当根据本单位传染病预防控制应急预案开展演练。各单位应结合自身实际，制定演练计划和方案，定期组织内部人员进行演练，模拟不同场景下的传染病疫情应对过程，提高单位内部应对传染病疫情的应急反应能力和处置水平。

【适用指南】

根据我国《突发事件应急预案管理办法》第三十三条的规定，应急预案演练组织单位应当加强演练评估，主要内容包括：演练的执行情况，应急预案的实用性和可操作性，指挥协调和应急联动机制运行情况，应急人员的处置情况，演练所用设备装备的适用性，对完善应急预案、应急准备、应急机制、应急措施等方面的意见和建议等。各地区各有关部门加强对本行政区域、本部门（行业、领域）应急预案演练的评估指导。根据需要，应急管理部门会同有关部门组织对下级人民政府及其有关部门组织的应急预案演练情况进行评估指导。鼓励委托第三方专业机构进行应急预案演练评估。[①]

[①] 参见《突发事件应急预案管理办法》，载中国政府网，https://www.gov.cn/zhengce/content/202402/content_6930816.htm，2025 年 5 月 31 日访问。

【关联规范】

《突发事件应急预案管理办法》第三十二条至第三十五条。

> **第三十一条 【传染病病原体的实验室管理】** 疾病预防控制机构、医疗机构的实验室和从事病原微生物实验的单位,应当遵守有关病原微生物实验室生物安全的法律、行政法规规定,符合国家规定的条件和技术标准,建立严格的管理制度,对传染病病原体和样本按照规定的措施实行严格管理,严防传染病病原体的实验室感染和扩散。

【条文主旨】

本条是关于传染病病原体的实验室管理的规定。

【条文释义】

本条规定对疾病预防控制机构、医疗机构的实验室和进行病原微生物实验的单位的传染病病原体管理要求。

根据《病原微生物实验室生物安全管理条例》第二条,病原微生物,是指能够使人或者动物致病的微生物。实验活动,是指实验室从事与病原微生物菌(毒)种、样本有关的研究、教学、检测、诊断等活动。实验室的设立单位为疾病预防控制机构、医疗机构和从事病原微生物实验的单位,应遵循我国《生物安全法》第四十六条、第四十七条,《病原微生物实验室生物安全管理条例》第四十二条以及第四十五条,《病原微生物实验室生物安全环境管理办法》及《病原微生物实验室生物安全通用准则》(WS 233—2017)的相关要求,对实验室进行传染病病原体感染和扩散预防,主要包括以下内容。

一、特定实验的批准与报告

高等级病原微生物实验室从事高致病性或者疑似高致病性病原微生物实验活动,应当经省级以上人民政府卫生健康或者农业农村主管部门批准,并将实验活动情况向批准部门报告。对我国尚未发现或者已经宣布消灭的病原微生物,未经批准不得从事相关实验活动。

二、实验动物、废弃物的管理

病原微生物实验室应当采取措施,加强对实验动物的管理,防止实验动物逃逸,对使用后的实验动物按照国家规定进行无害化处理,实现实验动物可追溯。禁止将使用后的实验动物流入市场。病原微生物实验室应当加强对实验活动废弃物的管理,依法对废水、废气以及其他废弃物进行处置,采取措施防止污染。

三、专门机构或人员的感染控制工作

前述单位应当指定专门机构或人员承担实验室感染控制工作。专门的机构或者人员应当定期检查实验室的生物安全防护、病原微生物菌(毒)种和样本保存与使用、安全操作、实验室排放的废水和废气以及其他废物处置等规章制度的实施情况。

【适用指南】

疾病预防控制机构、医疗机构的实验室和进行病原微生物实验的单位在管理传染病病原体和样本时,须按照法律、行政法规的规定建立严格的管理制度并按要求采取相应措施,预防传染病病原体的感染和扩散。根据本法第一百零八条第一项,从事病原微生物实验的单位违反本条规定的,将被县级以上人民政府卫生健康、疾病预防控制等部门追究行政责任。

【关联规范】

《中华人民共和国生物安全法》第四十六条、第四十七条;《病原微生物实验室生物安全管理条例》第二条、第四十二条、第四十五条。

第三十二条　【血液和血液制品的管理】 采供血机构、生物制品生产单位应当严格执行国家有关规定,保证血液、血液制品的质量和安全。

禁止非法采集血液或者组织他人出卖血液。

疾病预防控制机构、医疗机构使用血液和血液制品,应当遵守国家有关规定,防止因输入血液、使用血液制品引起经血液传播疾病的发生。

【条文主旨】

本条是关于血液和血液制品管理的规定。

【条文释义】

本条第一款是采供血机构和生物制品生产单位的血液及其制品质量保证义务,第二款是非法采集或组织他人出卖血液的禁止性规定,第三款是疾病预防控制机构、医疗机构的血液及其制品的使用注意义务。

一、采供血机构和生物制品生产单位的血液及其制品质量保证义务

采供血机构要认真贯彻落实《献血法》第十条、《药品管理法实施条例》第十条第二款、《血站管理办法》、《血液制品管理条例》第二十五条及第二十六条、《血站质量管理规范》、《血站实验室质量管理规范》、《单采血浆站管理办法》、《单采血浆站质量管理规范》、《医疗机构临床用血管理办法》和《临床输血技术规范》等规范。根据上述规定,血站应当根据国务院卫生行政部门规定的标准,保证血液质量。血站对采集的血液必须进行检测;未经检测或检测不合格的血液,不得向医疗机构提供。生物制品生产单位不得委托生产血液制品。血液制品生产单位在原料血浆投料生产前,必须使用有产品批准文号并经国家药品生物制品检定机构逐批检定合格的体外诊断试剂,对每一人份血浆进行全面复检,并作检测记录。原料血浆经复检不合格的,不得投料生产,并必须在省级药品监督员监督下按照规定程序和方法予以销毁,并做记录。血液制品出厂前,必须经过质量检验;经检验不符合国家标准的,严禁出厂。

二、禁止非法采集或组织他人出卖血液

国家实行无偿献血制度。无偿献血的血液必须用于临床,不得买卖。血站、医疗机构不得将无偿献血者的血液出售给单采血浆站或者血液制品生产单位。根据我国《献血法》第二条、第十一条,《血液制品管理条例》第五条、第九条、第十二条,《血站管理办法》第五十九条的规定,严禁血站和医疗机构参与有偿采供血的行为,杜绝其从中牟利;严禁采供血机构和医疗机构从非法渠道购买血液;单采血浆站专门从事单采血浆活动,其他任何单位和个人不得从事单采血浆活动;严禁单采血浆站采集非划定区域内的供血浆者和其他人员的血浆。严禁采集无《供血浆证》者的血浆。非法采集血液包括未经批准,擅自设置血站,开展采供血活动的;已被注销的血站,仍开展采供血活动的;已取得设置批准但尚未取得《血站执业许可证》即开展采供血活动,或者《血站执业许可证》有效期满未再

次登记仍开展采供血活动的；租用、借用、出租、出借、变造、伪造《血站执业许可证》开展采供血活动的。

三、使用血液及其制品时的注意义务

医疗机构对临床用血必须进行核查，不得将不符合国家规定标准的血液用于临床。医疗机构要严格按照我国《献血法》第十三条、《医疗机构临床用血管理办法》、《临床输血技术规范》等有关规范的要求，进一步加强临床用血管理，积极促进临床科学、合理用血。

【适用指南】

违反本条规定，可能导致相应行政责任、民事责任和刑事责任。

首先，就行政责任而言，根据本法第一百零五条第二款、第三款，非法采集血液或者组织他人出卖血液的，以及采供血机构未执行国家有关规定导致因输入血液引起经血液传播疾病发生的，将承担相应行政责任。

其次，采供血机构、生物制品生产单位、医疗机构可能承担民事责任：根据我国《民法典》第一千二百二十三条，因药品的缺陷，或者输入不合格的血液造成患者损害的，患者可以向药品上市许可持有人、生产者、血液提供机构请求赔偿，也可以向医疗机构请求赔偿。患者向医疗机构请求赔偿的，医疗机构赔偿后，有权向负有责任的药品上市许可持有人、生产者、血液提供机构追偿。根据《最高人民法院关于审理医疗损害责任纠纷案件适用法律若干问题的解释》第七条、第二十一条，患者依据《民法典》第一千二百二十三条规定请求赔偿的，应当提交使用医疗产品或者输入血液、受到损害的证据。患者无法提交使用医疗产品或者输入血液与损害之间具有因果关系的证据，依法申请鉴定的，人民法院应予准许。医疗机构，医疗产品的生产者、销售者、药品上市许可持有人或者血液提供机构主张不承担责任的，应当对医疗产品不存在缺陷或者血液合格等抗辩事由承担举证证明责任。因医疗产品的缺陷或者输入不合格血液受到损害，患者请求医疗机构，缺陷医疗产品的生产者、销售者、药品上市许可持有人或者血液提供机构承担赔偿责任的，应予支持。医疗机构承担赔偿责任后，向缺陷医疗产品的生产者、销售者、药品上市许可持有人或者血液提供机构追偿的，应予支持。因医疗机构的过错使医疗产品存在缺陷或者血液不合格，医疗产品的生产者、销售者、药品上市许可持有人或者血液提供机构承担赔偿责任后，向医疗机构追偿的，应予支持。

最后，就刑事责任而言，可能构成我国《刑法》第三百三十三条规定的非法组织卖血罪、强迫卖血罪，第三百三十四条规定的非法采集、供应血液、制作、供应血液制品罪和采集、供应血液、制作、供应血液制品事故罪，罪与非罪、罪行轻重的具体认定需结合《最高人民法院、最高人民检察院关于办理非法采供血液等刑事案件具体应用法律若干问题的解释》第一条至第六条进行判断。

【关联规范】

《中华人民共和国民法典》第一千二百二十三条；《中华人民共和国刑法》第三百三十三条、第三百三十四条；《中华人民共和国献血法》第十条、第十一条、第十三条、第十八条至第二十三条；《中华人民共和国药品管理法实施条例》第十条第二款；《血液制品管理条例》第五条、第九条、第十二条、第二十五条、第二十六条、第五十九条；《血站管理办法》第五十九条至第六十三条；《最高人民法院关于审理医疗损害责任纠纷案件适用法律若干问题的解释》第七条、第二十一条；《最高人民法院、最高人民检察院关于办理非法采供血液等刑事案件具体应用法律若干问题的解释》第一条至第六条。

第三十三条　【人民政府的艾滋病防治职责】各级人民政府应当加强艾滋病的防治工作，采取预防、控制措施，防止艾滋病的传播。具体办法由国务院制定。

【条文主旨】

本条是关于各级人民政府的艾滋病防治职责的规定。

【条文释义】

本条明确了各级人民政府对艾滋病采取预防、控制措施，阻止艾滋病传播的防治职责。联合国艾滋病规划署发布的《2023 全球艾滋病防治进展报告——终结艾滋病之路》显示，全球目前有 3900 万艾滋病病毒感染者，2022 年有 130 万艾滋病病毒新发感染，63 万人死于艾滋病相关疾病。艾滋病作为乙类传染病，对全国乃至全人类的健康具有不可忽视的威胁。我国艾滋病感染率和死亡率虽处于全球较低水平，但仍应持续加强对这一重点传染病的防治。① 因此,《"健康中国2030"规划纲要》指出要加强艾滋病检测、抗病毒治疗和随访管理,全面落实临床用血核酸检测和预防艾滋病母婴传播,疫情保持在低流行水平。

根据我国《艾滋病防治条例》第二条的规定,艾滋病防治工作坚持预防为主、防治结合的方针,建立政府组织领导、各部门各负其责、全社会共同参与的机制,加强宣传教育,采取行为干预和关怀救助等措施,实行综合防治。政府在艾滋病防治工作中的组织领导职能主要如下。

一、各级政府组织预防与控制艾滋病的职责

根据我国《艾滋病防治条例》第二条、第四条、第五条、第七条以及第二十二条的规定,各级政府及相关部门的主要职责如下。

1. 县级以上人民政府统一领导艾滋病防治工作,建立健全艾滋病防治工作协调机制和工作责任制,对有关部门承担的艾滋病防治工作进行考核、监督。

2. 国务院卫生主管部门会同国务院其他有关部门制定国家艾滋病防治规划;县级以上地方人民政府依照本条例规定和国家艾滋病防治规划,制定并组织实施本行政区域的艾滋病防治行动计划。

3. 各级人民政府和政府有关部门应当采取措施,鼓励和支持有关组织和个人依照本条例规定以及国家艾滋病防治规划和艾滋病防治行动计划的要求,参与艾滋病防治工作,对艾滋病防治工作提供捐赠,对有易感染艾滋病病毒危险行为的人群进行行为干预,对艾滋病病毒感染者、艾滋病病人及其家属提供关怀和救助。

4. 国务院卫生主管部门制定国家艾滋病监测规划和方案。省、自治区、直辖市人民政府卫生主管部门根据国家艾滋病监测规划和方案,制定本行政区域的艾滋病监测计划和工作方案,组织开展艾滋病监测和专题调查,掌握艾滋病疫情变化情况和流行趋势。

二、县级以上人民政府治疗与救助艾滋病的职责

根据我国《艾滋病防治条例》第四十四条与第四十六条的规定,县级以上人民政府应当采取下列艾滋病防治关怀、救助措施:(1)向农村艾滋病病人和城镇经济困难的艾滋病病人免费提供抗艾滋病病毒治疗药品;(2)对农村和城镇经济困难的艾滋病病毒感染者、艾滋病病人适当减免抗机会性感染治疗药品的费用;(3)向接受艾滋病咨询、检测的人员免费提

---

① 参见《2023全球艾滋病防治进展报告——终结艾滋病之路》发布:2022年全球130万人新感染艾滋病病毒,载联合国艾滋病规划署网站,http://www.unaids.org.cn/page147?article_id=1229,2025年8月6日访问。

供咨询和初筛检测；（4）向感染艾滋病病毒的孕产妇免费提供预防艾滋病母婴传播的治疗和咨询。县级以上地方人民政府应当对生活困难并符合社会救助条件的艾滋病病毒感染者、艾滋病病人及其家属给予生活救助。

【适用指南】

根据《艾滋病防治条例》第五十二条规定，地方各级人民政府未依照本条例规定履行组织、领导、保障艾滋病防治工作职责，或者未采取艾滋病防治和救助措施的，由上级人民政府责令改正，通报批评；造成艾滋病传播、流行或者其他严重后果的，对负有责任的主管人员依法给予行政处分；构成犯罪的，依法追究刑事责任。

【关联规范】

《艾滋病防治条例》第二条、第四条、第五条、第七条、第二十二条、第四十四条、第四十六条、第五十二条。

第三十四条 【人畜共患传染病的防治】 国家建立健全人畜共患传染病防治的协作机制，统筹规划、协同推进预防、控制工作，做好重点人群健康教育、传染病监测、疫情调查处置和信息通报等工作。

县级以上人民政府农业农村、林业草原、卫生健康、疾病预防控制等部门依据职责负责与人畜共患传染病有关的动物传染病的防治管理工作，重点加强鼠疫、狂犬病、人感染新亚型流感、布鲁氏菌病、炭疽、血吸虫病、包虫病等人畜共患传染病的防治工作。

【条文主旨】

本条是关于人畜共患传染病的防治的规定。

【条文释义】

针对人畜共患传染病的防治，本条第一款规定了我国建立人畜共患传染病防治的协作机制；第二款明确了县级以上人民政府主管部门的防治职责和工作重点。

一、我国建立人畜共患传染病防治的协作机制

人畜共患传染病指人与脊椎动物共同罹患的传染病，包括牛海绵状脑病、高致病性禽流感、狂犬病、炭疽、布鲁氏菌病、弓形虫病、棘球蚴病、钩端螺旋体病、沙门氏菌病、牛结核病、日本血吸虫病等。[①]《全国畜间人兽共患病防治规划（2022—2030年）》指出，我国畜禽饲养基数大，动物疫病种类多、分布广，部分疫病在局部地区出现反弹，防治形势依然复杂严峻。人兽共患病防治工作事关畜牧业高质量发展和社会公众身体健康，事关公共卫生安全和国家生物安全，是贯彻落实乡村振兴战略和健康中国战略的重要内容，是政府社会管理和公共服务的重要职责。因此，本条第一款明确国家建立健全人畜共患传染病防治的协作机制，统筹规划、协同推进预防、控制工作，旨在构建国家层面的人畜共患传染病防治协作机制，通过跨部门统筹规划与协同行动，强化预防控制效能，重点落实健康教育、监测预警、应急处置和信息共享等关键环节，以系统性防控策略应对人畜共患传染病的公共卫生风险。

二、县级以上人民政府主管部门的防治职责和工作重点

农业农村部门主要负责动物疫病的监测、预防、控制和扑灭工作，加强对畜禽养殖、屠宰、流通等环节的监管，落实动物免疫、检疫等措施。林业草原部门负责野生动物疫源疫病的监测工作，加强对野生动物栖息地、迁徙通道等重点区域的巡查，及时发现和报告野生动物疫情。卫生健康部门负责人间人畜共患传染病的监测、预防、控制和医疗救治工作，组织开展疫情调查处置，加强医疗机构的感染防控。疾病预防控制部门承担人间人畜共患传染病的监测、预警、流行病学调查、疫情报告等职责，为防治工作提供技术支持。

本条第二款要求加强对鼠疫、狂犬病、人感染新亚型流感、布鲁氏菌病、炭疽、血吸虫病、包虫病等人畜共患传染病的防治。其中，鼠疫为甲类传染病、传统的烈性传染病。狂犬病、人感染新亚型流感、布鲁氏菌病、炭疽、血吸虫病为乙类传染病。根据《全国畜间人兽共患病防治规划（2022—2030年）》，狂犬病是我国法定报告传染病中病死率最高的人兽共患病，我国高致病性禽流感防控形势总体平稳，要继续落实免疫、监测、

[①] 参见《人畜共患传染病名录》，载农业农村部网站，http：//www.moa.gov.cn/govpublic/xmsyj/202208/t20220819_6407309.htm，2025年5月11日访问。

扑杀等综合防治措施。布鲁氏菌病疫情在一些地区居高不下，炭疽病原感染及传播途径更趋复杂，血吸虫病是严重危害人体健康的重大畜间人兽共患病。因此，对前述传染病的防治应为人畜共患传染病的防治重点。

【适用指南】

根据本法第一百零一条至第一百零三条的规定，县级以上人民政府卫生健康、疾病预防控制部门，以及其他有关部门未依照本条规定履行传染病防治和保障职责的，承担相应行政责任。并且，县级以上人民政府农业农村主管部门及其工作人员、动物卫生监督机构及其工作人员、动物疫病预防控制机构及其工作人员违反我国《动物防疫法》的防疫要求的，亦应当依照我国《动物防疫法》第八十七条至第九十条，承担相应行政责任。

【关联规范】

《中华人民共和国动物防疫法》第八十七条至第九十条。

> **第三十五条 【病原微生物菌（毒）种保藏和传染病检测样本】** 国家建立病原微生物菌（毒）种保藏库。
>
> 对病原微生物菌（毒）种和传染病检测样本的采集、保藏、提供、携带、运输、使用实行分类管理，建立健全严格的管理制度。从事相关活动应当遵守有关病原微生物实验室生物安全的法律、行政法规规定；依法需要经过批准或者进行备案的，应当取得批准或者进行备案。

【条文主旨】

本条是关于病原微生物菌（毒）种保藏和传染病检测样本的规定。

【条文释义】

本条第一款明确我国建立病原微生物菌（毒）种保藏库，第二款规定病原微生物菌（毒）种和传染病检测样本的管理。

一、我国建立病原微生物菌（毒）种保藏库

根据我国《动物病原微生物菌（毒）种保藏管理办法》第三条以及

《人间传染的病原微生物菌（毒）种保藏机构管理办法》第三条的规定，菌（毒）种是指具有保藏价值的动物细菌、真菌、放线菌、衣原体、支原体、立克次氏体、螺旋体、病毒等微生物；菌（毒）种的保藏是指保藏机构依法以适当的方式收集、检定、编目、储存菌（毒）种或样本，维持其活性和生物学特性，并向合法从事病原微生物相关实验活动的单位提供菌（毒）种或样本的活动。菌（毒）种既是国家重要战略资源，也是重要实验材料，菌（毒）种的质量直接影响科研结果的准确性。国家建立病原微生物菌（毒）种保藏库，对传染病疫苗和药品研发、传染病研究意义重大。

二、病原微生物菌（毒）种和传染病检测样本的管理

根据我国《动物病原微生物菌（毒）种保藏管理办法》第三条的规定，传染病检测样本是指人工采集的、经鉴定具有保藏价值的含有动物病原微生物的体液、组织、排泄物、分泌物、污染物等物质。对病原微生物菌（毒）种和传染病检测样本的采集、保藏、提供、携带、运输和使用应遵循《动物病原微生物菌（毒）种保藏管理办法》第九条至第二十一条、《病原微生物实验室生物安全管理条例》第九条至第十七条的规定。根据上述规定，在管理过程中应注意以下四个方面。

其一，针对病原微生物菌（毒）种和传染病检测样本的采集，需具有与采集病原微生物样本所需要的生物安全防护水平相适应的设备、掌握相关专业知识和操作技能的工作人员、具有有效地防止病原微生物扩散和感染的措施、保证病原微生物样本质量的技术方法和手段。若采集高致病性病原微生物样本，在采集过程中应当防止病原微生物扩散和感染，并对样本的来源、采集过程和方法等做详细记录。

其二，针对病原微生物菌（毒）种和传染病检测样本的保藏和提供，国务院卫生主管部门或者兽医主管部门指定的菌（毒）种保藏中心或者专业实验室，承担集中储存病原微生物菌（毒）种和样本的任务。保藏机构应当依照国务院卫生主管部门或者兽医主管部门的规定，储存实验室送交的病原微生物菌（毒）种和样本，并向实验室提供病原微生物菌（毒）种和样本。保藏机构应当制定严格的安全保管制度，做好病原微生物菌（毒）种和样本进出和储存的记录，建立档案制度，并指定专人负责。对高致病性病原微生物菌（毒）种和样本应当设专库或者专柜单独储存。保藏机构应当凭实验室依照本条例的规定取得的从事高致病性病原微生物相关实验活动的批准文件，向实验室提供高致病性病原微生物菌（毒）种和样本，并予以登记。

其三，针对病原微生物菌（毒）种和传染病检测样本的携带、运输，运输高致病性病原微生物菌（毒）种或者样本，应当经省级以上人民政府卫生主管部门或者兽医主管部门批准。在省、自治区、直辖市行政区域内运输的，由省、自治区、直辖市人民政府卫生主管部门或者兽医主管部门批准；需要跨省、自治区、直辖市运输或者运往国外的，由出发地的省、自治区、直辖市人民政府卫生主管部门或者兽医主管部门进行初审后，分别报国务院卫生主管部门或者兽医主管部门批准。

其四，针对病原微生物菌（毒）种和传染病检测样本的使用，应当遵循《病原微生物实验室生物安全管理条例》第二十一条至第四十一条所规定的实验要求。

【适用指南】

根据本法第九十三条第二款，县级以上人民政府卫生健康、疾病预防控制等部门依据职责对病原微生物菌（毒）种和传染病检测样本的采集、保藏、提供、携带、运输、使用进行监督检查，若发现有违反国家规定的，将根据本法第一百零八条第二项追究其行政责任。根据我国《刑法》第三百三十一条的规定，从事实验、保藏、携带、运输传染病菌种、毒种的人员，违反国务院卫生行政部门的有关规定，造成传染病菌种、毒种扩散，后果严重的，将构成传染病菌种、毒种扩散罪。

【关联规范】

《中华人民共和国刑法》第三百三十一条；《动物病原微生物菌（毒）种保藏管理办法》第三条、第六条、第九条至第二十一条；《人间传染的病原微生物菌（毒）种保藏机构管理办法》第三条；《病原微生物实验室生物安全管理条例》第九条至第十七条、第二十一条至第四十一条。

第三十六条　【传染病病原体污染物及场所消毒处理】
对被传染病病原体污染的水、物品和场所，有关单位和个人应当在疾病预防控制机构的指导下或者按照其提出的卫生要求，进行科学严格消毒处理；拒绝消毒处理的，由当地疾病预防控制部门组织进行强制消毒处理。

【条文主旨】

本条是关于传染病病原体污染物及场所消毒处理的规定。

【条文释义】

消毒是控制传染源和切断传播途径的重要手段。本条规定了有关单位和个人对传染病病原体污染物及污染场所的消毒义务,以及在前述消毒义务人未依本条履行义务时,当地疾病预防控制部门强制消毒的权力。

首先,"有关单位和个人",指对病原体污染物和场所有传染病防治义务的单位和个人,包括:医疗机构、学校、托幼机构、养老机构、康复机构、福利机构、救助管理机构、体育场馆、监管场所、车站、港口、机场等重点场所或其他场所的控制人。前述主体根据疾病预防控制机构的指导和《消毒剂使用指南》等文件的规定进行科学消毒。

其次,本条针对单位和个人拒绝消毒处理的污染物及场所,赋予疾病预防控制部门强制消毒的权力。亦即,疾病预防控制部门有权采取强制消毒措施。我国《行政强制法》第三条第二款规定,发生或者即将发生公共卫生事件等突发事件,行政机关采取应急措施或者临时措施,依照有关法律、行政法规的规定执行。本条即属于法律规定的应急措施。

【适用指南】

针对本条所规定的消毒处理要求,实践中存在两个主要问题。一方面,可能消毒义务人存在未按本法规定科学消毒的情形。单位或者个人,拒绝按照疾病预防控制机构提出的卫生要求,对传染病病原体污染的污水、污物、场所和物品进行消毒处理的,引起甲类传染病以及依法确定采取甲类传染病预防、控制措施的传染病传播或者有传播严重危险的,或可构成我国《刑法》第三百三十条第一款、第二款规定的妨害传染病防治罪。另一方面,实践中也存在过度消毒的情形。应当防止过度消毒,具有消毒义务的单位和个人在疾病预防控制机构的指导下或者按照其提出的卫生要求下进行科学消毒;具有强制消毒权力的疾病预防控制部门在处理消毒防疫和保护人身、财产权益的关系时遵循本法第十七条的规定适用比例原则,禁止以消毒之名不当侵犯单位和个人的合法权益。单位或个人认为消毒处理行为侵犯其合法权益的,可以依法申请行政复议、提起诉讼。

【关联规范】

《中华人民共和国行政强制法》第三条；《中华人民共和国刑法》第三百三十条。

> **第三十七条　【自然疫源地建设项目的兴建】** 在国家确认的自然疫源地计划兴建水利、交通、旅游、能源等大型建设项目的，应当事先由省级以上疾病预防控制机构对施工环境进行卫生调查。建设单位应当根据疾病预防控制机构的意见，采取必要的传染病预防、控制措施。施工期间，建设单位应当设专人负责工地上的卫生防疫工作。施工期间和工程竣工后，疾病预防控制机构应当对可能发生的传染病进行监测。

【条文主旨】

本条是关于自然疫源地建设项目的兴建的规定。

【条文释义】

本条针对在自然疫源地上兴建大型建设项目的行为，从施工前、施工期间、竣工后三个阶段对传染病预防提出相应要求。根据本法第一百一十三条第六项，自然疫源地，是指某些可引起人类传染病的病原体在自然界的野生动物中长期存在和循环的地区。大型建设项目存在施工周期长、施工人员多、施工面积广、卫生条件较差的特点，存在引起自然疫源地疫病感染并传播的极大风险，对人民健康造成威胁。自然疫源性疾病主要是鼠疫、流行性出血热、钩端螺旋体病、狂犬病、布氏菌病、炭疽、斑疹伤寒、流行性乙型脑炎、黑热病、疟疾、登革热、血吸虫病等。此外，由于施工区域人口密集，生活条件和卫生条件较差，还易发生肠道、呼吸道传染病流行。施工地区的水和土壤中的某些化学元素的丰度变化也会引起地方性氟中毒、砷中毒等地方病的流行。[①]

[①] 参见《卫生部、国家计委关于加强大型建设项目中疾病预防控制工作的通知》，载国家卫生健康委员会网站，https://www.nhc.gov.cn/wjw/zcjd/200206/fb2ed98cf043480d8728bca9382a15d0.shtml，2025 年 5 月 31 日访问。

因此，在施工前，在国家确认的自然疫源地兴建水利、交通、旅游、能源等大型建设项目的发包方和承建方事先由省级以上疾病预防控制机构对施工环境进行卫生调查。建设单位应当根据疾病预防控制机构的意见，采取必要的传染病预防、控制措施。具体而言，根据《病媒生物预防控制管理规定》第十条、第十一条的规定，城镇建设规划要包括治理蚊蝇孳生地等病媒生物预防控制工作。建筑物管线、市政管井和下水道系统要设有防范病媒生物侵害的设施。农村地区要结合改厕、环境改造、垃圾与粪便管理等工作，在清除孳生地的基础上，开展病媒生物预防控制工作。施工期间，建设单位应当设专人负责工地上的卫生防疫工作，因地制宜，针对不同自然疫源地的类型，结合国家相关标准开展防疫工作。施工期间和工程竣工后，疾病预防控制机构应当对可能发生的传染病进行监测。

【适用指南】

根据本法第一百零九条，在国家确认的自然疫源地兴建水利、交通、旅游、能源等大型建设项目，未经卫生调查进行施工，或者未按照疾病预防控制机构的意见采取必要的传染病预防、控制措施的，由县级以上人民政府疾病预防控制部门采取相应行政处罚措施，必要时提请有关人民政府依据职责权限责令停建、拆除。对此，若疾病预防控制机构未依法履行监督检查职责，或者发现违法行为不及时查处，将被追究本法第一百零一条所规定的行政责任。并且，根据本法第一百零三条第一项，若疾病预防控制机构未履行传染病监测职责，将被追究责令改正、警告或通报批评的行政责任，直接负责的主管人员和其他直接责任人员将被处分，可被吊销执业证书。此外，根据《卫生部、国家计委关于加强大型建设项目中疾病预防控制工作的通知》规定，建设单位在开工前，必须向当地卫生防疫机构申请对施工环境进行卫生学调查与评价，并根据疾病预防控制机构的意见采取必要的措施后，方可办理开工手续。基于新法优于旧法、上位法优于下位法的适用原则，对施工环境进行卫生调查的主体应为省级以上疾病预防控制机构，而非当地卫生防疫机构。

【关联规范】

《病媒生物预防控制管理规定》第十条、第十一条。

第三十八条 【消毒产品、饮用水及涉及饮用水卫生安全的产品】用于传染病防治的消毒产品、饮用水供水单位供应的饮用水和涉及饮用水卫生安全的产品，应当符合国家卫生标准和卫生规范。

用于传染病防治的消毒产品的生产企业，应当经省级人民政府疾病预防控制部门批准，取得卫生许可。利用新材料、新工艺技术和新杀菌原理生产的消毒剂和消毒器械，应当经国务院疾病预防控制部门批准，取得卫生许可；其他消毒剂、消毒器械以及抗（抑）菌剂，应当报省级人民政府疾病预防控制部门备案。

饮用水供水单位应当经设区的市级或者县级人民政府疾病预防控制部门批准，取得卫生许可。涉及饮用水卫生安全的产品应当经省级以上人民政府疾病预防控制部门批准，取得卫生许可。

【条文主旨】

本条是关于消毒产品、饮用水及涉及饮用水卫生安全的产品的规定。

【条文释义】

本条第一款规定用于传染病防治的消毒产品、饮用水和涉及饮用水卫生安全的产品应符合国家卫生标准和卫生规范；第二款明确生产用于传染病防治的消毒产品的企业及利用新材料、新工艺技术和新杀菌原理生产的消毒剂和消毒器械需经批准取得卫生许可，其他消毒产品需备案；第三款要求饮用水供水单位和涉及饮用水卫生安全的产品需经批准取得卫生许可。

一、消毒产品、饮用水、涉及饮用水卫生安全的产品的卫生要求

根据我国《消毒管理办法》第四十五条的规定，用于传染病防治的消毒产品是指用于传染病防治的消毒剂、消毒器械（含生物指示物、化学指示物和灭菌物品包装物）、卫生用品和一次性使用医疗用品，需符合相关标准。《生活饮用水卫生标准》（GB 5749—2022）规定，生活饮用水是指供人生活的饮水和用水，饮用水供水单位供应的饮用水和涉及饮用水卫生安全的产品，相关单位需遵循该卫生标准供给生活饮用水。根据《生活饮用水卫生监督管理办法》第二十九条的规定，涉及饮用水卫生安全的产品，是指凡在饮用水生产和供水过程中与饮用水接触的联接止水材料、塑料及有机合成管材、管件、防护涂料、水处理剂、除垢剂、水质处理器及其他新材料和化学物质。

二、消毒产品的卫生许可和备案要求

消毒产品的生产企业除取得营业执照外，还需获得卫生许可这一行政审批。需要明确的是，根据我国《消毒管理办法》第二十条的规定，消毒剂、消毒器械和卫生用品生产企业取得工商行政管理部门颁发的营业执照后，还应当取得所在地省级卫生计生行政部门发放的卫生许可证，方可从事消毒产品的生产。而本条第二款规定用于传染病防治的消毒产品的生产企业，应当取得经省级人民政府疾病预防控制部门发放的卫生许可。因此，基于上位法优于下位法、新法优于旧法的原则，用于传染病防治的消毒产品卫生许可由省级人民政府疾病预防控制部门发放。前述企业在进行消毒产品的生产时，针对产品类型的不同，有不同的行政审批或备案要求。针对利用新材料、新工艺技术和新杀菌原理生产的消毒剂和消毒器械，为保证产品运用的新材料、新技术、新杀菌原理能满足消毒产品卫生标准，由国务院疾病预防控制部门以行政审批的方式进行审慎监督；而运用其他材料、技术、杀菌原理的消毒产品，向省级人民政府疾病预防控制部门备案即可。

三、饮用水和涉及饮用水卫生安全的产品的卫生许可

根据《生活饮用水卫生监督管理办法》第二十条和第二十一条规定，供水单位卫生许可证由县级以上人民政府卫生计生主管部门发放；涉及饮用水卫生安全的产品，应当按照有关规定进行卫生安全性评价，符合卫生标准和卫生规范要求；利用新材料、新工艺和新化学物质生产的涉及饮用水卫生安全产品应当取得国务院卫生计生主管部门颁发的卫生许可批准文件；除利用新材料、新工艺和新化学物质外生产的其他涉及饮用水卫生安全产品应当取得省级人民政府卫生计生主管部门颁发的卫生许可批准文件。因此，基于上位法优于下位法、新法优于旧法的法律适用原则，饮用水供水单位卫生许可由设区的市级或者县级人民政府疾病预防控制部门批准；同时，不再区分涉及饮用水卫生安全的产品是否运用新材料、工艺和化学物质，而是涉及饮用水卫生安全的产品均由省级人民政府疾病预防控制部门发放卫生许可。

【适用指南】

首先，本条规定了消毒产品和饮用水、涉及饮用水卫生安全产品的行政审批要求。根据《国务院关于"先照后证"改革后加强事中事后监管的意见》的规定，消毒产品生产企业（一次性使用医疗用品的生产企业除外）卫生许可、饮用水供水单位卫生许可为后置审批、先照后证。生产企业和供水单位在取得营业执照后，再按本条规定申领卫生许可即可。

其次，饮用水供水单位、消毒产品生产企业违反本条规定，将依照本法第一百零七条第一项至第四项承担相应行政责任。

最后，人民检察院在履行职责中发现负有监督管理职责的行政机关违法行使职权或者不作为，致使国家利益或者社会公共利益受到侵害，人民检察院可依据《人民检察院检察建议工作规定》第十条，按照公益诉讼案件办理程序向行政机关提出督促依法履职的检察建议。例如，在最高人民检察院公布的指导案例"黑龙江省检察机关督促治理二次供水安全公益诉讼案（检例第89号）"中，人民检察院因二次供水公司在未取得卫生许可证的情况下提供供水服务，决定立案，并向该区卫生健康委员会、住房和城乡建设局发出检察建议，建议行政机关切实履行职责。收到检察建议后，区卫生健康委和城乡建设局高度重视并迅速行动，依法履行职责进行整改。[①]

【关联规范】

《生活饮用水卫生监督管理办法》第二十条、第二十一条；《消毒管理办法》第二十条；《人民检察院检察建议工作规定》第十条。

> **第三十九条　【单位和个人的传染病防控配合义务】** 传染病患者、病原携带者和疑似患者应当如实提供相关信息，在治愈前或者在排除传染病嫌疑前，不得从事法律、行政法规和国务院疾病预防控制部门规定禁止从事的易使该传染病扩散的工作。

[①] 最高人民检察院指导性案例：黑龙江省检察机关督促治理二次供水安全公益诉讼案（检例第89号），载最高人民检察院网站，https://www.spp.gov.cn/spp/jczdal/202012/t20201214_488891.shtml，2025年5月11日访问。

> 传染病患者、病原携带者、疑似患者以及上述人员的密切接触者应当采取必要的防护措施。
>
> 任何单位或者个人不得以任何方式故意传播传染病。

【条文主旨】

本条是关于单位和个人传染病防控配合义务的规定。

【条文释义】

根据本法第一百一十三条第二项至第三项的规定,传染病患者、疑似患者,是指根据国务院卫生健康主管部门、疾病预防控制部门发布的传染病诊断标准,符合传染病患者、疑似患者诊断标准的人。病原携带者,是指感染传染病病原体无临床症状但能排出病原体的人。本条第一款和第二款分别规定传染病患者、病原携带者和疑似患者的信息提供、从业限制义务,以及前述人员及其密切接触者的防护义务;第三款强调单位和个人不得故意传播传染病的不作为义务。

个人的信息提供义务是指传染病患者、病原携带者和疑似患者在疾病预防控制机构的合法要求下,如实提供包括个人基本信息、症状表现、近期活动轨迹、人员接触情况等与疫情防控密切相关、必不可少的信息,以便准确判断传染病种类和传播范围。传染病防控主体及时获得真实传染病疫情情况,方可及时保护传染病患者健康、阻断传染病传播途径、降低传染病扩散风险、控制传染病感染规模。因此,传染病患者、病原携带者和疑似患者切实履行信息提供义务对传染病防控而言至关重要。

根据《就业促进法》第三十条的规定,个人的从业限制业务是指传染病患者、病原携带者和疑似患者了解并严格遵守相关法律、行政法规和国务院疾病预防控制部门规定,在治愈或排除传染病嫌疑前,不从事易使传染病扩散的工作,如食品生产、加工、销售;涉及饮用水的生产、管理、供应等工作;在餐饮、住宿、娱乐、公共交通工具等公共场所直接为顾客服务的工作;从事美容、美发、保育、教育等工作。并且,用人单位招用人员,不得以是传染病病原携带者为由拒绝录用,只是传染病病原携带者在治愈前或者排除传染嫌疑前,不得从事前述易使传染病扩散的工作。

个人的防护义务,是指患者、病原携带者、疑似患者以及前述人员的密切接触者要按照防控要求采取必要的防护措施，包括接受和配合依法采取的隔离治疗或医学观察措施、佩戴口罩、保持个人卫生、避免与他人密切接触等。

任何单位和个人，有不以任何方式故意传播传染病的不作为义务，例如，不得在公共场所投放传染病污染物。

【适用指南】

本条对单位和个人所规定的传染病防控配合义务，在实践中易与公民的个人信息权、隐私权、人身自由等合法权益相冲突，违反义务可能面临行政强制和行政处罚乃至刑事处罚。为此，疾病预防控制机构、医疗机构等传染病防控主体应当严格贯彻依法行政，切实遵循本法第十七条的规定，严格贯彻比例原则，忌以疫情防控为名侵犯公民的合法权益；但亦忌懒政怠政，放任公民违反义务阻碍传染病防控。

为实现传染病防控目的的实现和公民个人权益的平衡保护，具体应注意以下要点：首先，在行政责任层面，单位或个人可能面临行政强制措施和行政处罚。一方面，疾病预防控制机构、医疗机构等传染病防控主体作出防控措施时若涉及行政强制，均需有法律、行政法规或地方性法规的规定，法律、法规以外的其他规范性文件不得设定行政强制措施。行政主体在对违反作为义务的单位或个人采取强制措施时，应严格遵循我国《行政强制法》第十条、第十一条和《突发公共卫生事件应急条例》第四十一条、第四十四条的规定。同时，单位和个人可以依据我国《行政强制法》第八条，对行政机关实施行政强制，享有陈述权、申辩权；依法申请行政复议或者提起行政诉讼；因行政机关违法实施行政强制受到损害的，依法要求赔偿。并且，采集、使用个人信息的有关单位或个人应履行个人信息保护义务，否则将根据本法第一百一十条和其他有关个人信息保护的法律、行政法规规定承担法律责任。另一方面，在行政处罚层面，若个人违反义务从事易使该传染病扩散的工作或者活动、单位或个人不采取防护措施或故意传播传染病，根据本法第一百一十一条承担相应行政责任。同时，根据本法第一百一十二条、我国《突发事件应对法》第九十八条和《突发公共卫生事件应急条例》第五十一条的规定，构成违反治安管理行为的，由公安机关依法给予处罚。其次，在民事责任层面，有关单位或个人若给他人造成损害，将承担以侵权责任为主的民事责任，但民事责任的成立需符合民法中的相关规定。最后，在刑事责任层面，在判断单位或个人是否构成我国《刑法》第三百三十条规定的妨害传染病防治罪、第一百一十四条和第一百一十五条规定的以危险方法危害公共安全罪时，应严格遵循罪刑法定原则，法无明文规定不为罪、法无明文规定不处罚。

【关联规范】

《中华人民共和国就业促进法》第三十条；《中华人民共和国行政强制法》第八条、第十条、第十一条；《中华人民共和国突发事件应对法》第九十八条；《中华人民共和国刑法》第三百三十条、第一百一十四条、第一百一十五条；《突发公共卫生事件应急条例》第四十一条、第四十四条、第五十一条。

第四十条　【重点场所的传染病防控义务】 学校、托育机构、养老机构、康复机构、福利机构、未成年人救助保护机构、救助管理机构、体育场馆、监管场所、车站、港口、机场等重点场所应当落实主体责任，加强传染病预防、控制能力建设，在疾病预防控制机构指导下开展传染病预防、控制工作。

【条文主旨】

本条是关于重点场所的传染病防控义务的相关规定。

【条文释义】

学校、托育机构、养老机构、康复机构、福利机构、未成年人救助保护机构、救助管理机构、体育场馆、监管场所、车站、港口、机场等重点场所，存在人员密集、空间封闭或流动性大、易感人群多、易发聚集性疫情的场所特征，具有传染病传播的高度可能性。本条列举"学校、托育机构……等重点场所"，其中"等"字意指除本条列明的场所外，其他具备人员密集、流动性大的场所亦有可能承担本条规定的传染病防治义务。

为落实对重点场所和易感人群的重点防控，本条强调前述场所的主体责任，对其提出传染病防控能力建设的要求，明确其在疾病预防控制机构指导下开展传染病预防、控制工作。首先，在加强传染病预防、控制能力建设方面，重点场所应提升自身的传染病防控软硬实力，推动场所提升硬件设施

(如隔离区、通风系统) 和软件能力 (如人员培训、监测预警), 确保防控措施的科学性与实效性。例如, 重点场所应遵循本法第二十九条、第三十条的规定, 制定本场所传染病预防控制应急预案, 根据实际需要适时修订, 根据预案开展演练。并且, 能力建设亦需结合本场所实际情况。例如, 托幼机构应当遵循《托儿所幼儿园卫生保健管理办法》第十条、第十五条的规定, 根据规模、接收儿童数量等设立相应的卫生室或者保健室, 具体负责卫生消毒、保育护理、卫生安全管理等卫生保健工作。[1] 学校应当遵循《学校卫生工作条例》第六条、第十四条的规定, 硬件设施应符合国家标准, 并建立学生健康管理制度。其次, 在疾病预防控制机构指导下开展传染病预防、控制工作, 包括建立传染病监测、报告制度, 切实履行本法第四十七条所规定的报告义务, 在发现传染病患者、疑似患者时, 按照国务院疾病预防控制部门的规定, 向所在地疾病预防控制机构报告有关信息; 积极配合疾病预防控制机构所采取的各项调查、检测、转运等预防和控制措施; 配备专职人员及物资储备, 在疾病预防控制机构的指导下开展传染病防控的日常和专项培训工作, 接受疾病预防控制机构的检查监督。

【适用指南】

根据本法第一百零八条第五项规定, 公共场所、学校、托育机构的卫生条件和传染病预防、控制措施不符合国家卫生标准和卫生规范的, 将面临警告、通报批评、没收违法所得、罚款、吊销许可证等行政责任。以及根据本法第一百一十一条规定, 重点场所拒不执行人民政府及其有关部门依法采取的传染病疫情防控措施、拒不接受和配合疾病预防控制机构依法采取的传染病疫情防控措施, 将承担警告、罚款、吊销相关许可证或营业执照等行政责任。此外, 若重点场所拒绝在疾病预防控制机构指导下开展传染病预防、控制工作, 并引起甲类传染病以及依法确定采取甲类传染病预防、控制措施的传染病传播或者有传播严重危险的, 将构成我国《刑法》第三百三十条规定的妨害传染病防治罪, 依法承担刑事责任。

【关联规范】

《中华人民共和国刑法》第三百三十条;《学校卫生工作条例》第六条、第十四条;《托儿所幼儿园卫生保健管理办法》第十条、第十五条。

---

[1] 《托儿所幼儿园卫生保健管理办法》, 载教育部网站, http://www.moe.gov.cn/jyb_xxgk/moe_1777/moe_1779/201011/t20101117_111116.html, 2025 年 5 月 31 日访问。

第三章 监测、报告和预警

> **第四十一条 【监测预警体系的总体目标】**国家加强传染病监测预警工作,建设多点触发、反应快速、权威高效的传染病监测预警体系。

【条文主旨】

本条是关于国家加强传染病监测预警工作总体安排的规定。

【条文释义】

一、传染病监测预警的意义

监测预警是保障公共卫生安全的基石。只有建设好监测预警体系,才有可能在疫情早期就触发预警,并及时采取防控措施以将疫情尽早控制在萌芽之中,并为后续疫苗和特异性治疗药物/方案的研发、生产、配送和应用留出足够的时间。只有提升监测预警能力,才有可能在必要时启动与风险水平相适应的应急响应,并及时感知疫情态势的变化而动态调整响应级别、防控策略和措施,尽最大可能保护公众健康的同时统筹兼顾经济社会发展。[1]

2004年,我国建立了"横向到边、纵向到底"的传染病与突发公共卫生事件网络直报系统,以及传染病早期自动预警信息系统,在一定程度上解决了传染病和突发公共卫生事件信息报告和传染病早期监测预警问题,为我国传染病防控发挥了重要作用。然而,由于预警监测系统在预警关口、数据来源及监测技术及相应的数据分析利用上存在短板和不足,呈现

---

[1] 李群:《着力构建新时期监测预警体系》,载《健康报》2024年1月19日。

出预警关口相对滞后、信息来源相对单一等问题。[1]

因此，本次修订在整理原法的基础上，进一步完善监测、报告和预警制度，及时研判风险，强化早期预警：一是坚持预防为主，明确开展爱国卫生运动，完善传染病预防控制应急预案，加强重点场所传染病预防、控制能力建设。二是健全监测预警体系，建立监测哨点，拓展症状监测范围，建立智慧化多点触发机制。完善传染病预警制度，建立疫情风险评估制度，明确疾病预防控制机构向社会发布健康风险提示；需要发布预警的，由县级以上人民政府决定向社会发布预警。三是完善疫情报告制度，实行传染病疫情网络直报，明确重点场所、检验检测机构等的报告责任，加强部门协同，建立疫情通报机制。[2]

二、建立健全智慧化多点触发的传染病监测预警体系

（一）多渠道传染病监测

应当在现有传染病疫情报告管理系统的基础上，卫生健康、教育、民政、交通运输、农业农村、海关、网信、林业草原等部门按职责分工，协同开展传染病相关病例、病原、病媒、宿主、环境、重点人群等监测工作；加强对各种公开来源信息主动检索，探测其中潜在的疫情信息，鼓励相关学会/协会、社交平台及时报告发现的疫情线索和异常信息，鼓励公众提供疫情相关线索，并加强对全球疫情的追踪。[3]

（二）风险评估和预警管理

疾病预防控制机构汇集多渠道监测数据，开展日常风险评估，制作风险月历和风险地图，开展定期会商和专题风险评估，科学评价风险等级。根据评估结果，依法及时向社会发布健康风险提示，向同级疾病预防控制部门提出预警和应急响应建议。疾病预防控制部门收到建议后及时组织专家会同相关部门综合评价传染病疫情对医疗秩序和经济社会的影响，需要发布预警的，由卫生健康主管部门、疾病预防控制部门立即向同级人民政府报告，由县级以上人民政府向社会发布预警，并向社会做好解释说明。传染病疫情处置责任单位立即应答预警，激活应急响应系统，快速应对处置。相关部门依法依规将警示信息传递至医疗卫生专业人员、高风险从业人员和疫情相关人群，协同做好疫情风险防范。

---

[1] 杨维中、兰亚佳、吕炜等：《建立我国传染病智慧化预警多点触发机制和多渠道监测预警机制》，载《中华流行病学杂志》2020 年第 11 期。

[2] 王萍：《传染病防治法修订草案初审：保障人民群众生命健康》，载《中国人大》2023 年第 22 期。

[3] 李群：《着力构建新时期监测预警体系》，载《健康报》2024 年 1 月 19 日。

（三）信息化赋能的监测预警信息平台

根据《关于建立健全智慧化多点触发传染病监测预警体系的指导意见》的规定，国家和省统筹区域传染病监测预警与应急指挥信息平台建设，在整合现有传染病监测预警相关信息系统，实现多渠道汇聚和共享监测预警信息；医疗机构和疾控机构有关传染病信息的直接交换，实现主动监测和被动监测互补；提高数据分析智能化水平，满足多源异构数据融合、主动疫情感知、动态风险评估、智慧化触发预警和实时信息反馈等功能需求。

【适用指南】

在本条适用过程中，要注意两个方面：其一，在执行过程中，要将多点触发机制落实，实现多源数据整合；制定快速反应流程规范，构建权威高效的监测预警体系。其二，要明确各主体的主要职责。

【关联规范】

《中华人民共和国突发事件应对法》第五十八条、第五十九条、第六十三条；《中华人民共和国生物安全法》第二十七条；《关于建立健全智慧化多点触发传染病监测预警体系的指导意见》；《关于推动疾病预防控制事业高质量发展的指导意见》；《全国疾病预防控制行动方案（2024—2025年）》。

第四十二条 【传染病监测制度】 国家建立健全传染病监测制度。

国务院疾病预防控制部门会同国务院有关部门制定国家传染病监测规划和方案。省级人民政府疾病预防控制部门会同同级人民政府有关部门，根据国家传染病监测规划和方案，制定本行政区域传染病监测计划和工作方案，报国务院疾病预防控制部门审核后实施。

国家加强传染病监测，依托传染病监测系统实行传染病疫情和突发公共卫生事件网络直报，建立重点传染病以及原因不明的传染病监测哨点，拓展传染病症状监测范围，收集传

> 染病症候群、群体性不明原因疾病等信息，建立传染病病原学监测网络，多途径、多渠道开展多病原监测，建立智慧化多点触发机制，增强监测的敏感性和准确性，提高实时分析、集中研判能力，及时发现传染病疫情和突发公共卫生事件。

【条文主旨】

本条是关于建立健全传染病监测制度的规定。

【条文释义】

一、传染病监测制度的意义及主要内容

传染病监测，指持续地、系统地收集、分析、解释与传染病预防控制有关的资料，包括流行病学资料收集、信息确证、风险分析等几个方面。作为国家传染病预防控制体系的重要组成部分，传染病监测的目的是要做到早期预警，强调对不可预见紧急情况的反应，以便能让社会及时掌握疫情发展动态，可以在其流行前及时高效制定防控策略，最大限度降低传染病危害，为后续预防控制工作筑牢根基。因此，本条第一款将传染病监测制度以法律形式确立下来，强化了传染病监测工作的重要性，是贯彻预防为主方针、科学防控原则的重要体现。

该制度作为一项综合性的法律规范，在作为一般法的我国《突发事件应对法》中，设置专章规定了突发事件的监测与预警，在作为特殊法的本法中设置多个条款，从不同维度作出具体规定，本法中的传染病监测制度至少涵盖以下要素：一是强化传染病早期监测，尤其关注疫情初期动向，收集群体性不明原因疾病等信息，建立传染病病原学监测网络；二是依托传染病监测系统实行传染病疫情和突发公共卫生事件的传染病疫情报告；三是构建综合性监测网络，整合哨点监测、实验室检测、症状追踪、重点人群监测及动物疫情监测等多元手段，实现监测路径的互补与信息互通。

二、传染病监测规划、方案和监测计划、工作方案

监测信息来源包括主动收集和被动接受报告，正式渠道和非正式渠道，有关部门要对来自各方面的有关传染病的信息予以充分重视，广泛收集相关信息并要及时确证，因此传染病监测需要建立一个完善的信息收集和确证制度，以确保各级疾病预防控制机构和有关部门开展传染病监测工

作的统一、规范、科学、有序。根据本条规定，传染病监测的规划和方案分为两个层次，一个是国家级别的监测规划和方案，一个是省级别的监测计划和工作方案。

国务院疾病预防控制部门会同国务院有关部门制定国家传染病监测规划和方案，国家级别的传染病监测规划和方案应当重点针对全国的传染病发病情况和流行趋势来制定，应当包括以下内容：传染病报告、哨点监测、实验室监测、疾病症状监测、儿科监测、死亡率监测、干预措施、治疗结果监测、与人畜共患传染病有关的动物疫情的监测等。同时，还应当规定统计、分析方法和判定的原则，在对传染病发生、流行的基本情况和发展趋势作出全面、准确、科学判断的基础上做到内容具体、可操作性强，强调各种监测途径的互补，对不同渠道的信息进行综合分析。

在国家监测规划和方案规定的框架内，省级疾病预防控制部门会同同级人民政府有关部门，结合本地实际情况，制定本地区的监测计划和工作方案，作为地方各级疾病预防控制机构和有关部门实施传染病监测的规范。

同时，考虑到传染病监测工作的复杂性，常常涉及多个领域和环节，多部门间的协调可以确保政策的连贯性和有效性，因此本次修订中新增疾病预防控制部门会同相关部门制定相关规划方案和计划方案。卫生健康、教育、民政、农业农村、海关、网信、林草等部门按职责分工，协同开展传染病监测工作。

三、智慧化、多点触发的传染病监测体系

在数据库的建设方面，根据我国《突发事件应对法》第四章"监测与预警"的规定，国务院建立全国统一的突发事件信息系统、建立建全突发事件预警制度。县级以上人民政府及其有关部门应当根据公共卫生事件的种类和特点，建立健全基础信息数据库，完善监测网络，划分监测区域，确定监测点，明确监测项目，提供必要的设备、设施，配备专职或者兼职人员，对可能发生的突发事件进行监测。

根据《关于建立健全智慧化多点触发传染病监测预警体系的指导意见》规定，多渠道传染病监测应包含以下具体要求：第一，优化现有传染病疫情报告管理系统，到2030年实现基层医疗卫生机构和民营医疗卫生机构网络直报全覆盖；第二，建立传染病临床症候群监测网络，2025年年底前，建立起国家级、省级传染病哨点医院监测网络，及时掌握就诊患者临床症状、病原谱构成及变化趋势；第三，建立病原微生物实验室监测网络，将医疗卫生机构、采供血机构、检验检测机构、出入境检验检疫机构、动物疫病防控机构、高等院校、科研院所等具有生物安全和病原检测资质的实验室纳入网络实验室；第四，建立病媒生物、宿主动物和环境相关风险因素监测网络；第五，构建行业协同风险监测，相关行业部门根据部门职责开展协同监测，及时发现和报告疫情相关异常情况；第六，畅通社会感知监测，运用信息技术手段动态监测互联网等公开来源的传染病疫情相关信息，鼓励公众提供疫情线索；第七，开展全球传染病疫情信息监测，重点关注国家和周边国家发布的传染病疫情信息，分析研判全球疫情趋势；第八，各地根据当地传染病流行特点，开展重点传染病以及重点人群、重点机构和大型活动等专项监测，结合实际开展行为危险因素、免疫接种效果、药物耐药等监测。

【适用指南】

在适用过程中，要注意以下两个方面：

其一，明确制度落实主体与职责分工。各级人民政府、疾病预防控制部门以及相关单位需清晰界定自身职责，保障监测系统运行与网络直报规范，强化病原学监测与多病原监测协同，推进智慧化机制建设与能力提升，以便全面掌握传染病的病原学特征和传播规律，为精准防控提供科学依据，最大限度降低疫情传播风险和危害。

其二，应当科学布局监测哨点与拓展监测范围。例如，在建立重点传染病以及原因不明的传染病监测哨点时，要充分考虑区域人口密度、疾病谱特点、交通便利程度等因素。在医院、学校、托育机构、养老机构、车站、港口、机场等重点场所合理设置哨点，明确哨点职责，如医疗机构哨点要做好就诊患者的症状监测和病例筛查，学校哨点要加强学生因病缺勤监测等。同时，积极拓展传染病症状监测范围，不仅关注传统的发热、腹泻等典型症状，还要将皮疹、呼吸道卡他症状等纳入监测范畴，收集传染病症候群、群体性不明原因疾病等信息，实现对传染病的早期识别和预警。

【关联规范】

《中华人民共和国突发事件应对法》第五十八条、第五十九条、第六十二条；《中华人民共和国国境卫生检疫法》第二十五条；《中华人民共和国基本医疗卫生与健康促进法》第二十条；《关于建立健全智慧化多点触发传染病监测预警体系的指导意见》。

> **第四十三条 【疾病预防控制机构的监测职责】** 疾病预防控制机构对传染病的发生、流行以及影响其发生、流行的因素进行监测，及时掌握重点传染病流行强度、危害程度以及病原体变异情况。
>
> 疾病预防控制机构应当加强原因不明的传染病监测，提高快速发现和及时甄别能力；对新发传染病、境内已消除的传染病以及境外发生、境内尚未发生的传染病进行监测。

【条文主旨】

本条是关于各级疾病预防控制机构传染病监测职责的规定。

【条文释义】

一、疾病预防控制机构的传染病监测职责概述

传染病监测工作是各级疾病预防控制机构的主要职责之一，根据疾病预防控制部门制定的国家传染病监测规划和方案、本行政区域传染病监测计划和工作方案，疾病预防控制机构通过实施传染病监测获得系统的、科学的、真实的信息，并对获得的信息细致地分析、解释，并作出预测、预警，为疾病预防控制部门制定、改进传染病防治对策和措施提供科学依据。

各级疾病预防控制机构应当根据监测人群的基本情况，监测传染病在人、时、地间的动态分布，监测人群的易感性（血清学监测、人群抗体水平监测），监测传染源、宿主、媒介、传染来源的情况（环境监测），监测病原体的类别、毒力、耐药情况（病原学监测），评价防治措施的效果等。广泛、及时收集境内外传染病发生的信息，并进行分析、确证，以便及时发出预测、预警信息。

疾病预防控制机构未依法履行传染病监测职责的，依照本法第一百零三条规定，由县级以上人民政府疾病预防控制部门责令改正，给予警告或者通报批评，对直接负责的主管人员和其他直接责任人员依法给予处分，并可以由原发证部门依法吊销有关责任人员的执业证书。

二、传染病的日常监测

传染病的日常监测，是传染病疫情防控的重要组成部分，是所有疾病

预防控制工作的基础。传染病日常监测旨在通过系统地收集和分析数据，对传染病的发生、流行以及影响其发生、流行的因素进行监测，及时掌握重点传染病流行强度、危害程度以及病原体变异情况。一方面，可以为疾病预防控制部门制定决策和人民政府发布传染病预警信息提供及时、准确的科学依据，为提前部署防控资源争取宝贵时间。另一方面，可以为现有疫苗和治疗药物的选择提供参考，对于及时调整诊断方案、评估疫苗保护效果和研发新的治疗药物至关重要。各级疾病预防控制机构应当依据本法的原则性规定，制定具体的实施方案，完善相关制度，确保传染病日常监测工作依法、规范、有序开展。

三、原因不明的传染病、新发传染病、境内已消除的传染病以及境外发生、境内尚未发生的传染病监测

关于原因不明的传染病监测，指在特定突发阶段原因暂时难以查明，或者由于预防医学、临床医学的局限性，暂时不能完全掌握其内在机理，具有高度不确定性风险，此类传染病，由于缺乏相应的防控经验、针对性治疗的药品或预防的疫苗，其大范围扩散不仅容易造成恐慌，也可能严重危害人们的生命健康和正常的社会秩序。

关于新发传染病监测，只有通过现场流行病学调查、实验室检测等科学方法确定由某种病原体感染才能称之为新发传染病，即某传染病在病原没有确定之前仍属原因不明的传染病，在确定后才属新发传染病。

关于境内已消除的传染病监测，一些传染病在特定国家或地区通过有效的预防接种和综合防治措施已达到消除或接近消除状态。然而，只要全球范围内这些病原体尚未彻底消灭，就始终存在因境外输入或免疫屏障减弱等原因导致疫情复燃的风险。因此，持续监测境内已消除的传染病，主要目的是确认其传播是否真正被阻断，并及时发现任何可能的复现情形，以便迅速采取措施。

关于境外发生、境内尚未发生的传染病监测，随着全球化的深入和国际交往的日益频繁，传染病的跨境传播风险持续存在。许多在境外流行但在境内尚未发生的传染病，一旦输入，将严重影响社会稳定、经济发展、国家安全和人民生命健康。但随着国际交往不断增多，境外传染病传入我国的可能性增大，必须高度警惕和严加防范，密切关注境外新发传染病的流行趋势，进一步了解发病特点及主要诊断技术、防治措施，一旦传入，须及时发现，合理采取对策，防止其扩散。根据我国《国境卫生检疫法》第二十五条规定，海关总署会同国务院疾病预防控制部门，建立跨境传播传染病监测制度，制定口岸传染病监测规划和方案，海关总署在国际公共卫生合作框架下，完善传染病监测网络布局，加强对境外传染病疫情的监测。同时，根据我国《生物安全法》规定，国家应当加强国境、口岸传染病和动植物疫情联合防控能力建设，建立传染病、动植物疫情防控国际合作网络，尽早发现、控制重大新发突发传染病、动植物疫情。

【适用指南】

在适用本条过程中，要注意以下三个方面：

其一，明确监测范围与重点对象。疾病预防控制机构需清晰界定传染病监测的范围与重点。例如，对于常规传染病，应重点监测其流行强度、危害程度，持续追踪病原体变异情况，如流感病毒每年的抗原变异，及时调整防控策略；针对原因不明的传染病，需建立快速响应机制，加强对异常病例、聚集性症候群的监测，不放过任何可能的疫情苗头；将新发传染病、境内已消除的传染病以及境外发生但境内尚未出现的传染病（如境外新发的动物源性传染病）纳入监测体系，提前做好应对准备，避免监测盲区。

其二，规范监测流程与数据管理。在开展监测工作时，要严格遵循科学规范的流程。疾病预防控制机构需建立标准化的样本采集、运输和检测流程，确保数据来源的准确性和可靠性，并严格遵守数据保密规定，确保患者隐私和监测数据安全，防止数据泄露引发不良影响。

其三，强化能力建设与协同合作。疾病预防控制机构应持续加强自身能力建设，包括引进先进的检测设备和技术，如基因测序仪、实时荧光定量 PCR 仪等，提升对病原体的检测和分析能力；加强专业人才队伍建设，通过定期培训、学术交流等方式，提高工作人员对原因不明传染病的快速发现和甄别能力，以及对新发、罕见传染病的监测和应对水平。同时，应当加强与医疗机构、科研院所、国际卫生组织等的协同合作，建立信息共享机制，及时获取境内外传染病监测动态和研究成果。

【关联规范】

《中华人民共和国国境卫生检疫法》第二十四条、第二十五条；《中华人民共和国生物安全法》第二十四条、第三十一条；《突发公共卫生事件与传染病疫情监测信息报告管理办法》第八条。

> **第四十四条 【联动监测与信息互通共享】** 国家建立跨部门、跨地域的传染病监测信息共享机制,加强卫生健康、疾病预防控制、生态环境、农业农村、海关、市场监督管理、移民管理、林业草原等部门的联动监测和信息共享。
>
> 国家建立临床医疗、疾病预防控制信息的互通共享制度,加强医防协同,推动医疗机构等的信息系统与传染病监测系统互联互通,建立健全传染病诊断、病原体检测数据等的自动获取机制,规范信息共享流程,确保个人信息安全。

【条文主旨】

本条是关于跨部门、跨地域传染病联动监测与信息共享以及医防信息互通共享机制的规定。

【条文释义】

一、跨部门的传染病监测信息共享机制

传染病的发生和传播是一个复杂的链条,涉及病原体、宿主、环境等多个环节,其信息来源分散于卫生、农业、环境、海关等多个部门以及医疗机构和疾控机构之间,如果机构、部门间存在信息壁垒,这些数据则难以实现便捷、标准化的共享,导致限制传染病监测预警的能力,疫情风险评估不全面、防控措施难以精准发挥成效等后果。

根据《关于建立健全智慧化多点触发传染病监测预警体系的指导意见》规定,相关行业部门根据部门职责开展协同监测,及时发现和报告疫情相关异常情况。卫生健康、中医药部门开展医疗卫生机构感染监测;教育部门指导学校和幼儿园开展晨检、因病缺勤登记等健康监测和聚集性疫情监测;民政部门指导民政服务机构开展健康监测和聚集性疫情监测;海关开展入境人员检疫和口岸病媒生物监测;农业农村、林草等部门开展动物源性传染病、野生动物疫源疫病监测;网信、移民管理、生态环境、气象等部门开展网络舆情、出入境人员数量、环境、气象等风险因素监测。根据防控需要,相关行业部门组织开展本行业高风险从业人员、公共服务人员健康监测等工作,各级疾控机构定期开展汇总分析和信息共享。

以布鲁氏菌病这一人兽共患病为例,若农业等相关部门在禽间、畜间开展相关传染病的监测预警并与卫生健康部门共享信息，有助于将预警时机显著提前。布鲁氏菌病是由病畜传染给人，当畜间布鲁氏菌病增加，人间感染发病的风险也会上升。如果能把监测预警关口提前到禽间、畜间疫情阶段，将有足够的时间提前采取干预或预防措施，这会大大地减少相关传染病暴发的风险。[1]

二、跨地域的传染病监测信息共享机制

区域一体化的发展促使不同区域之间的联系日益密切，传染病疫情风险在不同区域之间扩散更为容易，因此，确保监测信息能够不受行政区划限制快速流通，跨地域的传染病监测信息共享成为必要。

根据我国《突发事件应对法》第十八条的规定，突发事件涉及两个以上行政区域的，其应对管理工作由有关行政区域共同的上一级人民政府负责，或者由各有关行政区域的上一级人民政府共同负责。共同负责的人民政府应当按照国家有关规定，建立信息共享和协调配合机制。根据共同应对突发事件的需要，地方人民政府之间可以建立协同应对机制。

三、临床医疗、疾病预防控制信息的互通共享制度

所谓医防协同，既包括医疗机构与疾病预防控制部门的信息、数据协同，也包括防控全过程中卫生健康主管部门、疾病预防控制部门与其他部门的进一步工作协同。在其中，医疗机构要全面落实传染病防控责任，构建覆盖传染病"预防—预警—诊断—救治—随访"全链条的医防融合模式，医疗卫生机构落实传染病防控责任清单，发挥医疗卫生机构公共卫生科室和疾控监督员作用，强化预防为主，防治融合理念，织牢织密公共卫生防护网。根据《全国疾病预防控制行动方案（2024—2025年）》规定，二级及以上医疗机构部署实施国家传染病智能监测预警前置软件，一数一源、一处采集，多级实时共享应用，建立医防协同数据共享模式。

同时，信息共享不能突破隐私和个人信息保护的私法限度，因此，应保证信息收集和共享等处理环节的合法性与正当性，规范突发事件信息的共享范围和内容亦是应急法治的应有之义。信息共享过程中应当遵守我国《民法典》《个人信息保护法》等法律、行政法规的规定，采取措施确保个人信息安全，保护个人隐私，不得过度收集个人信息，相关信息不得用于传染病防治以外的目的。如果有关单位和个人随意向他人泄露个人隐私、个人信息，将可能依照有关个人信息保护的法律、行政法规的规定追究法律责任。

---

[1] 杨维中、兰亚佳、吕炜等：《建立我国传染病智慧化预警多点触发机制和多渠道监测预警机制》，载《中华流行病学杂志》2020年第11期。

【适用指南】

在适用本条规定过程中，要注意以下三个方面：

其一，要明确部门职责与联动机制。各相关部门需明确自身在传染病监测信息共享中的职责与定位。例如，卫生健康主管部门、疾病预防控制部门负责统筹协调传染病监测信息共享工作，制定总体方案和标准规范；疾病预防控制机构承担信息分析、风险评估及技术指导工作；生态环境部门提供环境监测数据，如水质、空气微生物含量等与传染病传播可能相关的环境信息；农业农村部门、林业草原部门监测动物疫病情况，及时发现动物源性传染病风险；海关、移民管理部门掌握出入境人员、货物及交通工具的卫生检疫信息；市场监督管理部门则重点关注食品、药品、医疗器械以及农贸市场等场所的卫生状况和交易数据。各部门需建立定期会商、联合行动机制，确保信息共享的及时性和有效性，避免出现信息孤岛或推诿扯皮现象。

其二，要规范信息共享流程与技术保障。应当建立统一的传染病监测信息共享平台，制定标准化的数据采集、传输、存储和交换格式，确保各部门数据能够无缝对接；加强技术保障，采用数据加密、访问控制、安全审计等技术手段，防止信息泄露、篡改和滥用。同时，建立信息共享的审核机制，确保共享信息的真实性、准确性和完整性；推动医疗机构等的信息系统与传染病监测系统互联互通，建立健全传染病诊断、病原体检测数据等的自动获取机制，减少人工录入环节，提高数据采集效率和准确性。

其三，强化监督管理与责任追究。应当建立健全监督考核机制，对各部门在传染病监测信息共享工作中的履职情况进行定期检查和评估，将信息共享工作纳入部门绩效考核体系。

【关联规范】

《中华人民共和国突发事件应对法》第十八条、第五十九条；《中华人民共和国国境卫生检疫法》第五条；《中华人民共和国民法典》第一百一十一条、第九百九十九条、第一千零三十五条、第一千零三十六条；《中华人民共和国个人信息保护法》第十三条、第六十六条、第六十九条、第七十一条；《关于建立健全智慧化多点触发传染病监测预警体系的指导意见》；《关于推动疾病预防控制事业高质量发展的指导意见》；《全国疾病预防控制行动方案（2024—2025年）》。

> **第四十五条 【传染病疫情责任报告】** 国家建立健全传染病疫情报告制度。
>
> 疾病预防控制机构、医疗机构和采供血机构及其执行职务的人员发现甲类传染病患者、病原携带者、疑似患者或者新发传染病、突发原因不明的传染病,以及其他传染病暴发、流行时,应当于两小时内进行网络直报;发现乙类传染病患者、疑似患者或者国务院疾病预防控制部门规定需要报告的乙类传染病病原携带者时,应当于二十四小时内进行网络直报;发现丙类传染病患者时,应当于二十四小时内进行网络直报。
>
> 中国人民解放军、中国人民武装警察部队的医疗机构向社会公众提供医疗服务的,应当依照前款规定报告传染病疫情。
>
> 传染病疫情报告遵循属地管理原则,具体办法由国务院疾病预防控制部门制定。

【条文主旨】

本条是关于专业机构及其执行职务人员在发现传染病疫情时法定报告义务的规定。

【条文释义】

一、疫情报告制度概述

传染病疫情报告是掌握传染病发生及其动态发展的重要渠道,其及时性与准确性是有关机关正确决策并采取预防控制措施的重要前提。在既往的传染病防治中,有时相关信息不能及时、准确地反馈到决策机关,甚至出现瞒报、谎报、漏报、缓报的情形,导致各级政府及其卫生健康主管部门、疾病预防控制部门不能及时掌握疫情发展动态并作出相应部署,有的甚至错过了采取控制措施的最佳时机。因此,建立起一套完善的传染病疫情报告制度,通过明确各级各类机构的疫情报告责任、报告程序、报告时限等,以保证报告信息的及时准确、报告流程的通畅,这不但有利于跨地域的信息交流,还有助于传染病的协同高效精准防控,进而最大限度地保障公众的生命安全和身体健康。

二、疫情报告主体

首先，本条规定了各级疾病预防控制机构、各类医疗机构和采供血机构为疫情报告主体。疾病预防控制机构，是指从事疾病预防控制活动的疾病预防控制中心以及铁路疾病预防控制机构等与上述机构业务活动相同的单位。医疗机构，是指根据《医疗机构管理条例》取得医疗机构执业许可证，从事疾病诊断、治疗活动的机构，在《医疗机构管理条例实施细则》第三条中对医疗机构的十四种类别加以详细列举。采供血机构，指采集、储存血液，并向临床或血液制品生产单位供血的医疗卫生机构，参照《血站管理办法》与《关于办理非法采供血液等刑事案件具体应用法律若干问题的解释》的规定，应当包括血液中心、中心血站、中心血库、脐带血造血干细胞库和国家卫生健康主管部门根据医学发展需要批准设置的其他类型血库、单采血浆站。

其次，在上述机构中执行职务的人员也是本条规定的责任报告人。这包含一层限定条件，即该执行职务的人员需要在其所在机构中从事疾病预防控制、医疗、采供血工作。根据《传染病信息报告管理规范》要求，在医疗机构中执行首诊医生负责制，负责传染病信息报告管理要求的落实。《突发公共卫生事件与传染病疫情监测信息报告管理办法》规定"乡村医生""个体开业医生"亦为责任疫情报告人，须按照传染病防治法的规定进行疫情报告，履行法律规定的义务。

上述机构及其执行职务的人员常常接触传染病患者或处于传染病疫情的第一线，他们有在第一时间发现某位患者罹患传染病的可能，因此也是监测、预警信息最直接、最准确、最可靠的来源，法律法规赋予其报告义务也属应然之举。

三、疫情报告属地管理原则

疫情报告属地管理原则是一种"发生地管辖"规则，传染病责任报告单位和个人在发现传染病患者后，应按照行政管理区划及时报告。

疾病预防控制机构是按照行政区划设置，一般一个行政区内有一个相应的疾病预防控制机构，承担本行政区内传染病疫情信息的综合管理工作，将来自各方的疫情信息统一收集、分析、调查、核实并进一步报告，这既符合明确责任的需要，也符合科学处置的客观规律。否则，可能会出现疫情信息报告混乱、报告数据不准确等现象，影响有关部门采取有效的决策。同时，属地化报告也有助于地方各级人民政府及其卫生健康主管部门、疾病预防控制部门了解本行政区内传染病的传播情况，以便在预防控制工作中能够快速反应。

四、报告内容、程序、方式

（一）传染病疫情报告情形

本条规定了与传染病有关的三类需要报告的情形：第一，本法第三条规定的甲类传染病、乙类传染病、丙类传染病以及突发原因不明的传染病报告。关于突发原因不明的传染病报告，应关注"突发"与"原因不明"这两个核心概念，所谓"突发"是在没有掌握其发生的前兆因素的情况下突然发生，即在监测系统中并未发现相关因素，或者从相关因素中并没有分析出相应的结果。所谓"原因不明"，指在特定突发阶段原因暂时难以查明，或者由于预防医学、临床医学的局限性，暂时不能完全掌握其内在机理，缺乏相应的防控经验、针对性治疗的药品或预防的疫苗，具有高度不确定性风险。第二，新发传染病报告。只有通过现场流行病学调查、实验室检测等科学方法确定由某种病原体感染才能称之为新发传染病。第三，其他传染病暴发、流行报告。在本法第三条规定的有限列举之外还存在多种传染病，对于这些传染病只有在暴发、流行时才按照规定的程序、方式报告。本法第一百一十三条给出了关于"暴发"和"流行"的含义，判断一个传染病是否"暴发"和"流行"应结合人、时、地等因素综合进行判断。

同时，传染病菌种、毒种丢失属于《突发公共卫生事件应急条例》规定的突发公共卫生事件，在该条例第十九条、第二十条中规定了相应的报告制度。

（二）传染病疫情报告程序和时限

在理解传染病报告程序和时限时应综合本条第二款与《突发公共卫生事件应急条例》《突发公共卫生事件与传染病疫情监测信息报告管理办法》《医疗机构传染病防控责任清单》等规定，甄别不同类别传染病在监测范围、报告时限等方面的区别规定。

针对"甲类传染病患者、病原携带者、疑似患者""突发原因不明的传染病""新发传染病"和"暴发、流行"的其他传染病，责任报告主体在诊断后应于两小时内进行网络直报。同时根据本法第四条采用"乙类甲管"的几类传染病需采取甲类传染病预防、控制措施的，结合本法第四条和《突发公共卫生事件与传染病疫情监测信息报告管理办法》和《传染病信息报告管理规范》的相关规定，应按照甲类传染病的报告范围、程序与时限要求。

针对不属于前项规定的"乙类传染病患者、疑似患者"和"国务院疾病预防控制部门规定需要报告的乙类传染病病原携带者"，责任报告主体在诊断后应于二十四小时内进行网络直报。同时结合《传染病信息报告管理规范》，需报告病原携带者的乙类传染病包含脊髓灰质炎以及国务院疾病预防控制部门另行规定的其他传染病。

针对"丙类传染病患者",责任报告主体在诊断后也应于二十四小时内进行网络直报。

(三) 传染病疫情报告方式

我国于 2004 年建设了一套全国传染病网络直报系统,当前该系统已成为全球规模最大传染病网络直报系统,截至 2024 年该系统已覆盖约 8.4 万家医疗机构和 2.8 万个发热门诊,[1] 该系统的有效运行降低了传染病的漏报,显著提高了传染病报告的及时性。[2]

该条明确规定了"网络直报"为传染病疫情信息报告途径,责任报告人在发现法定传染病病例后,按照规定时限及时填写传染病报告卡,并由相关人员按传染病报告卡及时录入网络直报系统。但如遇极特殊情况,在无网络报告条件时,应结合《突发公共卫生事件与传染病疫情监测信息报告管理办法》第十八条的规定,没有网络报告条件的机构应以最快的通讯方式(电话、传真)向当地县级疾病预防控制机构报告、并按照规定时限寄送出传染病报告卡,县级疾病预防控制机构收到无网络直报条件的责任报告单位报送的传染病报告卡后应于两小时内通过网络进行直报。

五、军队医疗机构的特殊疫情报告义务

首先,从条款表述上,本次修订采用"中国人民解放军、中国人民武装警察部队的医疗机构"替代原法的"军队医疗机构",根据《医疗机构管理条例实施细则》第八十八条第七款规定,"军队的医疗机构:是指中国人民解放军和中国人民武装警察部队编制内的医疗机构",可以看出,尽管条文的表述修改,但并未实质上改变其原本的内涵。

其次,军队的医疗机构只有在"向社会公众提供医疗服务"时才作为本条规定的疫情报告主体。这是因为军队的医疗机构具有军事性和非军事性的双重地位,结合《突发公共卫生事件与传染病疫情监测信息报告管理办法》第十三条的规定来看:第一,军队内的突发公共卫生事件和军人中的传染病疫情监测信息,应按照其独立的报告体系,最终由中央军事委员会负责卫生工作的部门向国务院疾病预防控制部门通报。第二,只有军队的医疗卫生机构向地方的社会公众提供医疗服务,发现本款规定的传染病疫情时才需按照本款规定的程序、方式进行网络直报。

---

[1] 《我国传染病网络直报系统已覆盖约 8.4 万家医疗机构》,载中国政府网,https://www.gov.cn/lianbo/bumen/202407/content_6961797.htm,2025 年 5 月 1 日访问。

[2] 《中国建成全球最大疾病和健康危险因素监测网络》,载《人民日报(海外版)》2022 年 6 月 21 日。

【适用指南】

报告机构未按照规定报告传染病疫情，隐瞒、谎报、缓报、漏报传染病疫情，或者干预传染病疫情报告的相关责任：

其一，关于疾病预防控制机构，由县级以上人民政府疾病预防控制部门责令改正，给予警告或者通报批评，对直接负责的主管人员和其他直接责任人员依法给予处分，并可以由原发证部门依法吊销有关责任人员的执业证书。

其二，关于医疗机构，由县级以上人民政府疾病预防控制部门责令改正，给予警告或者通报批评，可以并处十万元以下罚款；情节严重的，可以由原发证部门或者原备案部门依法吊销医疗机构执业许可证或者责令停止执业活动，对直接负责的主管人员和其他直接责任人员依法给予处分，并可以由原发证部门责令有关责任人员暂停六个月以上一年以下执业活动直至依法吊销执业证书。

其三，关于采供血机构，由县级以上人民政府疾病预防控制部门责令改正，给予警告或者通报批评，可以并处十万元以下罚款；情节严重的，可以由原发证部门依法吊销采供血机构的执业许可证，对直接负责的主管人员和其他直接责任人员依法给予处分，并可以由原发证部门责令有关责任人员暂停六个月以上一年以下执业活动直至依法吊销执业证书。

【关联规范】

《突发公共卫生事件应急条例》第十九条、第二十条；《医疗机构管理条例实施细则》第三条、第八十八条；《血站管理办法》第三条；《突发公共卫生事件与传染病疫情监测信息报告管理办法》第十三条、第十六条、第十八条；《关于办理非法采供血液等刑事案件具体应用法律若干问题的解释》第八条；《传染病信息报告管理规范》。

第四十六条　【传染病疫情报告管理制度】 疾病预防控制机构、医疗机构和采供血机构应当建立健全传染病疫情报告管理制度，加强传染病疫情和相关信息报告的培训、日常管理和质量控制，定期对本机构报告的传染病疫情和相关信息以及报告质量进行分析、汇总和通报。

【条文主旨】

本条是关于建立健全责任报告机构传染病疫情报告管理制度的规定。

【条文释义】

一、建立健全传染病疫情报告管理制度

传染病疫情信息是有关部门作出正确决策，采取有效预防控制措施的重要依据，因此在疾病预防控制机构、医疗机构和采供血机构内部应首先做好传染病疫情信息的管理工作，建立传染病疫情报告管理制度，保证传染病疫情报告的真实、可靠、及时、准确。

疾病预防控制机构在传染病信息报告管理工作中主要负责辖区内的传染病信息报告工作的业务指导和技术支持。主要分为如下几项职责：第一，负责传染病信息报告业务管理、技术培训和工作指导，协助制定并实施相关标准、技术规范和指导方案，建立健全传染病信息报告管理组织和制度；第二，收集、分析、报告和反馈传染病信息，预测重大传染病发生、流行趋势，开展传染病信息报告管理质量评价；第三，动态监视传染病报告信息，对疫情变化态势进行分析，及时分析报告异常情况与相关传染病疫情情况；第四，维护信息报告网络系统，并提供技术支持；第五，备份传染病信息分析相关数据，确保报告数据安全；第六，考核和评估传染病信息报告工作。疾病预防控制机构在传染病疫情报告中违反规定的行为可能会被依据本法第一百零三条由疾病预防控制部门责令改正，给予警告或者通报批评，对直接负责的主管人员和其他直接责任人员依法给予处分，并可能由原发证部门依法吊销有关责任人员的执业证书。

医疗机构在传染病信息报告中执行首诊负责制，依法依规及时报告传染病，负责传染病信息报告管理要求的落实。主要分为如下几项职责：第一，制定传染病报告工作程序，明确各相关科室在传染病信息报告管理工作中的职责；第二，建立健全传染病诊断、登记、报告、培训、质量管理和自查等制度；第三，确立或指定具体部门和专（兼）职人员负责传染病信息报告管理工作，二级及以上医疗机构必须配备两名或以上专（兼）职人员，二级以下医疗机构至少配备一名专（兼）职人员；第四，一级及以上医疗机构应配备传染病信息报告专用计算机和相关网络设备，保障疫情报告及其管理工作；第五，负责对本单位相关医务人员进行传染病诊断标准和信息报告管理技术等内容的培训；第六，负责传染病信息报告的日常管理、审核检查、网络报告（数据交换）和质量控制，定期对本单位报告

的传染病情况及报告质量进行分析汇总和通报，协助疾病预防控制机构开展传染病疫情调查和信息报告质量考核与评估。《突发公共卫生事件与传染病疫情监测信息报告管理办法》第三十八条中规定了对医疗机构未建立传染病疫情报告制度的罚则，而本法作为传染病防治领域的特别法，在第一百零四条对相关法律责任给予了更为细致的规定。

采供血机构负责对献血人员进行登记，并对发现的传染病疫情按照规定的程序、形式与时限进行报告。采供血机构在传染病信息报告中的不当行为可能会依据本法第一百零五条追究相关法律责任。

二、开展传染病疫情和相关信息报告的培训、日常管理和质量控制

为使医疗卫生机构工作人员了解和掌握传染病管理的相关法律法规和规章制度，提高对传染病疫情报告工作重要性的认识，增强工作中的上报意识，疾病预防控制机构、医疗机构和采供血机构应定期开展传染病疫情和相关信息报告的培训，通过培训掌握传染病防治和职业防护的知识，熟悉传染病疫情报告程序及要求，为传染病疫情报告、通报工作奠定良好基础。同时，上级医疗卫生机构在做好机构内部培训的同时，亦应对下级医疗卫生机构工作人员进行业务培训。在形式上，可以采取灵活多样的方式有针对性地开展培训，如科室组织学习和自学、组织专题讲座、办培训班、远程教育等，充分利用互联网、多媒体等现代教育技术手段进行培训。

在日常管理与质量控制上，《传染病信息报告管理规范》对各机构在传染病信息报告管理中的各项工作提出了细节要求，如按照要求规范填写传染病报告卡，根据传染病预防控制需要开展专项调查、报告和监测，报告数据的审核、订正、补报，传染病疫情分析与利用、资料保存、信息系统安全管理、考核与评估等，可以针对各项内容制定检查方法并编制核心检查关键点工作手册，以切实提升医疗卫生管理水平与信息报告质量。同时，各级人民政府卫生健康主管部门、疾病预防控制部门也会对辖区内各级机构负责的传染病疫情监测信息报告情况定期进行监督、检查和指导，充分发挥传染病防治卫生监督在贯彻执行法律法规、规范报告水平、保护公众健康方面的重要作用。

三、定期对传染病疫情和相关信息以及报告质量分析、汇总和通报

有关机构对传染病疫情和相关信息以及报告进行质量分析、汇总与通报，对于维护公共卫生安全具有至关重要的作用。定期的质量分析有助于发现传染病疫情报告中的不足之处，从而为制定有效的防控策略提供可靠依据。同时，通过对相关信息的系统性汇总与通报，提高了信息透明度，为相关机构提供了协同应对疫情的基础。在具体实践上，结合《传染病信息报告

管理规范》，各级疾病预防控制机构应当每日对通过网络报告的传染病疫情进行动态监控；省级及以上疾病预防控制机构须按周、月、年进行动态分析报告，市（地）和县级疾病预防控制机构须按月、年进行传染病疫情分析；二级及以上医疗机构按季、年进行传染病报告的汇总或分析；当有甲类或按照甲类管理及其他重大传染病疫情报告时，随时作出专题分析和报告。同时，各级疾病预防控制机构要及时将疫情分析结果以信息、简报或报告等形式向上级疾病预防控制机构和同级人民政府卫生健康主管部门、疾病预防控制部门报告，并反馈到下一级疾病预防控制机构，县级疾病预防控制机构也应定期将辖区内疫情分析结果反馈到辖区内的医疗机构。

【适用指南】

在适用本条规定的过程中，要注意以下三个方面：

其一，注意制度建设的完整性与合规性。疾病预防控制机构、医疗机构和采供血机构需依据本法等法律法规，结合自身实际工作流程，制定覆盖传染病疫情报告全环节的管理制度，明确从病例发现、登记、审核到上报的具体操作规范，确保制度中包含对不同类型传染病（如甲类、乙类、丙类）的具体报告要求。同时，制度内容需符合国家统一的传染病监测预警体系标准，保证与上级部门及其他机构的工作衔接顺畅，避免出现制度漏洞或与法律法规相抵触的情况。

其二，保持培训、管理与质控的常态化。各机构要将传染病疫情报告的培训纳入年度培训计划，针对不同岗位人员开展分层分类培训。例如，对一线医务人员重点培训传染病诊断标准、病历填写规范及上报流程；对信息管理人员强化数据审核、传输与安全管理培训。在日常管理方面，应当建立专人负责制度，明确各岗位职责，设置疫情报告质量考核指标，如报告及时率、准确率、完整率等，定期对报告质量进行评估。

其三，注意数据分析、汇总与通报的实效性。例如，定期对本机构报告的传染病疫情和相关信息进行深度分析，不仅要统计病例数量、病种分布等基础数据，还要结合时间、地域、人群特征等因素，挖掘疫情传播规律和潜在风险；及时将分析、汇总结果反馈给相关科室和人员，以便采取针对性防控措施。

【关联规范】

《突发公共卫生事件与传染病疫情监测信息报告管理办法》第四条、第八条、第十五条、第三十八条、第三十九条；《传染病信息报告管理规范》。

> **第四十七条 【重点场所和检验检测机构的传染病疫情报告】** 学校、托育机构、养老机构、康复机构、福利机构、未成年人救助保护机构、救助管理机构、体育场馆、监管场所、车站、港口、机场等重点场所发现传染病患者、疑似患者时，应当按照国务院疾病预防控制部门的规定，向所在地疾病预防控制机构报告有关信息。
>
> 检验检测机构等应当按照国务院疾病预防控制部门的规定，向所在地疾病预防控制机构报告与传染病防治有关的信息。

【条文主旨】

本条规定了各类社会性重点场所、检验检测机构的报告义务。

【条文释义】

一、重点场所的传染病疫情报告义务

本条第一款旨在构建并强化非医疗卫生机构在传染病报告体系中的"前哨"作用，旨在利用各重点场所在各自领域内的管理优势和信息便利，及时捕捉疫情苗头，应对特定环境下传染病的潜在风险。

首先，条文所列的各类重点场所，其共同特点是人群高度聚集、流动性强或处于相对封闭状态。例如，养老机构、康复机构等场所的服务对象自身免疫力可能相对较弱，并且常伴有基础疾病，一旦引入传染病病原体，极易导致疾病的快速传播，甚至引发严重的聚集性疫情，并进而演化为重症甚至死亡的风险也更高；学校、托育机构和未成年人救助保护机构是儿童密集场所，易感人群多，呼吸道和肠道传染病极易在其中扩散传播；车站、港口、机场是人员跨区域流动的重要枢纽，在交通工具密闭的环境下的近距离接触，极易导致传染病病毒传播，再由各交通枢纽扩散全球。

其次，传统的传染病疫情报告体系主要依赖疾病预防控制机构、医疗机构等的诊断和报告，具有一定滞后性。许多传染病在感染初期可能症状轻微或不典型，相关患者不一定会立即就医，或者在就医前已在其学校、工作场所传播了传染病疫情。因而，要求这些重点场所在发现传染

病患者、疑似患者时进行报告，这种设计使得传染病疫情信息可以更早地进入公共卫生监测领域，缩短了从出现症状到采取控制措施之间的时间间隔。

因此，本法在第四十条确立了"重点场所应当落实主体责任，加强传染病预防、控制能力建设，在疾病预防控制机构指导下开展传染病预防、控制工作"的同时，本条确立了重点场所的传染病疫情报告义务，将这些场所扩大为传染病疫情报告主体，可以使疾病预防控制机构更早地介入，及时开展流行病学调查、隔离控制、并采取环境消杀等应急处置措施，最大限度地控制疫情于萌芽状态，防止小范围的聚集性疫情发展为更大规模的暴发流行，从而切实保障公众的身体健康和生命安全。

二、检验检测机构的报告义务

本条第二款旨在将检验检测机构正式纳入国家传染病报告体系的信息提供者行列。根据《检验检测机构监督管理办法》第三条规定，检验检测机构是指依法成立，依据相关标准等规定利用仪器设备、环境设施等技术条件和专业技能，对产品或者其他特定对象进行检验检测的专业技术组织。

在现代传染病防控中，实验室检测是疾病诊断、病原体鉴定、溯源调查、监测病原体变异和耐药性、评估疫情趋势以及指导防控策略的关键支撑。立法明确检验检测机构的报告义务，其核心目的在于：检验检测机构具备专业的技术能力和设备资源，通过要求检验检测机构报告阳性结果或发现异常病原体，可以实现更早、更精准的疫情识别。同时，能够为疾病预防控制机构开展流行病学调查提供关键线索和技术支持，有助于快速锁定传染源和传播途径，形成一个更加全面、多维度的疫情信息图谱，提升国家对传染病流行态势的整体把握能力。

【适用指南】

在报告的具体操作规范上，本条将其引致国务院疾病预防控制部门的具体规定，因此在具体适用时应结合届时有效的国务院疾病预防控制部门的相关规定。在报告对象上，本条仍然采用"疫情报告属地管理原则"，需向所在地疾病预防控制机构报告有关信息。在报告时间上，参考我国《突发事件应对法》第六十条、《突发公共卫生事件应急条例》第三十八条、《交通运输突发事件信息报告和处理办法》第七条、《养老机构管理办法》第二十条来看，应立即报送相关信息，以免错过采取最佳控制手段的时机。

在报告义务人方面，结合本法第四十八条规定，任何单位和个人发现传染病患者、疑似患者时均有报告义务，重点场所和检测机构的相关人员均应在发现相关情况时及时报告。例如，在学校和托育机构场景中，学校校长或者托育机构主要领导应是传染病疫情报告的第一责任人，在发现传染病患者、疑似患者时，学校设置的疫情报告人应当立即按照属地原则向所在地疾病预防机构报告相关信息。在救助管理机构场景中，为平等地保护生活无着的流浪乞讨人员，保障其身体健康和生命安全，救助管理机构在发现受助人员有疑似传染病的，还应当及时送往医疗机构或联系医疗急救机构救治、诊断。

【关联规范】

《中华人民共和国突发事件应对法》第六十条；《检验检测机构监督管理办法》第三条；《养老机构管理办法》第二十条；《生活无着的流浪乞讨人员救助管理机构工作规程》第三十五条；《交通运输突发事件信息报告和处理办法》第七条；《传染病信息报告管理规范》；《学校和托幼机构传染病疫情报告工作规范（试行）》。

> 第四十八条 【传染病疫情的社会报告】任何单位和个人发现传染病患者、疑似患者时，应当及时向附近的疾病预防控制机构、医疗机构或者疾病预防控制部门报告。
> 　　疾病预防控制部门应当公布热线电话等，畅通报告途径，确保及时接收、调查和处理相关报告信息。

【条文主旨】

本条是关于社会上任何单位和个人的传染病疫情报告义务的规定。

【条文释义】

一、传染病社会报告制度综述

传染病防治工作是全社会的事情，仅依靠疾病预防控制机构、医疗机构等专业机构有时是远远不够的，最短时间、最大范围地收集传染病疫情信息，是传染病预防控制工作中的关键环节。获取传染病疫情信息主要有两个渠道：第一种途径为以本法第四十五条为核心的"责任疫情报告"，这是一种专业的正式渠道，责任报告人一般具有一定的专业知识水平，其报告作为疫情信息的主要来源，是有关机构作出决策的主要依据。第二种途径为以本法第四十七条和本条为核心的非专业机构的疫情报告，是一种非正式的报告渠道，本法第四十七条是报告人基于其在各自领域内的管理优势所为报告，而本条则是报告人根据其知识水平和判断能力报告疫情，为相关部门提供疫情线索，使相关部门能够及时知情并尽早介入和干预。

明确群众的报告义务是增强群众传染病防治主体意识的重要手段。在传染病防治中，公民拒绝提供信息或提供虚假信息可能会影响有关机关对基本事实的判断，进而影响社会公益，因此公民向有关机关准确传达信息不再仅是其权利，更应是其义务。[1] 因此，本条通过赋予任何单位和个人在发现传染病患者或者疑似患者时及时向附近的疾病预防控制机构、医疗机构或者疾病预防控制部门报告的义务，这不但有利于拓宽信息来源渠道以便及时掌握疫情信息，也有助于民众监督权的行使。一方面疫情信息在层层上报时容易产生失真与丢失现象，另一方面个别部门可能会瞒报、缓报疫情信息，此时公众的参与则是社会权力监督行政权力的重要途径，能有效弥补传统报告制度的不足，及时对传染病疫情状况进行预警，防止传染病的传播和流行。

二、传染病社会报告内容

首先，"任何单位和个人"均可以作为传染病疫情的义务报告主体，即本条的报告义务主要针对非专业机构和人员，系属兜底条款。例如，在个人发现自身或身边的人具有某些传染病典型特征可能罹患某种传染病或单位发现某位员工可能罹患传染病时，法律赋予其报告的义务。

其次，"附近的疾病预防控制机构、医疗机构或者疾病预防控制部门"作为接受报告的主体。"疾病预防控制机构"和"医疗机构""疾病预防控制部门"的含义界定在本法第一百一十三条以及前述讨论中有所提及，在此不做重复解释。同时，在理解"附近的"一词时，应结合我国《突发事件应对法》第六十条第三款中规定的"公民、法人或者其他组织发现发生突发事件，或者发现可能发生突发事件的异常情况，应当立即向所在地人民政府、有关主管部门或者指定的专业机构报告"以及本法相关条文做体系理解，疫情的社会报告也理应遵循属地原则，根据所属行政区划向所在地县级疾病预防机构或者医疗机构报告，以便相关机构在其辖区内迅速采取控制措施。

---

[1] 夏金莱：《应急行政决策中公众参与机制的构建——以突发公共卫生事件应对为例》，载《法商研究》2021年第6期。

三、社会报告中其他主体的作用

疾病预防控制机构、医疗机构和疾病预防控制部门，应当对收到的疫情信息充分重视，主动分析、调查、核实传染病疫情信息，并及时进行网络直报。

同时，疾病预防控制部门应当公布公共卫生相关热线，畅通报告途径，及时接收、调查和处理相关报告信息。本次修改增加了关于应当公布沟通渠道这一规定，在制度层面对义务报告予以便利，使社会报告机制在实践中运作更具有可操作性。

【适用指南】

本条在具体适用时，有关单位和个人向有关机关报告传染病患者或者疑似患者信息无须取得被报告人同意。尽管传染病患者或者疑似患者的相关信息属于个人信息范畴，原则上处理个人信息应当取得个人同意。但根据我国《个人信息保护法》第十三条第一款第三项和第四项的规定，一方面，本条为单位和个人设定了法定义务，处理个人信息为履行法定义务所必需时无须取得个人同意；[①] 另一方面，相关信息系属"为应对突发公共卫生事件，或者紧急情况下为保护自然人的生命健康和财产安全所必需"的信息，据此基于这种法定许可的个人信息报告亦无须取得个人同意。但应注意的是，掌握相关信息的单位和个人不得随意向他人泄露个人隐私、个人信息，否则将可能依照有关法律、行政法规的规定追究法律责任。

同时，任何单位或者个人不得隐瞒信息、阻碍调查，不得干预传染病疫情报告，在相关行为的违法性达到本法第一百一十一条和第一百一十二条的程度时，可能会被追究相关行政责任、刑事责任、民事责任。

【关联规范】

《中华人民共和国生物安全法》第二十九条；《中华人民共和国民法典》第一百一十一条、第九百九十九条、第一千零三十五条、第一千零三十六条；《中华人民共和国个人信息保护法》第十三条、第六十六条、第六十九条、第七十一条；《中华人民共和国突发事件应对法》第六十条。

[①] 郭锋、陈龙业、贾玉慧：《〈个人信息保护法〉具体适用中的若干问题探讨——基于〈民法典〉与〈个人信息保护法〉关联的视角》，载《法律适用》2022年第1期。

> **第四十九条 【传染病疫情信息的处理与上报】**疾病预防控制机构应当设立或者指定专门的部门、人员负责传染病疫情信息管理工作,主动收集、分析、调查、核实传染病疫情信息。
>
> 疾病预防控制机构接到甲类传染病、新发传染病、突发原因不明的传染病报告或者发现传染病暴发、流行时,应当于两小时内完成传染病疫情信息核实以及向同级卫生健康主管部门、疾病预防控制部门和上级疾病预防控制机构报告的工作。疾病预防控制部门接到报告后应当立即报告同级人民政府,同时报告上一级人民政府卫生健康主管部门、疾病预防控制部门和国务院卫生健康主管部门、疾病预防控制部门。

【条文主旨】

本条是关于疾病预防控制机构管理和处理传染病疫情信息,以及疫情信息上报方面的规定。

【条文释义】

一、传染病疫情信息管理工作

(一)传染病疫情信息的管理

本条规定疾病预防控制机构应当"设立或者指定专门的部门、人员负责传染病疫情信息管理工作"。考虑到传染病疫情信息管理工作具有一定的复杂性、技术性,并非简单的情况记录、数据归集和传输,而是需要通过对各个渠道的信息进行筛选判断、归纳分析,并得出有实际价值的初步结论,以助力上层决策与相关措施采取,在这一过程中采用专人管理可以得到更好的传染病信息管理效果。

(二)传染病疫情信息的处理

各级疾病预防控制机构通过主动收集、分析、调查、核实传染病疫情信息,及时掌握本地区重点传染病流行强度、疾病危害程度及病原体变异情况。同时,本条也是对本法第二十五条第一款各级疾病预防控制机构职责的进一步强调和细化。

本条强调疾病预防控制机构的"主动性"。如此规定,主要是考虑到疾病预防控制机构作为传染病监测的主要技术机构，不能只是被动地接受传染病的疫情报告。某些重要信息有时无法通过报告途径及时快速获得，这就有赖于疾病预防控制机构通过多途径、多渠道积极主动收集信息。

在分析报告方面，根据《突发公共卫生事件与传染病疫情监测信息报告管理办法》的规定，疾病预防控制机构负责公共卫生信息网络维护和管理，疫情资料的报告、分析、利用与反馈；建立监测信息数据库，开展技术指导；各级疾病预防控制机构应当充分利用报告的信息资料，建立突发公共卫生事件和传染病疫情定期分析通报制度，常规监测时每月不少于三次疫情分析与通报，紧急情况下需每日进行疫情分析与通报。在《传染病信息报告管理规范》中对分析报告制度进一步细化规定，各级疾病预防控制机构必须每日对通过网络报告的传染病疫情进行动态监控；省级及以上疾病预防控制机构须按周、月、年进行动态分析报告，市（地）和县级疾病预防控制机构须按月、年进行传染病疫情分析；当有甲类或按照甲类管理及其他重大传染病疫情报告时，随时作出专题分析和报告。

在调查核实方面，县级疾病预防控制机构疫情管理人员每日对辖区内报告或数据交换的传染病信息进行审核，对有疑问的报告信息及时反馈报告单位或向报告人核实，对误报、重报信息应及时删除。

各级疾病预防控制机构能够利用其专业判断将各个渠道的信息进行管理、筛选与整合，增强数据的真实性、准确性，从而得出重要的、有价值的信息。疾病预防控制机构若未主动收集传染病疫情信息，或者对传染病疫情信息和疫情报告未及时进行分析、调查、核实的，将根据本法第一百零三条追究法律责任。

二、疾病预防控制机构报告规定

本条是对本法第四十五条、第四十七条、第四十八条各项报告义务的延伸。在疾病预防机构接到"甲类传染病报告（包含按照甲类管理的传染病报告）""新发传染病报告""突发原因不明的传染病报告"和发现"传染病暴发、流行"时，应当及时分析核实，并在两小时内根据属地管理原则向同级卫生健康主管部门、疾病预防控制部门和上级疾病预防控制机构报告。

三、疾病预防控制部门报告规定

同级疾病预防控制部门接到疾病预防控制机构的报告后，应当采取"双报告"的方式上报。结合我国《突发事件应对法》和《突发公共卫生事件应急条例》的相关规定：一方面，同级疾病预防控制部门应当立即报告同级人民政府，收到报告的人民政府应当立即向上一级人民政府报告，必要时可以越级上报，具备条件的，应当进行网络直报或者自动速报。另一方面，接到报告的同级疾病预防控制部门需要立即向上一级人民政府卫生健康主管部门、疾病预防控制部门，并越级向国务院卫生健康主管部门、疾病预防控制部门报告。本条赋予疾病预防控制部门越级报告的权限，是对传统的逐级上报制度的打乱，可以有效避免信息在层层传递时的失真与延迟。

同时，在《突发公共卫生事件应急条例》中也对省级人民政府的报告作出类似规定，省级人民政府在"发生或者发现不明原因的群体性疾病""发生传染病菌种、毒种丢失"时，应当在接到报告一小时内向国务院卫生健康主管部门、疾病预防控制部门报告，国务院卫生健康主管部门、疾病预防控制部门对可能造成重大社会影响的突发事件，应当立即向国务院报告。

【适用指南】

在适用本条规定过程中，要注意疾病预防控制机构应确保疫情信息管理的专业性和稳定性。一方面，需明确设立或指定专门部门、人员负责传染病疫情信息管理工作，所指定人员应具备流行病学、统计学等专业背景，且经过严格的信息管理培训，避免因人员频繁变动或专业能力不足影响工作质量。另一方面，应当规范信息管理流程，从主动收集传染病疫情信息开始，严格遵循科学的分析方法、调查手段和核实标准。例如，在收集医疗机构上报的病例信息后，需通过电话回访、调取病历等方式进行核实，确保信息真实可靠，为后续防控决策提供准确依据。

【关联规范】

《中华人民共和国突发事件应对法》第十七条、第六十一条；《突发公共卫生事件与传染病疫情监测信息报告管理办法》第二十五条、第二十九条；《突发公共卫生事件应急条例》第十九条、第二十条；《传染病信息报告管理规范》。

> **第五十条　【禁止干预、隐瞒、谎报、缓报、漏报传染病疫情报告】** 任何单位或者个人不得干预传染病疫情报告。
> 依照本法规定负有传染病疫情报告职责的人民政府有关部门、疾病预防控制机构、医疗机构、采供血机构及其工作人员，不得隐瞒、谎报、缓报、漏报传染病疫情。

【条文主旨】

本条是关于禁止干预传染病疫情报告，禁止隐瞒、谎报、缓报、漏报传染病疫情的规定。

【条文释义】

一、禁止干预报告制度

本条第一款的立法目的在于维护国家传染病疫情信息报告体系的独立性、真实性和畅通性。在本次修订中新增"任何单位或者个人不得干预"这一禁止性规定，是为了从法律层面构建一道"防火墙"，确保疫情信息能够自下而上、客观真实地传递，不受各种不当因素的干扰、阻碍或歪曲。这是保障传染病防治工作科学有效进行的关键，也是对报告疫情的责任人依法履行职责的法律保障。

"任何单位或者个人"体现了法律的普遍约束力。它不仅指负有报告义务的相关机构及其工作人员，也包括各级人民政府及其部门、企事业单位、社会组织以及任何公民个人。无论是公务员、医生，还是患者本人、家属或其他知情者，都不得实施干预报告的行为。"干预"的核心在于不正当地影响或改变依法应当进行的疫情报告过程，使其无法真实、及时、准确地反映实际情况，具体表现包括但不限于命令或施压阻止报告、篡改或歪曲报告信息、非法截留或压制报告信息等。

二、禁止隐瞒、谎报、缓报、漏报传染病疫情制度

本法第五十七条规定了公布传染病疫情信息时应遵循"及时""准确"的要求。负有传染病疫情报告职责的主体如果为了某种目的和利益对传染病疫情隐瞒、谎报、缓报、漏报，其结果不仅不能反映传染病的真实情况，更会使传染病预防和控制的各项法律制度、措施形同虚设。因此，本条在维护疫情报告管理工作严肃性的同时，也为有关机关采取及时有效的传染病防控措施奠定基础。

首先，在主体上，本条第二款规定的主体既包含按照本法第四十五条规定享有传染病报告义务的主体，也包含负有传染病疫情报告职责的人民政府有关部门。同时，在上述机构中负有传染病疫情报告职责的工作人员也是本条规制的主体，须按照规定进行疫情报告，履行法律规定的义务。传染病疫情通过多种途径得以发现、收集并由上述机构及其工作人员进行汇总上报，这也是监测、预警信息最及时、最准确、最可靠的来源，处于传染病疫情报告信息传递的重要环节，因此，法律禁止其隐瞒、谎报、缓

报、漏报传染病疫情也属应然之举。

其次，在行为内涵上，原法第三十七条中仅规定了"隐瞒""谎报""缓报"这三种情形，但在我国《突发事件应对法》第六十一条中却规定了"迟报""谎报""瞒报""漏报"四种情形，本次修订增加了"漏报"的情形，更好地与有关法律规定衔接，增强立法的系统性、整体性和协同性。

隐瞒传染病疫情，指明知传染病疫情的真实情况，实施隐瞒的行为，故意不按照规定如实报告。谎报传染病疫情，指明知传染病疫情的真实情况，故意编造虚假的情况报告，或者不真实地报告传染病的有关情况，即对疫情发生的时间、地点、严重程度、感染人数等内容故意不如实告知。缓报传染病疫情，指明知规定的传染病疫情报告时限，而故意没有按照规定的时限进行报告，故意拖延了报告的时间。漏报传染病疫情，指不具有主观故意，主要是因为过失对应当上报的疫情发生时间、地点、严重程度、感染人数等内容遗漏未报。上述四种典型违法行为具有三个共同特征：第一，报告义务人的行为违反了传染病疫情报告法律法规和相关制度的规定；第二，报告义务人必须有不符合传染病疫情报告实际要求的行为；第三，报告义务人主观上必须有过错，即有隐瞒、谎报、缓报或者漏报已发生事故情形的故意或过失。同时，结合我国《突发事件应对法》第六十一条"有关单位和人员报送、报告突发事件信息……不得迟报、谎报、瞒报、漏报，不得授意他人迟报、谎报、瞒报……"的规定来看，有关单位和人员也不得为了某种目的和利益，授意他人隐瞒、谎报、缓报、漏报，否则，同样会因此受到处分。

三、违反本条规定的法律后果

对违反本条规定的行为，本法在第一百条至第一百零五条分别规定了"地方各级人民政府""县级以上人民政府卫生健康主管部门、疾病预防控制部门""县级以上人民政府有关部门""疾病预防控制机构""医疗机构""采供血机构"未依法履行传染病疫情报告职责，隐瞒、谎报、缓报、漏报传染病疫情，或者干预传染病疫情报告的法律责任。

同时，相关行为可能被进一步依法追究刑事责任。如果从事传染病防治的卫生健康主管部门、疾病预防控制部门工作人员存在严重不负责任的情形，即在国家对突发传染病疫情等灾害采取预防、控制措施后，隐瞒、缓报、谎报或者授意、指使、强令他人隐瞒、缓报、谎报疫情，造成传染范围扩大的，达到定罪标准时将构成传染病防治失职罪。同时，在疫情防控工作中，负有信息传递等职责的国家机关工作人员，滥用职权或者玩忽职守，致使公共财产、国家和人民利益遭受重大损失的，将依照刑法第三百九十七条的规定以滥用职权罪定罪处罚。

同时，根据我国《突发事件应对法》第九条规定，国家应建立突发事件应对工作投诉、举报制度，公布统一的投诉、举报方式。本法第九十八条规定，任何单位和个人发现违反本法规定的行为有权向县级以上人民政府及其卫生健康主管部门、疾病预防控制部门和有关机关举报，从而最大限度地保障传染病疫情信息的"原始性"和"直达性"，确保能够基于真实数据作出科学的决策，从而有效地防控传染病。

【适用指南】

在某医院未在法定时间内上报乙类传染病被处罚一案中，其《检验科2024年传染病登记本》上记载有43个诊断为"病毒性肝炎"的病例，但现场只能提供13份相关传染病报告卡，同时该院的网络直报系统无法正常使用。在与县疾病预防控制中心对该医院传染病报告工作落实情况核实后，发现该医院本年度未报送过传染病病例。[①] 案例中，该医疗机构并未建立包括报告卡和总登记簿、疫情收报、核对、自查在内的传染病疫情信息监测报告制度，亦未遵循疫情报告属地管理原则进行网络直报，因此对该医疗机构给予了警告、责令立即改正的行政处罚。

【关联规范】

《中华人民共和国突发事件应对法》第七条、第九条、第六十一条、第九十一条；《中华人民共和国刑法》第三百九十七条、第四百零九条；《突发公共卫生事件应急条例》第二十一条、第四十五条；《突发公共卫生事件与传染病疫情监测信息报告管理办法》第七条、第十八条。

第五十一条　【报告奖励和责任豁免】 对及时发现并报告新发传染病、突发原因不明的传染病的单位和个人，按照国家有关规定给予奖励。

对经调查排除传染病疫情的，报告的单位和个人不承担法律责任。

[①] 《某医院未在法定时间内上报乙类传染病被处罚》，载"疏勒县卫生健康委员会"微信公众号，https：//mp.weixin.qq.com/s/mXsceMhgJTrE_EIAq5-27A，2025年5月3日访问。

【条文主旨】

本条是关于传染病疫情报告中单位和个人奖励制度、责任豁免制度的规定。

【条文释义】

一、传染病疫情报告奖励制度

新发传染病、突发原因不明的传染病不同于已知传染病，其病原体、病因和扩散机制尚不清晰，并未被列入常规传染病管理体系，也通常并不存在完善的诊疗方案和应急预案，但其聚集性感染却可能导致严重的公共卫生问题。仅靠有关机构的监测是远远不够的，传染病疫情报告的奖励制度则可以很好地补短板、堵漏洞，在保护个人隐私的前提下，鼓励公众主动报告疫情信息，可以减轻相关部门的调查和处置压力，在传染病疫情来临前做好"最高等级"的准备，以此才能有效减少各种损失，对于提高疫情防控能力具有重要意义。

有关单位和个人在发现突发原因不明的传染病、新发传染病后，应当按照法定的程序和方式报告。结合本法第四十八条，有关单位和个人应当及时向附近的疾病预防控制机构、医疗机构或者疾病预防控制部门报告。如此规定是考虑到不同知识背景的群体对传染病的认知能力和判断能力不同，如果任由有关单位或个人通过非法定渠道随意发布、传播疫情信息，则不但会造成有关群体的个人隐私泄露，同时也可能因误报而造成民众恐慌进而带来不必要的影响。

二、传染病疫情报告责任豁免制度

考虑到传染病判断标准的复杂性，责任报告主体在报告时不可避免地存在误判的可能性，如果一律追究责任可能给相对人或社会造成过度的负担，因此从重大利益保护和维护公民合法权益的角度出发，本次修订新增传染病疫情责任豁免制度，对经调查排除传染病疫情的，不予追究相关单位和个人责任，旨在更好地调动公众参与疫情防控的积极性，消除报告人对于报告失实而被追责的担忧，强化报告人的内生动力，从而有助于快速发现潜在的疫情风险。

在责任豁免时针对报告人的主观目的，本项制度在于发挥公众力量以避免公共利益受损害，因此，对报告人的主观目的不应过分限制，只要其出于维护社会公正或保护公共利益即可。参考《北京市突发公共卫生事件应急条例》等地方性法规的规定，对本条责任豁免的理解应限缩于"非恶意的不实报告"不予追究相关责任，对于恶意地谎报疫情故意扰乱公共秩序等行为仍应追究其相关责任，如此才符合建构本项制度的目的。

【适用指南】

传染病疫情报告奖励制度对于确保报告的真实性进行了相关制度设计。首先，该项制度包含经调查属实这一潜在要求。一方面，要求接到报告的部门应当及时调查、处理，并及时按照本法第四十五条的程序和方式进行网络直报。另一方面，并非所有按照法定程序的报告均给予奖励，只有相关报告经调查属实，相关单位和个人才能享有奖励。其次，面对恶意举报、诬陷他人、不按照法定程序报告等扰乱疫情防控工作秩序的行为，如构成本法第一百一十一条第一款"故意编造、散布虚假传染病疫情信息"的，由县级以上人民政府疾病预防控制部门责令改正，给予警告，对违法的单位可以并处二万元以下罚款，对违法的个人可以并处一千元以下罚款；情节严重的，由原发证部门依法吊销相关许可证或者营业执照。同时，相关行为也可能违反我国《治安管理处罚法》第二十九条中"散布谣言、谎报险情、疫情、灾情、警情或者以其他方法故意扰乱公共秩序的"的规定而被给予"五日以上十日以下拘留，可以并处一千元以下罚款；情节较轻的，处五日以下拘留或者一千元以下罚款"的治安管理处罚。更为严重的，如果相关行为达到了我国《刑法》第二百九十一条之一的"编造、故意传播虚假信息罪"的定罪标准，则可能会被依法追究刑事责任。因此，巨大的违法成本也能进一步遏制"乱报告"行为。

【关联规范】

《中华人民共和国突发事件应对法》第七条、第九十七条；《中华人民共和国治安管理处罚法》第二十九条；《中华人民共和国刑法》第二百九十一条之一、第三百三十条、第四百零九条。

第五十二条 【传染病疫情风险评估制度】 国家建立健全传染病疫情风险评估制度。

疾病预防控制机构应当及时分析传染病和健康危害因素相关信息，评估发生传染病疫情的风险、可能造成的影响以及疫情发展态势。

【条文主旨】

本条是关于疾病预防控制机构的传染病疫情风险评估制度的规定。

【条文释义】

一、传染病疫情风险评估制度的意义

传染病疫情风险评估，是指通过风险识别与分析，对传染病疫情风险及可能造成的影响及态势进行评价的过程。原法中虽然并无"风险评估"这一术语表述，但如原法中各级疾病预防控制机构的职责包括"收集、分析和报告传染病监测信息，预测传染病的发生、流行趋势"，其实质内容已涉风险评估。[1]

疫情风险评估制度的建立，旨在将风险管理的理念贯穿于传染病防治工作的全过程，实现从"被动应对"向"主动预防"的战略转变，疾病预防控制机构作为传染病信息的"枢纽"，通过对各类信息的常态化监测、收集和分析，识别潜在的传染病威胁，预判其发生的可能性、传播的强度、影响的范围和人群，从而为早期预警、提前部署防控资源、制定和调整防控策略提供科学依据。

二、传染病疫情风险评估制度的实施

（一）疾病预防控制机构的核心定位

根据本法第二十五条规定，各级疾病预防控制机构负责"开展对传染病疫情和突发公共卫生事件的流行病学调查、风险评估、现场处理及其效果评价"。根据《传染病疫情风险评估管理办法（试行）》规定，传染病疫情风险评估应当遵循属地管理、多方参与、科学循证、及时高效的原则。因此，各级疾病预防控制机构负责开展本辖区范围内的传染病疫情风险评估工作，应当设置或指定专门部门进行具体实施，通过综合考虑传染病的传播特性、流行趋势、防控措施等因素进行科学评估，对可能造成的影响以及疫情发展态势进行预测，并根据评估结果开展健康风险提示和健康宣教工作。

同时，面对可能导致重大公共卫生风险的特定传染病疫情，疾病预防控制部门会组建由预防医学、临床医学、生物安全、应急管理、传播学、统计学、气象学等学科和专业方向的专家组成的风险评估专家组，对风险开展评估或对疾病预防控制机构提出的风险评估结果进行论证，在这一过

---

[1] 金自宁：《风险评估内在不确定性的法律规制》，载《中国法律评论》2022年第2期。

程中，疾病预防控制机构则负责支持配合本级风险评估专家组开展相关工作。

（二）传染病疫情风险评估种类

传染病疫情风险评估分为日常风险评估和专题风险评估。

日常风险评估，是指对常规监测、部门和国际通报、开源信息主动检索等多渠道信息进行综合分析，识别评价本辖区内可能存在的传染病风险，提出防范化解风险的建议。

专题风险评估，是指根据日常风险评估的建议、工作需要对可能导致重大公共卫生风险的特定传染病疫情开展的评估；或者对特定时期和地区范围的传染病疫情开展的评估；或者对大型活动可能发生的，以及自然灾害和事故灾难次生、衍生的传染病疫情风险开展的评估。

（三）传染病疫情风险评估报告

根据属地原则，各级疾病预防控制机构负责撰写辖区传染病疫情日常风险评估报告，并报送本级疾病预防控制部门和上级疾病预防控制机构。在评估方法上，可结合实际采用德尔菲法、专家访谈、风险矩阵等定性研究方法以及传染病传播动力模型、时间序列模型、故障树分析等定量分析方法。在报送内容上，日常风险评估报告应当包括阶段性疫情概况、风险研判、风险管理建议等内容。专题风险评估报告应包括评估背景、风险问题、评估方法、风险识别、风险分析及依据、风险评价、评估的不确定性、风险管理建议、参与评估专家名单等内容。

同时，根据本法第五十三条规定，各级疾病预防控制机构可根据传染病监测信息和传染病疫情风险评估结果，向社会发布健康风险提示，向同级疾病预防控制部门提出发布预警的建议。

（四）疾病预防控制机构失责的处罚

疾病预防控制机构未依法履行传染病监测、疫情风险评估职责，将根据本法第一百零三条规定，由县级以上人民政府疾病预防控制部门责令改正，给予警告或者通报批评，对直接负责的主管人员和其他直接责任人员依法给予处分，并可以由原发证部门依法吊销有关责任人员的执业证书。

【适用指南】

在适用本法时，应注意以下两点：

第一，各级疾病预防控制机构应定期开展日常风险评估，评估频次可根据疫情发展态势和工作需要动态调整。原则上，国家级和省级疾病预防控制机构每周开展一次日常风险评估，市级和县级疾病预防控制机构每月开展一次日常风险评估。

第二，如果传染病疫情出现跨区域传播扩散时，应由上级疾病预防控制机构开展专题风险评估。对于国外发生可能威胁我国本土公共卫生安全、严重危害我国海外公民健康或需要我国进行紧急卫生援助的疫情，由国家级疾病预防控制机构开展专题风险评估。必要时，有关省份或地市也应当组织开展专题风险评估。[①]

【关联规范】

《中华人民共和国突发事件应对法》第三十二条；《中华人民共和国生物安全法》第十五条；《中华人民共和国基本医疗卫生与健康促进法》第三十五条、第七十一条；《传染病疫情风险评估管理办法（试行）》第二条、第七条至第十四条。

> **第五十三条　【传染病预警制度】** 国家建立健全传染病预警制度。
>
> 疾病预防控制机构根据传染病监测信息和传染病疫情风险评估结果，向社会发布健康风险提示；发现可能发生突发公共卫生事件，经评估认为需要发布预警的，向同级疾病预防控制部门提出发布预警的建议。疾病预防控制部门收到建议后应当及时组织专家进行分析研判，需要发布预警的，由卫生健康主管部门、疾病预防控制部门立即向同级人民政府报告。
>
> 县级以上人民政府依照有关突发公共卫生事件应对的法律、行政法规和国务院规定的权限和程序，决定向社会发布预警。

【条文主旨】

本条是关于国家建立健全传染病预警制度的规定。

---

① 参见《传染病疫情风险评估管理办法（试行）》第十条。

【条文释义】

一、传染病预警制度的意义

传染病预警制度，就是根据对传染病疫情的监测信息，对某种传染病进行分析评估，预测到在某一时期、某一地区可能会发生传染病的暴发和流行，提前向相关部门或社会发出警报，以便及时做好各方面的防范和准备工作。传染病的预警制度是传染病防治体系中承上启下的关键一环，本次修订对其进行了更为完善的规定，明确了疾病预防控制机构、卫生健康主管部门及疾病预防控制部门以及人民政府在预警工作链条中的各自职责和相互关系，强调了科学评估、专家参与和依法决策的原则，其有效运行，将极大提升我国对传染病疫情的早期识别和快速反应能力，是保障人民健康、维护公共卫生安全和社会稳定的重要法律基石。

二、疾病预防控制机构发布健康风险提示

本条第二款前段规定，疾病预防控制机构根据传染病监测信息和传染病疫情风险评估结果，向社会发布健康风险提示。本次修订在传染病正式预警之前增加了"传染病疫情风险提示"制度，要求对当前传染病的主要形势、监测结果与主要应对建议进行提示。相关内容并不具有法律上有强制性的约束力，只是为发挥信息主渠道的作用有效提醒社会，缓解社会紧张，减除谣传的影响，同时还能提高广大群众的疾病预防意识，自觉做好防护，减少疾病的传播。

三、疾病预防控制机构提出发布预警的建议

疾病预防控制机构开展辖区内传染病疫情风险评估工作，在发现可能发生突发公共卫生事件，经评估认为需要发布预警的，应向同级疾病预防控制部门提出发布预警的建议，这一环节是风险评估结果应用和转化为具体防控行动的关键环节。本次修订在原有传染病预警机制的基础上创新性地建立"疾病预防控制机构—疾病预防控制部门—人民政府"的三元预警架构，进一步明确了预警信息发布的流程。

四、疾病预防控制部门组织专家分析研判与报告

疾病预防控制部门在收到疾病预防控制机构提出的发布预警建议后应当及时组织专家进行分析研判。疾病预防控制部门组建由预防医学、临床医学、基础医学、生物安全、应急管理、传播学、信息科学等学科和专业方向的专家组成的专家组，对建议进行分析研判，既要从技术层面考虑疾病控制的需要，又要充分考虑其对社会政治、经济活动、公众心理的影响，必须理论结合实际，做到实事求是，尊重科学，综合判断。如果分析

研判后需要发布预警的，由卫生健康主管部门、疾病预防控制部门立即向同级人民政府报告。

五、县级以上人民政府向社会发布预警

本次修订明确了由县级以上人民政府依照有关突发公共卫生事件应对的法律、行政法规和国务院规定的权限和程序向社会发布预警，在降低了预警主体的行政层级的同时，解决了与《突发事件应对法》等法律规定不统一的问题，有效化解了法律适用上的冲突。

根据我国《突发事件应对法》的规定，公共卫生事件的预警级别，按照突发事件发生的紧急程度、发展态势和可能造成的危害程度分为一级、二级、三级和四级，分别用红色、橙色、黄色和蓝色标示，一级为最高级别。当可以预警的公共卫生事件即将发生或者发生的可能性增大时，县级以上地方人民政府应当发布相应级别的警报，决定并宣布有关地区进入预警期，同时向上一级人民政府报告，必要时可以越级上报；具备条件的，应当进行网络直报或者自动速报；同时，向当地驻军和可能受到危害的毗邻或者相关地区的人民政府通报。

一旦发出传染病预警，必然要采取相应级别的预警响应，动员公共卫生资源，这必然会对社会经济生活产生不同程度的影响。因此，预警信息的确定、发布、相应措施的启动，必须是在综合考虑对政治社会、经济、文化和公众心理影响和疾病控制工作需要等因素的基础上，择机发布或公布。

【适用指南】

在适用本条时应注意衔接本法第四十二条和第五十二条规定，预警以有效监测和评估为基础，疾病预防控制机构通过汇集多渠道监测数据，运用科学的方法和手段，开展日常风险评估，预测传染病的发生发展和流行趋势，制作风险月历和风险地图，开展定期会商和专题风险评估，科学评价风险等级。监测与评估的质量、敏感性、及时性决定了预警的及时性、准确性和有效性。

【关联规范】

《中华人民共和国突发事件应对法》第六十三条、第六十四条、第六十六条、第六十七条；《传染病疫情风险评估管理办法（试行）》第六条、第七条、第十四条。

> **第五十四条 【疾病预防控制部门向疾病预防控制机构和医疗机构的通报义务】** 县级以上地方人民政府疾病预防控制部门应当及时向本行政区域的疾病预防控制机构和医疗机构通报传染病疫情以及监测、预警的相关信息。接到通报的疾病预防控制机构和医疗机构应当及时报告本机构的主要负责人,并告知本机构的有关人员。

【条文主旨】

本条是关于县级以上地方人民政府疾病预防控制部门向有关机构通报传染病疫情相关信息的规定。

【条文释义】

一、通报制度的意义和主要内容

我国行政系统的结构特征使得传染病防治工作具有一定的系统性和复杂性,为了避免掌握疫情信息的主管部门和需要信息的相关机构间沟通不足,《传染病防治法》2004年修订中增加了传染病疫情通报制度,疾病预防控制部门需向本行政区内有关机构通报传染病疫情信息。

同时,需要对"报告""通报""公布"这三个概念予以厘清。"报告",通常指业务部门对主管部门或社会公众对有关部门的一种"由下而上"的信息传递过程,即在发现传染病患者或者疑似患者时及时向有关部门告知。"通报",通常指国家机关或机构之间的信息传递,是信息在不同部门间"传达"的过程,传达传染病疫情情况和监测、预警的相关信息。"公布",通常指向社会大众告知相关信息,属于政府信息公开的内容,是政府对社会、对人民负责的表现。

各疾病预防控制机构和医疗机构有权了解本地区的传染病暴发流行情况,疾病预防控制部门应当建立稳定有效的信息通报渠道,及时通报传染病疫情相关信息,提示疾病预防控制机构和医疗机构提高警惕,在日常工作中特别关注相关征兆,实现"早发现、早报告、早隔离、早治疗"。

二、通报制度的各项要求

县级以上地方人民政府疾病预防控制部门应当依照属地管理原则,及时、透明、准确地向本行政区域内的疾病预防控制机构和医疗机构通报传染病疫情信息。

在通报的信息内容方面，关于传染病疫情以及监测、预警的相关信息的理解，可以参照《突发公共卫生事件与传染病疫情监测信息报告管理办法》第三十二条中的关于通报和发布疫情信息的要求，包括"（一）突发公共卫生事件和传染病疫情性质、原因；（二）突发公共卫生事件和传染病疫情发生地及范围；（三）突发公共卫生事件和传染病疫情的发病、伤亡及涉及的人员范围；（四）突发公共卫生事件和传染病疫情处理措施和控制情况；（五）突发公共卫生事件和传染病疫情发生地的解除"，以及参照《国家突发公共卫生事件相关信息报告管理工作规范（试行）》中关于信息报告内容的规定，如"发生时间、地点、涉及的地域范围、人数、主要症状与体征、可能的原因、已经采取的措施、事件的发展趋势"等事件信息和"发生、发展、控制"等过程信息。

在通报信息的范围上，县级以上地方人民政府疾病预防控制部门不但应通报本行政区内发生的传染病疫情信息，根据《国家突发公共卫生事件应急预案》第四点的规定，事发地之外的地方各级人民政府疾病预防控制部门在接到突发公共卫生事件情况通报后要及时通知相应的医疗卫生机构。因此疾病预防控制部门在接到其他行政区划的传染病疫情通报后应及时通知本行政区内的疾病预防控制机构和医疗机构，以做好应急预案和相关准备工作，并采取必要的预防控制措施，以防止传染病疫情在本行政区域内发生。

同时，接到通报的疾病预防控制机构和医疗机构应当及时报告本机构的主要负责人，并告知本机构的有关人员。由于疾病预防控制机构和医疗机构的工作人员工作在第一线，是防治传染病的主力，他们最应当了解真实、全部的传染病疫情情况。本次修订还增加了"报告本机构的主要负责人"的规定，关于"本机构的主要负责人"的理解，根据《医疗机构管理条例》第十七条规定，医疗机构的主要负责人可以理解为医疗机构执业登记的"主要负责人"。疾病预防控制机构的主要负责人可以理解为各疾病预防控制机构根据《医疗卫生机构信息公开基本目录》披露的负责人，一般为各疾病预防控制中心的主任。

县级以上人民政府疾病预防控制部门未依法履行传染病疫情通报职责时，根据本法第一百零一条规定，由本级人民政府或者上级人民政府卫生健康主管部门、疾病预防控制部门责令改正，通报批评；情节严重的，对负有责任的领导人员和直接责任人员依法给予处分。

【关联规范】

《医疗机构管理条例》第十七条；《突发公共卫生事件与传染病疫情监测信息报告管理办法》第三十二条；《国家突发公共卫生事件相关信息报告管理工作规范（试行）》；《国家突发公共卫生事件应急预案》；《医疗卫生机构信息公开基本目录》。

> **第五十五条 【疾病预防控制部门的相互通报义务】** 国务院疾病预防控制部门应当及时向省级人民政府疾病预防控制部门和中央军事委员会负责卫生工作的部门通报全国传染病疫情以及监测、预警的相关信息。中央军事委员会负责卫生工作的部门发现传染病疫情时，应当向国务院疾病预防控制部门通报。
>
> 毗邻或者相关地区的地方人民政府疾病预防控制部门，应当及时相互通报本行政区域的传染病疫情以及监测、预警的相关信息。

【条文主旨】

本条是关于国务院疾病预防控制部门和省级疾病预防控制部门、中央军事委员会负责卫生工作的部门间，以及毗邻或者相关地区的地方人民政府疾病预防控制部门间的传染病疫情信息通报义务的规定。

【条文释义】

伴随着新时代交通工具的迅猛发展，传染病疫情不再仅局限于某一个地区，在应对这种跨界危机中，传染病疫情信息的相互通报成为防控的重要措施。本条两款共规定了三个传染病疫情信息的通报渠道，即国务院疾病预防控制部门向省级人民政府疾病预防控制部门通报；国务院疾病预防控制部门和中央军事委员会负责卫生工作的部门间的双向通报；毗邻以及相关的地方人民政府疾病预防控制部门间的双向通报。

一、国务院疾病预防控制部门向省级人民政府疾病预防控制部门通报

国务院疾病预防控制部门负责全国范围内的传染病疫情应对工作，最早最全面地掌握全国的传染病疫情信息及有关情况。省级人民政府疾病预防控制部门是各省级行政区域内传染病预防控制领域的负责部门，是处理行政区域内传染病疫情的主体。实践表明，有些传染病，虽然发生初期局限在某一区域，但是由于现代社会人员流动的迅速与频繁，其扩散和蔓延的渠道不断增多，传染病疫情可能在全国范围内不断扩散与传播。因此，需要国务院疾病预防控制部门将掌握的全国传染病疫情信息及时通报给省级人民政府疾病预防控制部门，接到通报的省级人民政府疾病预防控制部门可以根据全国疫情的特点，及时针对本省情况做好应急防控预案，提高警惕，采取有效的预防控制措施，一旦传染病疫情扩散至本行政区域内，不至于措手不及。

二、国务院疾病预防控制部门和中央军事委员会负责卫生工作的部门间的双向通报

国务院疾病预防控制部门负责全国范围内的传染病疫情应对工作，掌握整个国家的传染病疫情的整体情况，这自然包括掌握军队在内的各个部门的传染病疫情情况，军队的传染病防治工作也是我国传染病防治工作的重要组成部分，需依据本法和中央军事委员会的有关规定进行管理。

首先，中央军事委员会负责卫生工作的部门应向国务院疾病预防控制部门通报传染病疫情信息。军队医疗卫生机构是军队实施平时和战时卫生勤务的主要力量，具有军事性和非军事性双重地位，[①] 军队医疗机构不仅向军队人员提供医疗服务，部分也会向社会公众提供医疗服务，因此这一通报渠道又可以划分为两个层次。第一，向社会公众提供服务时发现的传染病疫情信息。军队医疗机构发现传染病疫情，应当按照本法第四十五条第三款的规定，"中国人民解放军、中国人民武装警察部队的医疗机构向社会公众提供医疗服务的，应当依照前款规定报告传染病疫情"，军队医疗机构遵循属地管理原则，按照规定进行网络直报。严格意义讲，这一层次的信息流通属于"疫情信息报告"而并非属于"疫情信息通报"的范畴。第二，向军队人员提供医疗服务时发现的传染病疫情信息。由于军队医疗机构在服务对象、人员资格条件、编制体制、管理方法等方面的特殊性，在发现军队人员的传染病疫情时应按照军队相关规定，在军队系统内部上报，最后由中央军事委员会负责卫生工作的部门向国务院疾病预防控

---

① 潘瑞琦：《军队医疗卫生机构依法参与应对突发公共安全事件研究》，载《法律适用》2021年第7期。

制部门通报传染病疫情信息。

其次，国务院疾病预防控制部门也应向中央军事委员会负责卫生工作的部门通报全国的传染病疫情信息。本项规定属于本次传染病防治法修订中新增的通报义务，重大传染病疫情属于社会无差别性风险，因此提前向军队通报全国传染病疫情以及监测、预警的相关信息，军队部门也能有针对性地作好准备工作。

三、毗邻以及相关的地方人民政府疾病预防控制部门间的双向通报

传染病疫情防治工作还需要毗邻地区之间的相互配合。现代社会中，密集的人口流动与商品贸易极容易引发传染病的扩散，一个地区发生了传染病疫情，对相邻地区有重要影响，因此在传染病疫情防控中需要注重毗邻地区的"联防"制度，强化政府部门的在地协调与异地协作职能，协调行动，共同应对。

地方人民疾病预防控制部门在本行政区划内发现传染病疫情，应及时向毗邻以及可能相关的地方人民政府疾病预防控制部门通报本行政区划的传染病疫情以及监测、预警的相关信息，毗邻及相关地方人民政府疾病预防控制部门可以结合传染病特点，在总结先发的经验教训的基础上制定针对性的传染病防控预案与应急准备工作，避免走弯路，以防在传染病暴发时措手不及。同时，毗邻及相关地区也可以加强对行政区域交界处的疫情防控工作的重视，对本行政区域内的有关人员、相关物资、动物宿主等进行检查，以协助传染病发生地对传染源、扩散途径进行追查和控制。

同时，在我国《突发事件应对法》第六十四条也有向毗邻地区、当地驻军通报的类似规定，"公共卫生事件即将发生或者发生的可能性增大时，县级以上地方人民政府应当根据有关法律、行政法规和国务院规定的权限和程序，发布相应级别的警报……同时向当地驻军和可能受到危害的毗邻或者相关地区的人民政府通报"。

【关联规范】

《中华人民共和国突发事件应对法》第六十四条；《突发公共卫生事件应急条例》第二十三条；《突发公共卫生事件与传染病疫情监测信息报告管理办法》第三十二条。

第三章　监测、报告和预警／175

> **第五十六条　【疾病预防控制部门与有关部门通报与信息共享】** 县级以上人民政府疾病预防控制部门与同级人民政府教育、公安、民政、司法行政、生态环境、农业农村、市场监督管理、林业草原、中医药等部门建立传染病疫情通报机制，及时共享传染病疫情信息。
>
> 传染病暴发、流行时，国务院卫生健康、疾病预防控制、外交、工业和信息化、公安、交通运输、铁路、民用航空、海关、移民管理等部门以及中国人民解放军、中国人民武装警察部队的有关单位和部门等建立工作机制，及时共享传染病疫情信息。

【条文主旨】

本条是关于传染病疫情信息在多部门间通报并建立信息共享机制的规定。

【条文释义】

"条块"结构是我国行政体制的一大特点，各"条"和各"块"的内部体系和建制都比较完善。在处理传染病中，"条"和"块"有机融合、统一协调，发挥各自的优势，对于迅速、高效处理传染病疫情具有重要意义。因此，本法特别规定了疾病预防控制部门与有关部门间的通报机制，及时共享传染病疫情信息。

一、各级人民政府疾病预防控制部门与同级人民政府各部门间的信息通报

本条第一款包含以下两个方面的含义：

第一，各级人民政府疾病预防控制部门向同级人民政府各有关部门通报传染病疫情信息。疾病预防控制部门掌握着本管辖区内的疫情信息，应当将有关情况及时予以通报，使各部门及时掌握疫情动态、提高警惕，并按照传染病防治的要求，做好相应的准备工作，在各自的职责范围内采取相应有效的控制措施。

第二，同级人民政府各有关部门向人民政府疾病预防控制部门通报传染病疫情信息。疾病预防控制部门主管辖区内的传染病的预防与控制工作，其有权了解和掌握所有与传染病有关的信息。由于各部门的工作职能和面对的主要人群不同，获得有关信息的渠道也不尽相同，有时可以监测到大量疾病预防控制部门难以收集完整的信息，因而允许来自有关部门的信息通报，有助于疾病预防控制部门获取更完整的信息。例如，本法第三十四条规定了在人畜共患传染病有关的动物传染病的防治管理工作中农业农村、林业草原、卫生健康、疾病预防控制部门间建立通报机制，以便及时调查、分析、评估，采取进一步的控制措施，从而形成全社会广泛参与、多部门通力协作的传染病防控局面。

二、传染病暴发、流行时，国务院各部门以及部队有关单位和部门间共享传染病疫情信息

信息共享指的是传染病预警信息不应只停留于卫生系统内部，而是应该与不同层次、不同部门交流与共用。国家疾控局在《传染病疫情风险评估管理办法（试行）》第五条中规定"各级疾病预防控制主管部门应与卫生健康、农业农村、林业草原、教育、海关以及交通运输、市场管理、气象等部门建立健全多部门风险评估和会商工作机制，定期分享传染病疫情多渠道监测信息，及时沟通解决传染病疫情风险评估工作中存在的问题"。

应对新型传染病是世界性问题，与海关、外交部门共享信息有助于防止传染病在国家间的传播，提高出入境卫生检疫的效能；与农业、林业、动物疫病防控等多部门在野生动物管控方面可以协调配合；与交通运输、铁路、民用航空等部门共享信息有助于及时开展人员追踪；与市场监管、民政等部门共享信息有助于联动协调疫情防控期间民众的基本生活物资保障；与中国人民解放军、中国人民武装警察部队的有关单位和部门共享信息，有助于军地联防联控机制的建设。

在共享信息内容方面，互通共享的信息内容不仅包括各类传染病疫情、公共卫生事件的具体情况，也应概括性地包含与疫情相关的信息，这对于确保有关部门能够全面掌握相关信息至关重要，从而加强部门联动与协作，齐抓共管、同心协力，共同健全与完善政府主导、多部门合作、全社会参与的传染病防控机制。

【关联规范】

《突发公共卫生事件应急条例》第二十三条；《中华人民共和国传染病防治法实施办法》第四十条；《传染病疫情风险评估管理办法（试行）》第五条。

> **第五十七条　【传染病疫情信息公布制度】** 国家建立健全传染病疫情信息公布制度。
>
> 国务院疾病预防控制部门定期向社会公布全国传染病疫情信息。县级以上地方人民政府疾病预防控制部门定期向社会公布本行政区域的传染病疫情信息。
>
> 传染病暴发、流行时，县级以上地方人民政府疾病预防控制部门应当及时、准确地向社会公布本行政区域传染病名称、流行传播范围以及确诊病例、疑似病例、死亡病例数量等传染病疫情信息。传染病跨省级行政区域暴发、流行时，国务院疾病预防控制部门应当及时、准确地向社会公布上述信息。
>
> 县级以上人民政府疾病预防控制部门发现虚假或者不完整传染病疫情信息的，应当及时发布准确的信息予以澄清。
>
> 传染病疫情信息公布的具体办法由国务院疾病预防控制部门制定。

【条文主旨】

本条是关于建立健全传染病疫情信息公布制度的规定。

【条文释义】

一、建立健全传染病疫情信息公布制度

所谓建立健全疫情信息公布制度，就是将疫情公布内容、公布方式、公布时间等规定进行梳理，并予以制度化、合法化，以规范传染病疫情信息的公布。在本法第五十三条中规定了传染病预警制度，预警制度更多地强调对一种可能趋势的警告，有关部门采取相应级别的预警响应，而公布制度更侧重于已经成为现实的突发公共事件，对信息予以透明化、公开化，二者在概念的内涵上存在差别。

政府应践行政务公开原则。我国《政府信息公开条例》第二十条规定，行政机关应主动公开突发公共事件的应急预案、预警信息及应对情况。保障公众对于疫情发展及管控情况的知情权利，是维护公民基本权利的关键，同时也是公众对疫情状况形成准确认知、增强对防疫措施理解和

支持的重要途径。疾病预防控制部门应以实事求是、科学的态度发布疫情信息，对社会负责、对公众负责。

二、疾病预防控制部门定期向社会公布传染病疫情信息

本条第二款规定了传染病疫情信息的日常公布制度，由国务院疾病预防控制部门负责公布全国的传染病疫情，由县级以上地方人民政府疾病预防控制部门负责公布本行政区域的传染病疫情，本次修订在地方层面增设县级人民政府疾病预防控制部门作为承担疫情信息日常公布义务的主体。该项义务属于疾病预防控制部门的日常职责范畴，无论其管辖区域内是否发生疫情，疫情是否严重，疾病预防控制部门均需定期发布传染病疫情信息，以确保疫情信息处于公开透明的状态，以便广大公众能够充分了解相关信息。

可以参考《卫生部法定传染病疫情和突发公共卫生事件信息发布方案》中对日常公布制度的细化规定，疾病预防控制部门应按照月报、年报的要求定期发布本辖区内法定报告传染病疫情和突发公共卫生事件总体信息。国家卫生健康委员会在其网站的信息公开板块会定期发布全国法定传染病疫情概况，在省级层面，如上海市、浙江省等都会在其卫生健康委员会网站的政府信息公开板块按月披露辖区内传染病疫情状况。

三、疾病预防控制部门传染病暴发流行时向社会公布传染病疫情信息

在信息发布机关上，原法中将有权发布涉疫人员信息的法定机关规定为国务院疾病预防控制部门，并可以由其授权给省级人民政府疾病预防控制部门。本次修订中，将其修改为"县级以上地方人民政府疾病预防控制部门"，理由有三：第一，疫情通常从某个范围较小的疫源地暴发后快速扩散，如果地方政府疾病预防控制部门能在第一时间向社会公布疫情，有助于发挥地方各部门的权力能动空间，因地制宜地采取应急措施以迅速控制疫情；第二，将权力集中于各级政府层面，有利于协调整合多元信息资源，保证应急权力的统一高效运行；第三，与我国《突发事件应对法》中信息公开的权力配置保持一致，解决实践中执法依据的冲突导致信息公开的不作为与滥作为局面。同时，传染病疫情跨行政区域传播时，应遵循"由共同的上级人民政府疾病预防控制部门负责"的逻辑，如在跨省级行政区域暴发、流行时，由国务院疾病预防控制部门负责公布。

在公开的信息内容上，并非政府掌握的所有的传染病相关信息均需对外发布，而是强调，对于传染病疫情出现后的事实性信息，在保护个人隐私的前提下，应当在行政系统内部和外部同步共享。本次修订对信息内容进行了部分列举，如传染病名称、流行传播范围以及确诊病例、疑似病

例、死亡病例数量等。同时，可以参照《突发公共卫生事件与传染病疫情监测信息报告管理办法》第三十二条规定，疫情公布的内容包括：疫情性质、原因、发生地及范围、发病、伤亡及涉及的人员范围、处理措施、控制情况和发生地的接触。公开的传染病疫情信息往往会涉及病人的个人隐私，如医疗信息、活动轨迹等，公民有权知道与其生命健康利益密切相关的疫情信息，但隐私权同样也是人类尊严不可分割的一部分，在公民知情权与个人隐私权冲突的背景下，信息公布行为纵然服务于疫情防控需要，但不能矫枉过正。为此，《突发公共卫生事件与传染病疫情监测信息报告管理办法》第十四条中明确规定，医疗卫生人员不得随意披露传染病患者及其家属的姓名、住址与个人病史。

在信息公布原则上，应满足"及时""准确"的要求。信息公布应尽可能地在传染病暴发流行时为每个个体提供一种相对的确定感，让社会不至于因为恐慌而陷入无序。根据本法第一百零一条规定，县级以上人民政府卫生健康主管部门、疾病预防控制部门，未依法履行传染病疫情通报、报告或者公布职责，隐瞒、谎报、缓报、漏报传染病疫情的，由本级人民政府或者上级人民政府卫生健康主管部门、疾病预防控制部门责令改正，通报批评；情节严重的，对负有责任的领导人员和直接责任人员依法给予处分。

四、疾病预防控制部门的信息澄清义务

为防止虚假疫情信息传播，维护正常经济社会秩序，本条第四款新增县级以上人民政府疾病预防控制部门在应对社会上出现的虚假或不完整传染病疫情信息时应承担澄清义务，其核心在于要求上述部门主动作为，通过及时、准确的信息发布，对不实或片面信息进行纠正和补充，以维护疫情信息的真实性、权威性。

【关联规范】

《中华人民共和国民法典》第一千零三十四条、第一千零三十五条、第一千零三十六条；《中华人民共和国治安管理处罚法》；《中华人民共和国政府信息公开条例》第二十条；《突发公共卫生事件应急条例》第二十五条；《突发公共卫生事件与传染病疫情监测信息报告管理办法》第十四条、第三十二条；《卫生部法定传染病疫情和突发公共卫生事件信息发布方案》。

第四章　疫情控制

第五十八条　【医疗机构、疾病预防控制机构对甲类传染病的控制措施】医疗机构、疾病预防控制机构发现甲类传染病时，应当立即采取下列措施，并向县级以上地方人民政府疾病预防控制部门报告：

（一）对甲类传染病患者、病原携带者，予以隔离治疗、医学观察；

（二）对甲类传染病疑似患者，确诊前单独隔离治疗；

（三）对甲类传染病患者、病原携带者、疑似患者的密切接触者，予以医学观察，并采取其他必要的预防措施。

医疗机构、疾病预防控制机构对甲类传染病患者、病原携带者、疑似患者以及上述人员的密切接触者采取隔离治疗、医学观察措施，应当根据国家有关规定和医学检查结果科学合理确定具体人员范围和期限，并根据情况变化及时调整。采取隔离治疗、医学观察措施，不得超出规定的范围和期限。

医疗机构、疾病预防控制机构应当向甲类传染病患者、病原携带者、疑似患者以及上述人员的密切接触者书面告知诊断或者判定结果和依法应当采取的措施。

甲类传染病患者、病原携带者、疑似患者以及上述人员的密切接触者应当主动接受和配合医学检查、隔离治疗、医学观察等措施。

拒绝隔离治疗、医学观察或者隔离治疗、医学观察的期限未满擅自脱离的，由公安机关协助医疗机构、疾病预防控制机构采取强制隔离治疗、医学观察措施。

【条文主旨】

本条是关于医疗机构和疾病预防控制机构发现甲类传染病时应当采取控制措施的规定。

【条文释义】

一、发现甲类传染病时应当采取的控制措施

本法第三条将传染病分为甲类、乙类和丙类，明确了甲乙丙三类传染病的特征。其中，甲类传染病是指对人体健康和生命安全危害特别严重，可能造成重大经济损失和社会影响，需要特别严格管理、控制疫情蔓延的传染病，包括鼠疫、霍乱。从文义上看，本条虽然表述为医疗机构和疾病预防控制机构"发现甲类传染病"时应当采取何种控制措施，但是，根据本法第四条的规定，本款适用范围还应当包括乙类传染病中的传染性非典型肺炎、炭疽中的肺炭疽以及由国务院卫生健康主管部门报经国务院批准后予以公布的需要采取本法所称甲类传染病预防控制措施的其他乙类传染病和突发原因不明的传染病。

本条第一款规定，医疗机构、疾病预防控制机构发现甲类传染病时，针对下述人群应当立即采取下列控制措施：

其一，对甲类传染病患者、病原携带者，予以隔离治疗、医学观察。隔离治疗是将传染期内的患者、病原携带者安排在不可能传染给他人的环境里进行治疗，以防止病原体播散。[1] 采取隔离治疗措施的对象，既包括甲类传染病患者，也包括甲类传染病病原携带者。根据本法第一百一十三条的定义，病原携带者，是指感染传染病病原体无临床症状但能排出病原体的人。由于甲类传染病具有传染性极强、危害性极大的特点，为了控制其蔓延，对具有传染能力的病原携带者也要采取隔离治疗措施。

其二，对甲类传染病疑似患者，确诊前单独隔离治疗。根据本法第一百一十三条规定，疑似患者，是指根据国务院卫生健康主管部门、疾病预防控制部门发布的传染病诊断标准，[2] 符合疑似患者诊断标准的人。疑似患者在确诊前必须对其实行单独隔离治疗，不能和传染病患者或非传染病

---

[1] 隔离治疗的定义参见中国人大网，https://www.npc.gov.cn/zgrdw/npc/flsyywd/xingzheng/2005-08/05/content_353234.htm，2025 年 7 月 27 日访问。

[2] 参见中国疾病预防控制中心传染病预防控制所网站公布的部分传染病的诊断标准，https://icdc.chinacdc.cn/zcfgybz/，2025 年 5 月 6 日访问。

患者在一起接受治疗。不然，治疗期间有可能被感染上传染病，也可能将传染病传染给他人，不利于对传染病的控制。

其三，对甲类传染病患者、病原携带者、疑似患者的密切接触者予以医学观察，并采取其他必要的预防措施。这里的"密切接触者"是指与甲类传染病患者、病原携带者、疑似患者有过近距离接触但未采取有效防护的人。由于甲类传染病具有极强的传染性，甲类传染病患者、病原携带者、疑似患者的密切接触者有可能成为新的传染病感染者和传染源。因此，必须对密切接触者进行医学观察和采取其他必要的预防措施。医学观察期应当超过传染病的最长潜伏期。观察期内的密切接触者病情符合疑似或确诊诊断标准时，应当采取隔离治疗措施。"采取其他必要的预防措施"是指实行适当的医学干预，如接种疫苗、口服药物等。

二、合理确定隔离治疗、医学观察措施的范围和期限

医疗机构、疾病预防控制机构对甲类传染病患者、病原携带者、疑似患者以及上述人员的密切接触者采取隔离治疗、医学观察措施，一方面要有效控制传染病疫情扩散，另一方面要防止过度防控对个人自由权益造成侵害。不同的传染病，其隔离治疗期不同。本条第二款规定，医疗机构、疾病预防控制机构应当依据国家规定和医学检查结果合理确定隔离治疗、医学观察措施的具体人员范围和期限，不得超出规定范围和期限。同时，应根据情况变化及时调整范围和期限，提高防控措施的适应性和有效性。

三、书面告知患者诊断或判定结果和采取的控制措施

本条第三款规定了医疗机构、疾病预防控制机构对甲类传染病相关人员书面告知义务。一方面，保障了甲类传染病患者、病原携带者、疑似患者以及密切接触者的知情权；另一方面，增强了疫情防控的透明度和公信力。具体而言，书面告知对象包括甲类传染病患者、病原携带者、疑似患者以及密切接触者，告知内容为诊断或判定结果以及依法应当采取的措施。

四、对拒绝隔离治疗、医学观察措施的人采取强制措施

由于甲类传染病和依法采取甲类传染病控制措施的疾病对人体健康和生命安全具有严重危害性，必须严格控制其蔓延。因此，本条第四款规定，甲类传染病患者、病原携带者、疑似患者以及上述人员的密切接触者负有主动接受和配合医学检查、隔离治疗、医学观察等措施的义务。对违反该法定义务的人，本条第五款规定，由公安机关协助医疗机构、疾病预防控制机构采取强制隔离治疗、医学观察措施。

【适用指南】

本条第五款规定的强制隔离治疗、医学观察措施不同于行政强制法中规定的一般行政强制措施。我国《行政强制法》第三条第二款明确规定："发生或者即将发生自然灾害、事故灾难、公共卫生事件或者社会安全事件等突发事件，行政机关采取应急措施或者临时措施，依照有关法律、行政法规的规定执行。"该条把行政强制权分为常态行政强制权和应急行政强制权。公共卫生事件中采取的强制隔离治疗、医学观察措施系行使应急行政强制权，其具体运作并不是以行政强制法为据，而是依据相关专门性立法规定。

本条明确规定了强制隔离治疗、医学观察措施的适用对象、范围、行使主体，但并未进一步规定实施程序。结合本法关于疫情报告、通报的相关规定，应当认为医疗机构或疫情预防控制机构先向同级人民政府卫生健康部门报告，再由该卫生健康部门通知公安机关予以协助。

【关联规范】

《中华人民共和国行政强制法》第三条。

第五十九条 【甲类传染病患者、疑似患者的移交】 医疗机构、疾病预防控制机构接到其他单位和个人报告甲类传染病的，有关甲类传染病患者、疑似患者的移交按照国务院疾病预防控制部门的规定执行。

【条文主旨】

本条是关于移交甲类传染病患者、疑似患者的规定。

【条文释义】

本条系本次修订新增规定，要求有关甲类传染病患者、疑似患者的移交应当由国务院疾病预防控制部门制定相关规定，医疗机构、疾病预防控制机构接到其他单位和个人报告甲类传染病的，按照国务院疾控部门的相关规定执行移交工作。

一方面，本条旨在明确医疗机构、疾病预防控制机构在接到甲类传染病报告时的移交责任与程序，确保患者和疑似患者能够得到及时、有效的专业治疗。甲类传染病具有极强的传染性和致病性，一旦暴发，可在短时间内广泛传播，严重威胁公众生命健康。若患者未被及时移交至具备专业防护和治疗条件的医疗机构，病毒可能在人群中迅速扩散，引发大规模感染。国务院疾控部门制定相关规定，明确医疗机构和疾病预防控制机构接到其他单位和个人报告甲类传染病时的移交流程和各主体责任，避免患者在不同机构间推诿、拖延，保障患者得到及时、有效的治疗。

另一方面，本条明确将移交工作纳入法治轨道，要求按照国务院疾病预防控制部门的规定执行移交工作。国务院疾病预防控制部门对甲类传染病患者、疑似患者的移交制定规范，有助于统一和规范不同地区及不同层级机构间患者移交的标准和程序。移交流程涉及前中后各个环节，需要各单位和人员协调配合，环环相扣。具体而言：在患者转运过程中，需遵循规范的防护流程，为患者和医护人员配备合适的防护用品，选择合适的转运工具和路线；当患者运至定点医疗机构后，转运人员与接收医疗机构的医护人员应进行详细的交接工作，交接内容涵盖患者的基本信息、病情、初步诊断、既往病史、已采取的治疗措施等，确保接收方全面了解患者情况；定点医疗机构接收患者后，立即按照甲类传染病的诊疗规范进行隔离治疗，并及时将患者的治疗情况反馈给当地疾病预防控制部门，疾病预防控制部门则根据患者的治疗进展和病情变化，适时调整防控策略和措施，同时对患者的密切接触者进行追踪和管理。总之，医疗机构和疾病预防控制机构依照国务院疾控部门的相关规定开展移交工作，有助于避免机构在应对甲类传染病时的盲目行动，使各项操作有法可依、有章可循。

在传染病防治法律体系中，本条明确了医疗机构或疾病预防控制机构应按照有关规定执行甲类传染病患者或疑似患者移交工作的法定职责。在司法实践中，若出现医疗机构或疾病预防控制机构未按照规定执行移交工作而导致疫情扩散等情况，本条可作为明确的追责依据。根据本法第一百零三条和第一百零四条的规定，疾病预防控制机构发现传染病疫情或者接到传染病疫情报告时，未依据职责及时采取本法规定的措施的，医疗机构未按照规定承担本机构的传染病预防、控制工作，医疗机构感染控制任务或者责任区域内的传染病预防工作的，由县级以上人民政府疾病预防控制部门给予责令改正、警告、通报批评、罚款等行政处罚。

【适用指南】

在适用本条规定过程中，要注意以下三个方面：

其一，要明确移交规定的适用情形与主体责任。医疗机构、疾病预防控制机构接到其他单位（如学校、企业、社区组织等）和个人报告发现甲类传染病患者或疑似患者时，即触发该移交规定。应当明确医疗机构、疾病预防控制机构作为执行主体，必须严格遵循国务院疾病预防控制部门制定的相关规定开展移交工作。医疗机构负责初步诊断、隔离治疗和病情观察的医务人员，应及时、准确地将患者信息上报机构内部相关部门，并配合后续移交流程；疾病预防控制机构负责疫情信息收集、流行病学调查的工作人员，需与医疗机构密切协作，确保患者移交工作有序进行，避免因职责不清导致移交延误或混乱。

其二，要严格遵循移交流程与规范要求。国务院疾病预防控制部门制定的移交规定包含详细流程与规范，在执行过程中需严格遵守。

其三，要强化监督管理与法律责任落实。为保障甲类传染病患者、疑似患者移交工作的顺利进行，需建立健全监督管理机制。卫生健康行政部门应定期对医疗机构、疾病预防控制机构的移交工作进行检查和督导，查看移交流程是否符合规定、信息记录是否完整准确等。对于违反国务院疾病预防控制部门移交规定的单位和个人，依法追究法律责任。

第六十条　【医疗机构对乙类或丙类传染病的控制措施】 医疗机构发现乙类或者丙类传染病患者时，应当根据病情采取必要的治疗和控制传播措施。

县级以上地方人民政府疾病预防控制部门指定的医疗机构对肺结核患者进行治疗；对具有传染性的肺结核患者进行耐药检查和规范隔离治疗，对其密切接触者进行筛查。基层医疗卫生机构对肺结核患者进行健康管理。具体办法由国务院疾病预防控制部门拟订，报国务院卫生健康主管部门审核、发布。

【条文主旨】

本条是关于医疗机构发现乙类或丙类传染病患者时应当采取的控制措施以及针对肺结核患者采取特殊控制措施的规定。

【条文释义】

一、发现乙类或者丙类传染病患者时应当采取的控制措施

根据本法第三条的规定,乙类传染病,是指对人体健康和生命安全危害严重,可能造成较大经济损失和社会影响,需要严格管理、降低发病率、减少危害的传染病,包括新型冠状病毒感染、传染性非典型肺炎、艾滋病、病毒性肝炎、脊髓灰质炎、人感染新亚型流感、麻疹、流行性出血热、狂犬病、流行性乙型脑炎、登革热、猴痘、炭疽、细菌性和阿米巴性痢疾、肺结核、伤寒和副伤寒、流行性脑脊髓膜炎、百日咳、白喉、新生儿破伤风、猩红热、布鲁氏菌病、淋病、梅毒、钩端螺旋体病、血吸虫病、疟疾。丙类传染病,是指常见多发,对人体健康和生命安全造成危害,可能造成一定程度的经济损失和社会影响,需要关注流行趋势、控制暴发和流行的传染病,包括流行性感冒、流行性腮腺炎、风疹、急性出血性结膜炎、麻风病、流行性和地方性斑疹伤寒、黑热病、包虫病、丝虫病、手足口病、除霍乱、细菌性和阿米巴性痢疾、伤寒和副伤寒以外的感染性腹泻病。

本条第一款总括性地规定了医疗机构针对乙类或者丙类传染病患者,应当根据病情采取必要的治疗和控制传播措施。相对甲类传染病而言,乙类和丙类传染病的传染性较弱、危害性较小,因此本条第一款的适用对象仅限于乙类和丙类传染病患者,不包括疑似患者和密切接触者。

二、针对肺结核患者采取特殊防治措施

本条第二款针对乙类传染病中的肺结核患者的防治措施作出了特别规定。结核病是由结核分枝杆菌感染人体引起的慢性传染病,其中以肺结核为主。[①] 原法将肺结核列为法定乙类传染病之一,但未就肺结核的防治措施作出专门规定,未体现出肺结核防治的特殊性。原卫生部颁布的《结核病防治管理办法》就结核病防治工作作出了专门规定,但在效力位阶上属于部门规章,层级较低。此次修法首次在法律层面设置专门条款规范肺结

---

① 何文英、黄新玲、郑丽英:《结核病感染预防与控制》,华中科技大学出版社 2018 年版,第 39 页。

核防控工作，通过提升结核病防治的效力位阶，可以强化各项措施的贯彻落实。具体而言：

其一，县级以上地方人民政府疾病预防控制部门指定的医疗机构负责对肺结核患者进行治疗；对具有传染性的肺结核患者，应采取耐药检查和隔离治疗措施，并且对其密切接触者进行筛查。根据《结核病防治管理办法》第三十九条规定，传染性肺结核，是指痰涂片检测阳性的肺结核。肺结核分为传染性和非传染性，痰涂片检测阴性的肺结核不具有传染性，而检测呈阳性的肺结核患者具有传染性，在咳嗽、打喷嚏、大笑或大声说话时，喷出的唾液飞沫中含有大量的结核菌，健康人吸入带有结核菌的空气可能会被感染，因此需要对传染性肺结核患者采取隔离治疗措施，以控制其传播蔓延。

其二，基层医疗卫生机构对肺结核患者进行健康管理。基层医疗卫生机构，指乡镇卫生院、村卫生室和城市社区卫生服务机构。健康管理涵盖从预防到患者发现、治疗、疫情报告及监测等一系列流程的管理措施。《结核病防治管理办法》第十条规定："基层医疗卫生机构在结核病防治工作中履行以下职责：（一）负责肺结核患者居家治疗期间的督导管理；（二）负责转诊、追踪肺结核或者疑似肺结核患者及有可疑症状的密切接触者；（三）对辖区内居民开展结核病防治知识宣传。"基层医疗卫生机构违反上述职责的，根据本法第一百零四条的相关规定，可能受到警告、通报批评、罚款等行政处罚。

【适用指南】

在适用本条时，应当注意与其他规范性文件的衔接适用。本条第二款对乙类传染病中的肺结核规定了专门的防治措施，同时还有原卫生部颁布的《结核病防治管理办法》以及地方人大常委会或政府制定的地方性法规和地方性规章等其他规范结核病防治工作的法律文件。在效力位阶上，本法是传染病防治领域的基础性法律，《结核病防治管理办法》等其他规范性文件作为下位法不得同本法规定相抵触；在规范内容上，作为一部综合性法律，本法无法对结核病进行详细规定，《结核病防治管理办法》等其他规范性文件都对结核病防治的政府责任、预防措施、患者管理、疫情处置、法律责任等方面进行了更详细的规定。因此，在落实肺结核防控工作时，对于本条第二款未详细规定的事项，应当适用国务院疾病预防控制部门制定的具体办法。

【关联规范】

《结核病防治管理办法》第八条至第十条、第二十一条、第三十九条。

> **第六十一条 【医疗机构对被病原体污染的物品等实施消毒和无害化处置】** 医疗机构对本机构内被传染病病原体污染的场所、物品以及医疗废物、医疗污水，应当依照有关法律、行政法规的规定实施消毒和无害化处置。

【条文主旨】

本条是关于医疗机构对被传染病病原体污染的场所、物品以及医疗废物、医疗污水进行消毒和无害化处置的规定。

【条文释义】

医疗机构是诊治病人的场所，传染病病人、病原携带者、疑似传染病病人在接受医疗服务过程中，通过接触或者其他方式对医疗机构的场所、设备、物品、器具及废物造成污染，如果不经过消毒和无害化处置，传染病病原体就可能经过被污染的物品进行播散，导致传染病的进一步的扩散、蔓延，给健康人群带来一定的威胁和危害。因此，医疗机构必须按照法律、行政法规的有关规定，对本机构内被传染病病原体污染的场所、物品以及医疗废物实施消毒和无害化处置。消毒是指用物理或化学手段清除或杀灭物体表面或环境中的病原体，使其达到无害化的处理过程。常见的消毒方法包括热力消毒（如煮沸、高压蒸汽灭菌）、化学消毒（如使用含氯消毒剂、酒精等）、物理消毒（如紫外线照射、过滤等）。根据《固体废物污染环境防治法》第四条以及《危险废物贮存污染控制标准》的规定，无害化处置是指对固体废弃物、废水、废气等污染物进行处理，转化为无害或低害的物质，从而降低其对环境和人体健康的危害。常见的无害化处置方法有焚烧、填埋、化学处理、生物处理等。

医疗机构在进行消毒和无害化处置时，需依据相关法律、行政法规开展工作。我国《消毒管理办法》是传染病防治领域关于消毒管理的专门办法，该办法第二章对医疗机构消毒卫生工作进行了具体规范。具体包括：

一是建立健全消毒管理组织和制度。《消毒管理办法》第四条规定："医疗卫生机构应当建立消毒管理组织，制定消毒管理制度，执行国家有关规范、标准和规定，定期开展消毒与灭菌效果检测工作。"二是医疗器械的消毒要求。《消毒管理办法》第六条第一款规定："医疗卫生机构使用的进入人体组织或无菌器官的医疗用品必须达到灭菌要求。各种注射、穿刺、采血器具应当一人一用一灭菌。凡接触皮肤、粘膜的器械和用品必须达到消毒要求。"三是一次性医疗用品的无害化处理。《消毒管理办法》第六条第二款规定："医疗卫生机构使用的一次性使用医疗用品用后应当及时进行无害化处理。"对使用后的一次性医疗用品进行无害化处理，可防止这些物品在后续环节中对环境和人员造成污染和伤害，降低潜在的感染风险。四是环境和物品的消毒及污水污物处理。《消毒管理办法》第八条规定："医疗卫生机构的环境、物品应当符合国家有关规范、标准和规定。排放废弃的污水、污物应当按照国家有关规定进行无害化处理。运送传染病病人及其污染物品的车辆、工具必须随时进行消毒处理。"

此外，有关部门及机构还制定了《消毒技术规范》《医院消毒卫生标准》《医院感染管理办法》《医疗废物管理条例》《医疗废物分类目录》《医疗废物专用包装袋、容器和警示标志标准》等规范和标准，是医疗机构实施消毒和无害化处置的重要依据。例如，《消毒技术规范》详细介绍了各类消毒技术方法及其应用范围，对医院的消毒工作提供了具体的技术指导；《医院消毒卫生标准》对医院各类环境、空气、物体表面、污物、污水等的消毒处理都作出了规定；《医院感染管理办法》涵盖了医院感染管理的各个方面，包括消毒药剂和消毒器械的管理要求；《医疗废物管理条例》规定了医疗废物的分类收集、运送、暂存、处置等环节的具体要求，加大了对医疗废物处置的监管力度；《医疗废物分类目录》将医疗废物分为五类，为医疗机构在收集和处置医疗废物时提供了明确分类标准，有助于提高医疗废物管理的效率和安全性；《医疗废物专用包装袋、容器和警示标志标准》明确了医疗废物专用包装物和容器的材质、规格、警示标识等要求，防止因包装物或容器不合格导致的病原体泄漏和传播。

【关联规范】

《消毒管理办法》第四条、第六条、第八条。

第六十二条 【疾病预防控制机构发现疫情时应采取的控制措施】疾病预防控制机构发现传染病疫情或者接到传染病疫情报告时，应当及时采取下列措施：

（一）对传染病疫情进行流行病学调查，根据调查情况提出对受影响的相关区域的防控建议，对被污染的场所进行卫生处理，判定密切接触者，指导做好对密切接触者的管理，并向疾病预防控制部门提出传染病疫情防控方案；

（二）传染病暴发、流行时，对受影响的相关区域进行卫生处理，向疾病预防控制部门提出传染病疫情防控方案，并按照传染病疫情防控相关要求采取措施；

（三）指导下级疾病预防控制机构、医疗机构实施传染病预防、控制措施，组织、指导有关单位对传染病疫情的处理。

有关单位和个人应当接受和配合疾病预防控制机构开展流行病学调查，如实提供信息。疾病预防控制机构开展流行病学调查，需要有关部门和单位协助的，有关部门和单位应当予以协助。

发生传染病疫情时，疾病预防控制机构和省级以上人民政府疾病预防控制部门指派的其他与传染病有关的专业技术机构，可以进入受影响的相关区域进行调查、采集样本、技术分析和检验检测。被调查单位和个人应当如实提供信息；任何单位或者个人不得隐瞒信息、阻碍调查。

【条文主旨】

本条是关于疾病预防控制机构发现传染病疫情或者接到传染病疫情报告时应采取控制措施的规定。

【条文释义】

一、疾病预防控制机构发现传染病疫情或接到疫情报告时应采取的防治措施

流行病学调查、疫情处理和技术指导工作是疾病预防控制机构的重要

职责。当发现传染病疫情或者接到传染病疫情报告后，按照属地化管理的原则和各级疾病预防控制机构的职责分工，开展上述工作。

其一，流行病学调查。流行病学调查，是指用流行病学的方法进行调查研究，主要用于研究疾病、健康和卫生事件的分布及其决定因素，提出疾病预防控制措施及保健对策。流行病学调查是做好疫情控制工作的基础。根据调查情况，疾病预防控制机构提出对受影响的相关区域的防控建议。

其二，疫情处理。具体工作包括：（1）卫生处理。卫生处理是指消毒、杀虫、灭鼠等卫生措施以及隔离、留验、就地检验等医学措施。（2）判定密切接触者，指导做好对密切接触者的管理。密切接触者是指与传染病病人有过共同生活或工作史，以及其他形式的近距离接触或直接接触者。根据传染病分类管理的要求，对密切接触者在指定场所进行医学观察和采取预防性投药、应急接种相关的预防性生物制品等其他必要的预防措施。（3）疾病预防控制机构应当在及时采取疫情处理措施的同时，向疾病预防控制部门提出疫情防控方案。疫情防控方案应当包括传染病疫情及流行趋势的流行病学分析、传染病疫情的预警分级及是否启动应急工作预案的建议以及传染病疫情控制的具体措施等内容。

其三，技术指导。在发现传染病疫情或者接到传染病疫情报告时，上级疾病预防控制机构应当履行疾病预防控制机构的职责，指导下级疾病预防控制机构实施传染病预防、控制措施，组织、指导有关单位对传染病疫情进行处理。

二、有关单位和个人负有接受和配合调查、如实提供信息的义务

根据本条规定，疾病预防控制机构负有开展流行病学调查的法定职责，必要时有权进行采集样本、技术分析、检验检测等工作，以便查明传染病病原体的类型、传播途径、传播范围等情况。同时，在有些情况下，传染病预防控制工作需要多部门、多机构的参与合作，因此，除疾病预防控制机构以外，根据各地区的不同情况，省级以上人民政府疾病预防控制部门也可以指派其他与传染病有关的专业技术机构，进入受影响的相关区域进行调查、采集样本、技术分析和检验的工作。

本条第二款及第三款规定，有关单位和个人应当接受和配合疾病预防控制机构的上述工作。疾病预防控制机构在开展有关传染病的调查、检验、采集样本等防控工作时，不可避免地需要有关单位和个人提供相关信息，如询问传染病患者、疑似患者、密切接触者的姓名、工作地点、生活轨迹和身体状况等情况，任何单位和个人都必须如实提供信息，不得隐瞒。需要有关部门和单位予以协助的，有关部门和单位应当予以协助。

【适用指南】

根据本条规定，疾病预防控制机构为履行法定职责，可以向有关单位和个人收集信息，任何单位和个人都负有如实提供信息的义务。与此同时，根据本法第一百一十条规定，疾病预防控制机构必须依法履行个人信息保护义务，否则将依照个人信息保护法等法律、行政法规的规定给予处罚。我国《个人信息保护法》第三十五条规定，国家机关为履行法定职责处理个人信息，应当依照法律、行政法规规定的权限、程序进行，不得超出履行法定职责所必需的范围和限度。根据个人信息保护法的相关规定，收集个人信息应坚持必要且最小化原则，采取对个人权益影响最小的方式，限于实现处理目的的最小范围，不得过度收集个人信息。必要且最小化原则，是指个人数据的收集应以实现特定目的的最小必要作为限制，即要求个人数据的使用者在收集相关数据时必须作出合理努力，将个人数据的类型、收集个人数据的频率、数据体量及留存时间限制在合乎特定目的的最小必要范围之内。也有学者提出，考虑到公共卫生应急管理中个人数据收集目的的公益性、后续使用场景的无法预知性以及大数据、人工智能、云计算等数字技术应用的需求，数据最小必要原则的适用不再苛求数据使用者在收集个人数据时严格限制最小必要范围，而是将限制重点转向应急管理中个人数据的利用当中，数据使用者在利用个人数据时应当合理控制隐私风险，使隐私风险降至相应场景中的最小范围。[1] 此外，根据我国《个人信息保护法》第五十一条以及《民法典》第一千零三十九条的规定，承担行政职能的法定机构及工作人员对于履行职责过程中知悉的自然人的隐私和个人信息负有保密义务，不得泄露。如果疾病预防控制机构在履行职责时违反了上述个人信息保护义务，一方面有关单位和个人可以依据行政复议法或行政诉讼法的有关规定提起行政复议或行政诉讼，要求承担相应行政责任；另一方面疾病预防控制机构在履行职责过程中侵犯了单位及个人合法权益的，有关单位和个人可以依法提起民事诉讼要求赔偿。

【关联规范】

《中华人民共和国个人信息保护法》第四条、第六条、第三十五条、第五十一条；《中华人民共和国民法典》第一千零三十九条。

---

[1] 朱静洁、吴大华：《公共卫生智慧应急管理中个人数据收集的现存问题及对策研究》，载《贵州社会科学》2022年第9期。

> **第六十三条　【发生重大传染病疫情时的紧急措施】** 传染病暴发、流行时，县级以上地方人民政府应当立即组织力量，按照传染病预防控制应急预案进行防治，控制传染源，切断传染病的传播途径；发生重大传染病疫情，经评估必要时，可以采取下列紧急措施：
> （一）限制或者停止集市、影剧院演出或者其他人群聚集的活动；
> （二）停工、停业、停课；
> （三）封闭或者封存被传染病病原体污染的公共饮用水源、食品以及相关物品；
> （四）控制或者扑杀、无害化处理染疫动物；
> （五）封闭可能造成传染病扩散的场所；
> （六）防止传染病传播的其他必要措施。
> 县级以上地方人民政府采取前款规定的紧急措施，应当同时向上一级人民政府报告。接到报告的上级人民政府认为采取的紧急措施不适当的，应当立即调整或者撤销。
> 必要时，国务院或者国务院授权的部门可以决定在全国或者部分区域采取本条第一款规定的紧急措施。

【条文主旨】

本条是关于发生重大传染病疫情时采取紧急措施的规定。

【条文释义】

一、紧急措施的实施条件与程序

根据本条规定，县级以上地方人民政府采取紧急措施时，应当遵守下列条件和程序：

其一，时间为发生重大传染病疫情时。依据本法第一百一十三条对相关用语的定义，重大传染病疫情，是指造成或者可能造成公众生命安全和身体健康严重损害的传染病疫情。

其二，经评估后认为有必要采取紧急措施。该条列举的紧急措施涉及对公民人身自由、财产权、经营自主权等基本权利的限制，如非必要，政府不应轻易采取紧急措施。因此，政府在采取紧急措施前，应当先行评估，根据评估结果判断必要性。

其三，同时向上一级人民政府报告。由于紧急措施会影响到正常的社会生活和经济活动，甚至可能造成有关单位和个人财产损失，县级以上地方人民政府采取紧急措施时，应当同时向上一级人民政府报告。另外，本条第二款还特别要求，上级政府在接到下级政府关于采取紧急措施的报告后，认为采取的紧急措施不适当的，应当立即调整或者撤销，以防损害正常社会经济秩序。

二、发生重大传染病疫情时可采取的紧急措施

本条第一款明确列举了发生重大传染病疫情时县级以上人民政府可以采取的紧急措施。

一是限制或者停止集市、影剧院演出或者其他人群聚集的活动。聚集性活动易导致人员密切接触，加速传染病传播。采取此措施可降低人群密集度，防止传染病因人群聚集而大面积扩散，对控制疫情至关重要，是阻断传播途径的有效手段。

二是停工、停业、停课。停工、停业的紧急措施是一定时期内对有关企业经营权和劳动者的劳动权的限制，停课的紧急措施是对受教育权的限制。工作场所、公共场所、学校等是人员密集区域，易引发聚集性感染，停工、停业、停课的紧急措施本质上亦是为了防止因人群聚集而导致传染病的快速传播，最大限度减少人员流动和接触，保护易感人群，为疫情防控创造有利条件。

三是封闭或者封存被传染病病原体污染的公共饮用水源、食品以及相关物品。被污染的饮用水源、食品和物品是传染病传播的重要媒介。及时封闭或封存可有效防止病原体通过这些途径传播，阻断疫情扩散。

四是控制或者扑杀、无害化处理染疫动物。染疫动物是传染病的潜在传染源和传播媒介。控制或扑杀染疫动物并进行无害化处理，能消除动物传播链，防止疫情扩散。该措施涉及对公民财产权的限制，采取该紧急措施时，必须遵循必要性原则。

五是封闭可能造成传染病扩散的场所。这里的"场所"不仅包括公共场所，如医院，也包括某些非公共场所，如实验室等科研机构。及时封闭存在疫情扩散风险的场所能有效隔离传染源，阻断传播途径，控制疫情范围，为疫情防控和后续处置争取时间。

六是防止传染病传播的其他必要措施。该项为兜底条款，授权政府根据疫情形势灵活采取其他必要措施，比如交通管制、应急接种、防疫物资紧急调配等。

【适用指南】

本条规定的紧急措施，属于人民政府依法律的授权，为保护人民的生命和健康，在特定条件下采取的应急措施，其不同于行政强制法规定的行政强制措施。我国《行政强制法》第三条第一款和第二款规定："行政强制的设定和实施，适用本法。发生或者即将发生自然灾害、事故灾难、公共卫生事件或者社会安全事件等突发事件，行政机关采取应急措施或者临时措施，依照有关法律、行政法规的规定执行。"该条把行政强制权清晰地分为常态行政强制权和应急行政强制权。县级以上地方人民政府在传染病暴发、流行时采取的紧急措施，系强制性应急行政措施，不适用行政强制法的规定。

【关联规范】

《中华人民共和国行政强制法》第三条。

> **第六十四条 【对已发生甲类传染病的场所或场所内人员实施隔离措施】** 对已经发生甲类传染病病例的场所或者该场所内的特定区域的人员，所在地县级以上地方人民政府可以实施隔离措施，同时向上一级人民政府报告。接到报告的上级人民政府认为实施的隔离措施不适当的，应当立即调整或者撤销。
>
> 被实施隔离措施的人员应当予以配合；拒绝执行隔离措施的，由公安机关协助疾病预防控制机构采取强制隔离措施。

【条文主旨】

本条是关于对已发生甲类传染病病例的场所及该场所内特定区域的人员实施隔离措施的规定。

【条文释义】

一、实施隔离措施的条件

对已经发生甲类传染病病例的场所及该场所内特定区域的人员实施隔

离措施，是指对该场所进行封闭式管理，严格限制人员出入。根据本条第一款规定，实施隔离措施应符合如下条件：

其一，实施隔离措施的前提条件是发生了甲类传染病病例。根据本法第三条规定，甲类传染病，是指对人体健康和生命安全危害特别严重，可能造成重大经济损失和社会影响，需要特别严格管理、控制疫情蔓延的传染病，包括鼠疫、霍乱。同时，根据本法第四条的规定，本款适用范围还应当包括乙类传染病中的传染性非典型肺炎、炭疽中的肺炭疽以及由国务院卫生健康、疾病预防控制部门报经国务院批准后予以公布的需要采取本法所称甲类传染病预防控制措施的其他乙类传染病和突发原因不明的传染病。本条的"甲类传染病病例"应理解为既包括确诊病例，也包括疑似病例。

其二，实施隔离措施的对象是已发生甲类传染病病例的场所或者该场所内的特定区域的人员。隔离措施可以针对整个场所，也可以仅针对该场所的特定区域的人员。在确定隔离范围时，应当坚持比例原则，在能够有效控制传染病疫情蔓延的前提下，尽量将损害最小化。本款中可以采取隔离措施的"人员"，包括该场所内的甲类传染病确诊患者、疑似患者以及上述人员的密切接触者。

其三，有权实施隔离措施的主体是所在地县级以上地方人民政府。

二、实施隔离措施的程序

隔离措施限制了人身自由，在实施时必须慎重。为了保证实施隔离措施的合理、正当性，需要遵循严格的法定程序。

首先，由于甲类传染病具有传染性极强、危害性极大的特点，所在地县级以上地方人民政府可以先行决定实施隔离措施，而不必等待上级政府的批准。

其次，由于隔离措施对公众利益影响较大，地方人民政府在先行实施隔离措施的同时，必须同时向上一级人民政府报告，说明实施隔离措施的必要性和依据。接到报告的上级人民政府应当迅速评估情况，并即时作出是否批准隔离措施的决定。如果上级人民政府认为实施隔离措施不适当的，应当立即调整或者撤销，尽量减少对公民合法权益的损害。

三、对拒绝执行隔离措施的人员采取强制隔离措施

根据本条第一款规定，被确定需要隔离的人员应当积极配合隔离要求。为了控制传染病疫情蔓延，实现隔离目的，本条第二款赋予了疾病预防控制机构对拒绝执行本条第一款隔离措施的人员实施强制隔离的权力。为了保障强制隔离措施的有效执行，公安机关可予以协助。

【适用指南】

实施隔离措施是在疫情防控的特殊场景下赋予地方政府的应急处置权。隔离措施极大地限制了公民权利，因此在执行过程中，必须严格遵循正当程序原则，保障被隔离人员的合法的权益。具体可包括以下方面：（1）告知权利，提供申诉渠道。向被隔离人员明确告知隔离的原因、法律依据、隔离期限以及他们的权利和义务。为被隔离人员提供申诉渠道，如果他们认为隔离措施不当或有其他合法权益受到侵害，可以提出申诉。（2）及时通知家属。根据我国《行政强制法》第二十条规定，实施行政强制措施后应立即通知当事人家属实施行政强制措施的行政机关、地点和期限。（3）尊重人格尊严。在执行过程中，应尊重被隔离人员的人格尊严，避免任何形式的侮辱或不人道对待。（4）保障基本生活需求。确保被隔离人员在隔离期间的基本生活需求得到满足，包括食物、清洁饮水、适宜的居住条件等。

【关联规范】

《中华人民共和国行政强制法》第二十条。

> **第六十五条 【对新发、突发传染病预先采取甲类传染病防控措施】** 发生新发传染病、突发原因不明的传染病，县级以上地方人民政府经评估认为确有必要的，可以预先采取本法规定的甲类传染病预防、控制措施，同时向上一级人民政府报告。接到报告的上级人民政府认为预先采取的预防、控制措施不适当的，应当立即调整或者撤销。

【条文主旨】

本条是关于发生新发传染病和突发原因不明的传染病时，预先采取甲类传染病防控措施的规定。

【条文释义】

一、对新发传染病、突发原因不明的传染病预先采取防控措施

本条规范的传染病类型是突发原因不明的传染病和新发传染病。突发

原因不明的传染病和新发传染病虽然都具有不确定性，但二者不是并列关系，而是反映了人类对传染病不同发展阶段的认识。在没有确定某种突发传染病是由何种病原体引起之前，都可以统称为突发原因不明的传染病；随着对该突发传染病致病机理的不断明确，若确定为由新型病原体感染引起的疾病便可定性为新发传染病。待其病原体确定之后，根据其致病特性及危险程度的高低，可能归入法定传染病的甲类、乙类或丙类，或者不作为法定传染病管理。①

与法定传染病相比，突发原因不明的传染病和新发传染病由于其病原体、传染力、致病力等尚不明确，触发的时间、条件以及造成的损害后果均难以预测，其发现和防控过程充满了不确定性，因此具有明显的风险属性。但是，与传统风险渐进式转变为危险不同，突发和新发传染病具有突发性和紧急性，其具有转化为甲类或乙类传染病的可能性，因而可以迅速转变为危险，严重危害人们的生命健康或正常的社会秩序。本条规定将政府采取防控措施的时间从认定为法定传染病之后提前至发现突发、新发传染病之时，有学者称之为"即时防控"制度。②

本条规定县级以上地方人民政府在发现突发、新发传染病后，经评估认为确有必要的，可预先采取甲类传染病的预防、控制措施。其一，本条采取的防控措施为甲类传染病的预防、控制措施，即适用本法第五十八条、第六十四条、第六十六条以及第六十八条等相关规定。甲类传染病防控措施是传染病防治体系中最为严厉的防控措施，本条规定地方政府针对突发、新发传染病有权预先采取甲类传染病防控措施，体现了强风险预防原则。其二，预先采取防控措施的前提条件是经评估认为确有必要。由于疫情控制的及时性要求，应确立快速风险评估程序，即在新发传染病疫情暴发早期，利用有限的相关信息，采用简便易行的评估方法对风险的可能性及后果进行快速研判。③ 评估后认为确有必要的，才可以预先采取甲类传染病防控措施。这里的"确有必要"，应当理解为具备引发"对人体健康和生命安全危害特别严重，可能造成重大经济损失和社会影响"后果的可能性。

---

① 刘兰秋：《我国新传染病防控的法治路径研究——基于〈传染病防治法（修订草案）〉的分析》，载《行政法学研究》2024年第4期。

② 李轩：《新发传染病即时防控的理念选择与制度建构》，载《行政法学研究》2023年第6期；赵鹏：《疫情防控中的权力与法律——〈传染病防治法〉适用与检讨的角度》，载《法学》2020年第3期。

③ 李轩：《新发传染病即时防控的理念选择与制度建构》，载《行政法学研究》2023年第6期。

二、预先采取防控措施的程序

首先，由于突发、新发传染病的紧急性，所在地县级以上地方人民政府基于疫情控制的及时性要求，可以预先决定采取防控措施，事后再报告上一级人民政府审查。即本条授予了县级以上地方人民政府针对突发、新发传染病的应急处置权。

其次，本条采取的防控措施是甲类传染病的防控措施，对公众利益影响较大，因此地方人民政府在决定采取防控措施的同时，必须向上一级人民政府报告，说明采取防控措施的必要性和依据。接到报告的上级人民政府应当迅速评估情况，并即时作出是否批准的决定。如果上级人民政府认为预先采取的预防、控制措施不适当的，应当立即调整或者撤销，尽量降低对公民合法权益的损害。

【适用指南】

在适用本条时，应当注意本条适用于突发、新发传染病的早期阶段，其病原体、传染力、致病力等尚不明确。随着对突发、新发传染病暴发、流行和危害程度等信息的明确，经由国务院卫生行政部门或者国务院决定并宣布，突发、新发传染病最终会确定为法定传染病，或者不作为法定传染病管理。《突发公共卫生事件应急条例》第三十条规定，国务院卫生行政主管部门对新发现的突发传染病，根据危害程度、流行强度，依照传染病防治法的规定及时宣布为法定传染病。如果突发、新发传染病被确定为乙类或丙类传染病或者不作为法定传染病管理，地方人民政府应当相应下调或解除防控措施。

【关联规范】

《突发公共卫生事件应急条例》第三十条。

第六十六条 【对受疫情影响的相关区域实施卫生检疫和封锁】因甲类、乙类传染病发生重大传染病疫情时，县级以上地方人民政府报经上一级人民政府决定，可以对进入或者离开本行政区域受影响的相关区域的人员、物资和交通工具实施卫生检疫。

> 因甲类传染病发生重大传染病疫情时，省级人民政府可以决定对本行政区域受影响的相关区域实施封锁；封锁大、中城市或者跨省级行政区域的受影响的相关区域，以及因封锁导致中断干线交通或者封锁国境的，由国务院决定。

【条文主旨】

本条是关于发生重大传染病疫情时对受影响的相关区域实施卫生检疫和封锁的规定。

【条文释义】

一、对进出受疫情影响的相关区域的人员、物资和交通工具实施卫生检疫

本条第一款授权县级以上地方人民政府可以对进入或者离开本行政区域受疫情影响的相关区域的人员、物资和交通工具实施卫生检疫。交通工具包括列车、船舶、航空器和其他车辆。具体而言，实施卫生检疫需要满足如下条件：其一，适用情形是因甲类、乙类传染病发生重大传染病疫情时。重大传染病疫情，是指造成或者可能造成公众生命安全和身体健康严重损害的传染病疫情。其二，实施主体是疫情发生地的县级以上地方人民政府，但有权决定的主体是上一级人民政府。关于国内卫生检疫工作，目前已有的全国层面的规范性文件是 1998 年国务院发布的《国内交通卫生检疫条例》。根据《国内交通卫生检疫条例》第六条规定，对出入检疫传染病疫区的交通工具及其乘运的人员、物资，可采取的交通卫生检疫措施包括：对出入检疫传染病疫区的人员、交通工具及其承运的物资进行查验；对检疫传染病病人、病原携带者、疑似检疫传染病病人和与其密切接触者，实施临时隔离、医学检查及其他应急医学措施；对被检疫传染病病原体污染或者可能被污染的物品，实施控制和卫生处理；对通过该疫区的交通工具及其停靠场所，实施紧急卫生处理；等等。

二、对受疫情影响的相关区域实施封锁

甲类传染病是对人体安全和生命健康危害最严重、对经济和社会影响最重大的传染病，因此本条第二款规定，因甲类传染病发生重大传染病疫情时，省级人民政府可以决定对本行政区域受影响的相关区域实施封锁。

对受疫情影响的相关区域实施封锁可以有效地控制传染病疫情蔓延，但同时较大地限制了公民权利，因此，本条第二款规定实施封锁需满足以下条件：其一，实施封锁的适用情形是因甲类传染病发生重大传染病疫情，其他情形的严重程度不具有实施封锁措施的必要性。其二，本条限制了实施封锁的决策权限，只有省级人民政府有权决定对本行政区域内受影响的相关区域实施封锁措施。而且，对于以下特殊情况，需要由国务院决定是否实施封锁：(1) 封锁的区域是大、中城市或者跨省级行政区域；(2) 封锁措施可能中断重要的交通干线；(3) 涉及封锁国境。

【适用指南】

封锁是一项对公众生活和经济社会秩序影响较大的疫情控制措施，必须保证决策的科学性、合理性、审慎性。本法第十条第三款规定，国家、省级疾病预防控制机构组建疾病预防控制专家委员会，为传染病防治提供咨询、评估、论证等技术支持。在作出封锁决定之前，地方人民政府通常需要经过风险评估、专家咨询、方案制定等程序。在作出封锁决定后，根据本法第六十七条规定，应当及时发布公告，确保信息的透明度和公众的知情权。另外，本法第十七条规定，有多种措施可供选择的，应当选择有利于最大程度保护单位和个人合法权益、减少对生产生活影响的措施，并根据情况变化及时调整。因此，地方政府实施封锁，应遵循比例原则，在保证封锁措施的合目的性的同时，尽量减少对公民权利的限制。实施封锁措施后，需要定期评估疫情变化，根据情况适时调整或解除封锁。

【关联规范】

《国内交通卫生检疫条例》第六条。

第六十七条 【采取疫情防控措施后政府的公告义务和社会保障义务以及用人单位的劳动者保障义务】 依照本法第六十三条至第六十六条规定采取传染病疫情防控措施时，决定采取措施的机关应当向社会发布公告，明确措施的具体内容、实施范围和实施期限，并进行必要的解释说明。相关疫情防控措施的解除，由原决定机关决定并宣布。

> 采取前款规定的措施期间,当地人民政府应当保障食品、饮用水等基本生活必需品的供应,提供基本医疗服务,维护社会稳定;对未成年人、老年人、残疾人、孕产期和哺乳期的妇女以及需要及时救治的伤病人员等群体给予特殊照顾和安排,并确保相关人员获得医疗救治。当地人民政府应当公布求助电话等,畅通求助途径,及时向有需求的人员提供帮助。
>
> 因采取本法第五十八条、第六十三条至第六十六条规定的措施导致劳动者不能工作的,用人单位应当保留其工作,按照规定支付其在此期间的工资、发放生活费。用人单位可以按照规定享受有关帮扶政策。

【条文主旨】

本条是关于采取疫情防控措施后政府的公告义务和社会保障义务以及用人单位的劳动者保障义务的规定。

【条文释义】

一、政府采取疫情防控措施后的公告义务

本条第一款规定,依照本法第六十三条至第六十六条规定采取传染病疫情防控措施时,决定采取措施的机关应当向社会发布公告。本法第六十三条至第六十六条规定的疫情防控措施包括紧急措施、隔离措施、卫生检疫以及封锁措施,这些疫情防控措施对公民权利作出了较大程度的限制。公告的意义在于,一方面保障了公众的知情权,避免因不明确情况而产生不必要的猜测和恐慌;另一方面为社会提供了监督政府执行防控措施的依据,有助于确保防控措施得到有效、正当的执行。公告可以采取在广播、电视中播放,或在报刊、网站上刊登等形式。公告应当明确措施的具体内容、实施范围和实施期限,确保公众能够清楚了解防控措施的细节,便于公众合理安排生活和工作。另外,政府发布公告时,一般应当进行必要的解释说明,如防控措施的背景、依据、预期效果等,以便公众理解措施的必要性和合理性。

政府在采取防控措施后,需要对疫情的发展趋势和控制效果进行动态评估,当确保疫情已经得到有效控制,由原决定机关决定并宣布解除相关疫情防控措施。解除决定应基于科学的流行病学调查和专家意见作出,确

保决策的科学性和合理性。

二、政府采取疫情防控措施期间的社会保障义务

疫情防控期间，政府负有维持社会稳定的职责。本条第二款第一句规定了采取疫情控制措施后政府维护社会运行、保障人民基本生存需要的职责，包括保障食品、饮用水等基本生活必需品的供应，提供基本医疗服务等。我国《突发事件应对法》第七十三条规定："自然灾害、事故灾难或者公共卫生事件发生后，履行统一领导职责的人民政府应当采取下列一项或者多项应急处置措施……（七）保障食品、饮用水、药品、燃料等基本生活必需品的供应；（八）依法从严惩处囤积居奇、哄抬价格、牟取暴利、制假售假等扰乱市场秩序的行为，维护市场秩序；（九）依法从严惩处哄抢财物、干扰破坏应急处置工作等扰乱社会秩序的行为，维护社会治安；（十）开展生态环境应急监测，保护集中式饮用水水源地等环境敏感目标，控制和处置污染物；（十一）采取防止发生次生、衍生事件的必要措施。"另外，本条还强调政府应对未成年人、老年人、残疾人、孕期和哺乳期的妇女以及需要及时救治的伤病人员等弱势群体给予特殊照顾和安排，并确保相关人员获得医疗救治。

为了保障疫情防控期间的个体权益，一方面，本条第二款第一句概括性地规定了采取疫情控制措施后政府维护社会运行、保障人民基本生存需要的义务；另一方面，政府也应当为有需求的人员提供针对性的帮助。因此，本条第二款第二句规定，当地人民政府应当公布求助电话等渠道，畅通求助途径，及时向有需求的人员提供帮助。

三、用人单位的劳动者权益保障义务

本条第三款规定了用人单位的劳动者权益保障义务，因采取本法第五十八条、第六十三条至第六十六条规定的措施导致劳动者不能工作的，用人单位应当保留其工作，按照规定支付其在此期间的工资，发放生活费。在疫情防控的特殊时期，因当地政府采取紧急措施、隔离措施或封锁措施等不可归责于劳动者自身原因的事由，劳动者服从管理、安排，积极配合疫情防控，客观上无法向用人单位提供劳动。在此期间，企业应当依法向劳动者支付工资并发放生活费，保障劳动者权益，这也是企业履行社会责任的应有之义。

同时，本条第三款规定，疫情防控期间履行本条规定的劳动者保障义务的用人单位，可以按照规定享受有关帮扶政策。

【适用指南】

根据本条第三款规定，因采取紧急措施、隔离措施或封锁等疫情防控措施，导致劳动者无法向用人单位提供劳动的，用人单位应当按照规定支付其在此期间的工资。"按照规定"，是指此种情形下的工资支付标准应当按照相关行政法规、部门规章或者地方性法规的规定执行。例如，《工资支付暂行规定》第十二条规定："非因劳动者原因造成单位停工、停产在一个工资支付周期内的，用人单位应按劳动合同规定的标准支付劳动者工资。超过一个工资支付周期的，若劳动者提供了正常劳动，则支付给劳动者的劳动报酬不得低于当地的最低工资标准；若劳动者没有提供正常劳动，应按国家有关规定办理。"因疫情防控措施导致单位停工、停产应属于该条"非因劳动者原因造成单位停工、停产"的情形。需要注意的是，对于停工、停产超过一个工资支付周期，劳动者未提供劳动的情形，《工资支付暂行规定》第十二条并未明确规定工资支付标准，如各省级行政区针对该问题制定地方性法规，则参照地方规定执行。

【关联规范】

《中华人民共和国突发事件应对法》第七十三条；《工资支付暂行规定》第十二条。

> 第六十八条 【发生甲类传染病时的交通卫生检疫】发生甲类传染病时，为了防止该传染病通过交通工具及其乘运的人员、物资传播，省级人民政府可以决定实施交通卫生检疫。具体办法由国务院制定。

【条文主旨】

本条是关于发生甲类传染病时实施交通卫生检疫的规定。

【条文释义】

本条的适用情形是发生甲类传染病。根据本法第三条规定，甲类传染病包括鼠疫、霍乱。同时，根据本法第四条规定，乙类传染病中的传染性非典型肺炎、炭疽中的肺炭疽，以及由国务院卫生健康、疾病预防控制部门报经国务院批准后予以公布、实施的需要采取甲类传染病预防、控制措施的其他乙类传染病和突发原因不明的传染病，也可以适用本条规定。

实施交通卫生检疫，一方面可以有效控制传染病病原体通过交通工具及其承运的人员、物资传播，减少疫情跨区域扩散的风险，另一方面可以为隔离、治疗和疫情监测等其他疫情控制措施提供支持。

本条明确了有权决定实施交通卫生检疫的主体是省级人民政府。交通卫生检疫的主要内容包括对进出相关区域人员在指定场所进行医学检查和观察、对交通工具及物品、病媒生物进行卫生检查和卫生处理，限制相关区域与其他区域的交往等。检疫工作一般分国内卫生检疫和国际卫生检疫。为了保证交通检疫工作的实施，有关单位和个人都必须遵守和接受卫生行政部门按照有关规定作出的检疫处理。

交通卫生检疫工作涉及的具体内容较多，因此本条授权国务院另行制定具体办法，以作为本法的配套法规。目前已有的相关规范性文件是1998年国务院发布的《国内交通卫生检疫条例》。该条例以控制检疫传染病通过交通工具及其乘运的人员、物资传播，防止检疫传染病流行，保障人体健康为宗旨，规定对鼠疫、霍乱和其他经国务院确定并公布的传染病，实行交通卫生检疫。条例对运行中的交通工具进行检疫以及对发现疫情、传染病病人、疑似传染病病人的处理和必要时中断交通等均作了明确规定。该条例的主要内容包括：

一是适用对象。条例适用于出入疫区的交通工具及其乘运的人员、物资。交通工具是指列车、船舶、航空器和其他车辆。

二是管理机构与职责。根据该条例第四条规定，国务院卫生行政部门负责全国的监督管理工作，而县级以上地方政府卫生行政部门则负责本行政区域内的监督管理工作。此外，铁路、交通、民用航空行政主管部门的卫生主管机构根据相关法规和职责划分，负责各自职责范围内的工作。

三是对疫区的检疫措施。该条例第六条列举了对出入疫区的交通工具及其乘运的人员、物资的具体检疫措施，包括对出入检疫传染病疫区的人员、交通工具及其承运的物资进行查验；对检疫传染病病人、病原携带者、疑似检疫传染病病人和与其密切接触者，实施临时隔离、医学检查及其他应急医学措施；对被检疫传染病病原体污染或者可能被污染的物品，实施控制和卫生处理；对通过该疫区的交通工具及其停靠场所，实施紧急卫生处理；等等。

四是对非疫区的检疫措施。该条例第七条规定，对于非检疫传染病疫区的交通工具上发现鼠疫、霍乱疫情或者其他需要实施交通卫生检疫的传染病时，有权机关可以实施交通卫生检疫。

五是发现检疫传染病病人、病原携带者、疑似病人时的临时措施。该条例第八条强调交通工具负责人在发现检疫传染病病人、病原携带者、疑似病人时应采取的临时措施，包括通知前方停靠点，实施隔离，封锁可能污染区域，移交名单给当地卫生行政部门，以及对交通工具和环境实施卫生处理。

六是检疫合格证明。该条例第九条指出，经检疫合格的交通工具及其乘运的人员、物资将获得"检疫合格证明"，并凭此证明通行。

七是强制检疫措施。该条例第十条赋予卫生行政部门或相关部门在必要时采取强制检疫措施的权力，必要时可由当地县级以上人民政府组织公安部门予以协助。

八是疫情报告与通报。该条例第十一条强调疫情发生后，卫生行政部门应向铁路、交通、民用航空行政主管部门的卫生主管机构通报疫情，以便及时通知有关交通工具的营运单位采取措施。

九是法律责任。该条例第十三条、第十四条以及第十五条分别明确了对违反检疫规定的个人、交通工具负责人以及相关负责部门的处罚措施，包括责令改正、警告、罚款乃至追究刑事责任。

【适用指南】

本条第二句系概括参引性条款，即实施交通卫生检疫工作应当按照国务院制定的具体办法。在适用关系上，如果出现本法和《国内交通卫生检疫条例》等国务院制定的配套法规不一致的情形，应当遵循上位法优于下位法的原则，适用本法规定。

【关联规范】

《国内交通卫生检疫条例》第一条至第十六条。

第六十九条　【紧急调集人员、征用物资、要求提供技术支持】 发生重大传染病疫情时，根据传染病疫情防控的需要，国务院及其有关部门有权在全国或者跨省级行政区域范围内，县级以上地方人民政府及其有关部门有权在本行政区域内，紧急调集人员或者调用储备物资，临时征用房屋、交通工具以及相关设施、设备、场地和其他物资，要求有关单位和个人提供技术支持。

紧急调集人员的，应当按照规定给予合理报酬。临时征用

> 房屋、交通工具以及相关设施、设备、场地和其他物资，要求有关单位和个人提供技术支持的，应当依法给予公平、合理的补偿；能返还的，应当及时返还。

【条文主旨】

本条是关于发生重大传染病疫情时，出于疫情防控需要，紧急调集人员、征用物资、要求提供技术支持等事项的规定。

【条文释义】

一、政府紧急调集人员、征用物资、要求提供技术支持的权限

发生重大传染病疫情时，必须采取及时、有力的措施控制疫情的扩散、蔓延。必要时，根据疫情防控的需要，应当动员各方面的力量、资源进行传染病的控制。因此，本条授权政府在相应行政区域内可以紧急调集人员、征用物资，要求有关单位和个人提供技术支持，以便支持疫情防控工作。基于所涉及行政区域范围的差异，国务院及其有关部门有权在全国范围内或者跨省级行政区域内开展上述工作，县级以上地方人民政府及其有关部门可以在本行政区域内开展上述工作。

紧急调集的人员既包括传染病防治的专业人员，如疾病预防控制机构、医疗机构的医疗卫生人员，同时又包括传染病控制所需的其他有关人员，如公安、交通等部门的人员，以及根据情况所需的一切社会力量。调用的储备物资主要指从国家和地方政府的物资储备中调用的相关物资，包括用于传染病防治的药品、器械、用具等。有关单位和个人应当服从国家或者地方政府的调用、调遣决定。根据《传染病防治法实施办法》第七十条的规定，医疗保健人员、卫生防疫人员拒绝执行各级政府卫生行政部门调集其参加控制疫情的决定的，有关单位和负责人员将依法受到行政处分。

临时征用物资是指发生重大传染病疫情时，现有的医疗卫生资源不能满足需要，县级以上人民政府根据疫情控制的需要，有权在社会上临时征用房屋、交通工具以及相关设施、设备、场地等，为控制传染病提供有力的保障。我国《宪法》第十三条规定："公民的合法的私有财产不受侵犯。国家依照法律规定保护公民的私有财产权和继承权。国家为了公共利益的需要，可以依照法律规定对公民的私有财产实行征收或者征用并给予补

偿。"以此宪法规定可知,唯有法律方能赋予行政机关基于公共利益对公民私有财产采取补偿性征收或者征用的职权。我国《民法典》第二百四十五条规定:"因抢险救灾、疫情防控等紧急需要,依照法律规定的权限和程序可以征用组织、个人的不动产或者动产……"据此规定,疫情防控系启动行政征用的前提之一,且行政征用的实施需遵循法定权限和程序。目前,在法律层面上尚未对行政征用的具体程序进行规定。对此,参考上海、天津、武汉等地的相关实施办法,均规定在行政征用时需履行"书面告知+如实登记造册"的程序,如《上海市实施〈中华人民共和国突发事件应对法〉办法》第三十五条规定,征用单位或者个人财产的,应当向被征用财产的单位或者个人发出应急征用凭证,凭证应当载明应急征用的依据、事由、被征用财产的名称及数量、被征用财产者的单位名称或者姓名、实施征用单位的名称及联系方式等要素。

新时代下疫情防控离不开技术手段的支持。疫情防控期间,无论是传染源的筛查、追踪,还是疫情的检测诊断、治疗及防护,都需要药品、医疗、大数据等各方面的技术支撑。因此,在此次修法中,本条新增了政府有权要求有关单位和个人提供技术支持的规定。

二、对调集人员、征用物资、提供技术支持的报酬及补偿

本条第二款规定了对紧急调集人员、征用物资、要求提供技术支持的报酬及补偿,体现了对单位和个人合法权益的保障。具体包括:

一是对紧急调集的人员,应当按照规定给予合理报酬。这充分体现了国家对参与传染病防治工作人员的保障,政府有关部门应当依法出台具体规定。除了给予合理报酬之外,对紧急调集的人员也要给予人身安全、心理健康、劳动权益等各方面保障。

二是对临时征用房屋、交通工具以及相关设施、设备的,应当依法给予合理补偿;能返还的,应当及时返还。关于具体的补偿形式、标准、程序等内容,各地出台了相关实施办法。例如,《武汉市应对突发事件应急征用和补偿实施办法》针对以下方面作了具体规定:(1)补偿原则:补偿应当遵循合法合理、补偿直接损失、补偿实际损失的原则。补偿价值应与被征用物资、场所的使用价值或造成的财产损失、费用开支相当。(2)补偿形式:原则上采用货币补偿,但也可以根据双方约定采用实物补偿等形式,补偿价值应与货币补偿相当。(3)补偿标准:对于宾馆、场馆等场所的征用,应参照市场租赁价格确定补偿金额,不低于成本。对于毁损或灭失的物资,补偿金额应考虑维修费用、财产重置成本、综合成新率、净残值等因素。(4)补偿程序:征用实施单位应在返还物资时书面通知受偿人提交补偿申请所需资料，并明确提交时间和逾期后果。受偿人应在规定时间内提交补偿申请。征用实施单位应在受理补偿申请后 30 个工作日内完成补偿金额核定，并与受偿人协商一致后签订补偿协议。协商不成时，可由指定的中介机构评估。补偿金额确定后，市、区人民政府应在 15 个工作日内向受偿人送达补偿决定书并支付补偿款。

三是要求有关单位和个人提供技术支持的，应当依法给予合理补偿；能返还的，应当及时返还。例如，《武汉市应对突发事件应急征用和补偿实施办法》中规定："受偿人提供专业人员的，按照实际工作时间补偿专业人员的工资和社会保险等费用。补偿的工资费用按照专业人员在其单位工资清单上的实际工资额计算；无固定工资收入的，按照本市上年度城镇单位就业人员平均工资水平计算，不足 1 日按 1 日计算。补偿的社保费用根据社保部门或者税务部门出具的社保缴费明细按日计算，仅补偿单位缴费部分，缴费基数按照对应年度实际申报的缴费基数确定。"

根据《突发事件应对法》第十二条的规定，县级以上人民政府及有关部门不及时归还征用的单位和个人的财产，或者对被征用财产的单位和个人不按照规定给予补偿的，对负有责任的领导人员和直接责任人员依法给予处分。

【关联规范】

《中华人民共和国宪法》第十三条；《中华人民共和国民法典》第二百四十五条；《中华人民共和国突发事件应对法》第十二条；《中华人民共和国传染病防治法实施办法》第七十条。

> **第七十条　【传染病检验检测】** 医疗机构、疾病预防控制机构、检验检测机构应当按照传染病检验检测技术规范和标准开展检验检测活动，加强检验检测质量控制。

【条文主旨】

本条是关于传染病检验检测活动的规定。

【条文释义】

一、相关机构开展检验检测活动应当遵循传染病检验检测技术规范和标准

医疗机构、疾病预防控制机构、检验检测机构在开展传染病检验检测活动时，应当遵循一系列的技术规范和标准，以确保检验检测结果的准确性和可靠性。传染病的检验检测技术规范和标准通常由国家卫生健康委员会、疾病预防控制中心等专业机构制定，并根据最新的科学研究和技术进步不断更新。以下是常见的传染病检验检测技术规范和标准的类型：[1]

1. 样本采集标准：规定了不同类型的传染病需要采集的样本类型（如血液、咽拭子、粪便等），以及样本的采集、储存和运输条件。

2. 实验室生物安全标准：确保实验室在处理传染病样本时，采取适当的生物安全措施，防止病原体泄漏或感染实验室工作人员。

3. 检测方法标准：包括核酸检测、抗原检测、抗体检测等方法的选择和操作步骤，确保检测方法的科学性和准确性。

4. 质量控制标准：实验室应建立质量控制体系，包括使用质控样本、定期参加能力验证等，以保证检测结果的可靠性。

5. 数据分析和结果解释标准：对检测数据进行准确分析，并根据标准对结果进行合理解释，包括阳性、阴性、灰区等结果的判断。

6. 设备和试剂标准：使用经过验证的检测设备和试剂，确保检测工具的性能满足检测要求。

7. 人员资质和培训标准：实验室工作人员应具备相应的专业资质，定期接受培训，以保证检测操作的专业性。

8. 信息记录和报告标准：详细记录检测过程和结果，按照规定格式出具检测报告，确保信息的完整性和可追溯性。

9. 伦理和隐私保护标准：在检测过程中保护受检者的隐私，对检测信息进行保密。

10. 应急检测标准：在传染病暴发或流行期间，制定快速响应的检测流程和标准，以应对突发公共卫生事件。

11. 国际标准：参考世界卫生组织（WHO）等国际组织的标准和指南，确保检测结果的国际可比性。

二、加强检验检测质量控制

加强传染病检验检测质量控制是确保检测结果准确性和可靠性的关键。具体而言，可以采取以下重点措施：[2]

---

[1] 可参阅我国《病原微生物实验室生物安全通用准则》《临床定性免疫检验重要常规项目分析质量要求》《体外诊断检验系统 性能评价方法》《医学实验室 质量和能力的要求》《全国艾滋病检测技术规范》《国境口岸传染病快速检测技术规范》《个人信息保护法》《国家突发公共卫生事件应急预案》以及世界卫生组织《国际卫生条例（2005）》等。

[2] 可参阅《医学实验室 质量和能力的要求 第1部分：通用要求》，这是覆盖传染病检验检测质量控制核心措施的核心国家标准。

1. 建立标准操作程序（SOP）：制定详细的实验室操作规程，包括样本采集、处理、储存、检测等各个环节。

2. 使用合格的检测试剂和设备：确保所有使用的检测试剂和设备都经过验证，具有良好的性能和准确性。

3. 实验室资质认证：通过国家或国际认证机构的认证，如 ISO15189 等，以证明实验室的检测能力。

4. 人员培训和资质：检验检测机构应确保其人员具备相关的专业知识和技能，并定期进行培训，以保持其技术能力和业务水平。

5. 内部质量控制（IQC）：定期使用质控样本来监控检测过程的精密度和准确度，确保检测结果的稳定性。

6. 外部质量评估（EQA）：实验室应制定相应的政策和措施，有计划地参加外部质量控制活动，包括国内外实验室认可机构组织的能力验证活动，实验室主管机构组织的比对活动，国际、国内同行的实验室比对试验等。

7. 样本管理：确保样本从采集到分析的整个过程中都得到适当的处理和储存，避免污染和变质。

8. 数据管理和记录：建立严格的数据管理和记录系统，确保所有检测数据的准确性和可追溯性。

9. 使用统计学方法：应用适当的统计学方法来评估检测结果的一致性和可靠性。

10. 建立质量管理体系：建立全面的质量管理体系，包括质量方针、目标、责任、流程和资源。根据本法第二十五条规定，国家、省级疾病预防控制机构负责建立检验检测质量控制体系，开展基础性研究、应用性研究、卫生评价以及标准规范制定。

另外，国家市场监督管理总局制定了《检验检测机构监督管理办法》，对于检验检测机构的工作要求、监督管理、法律责任等作出了相关规定，为加强检验检测质量控制提供了法律保障。具体包括：检验检测机构及其人员应当独立于报告所涉及的利益相关方，不受任何可能干扰其技术判断的因素影响，保证其出具的检验检测报告真实、客观、准确、完整，并且。此外，检验检测机构及其人员还应当对其出具的检验检测报告负责，不得出具不实或虚假的检验检测报告，否则应依法承担相应的民事、行政和刑事法律责任。在监督管理方面，市场监督管理部门负责检验检测机构的监督检查工作，确保机构符合国家有关强制性规定，包括样品管理、仪器设备管理与使用、检验检测规程或方法、数据传输与保存等要求。检验检测机构需要对其原始记录和报告进行归档留存，保存期限不少于 6 年。

【关联规范】

《检验检测机构监督管理办法》第五条、第六条、第十二条至第十四条。

第七十一条　【传染病患者尸体处理和解剖查验】 患甲类传染病、炭疽死亡的，应当将其尸体立即进行卫生处理，就近火化；患其他传染病死亡的，必要时应当将其尸体进行卫生处理后火化或者按照规定深埋。对尸体进行火化或者深埋应当及时告知死者家属。

为了查找传染病病因，医疗机构在必要时可以按照国务院卫生健康主管部门、疾病预防控制部门的规定，对传染病患者尸体或者疑似传染病患者尸体进行解剖查验，并应当及时告知死者家属。对尸体进行解剖查验应当在符合生物安全条件的场所进行。

【条文主旨】

本条是对因传染病而死亡的患者的尸体处理和尸体解剖查验的规定。

【条文释义】

一、对传染病患者的尸体处理

鼠疫、霍乱作为甲类传染病，以及炭疽作为乙类传染病，均具有高度传染性。死亡患者的遗体可能携带大量病原体，若未经妥善处理，容易造成病原体的扩散，引起传染病的传播。因此，为了彻底消除遗体表面及内部携带的病原体，尸体消毒和就地火化是必要措施。基于此，本条明确要求对因上述三类疾病致死的患者尸体应当立即进行卫生处理，就近火化。另外，《传染病防治法实施办法》第五十五条第二款进一步规定了"患病毒性肝炎、伤寒和副伤寒、艾滋病、白喉、炭疽、脊髓灰质炎死亡的病人尸体"由治疗病人的医疗单位或者当地卫生防疫机构消毒处理后火化。对于患其他传染病死亡的，只有在"必要时"，才"应当将尸体进行卫生处理后火化或者按照规定深埋"，体现了对传染病疫情防控和尊重个体权利的平衡。

考虑到目前现实情况，《传染病防治法实施办法》第五十五条第三款规定："不具备火化条件的农村、边远地区，由治疗病人的医疗单位或者当地卫生防疫机构负责消毒后，可选远离居民点五百米以外、远离饮用水源五十米以外的地方，将尸体在距地面两米以下深埋。"这一规定根据目前我国农村和边远地区的实际情况作出了较灵活的安排。

根据本条规定，传染病患者尸体的火化处理系基于疫情防控需要的强制性规定，无须经由死者家属同意。然而，尸体处理是关乎逝者尊严和家属情感的重大事项，故本条规定，对尸体进行火化或深埋应当及时告知死者家属，使其有机会参与后事安排，表达对逝者的最后敬意和哀思，体现了人道主义精神。

二、对传染病患者或疑似患者尸体进行解剖查验

实践中，出于对某些突发原因不明的传染病进行医学研究，需要对患者尸体进行解剖查验，以便及时查明发病原因，采取防治对策。因此，本条规定医疗机构在必要时可以按照国务院卫生健康主管部门、疾病预防控制部门的规定，对传染病患者尸体或者疑似传染病患者尸体进行解剖查验。尸体解剖涉及伦理、风俗习惯等个体权利和人文关怀因素，为了防止不当对尸体进行解剖查验，《传染病防治法实施办法》第五十六条规定，对尸体的解剖查验要经县级以上政府卫生行政部门的批准。并且，对死亡患者尸体进行解剖查验的，应当及时告知死者家属。

对尸体进行解剖查验应当在符合生物安全条件的场所进行。《传染病病人或疑似传染病病人尸体解剖查验规定》第四条规定："查验机构应当具备下列条件：（一）有独立的解剖室及相应的辅助用房，人流、物流、空气流合理，采光良好，其中解剖室面积不少于15平方米；（二）具有尸检台、切片机、脱水机、吸引器、显微镜、照相设备、计量设备、消毒隔离设备、个人防护设备、病理组织取材工作台、储存和运送标本的必要设备、尸体保存设施以及符合环保要求的污水、污物处理设施；（三）至少有二名具有副高级以上病理专业技术职务任职资格的医师，其中有一名具有正高级病理专业技术职务任职资格的医师作为主检人员；（四）具有健全的规章制度和规范的技术操作规程，并定期对工作人员进行培训和考核；（五）具有尸体解剖查验和职业暴露的应急预案。从事甲类传染病和采取甲类传染病预防、控制措施的其他传染病或者疑似传染病病人尸体解剖查验机构的解剖室应当同时具备对外排空气进行过滤消毒的条件。"此外，《传染病病人或疑似传染病病人尸体解剖查验规定》对尸体解剖查验工作进行了细化规定，主要内容包括：其一，解剖查验应遵循就近原则，使用专用车辆运送，任何单位和个人不得擅自处理需解剖查验的尸体。其二，医疗机构负责对在医疗机构内死亡的传染病患者或疑似患者尸体进行解剖查验，疾病预防控制机构负责对在医疗机构外死亡、具有传染病特征的患者尸体进行解剖查验。其三，解剖查验应严格遵守技术操作规范，标本采集、保藏、携带和运输应符合生物安全管理规定，产生的医疗废物应按《医疗废物管理条例》等有关规定进行处理。其四，解剖查验结束后，尸体应进行缝合、清理，并在疾病预防控制机构指导下进行消毒处理，然后按规定火化或深埋。

【关联规范】

《中华人民共和国传染病防治法实施办法》第五十五条；《传染病病人或疑似传染病病人尸体解剖查验规定》第四条。

> **第七十二条** 【使用、出售和运输被病原体污染的物品应消毒处理】本法第六十六条规定的受影响的相关区域中被传染病病原体污染或者可能被传染病病原体污染的物品，经消毒可以使用的，应当在疾病预防控制机构的指导下，进行消毒处理后，方可使用、出售和运输。

【条文主旨】

本条是关于使用、出售和运输被传染病病原体污染或者可能被传染病病原体污染的物品应进行消毒处理的规定。

【条文释义】

被传染病病原体污染或者可能被传染病病原体污染的物品，如果未经消毒处理就使用出售、运输，传染病的病原体就可能经过被污染的物品进行传播，导致疫情的进一步扩散、蔓延，因此，使用、销售和运输受疫情影响的相关区域中被传染病病原体污染或者可能被传染病病原体污染的物品之前，进行消毒处理是十分必要的。

消毒是指通过物理、化学或生物手段，清除或杀灭物体表面、空气、水等环境中病原微生物的过程。常见的消毒方法包括物理消毒法、化学消毒法和生物消毒法。物理消毒法有热力消毒（如煮沸、高温蒸汽消毒）、紫外线消毒和机械除菌法（如过滤、离心）等；化学消毒法涵盖含氯消毒剂、过氧化物消毒剂、醇类消毒剂和碘类消毒剂等的使用；生物消毒法则主要利用微生物或其代谢产物降解病原体，常用于污水处理等大规模环境消毒。对被传染病病原体污染或者可能被传染病病原体污染的物品的消毒应当在疾病预防控制机构的指导下进行。

为了确保消毒处理的安全性和有效性，消毒工作需要遵循一系列严格的标准和要求，这些标准和要求通常由国家卫生健康委员会等权威机构制定。主要包括以下方面：

一是消毒产品安全性。根据《消毒管理办法》第十八条规定，消毒产品应当符合国家有关规范、标准和规定。《消毒产品卫生安全评价规定》第四条规定："产品责任单位应当在第一类、第二类消毒产品首次上市前自行或者委托第三方进行卫生安全评价，并对评价结果负责。卫生安全评价合格的消毒产品方可上市销售。"

二是职业技能培训。根据《消毒管理办法》第五条规定，医疗卫生机构工作人员应当接受消毒技术培训、掌握消毒知识，并按规定严格执行消毒隔离制度。

三是技术操作规范。《医院消毒供应中心 第2部分：清洗消毒及灭菌技术操作规范》提供了详细的消毒操作步骤和注意事项，如器械清洗、消毒方法选择、消毒后处理等，医疗卫生机构工作人员应当严格遵循相关技术操作规范进行消毒工作。

四是消毒效果评价。由国家卫生健康委员会发布的《现场消毒评价标准》规定了现场消毒评价原则和详细的现场消毒效果评价方法，适用于传染病疫源地处理、突发公共卫生事件处置和重大活动卫生保障中环境、物品等的消毒效果评价。对相关区域中被传染病病原体污染的物品的消毒处理应当达到上述消毒评价合格标准，方可使用、出售和运输。

五是消毒机构管理。《消毒管理办法》第四条规定："医疗卫生机构应当建立消毒管理组织，制定消毒管理制度，执行国家有关规范、标准和规定，定期开展消毒与灭菌效果检测工作。"《消毒管理办法》第三十三条规定："消毒服务机构应当符合以下要求：（一）具备符合国家有关规范、标准和规定的消毒与灭菌设备；（二）其消毒与灭菌工艺流程和工作环境必须符合卫生要求；（三）具有能对消毒与灭菌效果进行检测的人员和条件，建立自检制度；（四）用环氧乙烷和电离辐射的方法进行消毒与灭菌的，其安全与环境保护等方面的要求按国家有关规定执行；"《卫生健康委关于印发医疗消毒供应中心等三类医疗机构基本标准和管理规范（试行）的通知》详细规定了医疗消毒供应中心的科室设置、人员配置、设施设备以及相应管理要求，以保障重复使用的诊疗器械、器具和物品的安全，规范医疗消毒供应中心质量管理，保障医疗质量和医疗安全。

通过遵循以上规范和标准，可以确保消毒处理后的物品达到合格的卫生安全水平，减少传染病传播的风险。

【关联规范】

《消毒管理办法》第四条、第五条、第十八条、第三十三条；《消毒产品卫生安全评价规定》第四条。

> **第七十三条** 【保障疫情防控所需应急物资的生产、供应及运送】传染病暴发、流行时，有关生产、供应单位应当及时生产、供应传染病疫情防控所需的药品、医疗器械和其他应急物资。交通运输、邮政、快递经营单位应当优先运送参与传染病疫情防控的人员以及传染病疫情防控所需的药品、医疗器械和其他应急物资。县级以上人民政府有关部门应当做好组织协调工作。

【条文主旨】

本条是关于传染病暴发、流行时，保障防疫药品、医疗器械等应急物资的生产、供应以及优先运送防疫人员及应急物资的规定。

【条文释义】

一、有关单位应当及时生产、供应应急物资

疫苗、抗毒血清、类毒素、抗生素等用于传染病防治的药品、医疗器械和其他应急物资是预防、控制和治疗传染病的武器。预防和控制传染病是全社会共同的责任，经营防治传染病的药品、器械和应急物资的医药部门和其他有关部门，提供传染病防治所必需的武器是应尽的职责。《突发事件应对法》第七十六条的规定，履行统一领导职责或者组织处置突发事件的人民政府及其有关部门，必要时可以要求生产、供应生活必需品和应

急救援物资的企业组织生产、保证供给，要求提供医疗、交通等公共服务的组织提供相应的服务。

传染病的暴发或流行具有紧急和突发的特点，为了尽快控制疫情，本条规定，有关生产、供应单位应当及时生产、供应传染病疫情防控所需的药品、医疗器械和其他应急物资。一方面，有关生产单位应当建立应急响应机制，当政府部门根据疫情控制提出紧急需要时，能迅速调整生产计划，及时安排调配和组织力量优先生产疫情防控物资；另一方面，有关单位应当建立应急储备机制，储备一定数量的药品、医疗器械和其他应急物资，以备发生紧急、重大突发疫情时急需之用。本法第八十九条第三款规定，国务院工业和信息化部门会同国务院有关部门，根据传染病预防、控制和公共卫生应急准备的需要，加强医药实物储备、产能储备、技术储备，指导地方开展医药储备工作，完善储备调整、调用和轮换机制。

二、有关单位应当优先运送疫情防控的人员及应急物资

传染病在流行、暴发的状况下会迅速蔓延，给人民健康、财产带来巨大损失，为了尽快控制疫情，参与疫情防控的人员以及疫情防控所需的药品、医疗器械和其他应急物资必须以最快速度到达现场。我国《铁路法》第十五条第二款规定："对抢险救灾物资和国家规定需要优先运输的其他物资，应予优先运输。"《国内水路运输管理条例》第二十三条规定："水路运输经营者应当依照法律、行政法规和国家有关规定，优先运送处置突发事件所需的物资、设备、工具、应急救援人员和受到突发事件危害的人员，重点保障紧急、重要的军事运输。出现关系国计民生的紧急运输需求时，国务院交通运输主管部门按照国务院的部署，可以要求水路运输经营者优先运输需要紧急运输的物资。水路运输经营者应当按照要求及时运输。"

为了保障疫情防控所需应急物资的生产、供应及运送，需要交通运输、邮政快递、粮食和物资储备、医药卫生等多部门的沟通协作，因此县级以上人民政府有关部门需要做好组织协调工作，确保各部门能够顺利地完成物资供应和运输任务。

【关联规范】

《中华人民共和国突发事件应对法》第七十六条；《中华人民共和国铁路法》第十五条；《国内水路运输管理条例》第二十三条。

> **第七十四条 【单位和个人的申诉权】** 单位和个人认为采取本法第五十八条、第六十三条至第六十六条规定的传染病疫情防控措施侵犯其合法权益的,可以向县级以上地方人民政府或者其指定的部门提出申诉,申诉期间相关措施不停止执行。县级以上地方人民政府应当畅通申诉渠道,完善处理程序,确保有关申诉及时处理。

【条文主旨】

本条是关于单位和个人对疫情防控措施提出申诉的规定。

【条文释义】

本条系本次修订新增规定,明确单位和个人认为采取的相关传染病疫情防控措施侵犯其合法权益的,可以提出申诉。申诉制度源于我国宪法所规定的申诉权。我国《宪法》第四十一条规定:"……对于任何国家机关和国家工作人员的违法失职行为,有向有关国家机关提出申诉、控告或者检举的权利,但是不得捏造或者歪曲事实进行诬告陷害。对于公民的申诉、控告或者检举,有关国家机关必须查清事实,负责处理。任何人不得压制和打击报复……"

本条赋予单位和个人申诉权,拓宽了救济渠道,对于保障疫情防控中的公民权利具有重要意义。本法第十七条第二款规定单位和个人认为有关部门或机构实施的相关行政行为或者传染病预防、控制措施侵犯其合法权益的,有权申请行政复议,提起诉讼。但是,行政复议和行政诉讼的受案范围一般限于具体行政行为,不包括抽象行政行为。具体行政行为是与抽象行政行为相对应的概念,一般是指行政机关依法就特定事项对特定行政相对人权利义务作出的单方行政职权行为。《最高人民法院关于适用〈中华人民共和国行政诉讼法〉的解释》第二条第二款规定:"行政诉讼法第十三条第二项规定的'具有普遍约束力的决定、命令',是指行政机关针对不特定对象发布的能反复适用的规范性文件。"根据该条规定,抽象行政行为是指具有普遍约束力的决定、命令。区分抽象行政行为与具体行政行为的重要实务意义在于,根据行政复议法和行政诉讼法的有关规定,抽象行政行为一般不具有可诉性,具体行政行为通常具有可诉性。然而,在疫情防控工作中,行政机关往往是在本行政区域内发布一系列应对疫情的决定、命令,如采取甲类传染病的预防、控制措施的公告,停工停业停课的决定、实施卫生检疫或封锁的公告等,这些决定和命令一般属于对不特定对象具有普遍约束力的抽象行政行为,不属于行政诉讼和行政复议的受案范围。对于该类属于抽象行政行为的疫情防控措施,单位和个人无法通过行政诉讼和行政复议而只能通过申诉途径寻求救济。因此,申诉制度作为一种行政救济路径能弥补正式法律救济方式覆盖面过窄的缺陷,拓宽了疫情防控期间公民权利的救济渠道。

根据本条规定,申诉的适用情形是单位和个人认为第五十八条、第六十三条至第六十六条所规定的传染病疫情防控措施侵犯其合法权益。例如,本法第五十八条规定,采取隔离治疗、医学观察措施,不得超出规定的范围和期限。在甲类传染病隔离治疗期间,若患者认为隔离期限超出法定范围,有权提出申诉。又如,当地政府根据本法第六十三条采取要求企业停工的紧急措施,企业认为停业不具有必要性或者停业期限过长的,可以提出申诉。单位和个人提出申诉的,对相关疫情防控措施侵犯其合法权益的事实负有举证责任。单位或个人应提交相关证明材料,包括相关疫情防控措施的文件依据、权益受损的事实依据及诉求等。

县级以上地方人民政府或其指定部门是申诉的受理主体,县级以上地方人民政府应当畅通申诉渠道,完善处理程序,确保有关申诉及时处理。具体而言:一是畅通申诉渠道。政府可以设立公共卫生事件申诉办公室,专门负责此类事宜,并对外公布办公地点、联系方式及受理条件。二是完善处理程序。负责部门收到申诉后需及时登记、审核,材料不全或不符合法定形式的,应在规定期限内一次性告知申诉人需补正的材料。受理后,及时启动调查程序,收集相关证据,询问申诉人和被申诉的部门或机构,必要时组织专家论证或听证,依据调查结果和相关法律法规作出处理决定,并书面通知申诉人。

申诉期间,相关疫情防控措施不停止执行,以保障公共健康安全,防止传染病传播扩散。例如,某地区因疫情采取了停课措施,部分家长虽对此提出申诉,但在申诉处理期间,学校仍继续执行停课决定,直至有关政府部门作出评估决定,再根据决定调整或解除停课措施。

【关联规范】

《中华人民共和国宪法》第四十一条;《中华人民共和国行政诉讼法》第十二条、第十三条;《中华人民共和国行政复议法》第十一条、第十二条。

第五章 医疗救治

> **第七十五条 【传染病医疗救治服务网络】**县级以上人民政府应当加强和完善常态与应急相结合的传染病医疗救治服务网络建设，指定具备传染病救治条件和能力的医疗机构承担传染病救治任务，根据传染病救治需要设置传染病专科医院。

【条文主旨】

本条是关于加强和完善常态与应急相结合的传染病医疗救治服务网络建设的规定。

【条文释义】

一、传染病医疗救治服务网络建设的三个基本方面

医疗救治是传染病防治工作中不可或缺的组成部分，在传染病暴发、流行时，显得尤其重要。传染病医疗救治服务网络建设应当包括三个基本方面：医疗救治机构、医疗救治信息网络和医疗救治专业技术人员。

第一，医疗救治机构，包括急救机构和治疗机构，是提供传染病医疗救治服务的主体，负责传染病患者和疑似患者的集中收治以及危重传染病患者的重症监护。医疗救治机构应当预防、控制医源性感染，为传染科设立相对独立的、远离其他科室和人员的医疗区域，切断传染病的传播途径，从而降低医疗救治机构内感染的概率。

第二，医疗救治信息网络，包括数据交换平台、数据中心和应用系统。数据信息是决策的基础，既要及时掌握宏观信息，如全国疫情趋势和本地疫情数据，又要准确把握医疗救治机构的微观信息，如床位资源利

用、病人收治和危重病人数量等。通过统一的信息资源网络实现卫生健康主管部门、疾病预防控制部门、医疗机构之间的信息互联，有效控制传染病的传播。

第三，医疗救治专业技术人员，包括队伍、培训、管理三个层次。首先，各地应建立传染病暴发、流行时的医疗救治专业队伍；[①] 其次，要经常化、规范化、制度化地对技术队伍开展培训工作，使其保持较高的技术水平；最后，要做好医务人员和相关工作人员的管理。

二、传染病医疗救治服务网络建设的原则

《国家突发公共卫生事件应急预案》中多次提到"平战结合"，2020年5月，国家发展和改革委员会出台了《公共卫生防控救治能力建设方案》，北京和上海等城市相继就"加强公共卫生应急管理体系"出台了指导性政策文件，[②] 将常态与应急相结合原则细化为可操作的具体措施，本次修订将其写入传染病防治法中。医疗救治工作区分"平""战"两种不同的状态，符合我国新时期防范化解重大风险的管理要求。在"平"时主要服务民生需求，建立和完善预案、执行计划、组建应急队伍、组织培训与演练和开展境内外传染病监测等日常管理工作。当发生重大疫情时，快速启动应急预案，执行应急决策事项，指挥应急救治和相关防控工作。只有在"平时"补齐短板，加强能力建设，方能在"战时"从容应对疫情，提高救治效果。

三、承担传染病救治任务的医疗机构和传染病专科医院的指定与设置

由于传染病的特殊性，并非任何医疗机构都具备收治传染病患者的条件和能力，不具备相应条件和能力而强行收治，不但不利于传染病的医疗救治，还可能造成传染病的进一步传播。因此，本条规定县级以上人民政府应当指定具备传染病救治条件和能力的医疗机构承担传染病救治任务。

《医疗机构设置规划指导原则（2021—2025年）》指出，在地市级以上根据医疗服务实际需求，设置传染病等专科医院。截至2022年年末，传染病专科医院共182家，其中城市156家，农村26家。[③] 鉴于我国幅员辽

[①] 乐虹、伏钰珩、郑玲等：《〈传染病防治法〉医疗救治法律制度之完善》，载《中国医院》2021年第1期。

[②] 如北京于2020年5月19日发布的《关于加强首都公共卫生应急管理体系建设的若干意见》，上海于2020年11月1日施行的《上海市公共卫生应急管理条例》。

[③] 《2023中国卫生健康统计年鉴》，载国家卫生健康委员会网站，https：//www.nhc.gov.cn/mohwsbwstjxxzx/tjtjnj/202501/8193a8edda0f49df80eb5a8ef5e2547c.shtml，2025年5月9日访问。

阔，不宜"一刀切"在每一个地区都设置传染病专科医院，也不宜由综合医院传染病科承担全部救治任务，而是应当充分利用现有的卫生资源，在确实需要又有经济实力的情况下，根据本地区的实际情况设置，避免重复建设而造成资源的浪费。

【适用指南】

在适用本条时应注意，传染病相关救治工作应在县级以上人民政府指定的医疗机构进行，医疗机构不具备相应救治能力的，根据本法第七十七条，应当将传染病患者、疑似患者及其病历记录一并转至具备相应救治能力的医疗机构。在王某与袁某、黄某生命权纠纷案中，王某在未取得医师资格证书及医师执业证书的情况下与袁某签署治疗某某的协议，开展诊疗活动，一定程度上阻碍了袁某接受指定医疗机构的救治，其行为存在过错。[①]

【关联规范】

《突发公共卫生事件应急条例》第十七条；《国家突发公共卫生事件应急预案》第六条；《医疗机构设置规划指导原则（2021—2025年）》；《公共卫生防控救治能力建设方案》。

第七十六条 【重大传染病疫情医疗救治体系】 国家建立健全重大传染病疫情医疗救治体系，建立由传染病专科医院、综合医院、中医医院、院前急救机构、临时性救治场所、基层医疗卫生机构、血站等构成的综合医疗救治体系，对传染病患者进行分类救治，加强重症患者医疗救治，提高重大传染病疫情医疗救治能力。

【条文主旨】

本条是关于建立健全重大传染病疫情医疗救治体系的规定。

[①] 贵州省高级人民法院（2023）黔民申9452号民事裁定书，载中国裁判文书网，2025年8月20日访问。

【条文释义】

一、重大传染病疫情医疗救治体系概述

《"十四五"优质高效医疗卫生服务体系建设实施方案》中指出,"十四五"时期供给侧医疗卫生服务体系结构性问题依然突出,重大疫情防控救治能力不强、医防协同不充分、平急结合不紧密,中医药发展基础还比较薄弱,特色优势发挥还不充分。日常状态下相对健全的医疗救治制度,可能在特殊情况下暴露短板,原因有四:第一,医疗救治机构基础设施配备相对薄弱;第二,医疗救治管理体制不顺,条块分割,力量分散,难以形成区域内资源优势互补的合力;第三,定点救治网络虽能满足常态需求,但尚未形成一线、二线、三线互相衔接的传染病救治服务网络;[①] 第四,医疗救治体系和疾病预防控制体系脱节,缺少信息沟通与工作协调,难以及时作出预警和有效处置。因此,应构建由多类型医疗卫生机构协同联动、功能互补的综合体系,确保在发生重大传染病疫情时,能够迅速集结力量,对患者进行科学分类救治。

二、综合医疗救治体系的构建

本条所构建的重大传染病疫情综合医疗救治体系,是一个多层次、多功能、相互协同的有机整体,由多种具有法定地位和明确职能的医疗卫生机构组成。

传染病专科医院和综合性医院,通常承担危重、复杂病例的集中救治任务,是体系的"尖刀",负责提供高水平专业诊疗、技术指导和科研支持。

本条将中医医院纳入综合医疗救治体系中,系从"中西并重特色发展"的原则出发,充分发挥中医药"治未病"和辨证施治的优势,全程参与传染病患者救治,提升中医药在公共卫生领域的影响力,让中医药在守护公众健康中发挥更大作用。

临时性救治场所,即在公共卫生突发事件下,为迅速扩大医疗服务能力、减轻现有医疗设施负担,将城市空地或大型公共设施高效地建造或改造为临时性救治场所。

同时,将院前急救机构、基层医疗卫生机构、血站等纳入综合医疗救治体系中,实现工作衔接联动、服务连续整合、人员柔性流动、信息互通共享,将传染病的发现关口前移、控制社区传播,提升应急医疗救治能

---

① 乐虹、伏钰珩、郑玲等:《〈传染病防治法〉医疗救治法律制度之完善》,载《中国医院》2021年第1期。

力，是构建群防群控体系的重要组成部分。

三、重大传染病疫情救治原则

（一）对传染病患者进行分类救治

传染病因其突发性和危害性，实施救治时需要遵循科学的流程。所谓分类救治，是指在区域内依托救治能力较强的综合医院和传染病专科医院，联合其他各级各类医疗机构共同组成医疗救治网络，明确区域内各医疗机构的功能定位和责任分工，建立区域内医疗机构之间的床位协调以及转诊机制，由不同级别和服务能力的医疗卫生机构按患者疾病分型、病情进展情况、资源的紧张程度等，进行诊疗和转诊，以确保患者能够得到及时有效的救治。这也是在医疗资源有限、患者数量庞大的应急状态下，实现高效救治、优化资源配置的必然选择。

（二）加强重症患者医疗救治

重症和危重症患者是重大传染病疫情救治的重点和难点，是衡量重大疫情救治水平的重要指标，也是降低病亡率的关键环节。因此，医疗卫生机构应做好重症医疗资源准备、相关医护人员准备，以确保随时可投入重症患者医疗救治，最大限度提高治愈率，降低死亡率。

【关联规范】

《中华人民共和国基本医疗卫生与健康促进法》第三十五条；《突发公共卫生事件应急条例》第十七条；《医疗机构管理条例》第三十条。

第七十七条　【医疗机构救治方式与程序】 医疗机构应当对传染病患者、疑似患者提供医疗救护、现场救援和接诊治疗，按照规定填写并妥善保管病历记录以及其他有关资料。

医疗机构应当按照国务院卫生健康主管部门的规定设置发热门诊，加强发热门诊标准化建设，优化服务流程，提高服务能力。

医疗机构应当实行传染病预检、分诊制度；对传染病患者、疑似患者，应当引导至相对隔离的分诊点进行初诊。医疗机构不具备相应救治能力的，应当将传染病患者、疑似患者及其病历记录一并转至具备相应救治能力的医疗机构。转诊过程中，对传染病患者、疑似患者应当采取必要的防护措施。

【条文主旨】

本条是对医疗机构开展传染病医疗救治工作的方式与程序的规定。

【条文释义】

一、医疗救治工作的方式

医疗机构应当对传染病患者、疑似患者提供医疗救护、现场救援和接诊治疗。

医疗救护是指医疗机构将患者送至指定的医疗机构或者其他具备相应救治能力的医疗机构救治前,对传染病患者或者疑似患者提供一般性紧急医疗处理。

现场救援是指医疗机构对不宜转送或不便立即转送的传染病患者或者疑似患者,在具备相应救治能力的医疗机构以外采取就地隔离、就地治疗措施。

接诊治疗是指具备救治能力的医疗机构对转送来的传染病患者或疑似患者提供诊断与治疗。

二、医疗机构应当按照规定填写并妥善保管病历记录以及其他有关资料

病历,是指医疗人员在问诊、查体、辅助检查、诊断、治疗、护理等医疗活动过程中分析整理而形成的文字、符号、图表、影像、切片等资料的总和。对于病历记录等资料的制作,本条并未沿用原法中"书写病历记录以及其他有关资料"的表述,而是考虑到医疗机构信息化建设中电子病历需求的日益增长,故在本次修订中采用"填写"这一更为精确的表述。在病历填写时应按照《病历书写基本规范》《电子病历应用管理规范(试行)》《中医病历书写基本规范》等规范的要求,"客观、真实、准确、及时、完整、规范"地填写病历;门(急)诊病历记录应当由接诊医师在患者就诊时及时完成;住院患者的首次病程记录应在入院 8 小时以内完成,应涵盖病例特点、拟诊讨论(诊断依据及鉴别诊断)、诊疗计划等信息;在收到住院患者检查检验结果和相关资料后 24 小时内归入或者录入住院病历;在紧急情况下,如因抢救急危患者未能及时书写病历的,有关医务人员应当在抢救结束后 6 小时内据实补记,并加以注明。从现实情况来看,常态下医疗人员均能按照相关规定及时、完整记录,但在紧急情况下如传染病大规模暴发、抢救工作繁重时则易产生纰漏,一方面会影响患者的治疗并造成潜在的传染病扩散风险,另一方面在医疗纠纷发生时医疗机构也会因病历填写不规范处于不利地位。

在病历记录以及其他有关资料的保管上，根据《医疗机构病历管理规定》，门（急）诊病历原则上由患者负责保管，由医疗机构保管的，保存时间自患者最后一次就诊之日起不少于15年；住院病历在患者住院期间由所在病区统一保管，患者出院后由病案管理部门或者专（兼）职人员统一保存、管理，保存时间自患者最后一次住院出院之日起不少于30年；如果违反《医疗事故处理条例》《医疗机构管理条例实施细则》等规定，导致病历损毁、丢失或泄露，应当承担相应的法律责任。

三、发热门诊的设置与标准化建设

发热门诊是疫情防控的"哨兵"，主要承担着疫情的监测、筛查和救治等工作，是疫情防控的中坚力量。国家卫健委相继下发了《国家卫生健康委办公厅关于完善发热门诊和医疗机构感染防控工作的通知》和《重点中心乡镇卫生院建设参考标准》等文件，用以促进发热门诊的规范化建设。

在设置原则上，应采取网格化方式规划发热门诊区域设置，确保每个县（区）均有发热门诊，发热门诊原则上应为独立建筑或设置在院内独立区域，并带有醒目的标识。

在服务流程上，根据《国家卫生健康委办公厅关于完善发热门诊和医疗机构感染防控工作的通知》的规定，发热门诊应当按照"三区两通道"原则合理分区，采取全封闭就诊流程，原则上挂号、就诊、缴费、检验、影像检查、取药等诊疗活动全部在该区域完成，以减少诊疗环节交叉感染的风险。

四、实行传染病预检、分诊制度

传染病预检，是指医疗机构在接诊过程中，安排具有一定临床经验的、经过传染病知识培训的高年资内科（条件允许，应为传染病科）医师在相对隔离的诊室初诊，结合病人的主诉、病史、症状和体征等对疑似传染病患者进行筛选。

传染病分诊，是指将传染病患者、疑似患者引导至感染性疾病科或者分诊点就诊的程序。根据《医疗机构传染病预检分诊管理办法》的规定，二级以上综合医院应当设立感染性疾病科，没有设立感染性疾病科的医疗机构应当设立传染病分诊点。

预检分诊制度可以有效减少传染病患者与其他患者的接触机会，既可以避免医疗机构内的交叉感染以有效控制疫情，又便于给传染病患者和疑似患者提供更为专业化的医疗救治，对于保障公众身体健康和生命安全发挥着重要作用。

五、按照规定将传染病患者转诊并采取必要防护措施

转诊是医疗活动的一种需要，在传染病流行时期这一现象更为普遍。

当患者所在医疗机构不具备传染病救治能力时，医疗机构应当及时将患者转诊到具备救治能力的医疗机构诊疗，以保障传染病患者得到及时、有效的医疗救治。同时，在转诊过程中应转移患者病历记录，使用专用车辆，并采取必要的防护措施以避免疫情的进一步传播。

【适用指南】

在适用本条规定时，医疗机构在宏观方面应当按照相关规定建立健全传染病医疗救护制度，在微观层面应当优化传染病医疗救护程序，为传染病患者和疑似患者提供及时有效的医疗服务。在司法实践中，医疗机构主要在"未按照规定对传染病患者和疑似患者提供医疗救护"和"未按照规定保管医学记录材料"两个方面容易引发纠纷。

在"未按照规定对传染病患者和疑似患者提供医疗救护"方面，在医疗救护、现场救援、接诊、转诊以及拒绝接诊等情形下均可能引发医疗纠纷，例如，在"刘某某、苏某某与某医院医疗损害责任纠纷案"中，原告女儿在被告处首诊时，无论从年龄还是病症多项均体现出"手足口病"特征，但被告医生并未对其作"手足口病"症状的排除性检查，最终误诊，法院认为被告作为二甲医院未尽到与自己的医疗水平相应的诊疗义务，违反了本条规定，应承担赔偿责任。[①]

在"未按照规定保管医学记录材料"方面，医疗机构可能由于未尽保管义务而导致患者病历被窃取、销毁，或未经正规程序提供患者病历资料。例如，在"张某某等与某县人民医院、魏某某隐私权纠纷案"中，法院认为公民的病历隐私权是患者享有的人格权，患者的病情和健康状况在未经患者本人和其家属同意的情况下，非因特殊情况不能对外公开其病历，被告方作为医疗机构，对医疗机构病历管理相关规定是明知的，但仍委托其诉讼代理人魏某某调取涉及公民隐私权的病历，存在过错应承担相应责任。[②]

【关联规范】

《医疗事故处理条例》第八条、第九条、第二十八条、第五十六条、第五十八条；《医疗机构管理条例实施细则》第五十三条、第五十四条；

[①] 陕西省咸阳市秦都区人民法院（2018）陕0402民初5532号民事判决书，载中国裁判文书网，2025年8月20日访问。

[②] 河南省遂平县人民法院（2015）遂民初字第00644号民事判决书，载中国裁判文书网，2025年8月20日访问。

《病历书写基本规范》第一条至第三条、第十四条、第二十二条；《电子病历应用管理规范（试行）》第十二条；《中医病历书写基本规范》第三条；《医疗机构病历管理规定》第十条、第十三条、第十四条；《医疗机构传染病预检分诊管理办法》第二条、第三条、第六条、第七条；《关于完善发热门诊和医疗机构感染防控工作的通知》第一条。

> **第七十八条　【中西医结合并结合自身特色的救治方式】**
> 医疗机构应当按照传染病诊断标准和治疗要求采取相应措施，充分发挥中西医各自优势，加强中西医结合，提高传染病诊断和救治能力。
> 　　国家支持和鼓励医疗机构结合自身特色，加强传染病诊断和救治研究。

【条文主旨】

本条是关于医疗机构应该在治疗时注重中西医结合、并结合自身特色，提高诊断和救治能力的规定。

【条文释义】

一、按照传染病诊断标准和治疗要求采取相应措施

传染病诊断，是指运用各种诊断方法对被检者样本进行检测，以辨明被检者是否感染传染病的过程。在临床实践中，通常从三个层面进行传染病诊断：首先，根据临床特点，包括详细询问病史及体格检查，综合分析潜伏期的长短、起病的缓急、发热特点及体征作出初步诊断；其次，依据流行病学资料，包括发病地区、发病季节、既往传染病发病情况、接触史、预防接种史，还包括患者年龄、职业、流行地区的旅居史等，结合临床资料归纳分析以帮助进行临床诊断；最后，也是最有效的，根据实验室检查，进行病原体培养与分离鉴定、免疫学检查、血清学检查等特异性检查以明确诊断。

而具体到某种传染病的诊断，由于病毒的不断变异性和人体的差异性会导致同一个诊断或者治疗方法产生不同的效果。国家卫健委、国家中医药管理局为进一步提高传染病规范化、同质化诊疗水平，指导各级各类医疗机构做好相关疾病医疗救治工作，每年都会以主动信息公开的形式发布

当年组织制定或修订的常见及新发、突发传染病的诊疗方案。诊疗方案的主要内容包括相关传染病的病原学、流行病学、临床表现、实验室及影像学检查、诊断、鉴别诊断、治疗和预防措施等，以供相关机构在临床上参照执行。另外，考虑到传染病的诊疗方案存在版本更迭问题，中国疾病预防控制中心在其官网"疾控应急"模块[1]对各类传染病的技术文件与相关解读予以汇总，以供了解传染病疫情防治的最新动态。

采取相应措施，提高传染病医疗救治能力，就是要求医疗机构在硬件建设和人员配备、培训等方面，不断适应传染病的医疗救治需求，力求轻症患者尽早治愈，重症患者减少向危重症转变，最大限度提高治愈率，降低死亡率。

二、注重发挥中西医各自优势，中西医结合

近年来，中医药临床研究数量和质量均不断提升，推动了中医药科学评价体系的发展。得益于其简便验廉的优势，在防治各类传染病中发挥了突出作用，为国家节省了大量医疗费用。

中西医结合是一个系统工程，从简单的混合到有机结合，最终到完全融合是中西医结合发展的趋势。中医在传染病防治的各个阶段都可以发挥重要作用。在早期，运用中医药调节机体状态，可以改善初期症状，减少轻症向重症转变；在重症期，采用中西结合救治，多学科联合会诊，共同研究确定中西医结合治疗措施，提高治愈率、降低病亡率，还能起到保护患者脏器功能的作用；在恢复期，通过运用中医药特色疗法，在帮助患者增强体质、加快康复方面效果明显。[2] 中西医两种医学在抗击传染病疫情时相互配合，西医评估、中医治疗、发挥各自优势，也是中医药传承精华、守正创新的生动实践。

因而，本次修订从战略高度肯定了中西医结合在传染病防治中的价值，强化了中医药在传染病防治中的法定地位，致力于推动中西医优势互补，形成防治合力。同时，为进一步有效提高我国中西医结合领域医疗卫生服务能力，国家卫健委以中日友好医院为主体设置国家中西医结合医学中心，并在全国遴选适宜医院设置国家中西医结合医学中心，带动全国中西医结合领域建设与发展。[3]

---

[1] 中国疾病预防控制中心网站，https：//www.chinacdc.cn/jkyj/，2025年5月10日访问。

[2] 结合国家卫健委发布的挥中医药特色优势通知，并参考中国工程院院士、天津中医药大学名誉校长张伯礼在采访中的表述。参见《中西医并重，"重"在优势互补》，载《光明日报》2021年9月26日。

[3] 《关于设置国家中西医结合医学中心的通知》，载国家卫生健康委员会网站，https：//www.nhc.gov.cn/yzygj/c100068/202207/a1e0a3ea632444eebb9c87768b9c069f.shtml，2025年5月10日访问。

三、国家支持和鼓励医疗机构结合自身特色

各医疗卫生机构作为传染病防控工作的基层单位，是传染病防治的前沿阵地和重要关口，积极开展传染病防控的模式创新，对推进健康中国建设意义重大。国家鼓励与支持各医疗机构结合自身地域资源、人才资源等特点，积极开展模式创新，从而提高传染病的诊疗能力和综合救治能力。

例如，云南省的医疗机构利用云南周边国家疟疾、登革热等重大热带传染病诊疗经验，在人才培养、技术支持、科研合作等方面开展深度交流，探索具有云南特色的热带传染病医防结合模式。①

【关联规范】

《关于设置国家中西医结合医学中心的通知》。

第七十九条　【药品、医疗器械的优先审评审批与使用】 国家鼓励传染病防治用药品、医疗器械的研制和创新，对防治传染病急需的药品、医疗器械予以优先审评审批。

因重大传染病疫情医疗救治紧急需要，医师可以按照国家统一制定的诊疗方案，在一定范围和期限内采用药品说明书中未明确的药品用法进行救治。

发生重大传染病疫情，构成特别重大突发公共卫生事件的，国务院卫生健康主管部门根据传染病预防、控制和医疗救治需要提出紧急使用药物的建议，经国务院药品监督管理部门组织论证同意后可以在一定范围和期限内紧急使用。

【条文主旨】

本条是关于传染病防治用药品、医疗器械的优先审评审批制度、采用药品说明书未明确的药品用法救治制度，以及紧急使用授权制度的规定。

---

① 《昆明市第三人民医院与云南省寄生虫病防治所合作共建"重大热带传染病诊疗联合研究中心"》，载昆明信息港网站，https：//m.kunming.cn/news/c/2024-04-19/13828190.shtml#/，2025年5月10日访问。

【条文释义】

一、传染病防治用药品、医疗器械优先审评审批制度

传染病防治水平的提升离不开科学技术的不断发展与创新,从病因探寻,到有效诊断,再到疫苗与治疗药物的研发,研发创新能力的不断提升对于传染病的防治至关重要。本法在第十二条中便确立了"国家支持和鼓励开展传染病防治的科学研究"这一方针政策,本条属于在药品领域、医疗器械领域对这一方针政策的细化。国家通过立法将鼓励政策加以明确,有利于调动科研工作者的积极性,促进传染病防治科学水平的提高。

创新药品和医疗器械的上市,除了要有强大的资金、技术支持外,还需要花费大量的时间。例如,从新药立项到最终上市,大致需经过"药物发现及前期研究、临床前研究、临床试验审批、临床试验、新药上市审批、上市后研究、上市后再审批"等阶段,一般需要多年时间。而像新发传染病出现时可能并没有现成的诊断方法、治疗手段、药物和疫苗,考虑到传染病的传染性和流行性,传染病药品的研制、注册和上市使用必然不能按照普通程序,因此优先审评审批制度便为此开辟了一条快速通道。

安全、有效、质量可控是药品的基本属性,也是药品注册审评的立足点。2013年,原国家食品药品监督管理局在《关于深化药品审评审批改革进一步鼓励药物创新的意见》中首次提出了"优先审评"的概念,2020年修订《药品注册管理办法》时,规定优先审评审批程序适用于药品上市许可申请阶段。在适用范围上,应包含为防治重大传染病的创新药和改良型新药,以及疾病预防、控制急需的疫苗和创新疫苗。在适用条件上,一方面,符合优先审评审批制度适用范围的药品上市许可申请应具有明显临床价值,临床价值的认定参照《突破性治疗药物审评工作程序(试行)》中关于临床优势的适用条件;另一方面,"重大传染病"由国家卫生健康委员会认定,疾病预防、控制急需的疫苗具体清单由国家卫生健康委员会和工业和信息化部提出,并经国家药品监督管理局组织确定。在申报程序上,应包含申报前与国家药品监督管理局药品审评中心沟通交流、在提出药品上市许可申请的同时提出优先审评审批申请,后续经过审核、公示纳入、技术审评、核查检验和通用名称核准、综合审评、审批等程序完成申报。在审评时限上,药品上市许可申请审评时时限不同于普通程序的200日,而是130日。

在医疗器械优先审批方面,根据《医疗器械监督管理条例》规定,国家对创新医疗器械予以优先审评审批,而医疗卫生机构为应对突发公共卫生事件而研制的医疗器械的管理办法,由国务院药品监督管理部门会同国务院卫生健康主管部门制定。同时，根据《医疗器械技术审评中心医疗器械优先审批申请审核实施细则》规定，对诊断或者治疗临床急需且在我国尚无同品种产品获准注册的医疗器械给予优先审批，采用专家审核制，由中国生物医学工程学会、中国生物材料学会组织专家进行审核，出具审核意见，申请时需提交：（1）该产品适应证的临床治疗现状综述，说明临床急需的理由；（2）该产品和同类产品在境外批准和临床使用情况；（3）提供检索情况说明，证明目前国内无相关同品种产品获准注册，且目前尚无同等替代诊断或治疗方法。优先审核办每月召开办公会，对专家审核过程的合规性进行确认，形成审核结论。对于拟定予以优先审批的，在器审中心网站予以公示，公示期5个工作日。

二、采用药品说明书中未明确的药品用法的救治制度

国家对于药品的使用存在严格的制度把关，依照《处方管理办法》的规定，医师应当根据医疗、预防、保健需要，按照诊疗规范、药品说明书中的药理作用、用法、用量、禁忌、不良反应和注意事项等开具处方。但由于医学的发展具有复杂多样性，药品的使用具有不确定性、非精准性，结合临床经验及患者个体病情的不同，医师按照药品说明书中未明确的药品用法用药具有一定的合理性，因此，修订《医师法》时，在第二十九条增加了"在尚无有效或者更好治疗手段等特殊情况下，医师取得患者明确知情同意后，可以采用药品说明书中未明确但具有循证医学证据的药品用法实施治疗"。

具体到传染病领域，因重大传染病疫情医疗救治紧急需要，医师可以按照国家统一制定的传染病诊疗方案，在一定范围和期限内采用药品说明书中未明确的药品用法进行救治。国家统一制定的传染病诊疗方案，可以理解为按照国家卫健委、国家中医药管理局组织制定或修订的传染病的诊断治疗与处置方案，以及国家有关部门为传染病防治需要发布的相关技术性指导文件。本条标志着，在传染病防治领域，为医师采用药品说明书中未明确的药品用法的实践操作提供了法律依据，这既是对医务人员专业价值的尊重和肯定，同时也是对患者生命健康权利的立法上的保障。

三、药品紧急使用授权制度

尽管我国在药品领域规定了附条件注册制度以加快药品上市使用，但其仍然不能满足特别重大突发公共卫生事件时的紧急使用需求。我国《疫苗管理法》《医疗器械监督管理条例》中已纳入关于疫苗和医疗器械的紧急使用授权制度，简化了审批流程，符合条件时经国务院药品监督管理部门组织论证同意后可以在一定范围和期限内紧急使用，但在更为一般的药品领域却仍缺少上位法依据。本次修订，标志着在发生特别重大突发公共卫生事件时，根据传染病预防、控制和医疗救治需要，相关药品可以适用紧急授权制度在一定范围和期限内紧急使用。

近似的几个相关概念需加以厘清。首先，药品紧急使用授权并非特别审批。前者是基于"应急性原则"的临时使用授权，而不是批准其上市，一旦紧急状态结束，应当立即撤回授权。而后者是一种加速审批程序，通过缩短审批时间加速药品注册上市，在应急状态结束后不会撤回，因此对药品安全性、有效性等方面的评价标准不会降低。其次，宣告特别重大突发公共卫生事件并不代表直接触发紧急使用授权制度。两者既有关联性，也有独立性，宣告特别重大突发公共卫生事件后仍需国务院卫生健康主管部门根据传染病预防、控制和医疗救治需要提出紧急使用药物的建议，经国务院药品监督管理部门组织论证同意后方可使用。

在紧急使用授权时间上，承前论述不等同于上市或附条件上市，因而应明确使用期限和终止程序。在紧急使用授权范围上，考虑到相关药品属于在没有足够的临床数据证明其安全性和有效性之前的紧急使用，因此不宜立即适用于所有人，而是应在小范围起步、稳妥审慎、知情同意且自愿的原则下逐步使用，例如，可以在暴露风险高且无法使用现行有效的防护措施实施防护的如医务人员、防疫人员、边检人员以及保障城市基本运行人员等特殊人群中率先接种。

【关联规范】

《中华人民共和国药品管理法》第九十六条；《中华人民共和国医师法》第二十九条；《中华人民共和国疫苗管理法》第二十条；《药品注册管理办法》第六十八条至第七十条、第九十六条；《医疗器械监督管理条例》第四条、第八条、第十九条、第一百零五条；《处方管理办法》第十四条；《医疗器械技术审评中心医疗器械优先审批申请审核实施细则》第二条、第七条、第十九条、第二十条；《药品上市许可优先审评审批工作程序（试行）》；《突破性治疗药物审评工作程序（试行）》。

> **第八十条 【心理援助制度】** 国家建立重大传染病疫情心理援助制度。县级以上地方人民政府应当组织专业力量，定期开展培训和演练；发生重大传染病疫情时，对传染病患者、接受医学观察的人员、病亡者家属、相关工作人员等重点人群以及社会公众及时提供心理疏导和心理干预等服务。

【条文主旨】

本条是关于重大传染病疫情心理援助制度的规定。

【条文释义】

一、国家建立重大传染病疫情心理援助制度

传染病的暴发和流行给人们的生活、工作和学习方式带来了较大改变，而对传染病疫情的过度关注也会带来相应的心理压力，进而引起生理上、情绪上的应激反应。我国在《突发事件应对法》《精神卫生法》《基本医疗卫生与健康促进法》中均涉及心理援助，本次修订在传染病领域进行了专门规定，旨在最大限度地预防和减少传染病疫情带来的次生危害，舒缓公众负面情绪，维护社会稳定，保障公众心理健康。

二、县级以上地方人民政府应当组织专业力量，定期开展培训和演练

政府对公民的给付义务不仅限于物质上的帮助，还包括本条所指的精神性给付，本条即规定了政府负有"组织专业力量，定期开展培训和演练"的义务。

在专业力量上，各地政府应建立心理疏导、心理干预专业队伍，可以将"省级心理危机干预专家组""市级心理救援医疗队""心理援助热线队伍""志愿者队伍""基层工作者队伍"等纳入专业力量中，为群众提供多元化、多视角的心理咨询和危机干预的心理支持。

在培训演练中，应加强救援人员的心理健康知识培训，提升其危机干预能力，以便在传染病应急事件中形成自我心理照料、建立有效支持系统，从而提供更为专业的心理疏导和心理干预服务。

三、对传染病患者、接受医学观察人员、病亡者家属、相关工作人员等重点人群以及社会公众及时提供心理疏导和心理干预等服务

对受突发事件影响的各类人群，心理疏导与心理干预便成为给其提供有效支持的重要手段，帮助其度过心理危机。

在帮助对象上，突发传染病的影响范围广泛，不仅会对患者的身心健康造成显著影响，同时也会给其家属带来相应的困扰。同时，医务人员、社区工作者、媒体记者等，面对巨大的工作压力以及较高的感染风险，更容易出现二次创伤。因此，加强相关工作人员的心理疏导亦对于提升救援效能具有重大意义。

在形式上，为了符合相关的传染病防控要求，传统的面对面心理咨询模式在适用上存在一定困难，远程在线的心理援助服务，如"心理危机干

预热线"便可以发挥重要作用。根据《心理援助热线技术指南（试行）》规定，热线机构要设置独立且固定的热线接听场所、配备专用的热线接听、记录、转接、录音、存储等设备，有条件的热线可与当地公安、民政、医疗机构等建立联网联动机制，而热线咨询员需具备相关心理专业背景和资质，可由精神科医护人员、心理治疗师、心理咨询师、有心理学背景的教师及社会工作者等人员组成，以确保提供高效且多元的热线服务。

但心理疏导和心理干预服务中不包含精神障碍的诊断、治疗。是否患有精神障碍以及是否需要治疗，属于医学的专业判断领域，心理咨询人员通常并非专业医师，不能从事精神障碍的诊断、治疗工作，心理咨询人员如果发现接受咨询的人员可能患有精神障碍的，应建议其到相关医疗机构就诊，由精神科的医师为其提供专业的医疗救助。

【关联规范】

《中华人民共和国突发事件应对法》第五十条、第八十一条；《中华人民共和国精神卫生法》第十四条、第二十三条；《中华人民共和国基本医疗卫生与健康促进法》第十九条、第二十八条；《心理援助热线技术指南（试行）》第一条、第三条。

第六章　保障措施

> **第八十一条　【国民经济和社会发展规划保障】**国家将传染病防治工作纳入国民经济和社会发展规划，县级以上地方人民政府将传染病防治工作纳入本行政区域的国民经济和社会发展规划。

【条文主旨】

本条是关于将传染病防治工作纳入国家和地方国民经济和社会发展规划的规定。

【条文释义】

一、将传染病防治工作纳入国民规划的必要性

传染病防治工作不仅关系到保障公众身体健康，也关系到国家和地方的经济发展和社会进步，更关系到国家安全发展与经济社会大局稳定，是国民经济和社会发展的重要组成部分。一直以来，党和政府都将传染病防治工作作为卫生健康工作的战略重点和应对突发公共卫生事件的重要保障，各级政府和全社会对此承担着重要责任。党的十九届五中全会审议通过的《中共中央关于制定国民经济和社会发展第十四个五年规划和二〇三五年远景目标的建议》提出"突发公共事件应急能力显著增强"的目标要求，明确了发展思路和重点举措，强调加强核心能力建设是提高应对突发公共卫生事件能力的重中之重；中共中央、国务院发布的《"健康中国2030"规划纲要》提出，到2030年，我国促进全民健康的制度体系更加完善，健康领域发展更加协调，健康生活方式得到普及，健康服务质量和健康保障水平不断提高，健康产业繁荣发展，基本实现健康公平，主要健康指标进入高收入国家行列。到 2050 年，建成与社会主义现代化国家相适应的健康国家；国务院办公厅发布的《"十四五"国民健康规划》进一步指出，各地各有关部门要扎实推进健康中国建设，启动实施健康中国行动，持续完善国民健康政策，保证到 2025 年，卫生健康体系更加完善，中国特色基本医疗卫生制度逐步健全，重大疫情和突发公共卫生事件防控应对能力显著提升，到 2035 年，建立与基本实现社会主义现代化相适应的卫生健康体系，中国特色基本医疗卫生制度更加完善。另外，本条相比《传染病防治法》（2013 年）第五十九条将"国民经济和社会发展计划"修改为"国民经济和社会发展规划"，这不仅与前文所述"十四五"规划在词义上相契合，更体现出国家进一步着眼于对传染病防治工作的长远性、全局性、战略性和整体性保障。

当前，传染病防治工作、突发公共卫生事件应对工作面临的风险挑战增多，必须进一步加强传染病防治工作保障，有力有序提升传染病防治工作能力，将传染病防治工作和应对突发公共卫生事件作为国家治理体系和治理能力的重要组成部分，扬优势、补短板、堵漏洞、强弱项，不断完善应对机制，才能切实实现党和政府提出的国民卫生健康目标，构建强大公共卫生体系，为维护国家长治久安提供重要制度保障。

二、传染病防治工作纳入国民规划的具体落实

将传染病防治工作纳入国家和地方的国民经济和社会发展规划，作为各级和全社会的共同目标，可以使传染病防治事业与社会经济发展同步增长，各级部门应协调好分工与合作，保障传染病防治工作的精准落实。具体来看，规划、财政部门要为实现国民经济和社会发展规划确立传染病防治目标，加大卫生健康、疾控疫苗研发等领域的财政投入力度；文化、宣传部门要充分利用媒体、网络、社区宣传、文娱活动等渠道做好传染病防治知识的宣传、报道，加强全民卫生知识健康教育普及工作；教育部门要在中小学开设健康教育课，深入开展卫生应急知识教育，提高公众对突发公共卫生事件认知水平和预防自救互救能力，增强全民族的健康意识；农业、水利、林业部门要做好消除农田、湖区、河流、牧场、林区的鼠害与寄生虫危害，以及其他传播传染病的动物和病媒生物危害的工作；建设、环保部门要有计划地建设和改造公共卫生设施，改善饮用水卫生条件，对污水、污物、粪便等进行无害化处理；卫生健康部门要加强区域公共卫生服务体系、医疗服务体系、医疗保障体系、药品供应保障体系建设，健全预警响应机制，改善疾病预防控制基础条件，健全以国家、省、市、县四级疾控中心和各类专科疾病防治机构为骨干，医疗机构为依托，基层医疗卫生机构为网底，军民融合、防治结合的疾控体系，建立上下联动的分工协作机制，全面提升防控和救治传染病的能力；信息、监管部门要创新医防协同机制，建立人员通、信息通、资源通和监督监管相互制约的机制，完善传染病疫情和突发公共卫生事件监测系统，改进不明原因疾病和异常健康事件监测机制，提高评估监测敏感性和准确性，建立智慧化预警多点触发机制，健全多渠道监测预警机制，提高实时分析、集中研判的能力；人力部门要加强疾控人才队伍建设，建立适应现代化疾控体系的人才培养使用机制，稳定基层疾控队伍；科技部门要提升科学发展和技术创新能力，加快完善公共卫生科研攻关体系，集中力量开展核心技术攻关，组织疾控研究机构通力合作，提升病因学调查、病原鉴定、疫苗自主研发能力。

另外，将传染病防治工作纳入国家和地方的国民经济和社会发展规划，可以划分为纳入长期计划、中期计划和短期计划三种形式。长期计划一般指持续时间十年以上的具备纲领性、战略性、轮廓性的远景规划，其为中短期计划划定长远目标。中期计划一般指五年计划，是根据远期计划和计划期内实际情况提出的战略目标和要求，既是长期计划目标的具体化，又是短期计划目标的依据。短期计划即年度计划，是在中长期计划指导下作出的较短时间内的具体安排。政府通过将传染病防治工作分别纳入这三种计划形式，明确传染病防治工作的长期战略目标、中期政策原则、短期任务和措施，做到长中短期政策互相衔接配合，从而保障传染病防治工作长期稳定地推进和运行。

【适用指南】

本条在适用过程中应注意与本法其他条文的相互衔接与照应。首先，本章其他条文中所规定的传染病防控工作经费保障、疾控预防体系建设、物资储备制度等均可以纳入本条"国民经济和社会发展规划"的概念之中，换言之，其他条文规定的保障措施是本条规定的保障措施进一步落实后的具体化；其次，本法第一百条对行政机关不履行本条所规定的保障职责的后果作出规定，即县级以上人民政府未将传染病防治工作纳入本行政区域的国民经济和社会发展规划的，应当按照本法第一百条的规定进行处罚。

【关联规范】

《中华人民共和国动物防疫法》第七十九条；《中华人民共和国疫苗管理法》第七条；《艾滋病防治条例》第四十八条；《突发公共卫生事件应急条例》第六条、第十三条、第四十条。

> **第八十二条 【各级部门经费保障】** 县级以上地方人民政府按照本级政府职责，负责本行政区域传染病预防、控制工作经费。
>
> 国务院卫生健康主管部门、疾病预防控制部门会同国务院有关部门，根据传染病流行趋势，确定全国传染病预防、监测、预测、预警、控制、救治、监督检查等项目。各级财政按照事权划分做好经费保障。
>
> 省级人民政府根据本行政区域传染病流行趋势，在国务院卫生健康主管部门、疾病预防控制部门确定的项目基础上，确定传染病预防、监测、检测、风险评估、预测、预警、控制、救治、监督检查等项目，并保障项目的实施经费。

【条文主旨】

本条是关于各级政府部门对传染病防治经费具体安排和保障的规定。

【条文释义】

传染病防治是公共卫生问题，但它涉及社会生活的各方面，是社会管理问题。自 2009 年国家启动公共卫生项目工程以来，各级政府对公共卫生项目给予了高度重视，以经费拨付和监管考核为主要抓手，加强组织管理，落实政府、相关职能部门和基层机构的主体责任，确保服务项目有效开展，形成了国家、省级、市、县（区）逐级组织管理体系，在自上而下统一部署的基础上，各地方立足实际，发挥所长，因地制宜，组织管理制度和体系不断完善。在财政经费保障上，公共卫生经费的拨付逐年增加，人均财政补助标准逐年增加。[1] 本条的规定体现政府公共服务职能，保障传染病防治工作落到实处。

一、各级部门经费保障职责

本条分为三款，从以下两个角度具体规定各级部门的经费保障职责。

其一，县、市、省级人民政府根据职责负责本行政区域的传染病预

---

[1] 尤莉莉、刘远立：《国家基本公共卫生服务项目十年评价（2009—2019 年）：实施国家基本公共卫生服务项目的意义和经验》，载《中国全科医学》2022 年第 25 期。

防、控制工作的人员经费、机构经费、办事经费、设备经费等日常经费的支出，确保各行政区域对传染病预防、控制的基本工作稳定持续运行，保证通常情况下传染病防治工作的正常进行。

其二，传染病发生、流行具有一定的规律，有些传染病可以通过监测和预警来判断其流行趋势；有些传染病可以通过预防措施，如注射疫苗来控制；有些疾病可以通过药物进行有效治疗如结核病的规范化治疗等。为此，国家需要采取必要的防治手段控制某些传染病。本条规定卫生健康主管部门、疾病预防控制部门会同财政部、国家发展和改革委员会等国务院有关部门，确定全国传染病预防、监测、预测、预警、控制、救治、监督检查等具体项目，各级财政按照事权划分对项目的实施给予专项资金支持。

二、具体项目经费保障

根据我国的财政体制，上述具体项目的经费从以下三个方面给予保障。

一是全国传染病预防、监测、预测、预警、控制、救治、监督检查等项目由中央财政保障项目的实施经费。对于全国性传染病的监测检测、预防控制、医疗救治等项目，由财政部、卫健委会同有关部门，做好中央财政的经费转移和拨付工作。

二是科学研究、应急培训演练、信息网络建设、人才培养等能力提升项目的实施经费由中央财政和地方财政共同承担。自《"健康中国2030"规划纲要》发布以来，一方面，国家加大对传染病研究的科技投入力度，面向人民生命健康，开展卫生健康领域科技体制改革试点，实施"脑科学与类脑研究"等重大项目以及"常见多发病防治研究""生育健康及妇女儿童健康保障"等重点专项；另一方面，加强卫生健康人才队伍建设和信息网络建设，强化医教协同，依托实体医疗机构建设互联网医院，为签约服务重点人群和重点随访患者提供远程监测和远程治疗，推动构建覆盖诊前、诊中、诊后的线上线下一体化医疗服务模式。对于此类能力提升项目的实施经费由中央财政和地方财政共同承担，以此加大对传染病防治能力提升项目的经费投入力度，切实保障传染病防治能力提升项目的稳步推进。

三是在国务院卫生健康主管部门确定的项目基础上，省级人民政府根据本地情况，确定传染病预防、监测、预测、预警、控制、救治、监督检查等项目，并保障项目的实施经费。

【适用指南】

本条在适用过程中应注意保障主体和保障对象的对应，以此明确违反相应保障义务时的责任承担主体。其一，县、乡、省级人民政府负责各自行政区域内的经费保障，保障对象为本行政区域内传染病监测检测、风险评估、预警预测、预防控制、医疗救治、监督检查等日常项目；其二，国务院卫生健康主管部门会同国务院有关部门负责全国性传染病的经费保障，保障对象为全国传染病监测检测、风险评估、预警预测、预防控制等日常项目，经费来源于中央财政；其三，国务院卫生健康主管部门会同国务院有关部门负责全国性传染病科学研究、应急培训演练、信息网络建设、人才培养等能力提升项目，经费来源于中央财政和地方财政。

【关联规范】

《中华人民共和国突发事件应对法》第三十一条；《中华人民共和国国境卫生检疫法》第八十条；《突发公共卫生事件应急条例》第六条、第四十三条；《艾滋病防治条例》第四十九条。

第八十三条　【疾病防控经费保障】 县级以上人民政府应当按照规定落实疾病预防控制机构基本建设、设备购置、学科建设、人才培养等相关经费；对其他医疗卫生机构承担疾病预防控制任务所需经费按照规定予以保障。

【条文主旨】

本条是关于县级以上人民政府对疾病预防控制任务所需经费予以保障的规定。

【条文释义】

为贯彻落实党中央、国务院关于改革完善疾控体系的决策部署，推动疾控事业高质量发展和健康中国战略目标实现，我国提出到2030年，完善多部门、跨地区、军地联防联控机制，建成以疾控机构和各类专科疾病防治机构为骨干、医疗机构为依托、基层医疗卫生机构为网底，军民融合、防治结合、全社会协同的疾控体系，健全集中统一高效的传染病疫情监测预警和应急指挥体系，形成体制健全、机制顺畅、权责清晰、功能完善、运行高效、协同联动、保障有力的工作局面。[①] 县级以上人民政府作为各行政区域传染病预防、控制工作的负责机构，应当按照相关规定全面详细落实疾病预防控制机构的相关经费，保障医疗卫生机构疾病预防控制工作的稳定运行，保障国家疾病预防控制体系的进一步改革完善。本条是对本法第八十二条第一款所规定的县级以上人民政府负责本行政区域疾病预防、控制经费保障工作内容的进一步细化，具体包括以下两个方面。

一、保障落实疾控机构相关经费

县级以上人民政府应当具体落实对各行政区域内疾病预防控制机构基本建设、设备购置、学科建设、人才培养等相关经费保障，建立多环节、多层次、稳定的经费保障机制。

其一，在基本建设方面，各级政府应当按照各级疾病预防控制机构的职能部门设置、业务部门设置、人员编制的预算予以经费保障，确保各机构业务部门完善，具备传染病预防与控制、免疫规划、突发事件卫生应急、慢性非传染性疾病预防控制、地方病寄生虫病预防与控制、公共卫生健康危害因素控制、检验、健康教育与健康促进等业务功能，配备管理岗位、专业技术岗位等相关资质人员。

其二，在设备购置方面，应当根据《疾病预防控制机构实验室仪器设备配置和管理》等文件的规定，按照财政部门确定的开支范围和标准下达资金用于配备、更新必需的建筑设备、仪器设备和物资，并推进疾病预防控制机构基础设施和实验室设备条件建设。如《上海市人民政府关于加强本市疾病预防控制体系建设的指导意见》中明确，要进一步加强市疾病预防控制中心基础设施建设，满足功能需求，建设标准化菌毒种保藏中心、生物样本库和菌毒种基因库、代谢组学和基因组学等重大产业技术基础实验室，开展区级疾病预防控制机构达标建设和能力提升工程，加强基础设施设备建设，明显改善业务用房和仪器装备条件，完善各级疾病预防控制机构业务用车、应急用车和特种专业技术用车的配置，满足流行病学调查、现场采样监测、标本运输和应急处置等业务需要。

其三，在学科建设方面，支持疾控机构与医疗机构、高校、科研院所、企业共建产学研用对接平台，共享科技平台和资源，打造传染病防控

[①] 《国务院办公厅关于推动疾病预防控制事业高质量发展的指导意见》，载中国政府网，https://www.gov.cn/zhengce/content/202312/content_6922483.htm，2025年5月5日访问。

研究核心基地，重点加强重大疾病和健康危害因素防控策略措施、核心技术、关键设备等科研攻关，推进高水平公共卫生、预防医学等高精尖学科建设。

其四，在人才培养方面，推进高端人才队伍建设，实施高水平公共卫生人才培养支持计划、疾控机构骨干人才培养培训项目，建立公共卫生专业技术人员和医疗机构临床医生交叉培训制度，探索人员双向流动，加强临床医务人员疾控相关知识技能培训和公共卫生人员临床相关知识技能培训。同时根据各地区关于高校和科研院所人才体制机制改革的相关政策，加大市疾病预防控制中心高端人才培养与引进、骨干人才培养、科研创新激励、科技成果转化等的工作力度。

二、保障其他医疗卫生机构疾控经费

各级人民政府应当对其他医疗卫生机构承担疾病预防控制任务所需经费予以保障。我国建立健全由基层医疗卫生机构、医院、专业公共卫生机构等组成的城乡全覆盖、功能互补、连续协同的医疗卫生服务体系，各级人民政府应当切实履行发展医疗卫生与健康事业的职责，建立与经济社会发展、财政状况和健康指标相适应的医疗卫生与健康事业投入机制，将医疗卫生与健康促进经费纳入本级政府预算。对于上述各级各类医疗卫生机构在承担疾病预防控制任务以及重大传染病应急处置所需要的人员经费、公用经费和业务经费，应根据人员编制、经费标准、服务任务完成及考核情况，由同级政府按照相应预算管理方式予以保障和补偿。

总之，各级政府要建立稳定的公共卫生事业投入机制，按照统筹规划、分级负责原则，支持改革完善疾控体系，重点保障各级疾控机构所需的基本建设、设备购置、学科建设、人才培养等发展建设支出。医疗卫生机构承担疾病防控任务所需人员经费、公用经费和业务经费应按预算管理规定纳入政府预算安排，在科研投入、平台建设等方面政府应给予国家和省级疾控中心相关政策支持，落实对医疗机构开展传染病防治等公共卫生服务的财政投入政策。

【适用指南】

本条在适用过程中应注意与已有法律间的联系和衔接。本条前一分句与后一分句均提到"按照规定"，此处的相关规定是指各级立法机关、医疗卫生机构关于疾病预防控制保障经费的规定，如《国境卫生检疫法》《"健康中国2030"规划纲要》《"十四五"国民健康规划》《"十四五"优质高效医疗卫生服务体系建设实施方案》《全国疾病预防控制行动方案

（2024—2025年）》《关于进一步完善医疗卫生服务体系的意见》《国务院办公厅关于推动疾病预防控制事业高质量发展的指导意见》《疾病预防控制标准管理办法》《关于全面推进紧密型县域医疗卫生共同体建设的指导意见》等。各级人民政府在履行本条所规定的疾病预防控制经费保障任务时，应当根据不同层级、不同部门、不同地域的相关规范，按照统筹规划、分级负责原则，建立起稳定的公共卫生事业投入机制。

【关联规范】

《中华人民共和国基本医疗卫生与健康促进法》第三十四条、第八十条。

> **第八十四条　【基层传染病防治保障】**国家加强基层传染病防治体系建设，扶持欠发达地区、民族地区和边境地区的传染病防治工作。
>
> 地方各级人民政府应当保障基层传染病预防、控制工作的必要经费。

【条文主旨】

本条是关于各级人民政府为基层传染病防治体系建设提供保障措施的规定。

【条文释义】

一、国家加强基层传染病防治体系建设

卫生事业是政府实行一定福利政策的社会公益事业，政府对发展卫生事业保障人民健康负有重要责任。发展卫生事业加强传染病预防控制，首先要明确政府的职责。还要健全疾控机构和城乡社区联动工作机制，加强乡镇卫生院和社区卫生服务中心疾病预防职责，夯实联防联控的基层基础。加强乡镇卫生院和社区卫生服务中心规范化建设，发展社区医院，健全临床科室设置和设备配备。强化常见病多发病诊治、公共卫生、健康管理和中医药服务能力，提升传染病筛查、防治水平，加强重大慢性病健康管理，开展居民心理健康指导，增强乡镇卫生院二级及以下常规手术等医

疗服务能力。[①]

二、基层传染病防控工作必要经费保障

根据《国务院办公厅关于印发医疗卫生领域中央与地方财政事权和支出责任划分改革方案的通知》等有关规定，各级政府对公共卫生事务和卫生机构的资金给予财政补助，保障基层传染病预防、控制工作的必要经费。具体而言，其一，疾病控制等公共卫生事业机构和向社会提供公共卫生服务所需经费由同级财政预算和单位上缴的预算外资金统筹安排。对政府举办的医疗卫生机构给予财政补助。其二，卫健委同财政部要求各级财政部门要按照基本公共卫生服务项目和经费标准足额安排转移支付资金预算，建立健全基本公共卫生服务经费保障机制，确保年度基本公共卫生工作任务保质保量完成。其三，根据中央财政和地方财政的分管原则，中央财政负责对困难地区实施重大传染病防治项目给予补助，地方各级人民政府负责保障城市社区、农村基层传染病预防工作的经费，经费应包括国家免疫规划项目的预防接种、规定免费治疗的疾病、对公众的健康教育等。

三、特殊地区传染病防治工作扶持

《"十四五"国民健康规划》指出，要保障相关重点人群健康服务，巩固拓展健康扶贫成果同乡村振兴有效衔接。过渡期内保持现有健康帮扶政策总体稳定，调整优化支持政策，健全因病返贫致贫动态监测机制，建立农村低收入人口常态化精准健康帮扶机制。加大对脱贫地区、"三区三州"、原中央苏区、易地扶贫搬迁安置地区等县级医院支持力度，鼓励开展对口帮扶、合作共建医疗联合体，重点提高传染病疫情和突发公共卫生事件监测预警、应急处置和医疗救治能力。加强脱贫地区乡村医疗卫生服务体系达标提质建设，支持采用巡诊派驻等方式保障乡村医疗卫生服务覆盖面，确保乡村医疗卫生机构和人员"空白点"持续实现动态清零。结合脱贫地区实际，推广大病专项救治模式，巩固并逐步提高重点人群家庭医生签约服务覆盖面和服务质量。

【适用指南】

本条在执行层面应注意与其他相关规定措施的配套。首先，本条第一款是关于国家加强对欠发达地区、民族地区、边境地区的传染病防治工作

[①] 《构建起强大的公共卫生体系 为维护人民健康提供有力保障》，载中国政府网，https://www.gov.cn/xinwen/2020-09/15/content_5543609.htm，2025年5月5日访问。

的规定，各级政府在扶持上述特殊地区传染病防治工作时，应当依法依规采取相关措施，比如对于边境地区的传染病防治保障工作，可以根据我国《国境卫生检疫法》第二条之规定，在陆地边境地区设立国境卫生检疫机关，加强实施传染病检疫、监测和卫生监督等工作。其次，本条第二款是关于基层传染病预防、控制经费保障的规定，这与本法第八十二条、第八十三条联系紧密，换言之，本法第八十二条、第八十三条是对"保障基层传染病预防、控制工作的必要经费"的具体化，行政机关在执行层面应当根据第八十二条、第八十三条及其解释的细化规定，切实保障基层传染病预防、控制工作经费的落实。

【关联规范】

《中华人民共和国国境卫生检疫法》第二条；《中华人民共和国陆地国界法》第四十六条；《突发公共卫生事件应急条例》第六条。

> **第八十五条　【医疗机构防控能力建设保障】** 国家加强医疗机构疾病预防控制能力建设，持续提升传染病专科医院、综合医院的传染病监测、检验检测、诊断和救治、科学研究等能力和水平。
>
> 国家创新医防协同、医防融合机制，推进医疗机构与疾病预防控制机构深度协作。

【条文主旨】

本条是关于国家加强医疗机构疾病预防控制能力建设，推进医防机构协作的规定。

【条文释义】

为进一步建设健康中国，深化卫生健康领域改革，党的二十届三中全会通过的《中共中央关于进一步全面深化改革、推进中国式现代化的决定》对"健全公共卫生体系，促进社会共治、医防协同、医防融合"提出明确要求，本条对该要求作出了具体化规定，主要包括以下两个方面。

一、加强医疗机构疾病预防控制能力建设

加强医疗机构疾病预防控制能力建设，是保护人民健康、保障公共卫生安全、维护经济社会稳定的重要保障。2016年10月，党中央、国务院发布的《"健康中国2030"规划纲要》指出"预防是最经济最有效的健康策略"。《国务院办公厅关于推动疾病预防控制事业高质量发展的指导意见》更是明确强调要"强化医疗机构疾控职能。制定完善各级各类医疗机构公共卫生责任清单，将疾控工作履职情况纳入医院等级评审。持续提升传染病医院和综合医院传染病院区的传染病诊疗、监测、检测、培训、科研、应急等能力和水平"。医疗机构作为向公众提供医疗服务的专业化机构，是突发公共卫生事件应对中的关键一环，理应提升其对疾病的预防控制能力，构建以疾控机构为骨干，以医疗机构为依托，以基层医疗卫生机构为网底的预防工作体系，确保疾病根除。

具体而言，应当持续提升传染病专科医院、综合医院的传染病监测、检验检测、诊断和救治等能力和水平。一方面，应当着重加强对综合医院的疾病防控能力建设。根据《医疗机构管理条例实施细则》第三条之规定，综合医院和专科医院是我国医疗机构的主要类别之一。截至2023年，综合医院的机构数量、卫生人员数量、卫生经费在所有医疗机构中占比最多，[1]是我国传染病防治网的重要组成部分。综合医院疾病防控能力的建设是整体卫生医疗机构防控能力提升的重要一环。在建设过程中建议从以下几点入手：一是完善传染病监测体系，健全预警机制。如整合门诊（发热门诊、肠道门诊等）的电子病历、住院电子病历、放射、检验等信息系统，充分利用大数据、人工智能、云计算等技术建立基于症状监测的感染性疾病预警机制，实现新发传染病的早发现、早报告。二是设置独立检测单元，提升检验检测水平。如完善感染性疾病科室配套设施，条件允许时，单院区的医院设置独立的传染楼，配置独立的放射检查、检验等辅助科室。三是优化资源配置，组建技术团队，提高诊断救治、科学研究水平。

另一方面，在加强综合性医院传染病防控能力建设的同时，还需大力推进作为传染病治疗主体的传染病专科医院发展，以应对日趋增长的传染病检测需求。[2]相比于综合医院，传染病专科医院在转型发展过程中应基

---

[1] 《2023中国卫生健康统计年鉴》，载国家卫生健康委员会网站，http://www.nhc.gov.cn/mohwsbwstjxxzx/tjtjnj/202501/b8d57baa95834269b5b3562bfec801a7.shtml，2025年5月5日访问。

[2] 王雅杰等：《全国传染病临床检验现状与发展需求调研报告》，载《中华检验医学杂志》2025年第1期。

于自身专科特色,加强学科综合化发展,建立起多学科合作的综合性诊疗技术平台,走精细化感染性疾病专业道路和以感染性疾病为特色的综合性医院发展道路。①

二、创新推进医防融合机制

"医防协同与融合机制"一直是我国深化医疗改革的重要线索之一。2021年3月,《国民经济和社会发展第十四个五年规划和2035年远景目标纲要》的第四十四章"全面推进健康中国建设"重点指出"落实医疗机构公共卫生责任,创新医防协同机制"。2022年10月,党的二十大报告中关于"推进健康中国建设"方面专门指出"创新医防协同、医防融合机制,健全公共卫生体系"。2023年3月,中共中央办公厅、国务院印发《关于进一步完善医疗卫生服务体系的意见》,强调"加强防治结合",指出"创新医防协同、医防融合机制"。2024年7月,党的二十届三中全会指出"实施健康优先发展战略,健全公共卫生体系,促进社会共治、医防协同、医防融合"。在我国"健康中国"战略背景下,医防融合机制是国家把健康"战略关口前移"、建立以"人民健康为中心"的国家战略的具体体现。目前,医防协同、医防融合的概念尚未明确,协同、融合的积极效应尚未得到充分发挥,亟须从以下五个方面明确实施路径,创新现实可行的工作机制。

其一,在内涵厘定上,医防协同、医防融合更加强调医疗机构在疾病预防控制工作中的责任和作用。医防协同侧重于从医疗机构和疾控机构共同协作完成的工作出发,进而加强协作意愿、优化协作模式、提升协作成效。医防融合侧重于从医疗机构履行疾病预防控制责任出发,进而丰富服务内容、优化服务模式、督促责任落实。②

其二,从防控工作的全流程出发,应做到以下三点:一是强化监测协同,打破信息壁垒,构建多点触发、反应快速、权威高效的传染病监测预警体系;二是强化研判协同,加强在疫情形势研判方面的密切协作;三是强化处置协同,提升应急响应能力,加强医疗机构和疾控机构在流行病学调查、传染源及风险人群管控等应对处置措施中的协同配合。

其三,厘清疾病预防控制中心与卫生健康委疾控部门的行政关系和专

---

① 蔡卫华、葛锋:《传染病专科医院综合化战略转型发展探讨》,载《中国医院管理》2018年第8期。
② 《王贺胜委员:推动医防协同、医防融合真正落地》,载中国政协网,http://www.cppcc.gov.cn/zxww/2023/08/03/ARTI1691025617743133.shtml?from=groupmessage,2025年5月5日访问。

业责任，强化医疗机构疾病防控职责，并探索建立疾控监督员制度。

其四，加强培养培训，夯实医防协同、医防融合人才基础。建立公共卫生专业技术人员和医疗机构临床医师交叉培训机制，鼓励人员双向流动。

其五，持续推进基层医防深度融合。将基层疾病预防控制机构、基层卫生机构和公共卫生机构纳入医共体建设，发挥县域内医共体医防资源融合作用。

【关联规范】

《中华人民共和国医师法》第四十五条；《医疗机构管理条例实施细则》第三条。

> **第八十六条　【人才队伍与学科建设保障】** 国家加强传染病防治人才队伍建设，推动传染病防治相关学科建设。
> 开设医学专业的院校应当加强预防医学教育和科学研究，对在校医学专业学生以及其他与传染病防治相关的人员进行预防医学教育和培训，为传染病防治工作提供专业技术支持。
> 疾病预防控制机构、医疗机构等应当定期对其工作人员进行传染病防治知识、技能的培训。

【条文主旨】

本条是关于国家加强传染病防治人才队伍与学科建设，并开展相关知识、技能培训的规定。

【条文释义】

本条第一款是对国家加强传染病预防控制人才队伍和学科建设的总括性规定，是"十四五"期间我国卫生健康人才发展总体目标在传染病防控领域的进一步体现。国家卫生健康委《"十四五"卫生健康人才发展规划》指出，促进卫生健康事业高质量发展，推动健康中国建设，人才是关键。

近年来，我国卫生健康人才队伍建设取得长足发展，但同新形势新任务新要求相比还有很多不适应的地方。以我国疾控机构人员配置情况来看，2021年我国疾控中心人员数为20.96万人，其中执业（助理）医师7.01万人。根据疾控中心机构编制标准（1.75人/万常住人口，实际只有

1.48人/万常住人口）全国至少共需要各级疾控人员24.5万人，在疾控专业人员数量上存在较大人才短缺。① 因此，应当大力加强卫生健康人才队伍建设，优化人才结构，创新卫生健康人才政策，激发各类人才活力，为加快推进健康中国建设提供强有力的人才支撑。在具体落实中应当从以下两方面入手，分别对应本条第二款与第三款，详述如下。

一、院校：加强预防医学教育和科学研究

医学教育是卫生健康事业发展的重要基石。党的十八大以来，我国医学教育蓬勃发展，医学教育尤其是预防医学教育培养的医务工作者在传染病防控过程中发挥了重要作用。有数据显示，2022年，地方各级疾控机构CDC②在岗人员中，预防医学等专业占41.6%，其他医学专业占30%，非医学类专业占28.4%。高校公共卫生学院（系）输送的人才约占省市县疾控中心现有人员的41.6%，医学院校输送的人才共计约占省市县疾控中心现有人员的71.6%。③ 因此，在校医学专业学生是我国传染病防治高素质人才的储备力量，医学专业院校是我国传染病防治人才培养与学科建设的关键角色。

本条第二款指出，开设医学专业的院校应当加强预防医学教育和科学研究，为传染病防治工作提供专业技术支持，为推进健康中国建设提供强有力的人才保障。具体包括以下三方面。

首先，院校应对在校医学专业学生以及其他与传染病防治相关的人员进行预防医学教育。预防医学是《"健康中国2030"规划纲要》的重要实现路径之一，现代医学人才的教育培养应更加注重提高医学生对预防医学的认知力和岗位胜任力。④《国务院办公厅关于推动疾病预防控制事业高质量发展的指导意见》明确提出要将公共卫生与预防医学相关学科专业纳入"国家关键领域战略人才储备招生计划"支持范围。《国务院办公厅关于加快医学教育创新发展的指导意见》同样指出应强化预防医学本科专业学生实践能力培养。因此，各地医学院校应紧抓预防医学教育。院校在完善预防医学教育体系时可以采取案例式讨论、参与式教学、互联网现代化教学、校内外联合教学、课外实践技能训练、教学效果第三方反馈等方式，⑤

---

① 潘锋：《加快构建高质量公共卫生人才培养体系》，载《中国医药科学》2023年第17期。
② 疾病预防控制中心（Centers for Disease Control and Prevention）的缩写。
③ 潘锋：《加快构建高质量公共卫生人才培养体系》，载《中国医药科学》2023年第17期。
④ 陈小雪、吕馨月、叶雨婷等：《基于建设高水平公共卫生学院的"五育"融合培养预防医学人才路径分析》，载《中国公共卫生管理》2023年第6期。
⑤ 王洁、朱伊娜、家常亮等：《公共卫生与预防医学教育模式改革探究——论新冠肺炎疫情下的教学影响》，载《教育教学论坛》2022年第16期。

不断优化预防医学教育模式,以全面提升学生预防医学的综合能力。

其次,院校应当加强对预防医学教育的科学研究。各大院校应当充分利用教育机构的平台优势、师资力量的资源优势、专项计划的项目优势、配套实验室的技术优势,加大科研资金投入力度,加强疾病防控和公共卫生科研攻关体系与能力建设,汇聚力量协同开展重大传染病防控全链条研究。

最后,院校应对在校医学专业学生以及其他与传染病防治相关的人员定期开展专业技术培训。院校应以行业人才需求为导向,定期对特定人员开展病原学鉴定、疫情形势研判等技术培训,培养其专业技术和实际应用能力。

二、疾控医疗机构等:定期开展专业知识、技能培训

本条第三款指出,疾病预防控制机构、医疗机构等应当定期对其工作人员进行传染病防治知识、技能的培训。我国医疗卫生事业发展离不开疾病预防控制机构、医疗机构等部门的广大一线工作人员,其具有保健知识信息和技能优势,是各地区卫生健康教育的指导者、咨询者、工作者。但由于新疾病的不断出现和医学知识的更新,这就要求对预防、医疗机构的工作人员进行定期培训,加强他们的教育水平和科研能力,以适应新形势的发展变化。

疾病预防控制机构、医疗机构等在开展培训工作时应注意以下三点:其一,培训工作应定期进行。"定期"意味着要形成体系化的方案或制度,要结合实战需要,根据突发事件的不同类型,有组织、有计划地开展培训。例如,相关机构可以制定传染病防治培训时间安排表,纳入本年度继续教育培训管理,分年度、分次数、分科室对不同种类传染病的相关法律法规、监测检测程序、诊断标准、救治方式等展开分类专题培训,并将医务人员接受培训的情况纳入其年度绩效考核的必备内容。其二,持续推进相关工作人员规范化培训制度。各机构可视条件建立重点专业基地、骨干师资培训基地或标准化住培实践技能考核基地。其三,探索建立交叉培训制度。例如,建立公共卫生专业技术人员和医疗机构临床医生交叉培训制度,探索人员双向流动,加强临床医务人员疾控相关知识技能培训和公共卫生人员临床相关知识技能培训。

【适用指南】

在适用本条过程中,要注意以下两个方面:

其一,明确责任主体与任务分工。建议各相关主体清晰界定自身在传染病防治人才队伍建设中的职责。例如,国家层面应做好顶层设计,

制定宏观政策与规划，引导资源向传染病防治人才培养倾斜，加大财政投入，设立专项基金支持传染病防治相关学科建设；教育主管部门要统筹协调，推动高校优化专业设置，加强预防医学教育体系建设；疾病预防控制机构、医疗机构则要落实内部培训主体责任，制订年度培训计划，结合实际工作需求，开展传染病防治知识与技能的定期培训，如流行病学调查方法、疫情应急处置流程等，确保工作人员能力与岗位要求相匹配。

其二，保障实施效果与质量监督。为确保传染病防治人才队伍建设工作取得实效，建议建立完善的质量监督与考核机制。例如，对于疾病预防控制机构、医疗机构的内部培训，要建立培训效果评估体系，通过理论考试、实操考核、案例分析等方式，检验工作人员对培训内容的掌握程度；将培训效果与绩效考核、职称晋升等挂钩，对培训成绩优异者给予奖励，对未达到要求的人员进行补考或再培训，形成有效的激励约束机制，保障培训工作不流于形式，切实提高工作人员的传染病防治水平，为传染病防治工作筑牢人才根基。

【关联规范】

《中华人民共和国医师法》第四十五条第一款；《中华人民共和国国境卫生检疫法》第四十三条；《中华人民共和国生物安全法》第七条。

第八十七条 【信息化建设保障】 县级以上人民政府应当加强疾病预防控制信息化建设，将其纳入全民健康信息化建设。

县级以上人民政府应当建立传染病预防控制信息共享机制，利用全民健康信息平台、政务数据共享平台、应急管理信息系统等，共享并综合应用相关数据。

国家加强传染病防治相关网络安全和数据安全管理工作，提高技术防范水平。

【条文主旨】

本条是关于加强对传染病防治工作的信息化建设的规定。

【条文释义】

"十四五"时期是全民健康信息化建设创新引领卫生健康事业高质量发展的重要机遇期，也是以数字化、网络化、智能化转型推动卫生健康工作实现质量变革、效率变革、动力变革的关键窗口期。随着网络安全、信息技术、科技医疗等新兴技术在传染病预防、控制工作过程中的深入应用，我国卫生健康行业逐渐实现健康中国、数字中国融合落地，各地区医疗卫生事业实现标准化、高效化、高质量发展，各级疾控相关部门实现信息共享化、数据全面化、管理规范化。因此，不断推动加强对传染病防治工作的信息化建设，紧密结合卫生健康行业应用需求和新一代信息技术发展大势，是实现政府决策科学化、社会治理精准化、公共服务高效化、建设健康中国、推动卫生健康事业高质量发展的重要保障。

本条分为三款，各自从三个方面对新时期如何加强传染病防治工作信息化建设进行了阐述，详述如下：

其一，各级政府应当将疾病预防控制信息化建设纳入全民健康信息化建设。全民健康信息平台作为统一的、国家级的信息化平台，能够通过信息技术手段实现医疗健康数据的集中管理、共享和应用，以更好地服务于居民健康管理、疾病预防控制、医疗资源优化配置等公共卫生需求，实现各级各类医疗卫生机构的数据互联互通和信息共享。全民健康信息平台的建设框架主要包括数据的收集、整合、共享和应用四个主要环节，将疾病预防控制信息化建设纳入全民健康信息化建设，同样需要从疾病预防控制数据的收集、整合、共享和应用四个环节出发，以全民健康信息平台为基础，按照"整体统筹、横向整合、纵向贯通、重点突出"的原则，建立以疾控机构为支撑，以国家级传染病监测预警与应急指挥信息平台为主体，各省统筹区域传染病监测预警与应急指挥信息平台共建、共治、共享，实现国家与省统筹区域两级平台，覆盖国家、省、市、县四级应用。

其二，各级政府应当建立传染病预防控制信息共享机制，利用好大数据在传染病防控工作过程中发挥的作用。目前，国家全民健康信息平台已基本建成，省级统筹区域全民健康信息平台不断完善，基本实现了国家、省、市、县平台的联通全覆盖，已经有8000多家二级以上公立医院接入区域全民健康信息平台，20个省份超过80%的三级医院已接入省级的全民健康信息平台，25个省份开展了电子健康档案省内共享调阅，17个省份开展了电子病历省内共享调阅，204个地级市开展了检查检验结果的互通共享，260多个城市实现区域内医疗机构就诊"一卡（码）通"，2200多家三级医院初步实现院内互通。①《"十四五"全民健康信息化规划》指出，随着国家全民健康信息平台中全员人口信息、居民电子健康档案、电子病历和基础资源等数据库的建立，各级政府应当充分发挥大数据在疫情防控、监测分析、病毒溯源、物资调配等方面的重要作用，搭建跨部门数据共享平台，加快构建全国一体化的健康医疗大数据中心协同创新体系。

其三，国家应加强传染病防治相关网络安全和数据安全管理工作，保障网络安全。网络与数据的安全性是进一步促进"互联网+医疗健康"发展的重要保障，也是充分发挥健康医疗大数据在传染病预防控制中的重要支撑作用的前提。《"十四五"全民健康信息化规划》指出，各级卫生健康部门和医疗卫生机构应当建立卫生健康行业网络信息与数据安全责任制，健全网络综合治理体系，制定网络安全事件应急预案，完成重大活动期间网络安全保障任务，全面提升网络安全防护能力。加大网络安全管理和技术培训力度，组建网络安全专家队伍和技术支撑队伍，举办卫生健康行业网络安全技能大赛，开展全行业网络安全监测，不断提高快速处置网络安全事件能力，切实提升网络安全保障水平。因此，各级政府应当坚持发展与安全并重，完善网络安全和数据安全制度，围绕网络与数据安全全链条、全要素、全周期加强教育培训和宣贯，加大网络安全投入，切实防范化解风险，提高安全防护能力，不断完善传染病防治相关网络安全和数据安全综合防范体系。

【适用指南】

本条在适用过程中应注意符合我国《个人信息保护法》所限定的范围。本条第二款是关于建立传染病预防控制信息共享机制的规定，但在传染病防控信息实现大数据共享的过程中，必然会涉及一系列个人信息的登记、收集、传播、利用等流程，此时大数据共享平台所属主体应遵守我国《个人信息保护法》等规范对个人信息保护的相关规定。首先，公民个人信息数据在收集和使用过程中应明确告知其相关情况并征得本人授权同意，即符合"知情同意"原则；其次，根据中央网络安全和信息化委员会办公室《关于做好个人信息保护利用大数据支撑联防联控工作的通知》，各部门收集个人信息应参照个人信息安全规范的国家标准，坚持最小范围原则，收集对象原则上限于确诊者、疑似者、密切接触者等重点人员，防

---

① 《加快全民健康信息化建设——数据多跑路 患者享便利》，载人民网，http://health.people.com.cn/n1/2024/0308/c14739-40191462.html，2025年5月5日访问。

止形成对特定地域人群的事实上的歧视，为疫情防控、疾病防治收集的个人信息，不得用于其他用途，未经被收集者同意不得公开其个人信息，但因联防联控工作需要，且经过脱敏处理的除外；最后，各地区卫生健康部门和医疗卫生机构应采取具有实际可操作性的数据保护措施。例如，浙江省各级卫生健康部门和医疗卫生机构建立了一支由首席网络安全官、网络安全管理员、联络员组成的专业化队伍，其采用数据加密、人脸识别、双因子认证等技术手段和防护措施，确保数据的安全流转。在疾病检查检验结果互认的应用中，患者有自主开放和关闭共享调阅的权限，医生在调阅患者医疗数据时，采用医务人员身份认证和患者手机端动态授权码双重认证，确保数据安全与个人信息保护。①

【关联规范】

《中华人民共和国个人信息保护法》第十四条；《医疗卫生机构网络安全管理办法》第二十二条；《国家健康医疗大数据标准、安全和服务管理办法（试行）》第十九条、第二十五条。

> **第八十八条　【医疗费用保障】** 对符合国家规定的传染病医疗费用，基本医疗保险按照规定予以支付。
>
> 对患者、疑似患者治疗甲类传染病以及依照本法规定采取甲类传染病预防、控制措施的传染病的医疗费用，基本医疗保险、大病保险、医疗救助等按照规定支付后，其个人负担部分，政府按照规定予以补助。
>
> 国家对患有特定传染病的困难人群实行医疗救助，减免医疗费用。
>
> 国家鼓励商业保险机构开发传染病防治相关保险产品。

【条文主旨】

本条是关于对传染病医疗费用予以减免、补助、医疗保险保障的规定。

---

① 《加快全民健康信息化建设——数据多跑路 患者享便利》，载人民网，http：//health.people.com.cn/n1/2024/0308/c14739-40191462.html，2025 年 5 月 7 日访问。

【条文释义】

为体现对传染病病人的关怀，控制传染病的传播和流行，切实减轻传染病患者的就医负担与经济压力，本条从以下四个方面对传染病患者实行医疗费用减免、补助、保险保障等优惠政策，以进一步促进基本医疗保险、大病保险、医疗救助、应急救助、商业健康保险及慈善救助等制度间的互补联动和有效衔接，形成保障合力。

一、基本医疗保险对符合国家规定的传染病医疗费用予以支付

根据我国《社会保险法》《医疗保障基金使用监督管理条例》《"十四五"全民医疗保障规划》等相关规定，参保人员在定点医疗机构发生的符合"医保三大目录"的相关医疗费用，医疗保险基金按规定予以支付。"参保人员"是指患者有生效的基本医疗保险参保登记且处于正常参保状态，"定点医疗机构"是指在基本医保定点医疗机构的就医行为，"医保三大目录"是指费用事项属于医保药品目录、诊疗项目目录、医用耗材目录范围，具体报销比例根据参保群众参保性质（职工医保、居民医保）、药品分类（甲类、乙类）、就诊医院的医院等级（三级、二级、一级及以下）、就诊形式（住院、门诊）、门诊特定病种等因素的不同有所区别。对于以下情形不予报销：在非医保定点医疗机构就医（除紧急救治和抢救）、在非选定医疗机构门诊就医（除紧急救治和抢救）、医保目录以外的内容、体育健身、养生保健消费、健康体检项目、应当从工伤保险基金中支付的、应当由第三人负担的、应当由公共卫生负担的、境外就医的。

总之，基本医保重点保障符合"临床必需、安全有效、价格合理"原则的药品、医疗服务和基本服务设施相关费用，要充分考虑医保基金支付能力、社会总体承受能力和参保人个人负担，坚持基本保障和责任分担的原则，按照规定程序调整待遇政策。科学合理确定药品和医疗服务项目的医保支付标准。

二、个人负担费用政府按照规定给予补助

对于患者、疑似患者在治疗特定传染病时基本医疗保险、大病保险、医疗救助等按照规定支付后的个人负担费用，政府按照规定给予补助。此处医疗费用补助的前提限于特定类型的传染病，即本法第三条、第四条规定的甲类传染病以及采取本法所称甲类传染病预防、控制措施的乙类传染病，共包括四种。

三、国家对患有特定传染病的困难人群实行医疗救助

获得医疗救助应当具备以下两个条件。

一是患有特定传染病。我国目前的法定报告传染病分为甲、乙、丙3类，共41种，[①] 一般需要根据传染病发生、流行趋势和控制传染病传播的需要，对特定的传染病患者实行医疗救助。

二是困难人群。我国幅员辽阔，人口众多，地区间、城乡间经济发展不平衡，医疗保障体系不健全，对困难人群的传染病医疗费用国家予以减免。近年来，国家不断加大对重大传染病的防治力度，采取对西部地区卫生投入的倾斜政策，在结核病、艾滋病及其他重点疾病防治中从中央卫生专项经费方面加大支持力度。根据《国家疾控局关于推广四川省凉山州艾滋病等重大传染病防治经验的通知》，国家不断加强对凉山彝族自治州艾滋病防控财政政策保障，凉山州严格按照户籍人口州本级不低于4元/人、重点县（市）不低于3.5元/人、其他县（市）不低于2.5元/人的标准落实艾滋病防治保障经费，人均艾防经费从2017年的近20元上升到2023年的65元。且将肺结核（包括耐多药肺结核）、丙肝纳入二类门诊特殊病种管理，将艾滋病、肺结核、丙肝等单行支付高值药品的基本医保报销比例提高到80%，将受艾滋病影响家庭困难人群全部纳入民政救助范围。

四、国家鼓励商业保险机构开发传染病相关保险产品

加强传染病相关保险政策的落实、拓宽多样的传染病保险渠道，是进一步做好传染病防控医疗保障工作的重要措施。中共中央、国务院在《"健康中国2030"规划纲要》中指出，应健全以基本医疗保障为主体、以其他多种形式补充保险和商业健康保险为补充的多层次医疗保障体系，加强基本医保、城乡居民大病保险、商业健康保险与医疗救助等的有效衔接。同时，应注重积极发展商业健康保险，落实税收等优惠政策，鼓励企业、个人参加商业健康保险及多种形式的补充保险，促进商业保险公司与医疗、体检、护理等机构合作，发展健康管理组织等新型组织形式，多形式、多渠道促进传染病保险保障体系的建成。

【适用指南】

本条在适用过程中应注意不同医疗费用保障措施中的适用对象。虽然国家不断加强对传染病患者实行医疗费用减免、补助、保险保障优惠政策的贯彻落实，但各疾控医疗、财政、卫生等相关部门在执行的过程中应严格遵守优惠措施的前提，不应超过法律规定的限定情形。具体而言，第一

---

① 《法定传染病目录》，载国家疾病预防控制局网站，https://www.ndcpa.gov.cn/jbkzzx/c100041/common/list.html，2025年5月5日访问。

款基本医疗保险支付报销应当限定于"参保人员""定点医疗机构""医保三大目录"三项条件，超出条件不得予以支付，第二款实行医疗救助、减免医疗费用应当限定于特定传染病与困难人群两项条件，第三款政府给予补助则应当限定于"甲类、乙类甲管"传染病、额外个人负担部分两项条件。

【关联规范】

《中华人民共和国社会保险法》第二十八条至第三十条；《医疗保障基金使用监督管理条例》第八条、第十五条。

第八十九条　【应急物资保障】 国家建立健全公共卫生应急物资保障体系，提高传染病疫情防控应急物资保障水平，县级以上人民政府发展改革部门统筹防控应急物资保障工作。

国家加强医药储备，将传染病防治相关药品、医疗器械、卫生防护用品等物资纳入公共卫生应急物资保障体系，实行中央和地方两级储备。

国务院工业和信息化部门会同国务院有关部门，根据传染病预防、控制和公共卫生应急准备的需要，加强医药实物储备、产能储备、技术储备，指导地方开展医药储备工作，完善储备调整、调用和轮换机制。

【条文主旨】

本条是关于国家建立健全传染病防治应急物资保障体系与相关医药储备的规定。

【条文释义】

进一步健全国家公共卫生应急物资保障体系，不仅是完善传染病防控举措的现实需要，更是增强忧患意识、有效防范应对重大突发事件的重要举措。本条从以下两点详细阐述了我国传染病应急物资保障工作的目标以及具体措施。

一、建立健全公共卫生应急物资保障体系

建立健全公共卫生应急物资保障体系是提升我国传染病应急物资保障工作的整体目标。近年来，党中央对应急物资保障工作提出新的要求，党的十九届五中全会提出"十四五"时期经济社会发展的主要目标之一是突发公共事件应急能力显著增强。[①] 本条第一款明确提出国家传染病应急物资保障工作的总体目标是建立健全公共卫生应急物资保障体系，提高传染病疫情防控应急物资保障水平。同时，明确各级发展改革部门在各级应急物资保障工作中的统筹防控作用，各级发改部门应当切实履行统筹防控职责，会同财政、卫健委、工业和信息化、应急管理、物资储备等有关部门各司其职，制定具体实施方案，共同推进健全完善公共卫生应急物资储备体系。

二、建立传染病预防、控制的物资储备机制

国家加强医药储备，建立传染病预防、控制的物资储备机制。建立传染病预防、控制的物资储备机制，目的是使我们在传染病突然来临时有充分的准备，能够应对各种紧急情况。本条第二款详细规定了国家建立物资储备机制的具体措施，可分为以下三个方面。

首先，将传染病防治相关药品、医疗器械、卫生防护用品等物资纳入公共卫生应急物资保障体系。物资储备包括以下几种：一是药品、医疗器械、卫生防护用品等物资的储备。药品（包括疫苗）和医疗器械、卫生防护物资是预防、控制传染病的重要手段，也是保障传染病患者健康的必需物品。二是其他物资的储备，主要是指进行流行病学调查、监督检查、监测检验的设备储备、进行传染源隔离、卫生防护的用品和设施等的储备。储备的物资应当定期检查，确保质量、品种和数量，以保证在紧急需要时调得出、供得上、质量好、品种全。国务院发展改革部门会同国务院有关部门应当拟定国家储备医药物资品种目录、总体发展规划，国务院应急管理等部门依据职责制定应急医药物资储备规划、品种目录，并组织实施，应急医药物资储备规划应当纳入国家储备总体发展规划。

其次，医药储备体系应实行中央和地方两级储备的方式。本条第二款的规定与多部法律、法规的规定相照应。我国《药品管理法》第九十二条第一款规定了国家实行药品储备制度，建立中央和地方两级药品储备。《"十四五"应急物资保障规划》也指出，应完善建立"中央—省—市—县—乡"五级应急物资储备网络，储备品种、规模和布局更加科学合理，

---

① 《中共中央关于制定国民经济和社会发展第十四个五年规划和二〇三五年远景目标的建议》，载新华网，https：//www.xinhuanet.com/politics/zywj/2020－11/03/c_1126693293.htm，2025 年 5 月 5 日访问。

应急物资社会化协同保障更加有序，形成中央储备和地方储备补充联动、政府储备和社会储备相互结合、实物储备和产能储备相互衔接的应急物资储备体系。具体到医药储备而言，中央医药储备主要储备应对特别重大和重大突发公共事件、重大活动安全保障以及存在较高供应短缺风险的医药产品，地方医药储备主要储备应对较大和一般突发公共事件、重大活动区域性保障以及本辖区供应短缺的医药产品。发生突发事件时，原则上由地方医药储备负责本行政区域内医药产品的供应保障，地方医药储备不能满足需求时，可申请调用中央医药储备予以支持，中央医药储备主管部门有权调用地方医药储备。

最后，在管理机构与职责方面，国务院工业和信息化部会同国务院有关部门建立国家医药储备管理工作机制。主要职责分别为：工业和信息化部是国家医药储备主管部门，主要负责制定中央医药储备计划、选择储备单位、开展调用供应、管理国家医药储备资金、监督检查以及指导地方医药储备管理等工作；国家发展改革委参与制定中央医药储备计划和开展中央医药储备监督检查；财政部负责落实中央医药储备实物储备资金，审核拨付中央医药储备预算资金；国家卫生健康委负责提出中央医药储备品种规模建议，并根据需要及时调整更新；国家药监局负责组织地方药品监管部门对本行政区域内中央医药储备开展质量监督工作。在储备过程中，应遵循统筹规划、规模适度、动态管理、有偿调用原则，逐步建立起应对各类突发公共事件和市场有效供应的保障体系，实行实物储备、生产能力储备、技术储备相结合的管理模式，由符合条件的医药企业或卫生事业单位承担储备任务。[1] 同时，建立健全应急物资调配协同联动机制，完善应急物流保障能力，加强应急物资信息的互联互通，确保一旦有需求就能够及时把物资送达。[2]

【关联规范】

《中华人民共和国药品管理法》第九十二条；《中华人民共和国突发事件应对法》第三十二条、第四十五条；《国家医药储备管理办法》第二条至第四条、第七条至第十二条。

---

[1] 《国家医药储备管理办法（2021年修订）》，载中国政府网，https://www.gov.cn/zhengce/zhengceku/2021-12/11/content_5659979.htm，2025年5月25日访问。

[2] 《关于健全公共卫生应急物资保障体系的实施方案》，载国家发展和改革委员会网站，https://www.ndrc.gov.cn/fzggw/jgsj/zhs/sijudt/202006/t20200630_1232737.html，2025年5月5日访问。

> **第九十条 【特定传染病防治能力储备机制】** 国家建立少见罕见传染病和境内已消除的传染病防治能力储备机制，支持相关疾病预防控制机构、医疗机构、科研机构持续开展相关培训、基础性和应用性研究、现场防治等工作，支持相关专家参与国际防控工作，持续保持对上述传染病进行识别、检验检测、诊断和救治的能力。

【条文主旨】

本条是关于建立少见、罕见、境内已消除传染病防治能力储备机制的规定。

【条文释义】

传染病防治保障工作是一项持续性系统性工程，传染病流行风险具有持续性、突发性、多变性，只有持续完善建立传染病防治能力储备机制，才能持续保持对传染病识别、检测、诊断和治疗的能力，推进传染病防控保障工作持久稳定发展。国务院办公厅《"十四五"国民健康规划》指出，即使是对于已经处于控制甚至被消除的传染病，仍然具有再次恶劣传播的风险，仍然需要保证防控工作不松懈，防治其卷土重来，确保将传染病对人民生命健康的威胁降到最低。因此，对于少见、罕见或者已消除的传染病需要保持警惕心态，应当建立能力储备机制，做到能够随时识别、检测、诊断、治疗，从而加快落实国民健康政策，把保障人民健康放在优先发展的战略位置。

传染病防治能力储备机制的建立主要针对少见、罕见或者境内已消除的传染病。罕见病，按照世界卫生组织的定义是指患病人数占总人口 0.65~1‰ 之间的疾病或病变。[①] 罕见病是全人类面临的重大医学挑战，其患病率、发病率在总人口中占比极低，但严重威胁着患者的生命和健康。国内对罕见病界定的文件是 2018 年 5 月 11 日国家卫生健康委员会等五部委联合发布的《第一批罕见病目录》，其通过目录的方式列举了 121 种罕见病。2023 年 9 月 18 日国家卫生健康委员会等六部门联合制定了《第二

---

① 《让"罕见病"不再是"孤儿"——重大疾病患者"一粒药"的期待何解？》，载新华网，https://www.xinhuanet.com/politics/2019-02/20/c_1124142507_2.htm，2025 年 5 月 5 日访问。

批罕见病目录》，列举了 86 种罕见病，目前两批目录通过列举的方式，划定了 207 种罕见病范围。国家卫生健康委员会等机构此前公布的数据显示，我国现有各类罕见病患者 2000 多万例，每年新增患者超过 20 万例，95% 的患者缺少特效药治疗。① 我国《药品管理法》第九十六条规定，国家对于防治重大传染病和罕见病等疾病的新药予以优先审评审批。同样，《医疗器械监督管理条例》第十九条规定，对用于治疗罕见疾病、严重危及生命且尚无有效治疗手段的疾病等急需的医疗器械，药品监督管理部门可以作出附条件批准决定。由此可见，国家格外重视对于罕见病的预防、控制、治疗，针对罕见传染病建立防治能力储备机制至关重要。

另外，对于已消除传染病同样亟须建立防治能力储备机制。虽然通过接种疫苗我国消灭了天花，麻疹、百日咳、流脑、乙脑、甲肝等传染病也降到历史最低水平，但这并不意味着已暂时消除的传染病不会因国际跨境传播、疫苗变化、病源变异等因素的改变而再次出现，国务院办公厅《"十四五"国民健康规划》明确指出，一些已经控制或消除的传染病面临再流行风险，要巩固防治成果，持续保持消除疟疾状态。因此，防治能力储备机制的建立有助于将已消除传染病永远遏制在"消除"状态，确保人民的生命健康得到全面保障。

传染病防治能力储备机制的建立，需要支持各级医疗卫生机构持续定期开展防护培训、基础和应用性研究、现场防治等工作，提升相关医疗卫生机构对罕少见及消除传染病识别、检测、诊断和治疗的能力。国家疾控局、国家卫生健康委、国家中医药局在《医疗机构传染病防控责任清单》中指出，应加强鼓励医疗机构持续开展对重点、少见罕见传染病的基础性和应用性研究，开展传染病防治药品、诊断试剂、器械设备等研究和转化，支持医疗机构联合疾病预防控制机构开展公共卫生领域研究工作。各级医疗机构在开展基础性和应用性研究工作时，可以依托实验室、临床医学研究中心等现有资源，加强与企业、科研机构、高等院校等在医药专业领域上的协作、信息共享。

传染病防治能力储备机制的建立，还需要推动相关专家参与国际防控工作，加强国际间传染病防控经验交流，借鉴学习国际上更为先进的疾病防控措施。《国务院办公厅关于推动疾病预防控制事业高质量发展的指导意见》指出，要在疾病防控工作中加强国际交流与合作，加强与相关国际

---

① 《我国罕见病患者近 2000 万人》，载央视网，https://news.cctv.com/2020/10/25/ARTIUnHprcON1nMpmRMnuZyl201025.shtml，2025 年 5 月 5 日访问。

组织的沟通协调，深化与有关国家（地区）的传染病防控合作，加强传染病跨境联防联控和信息交流，加大全球公共卫生人才培养和智库建设力度，积极开展公共卫生领域对外援助。因此，应当大力支持医疗机构、高校等专业领域的防控专家参与国际传染病防控、全球智库建设、传染病前沿专题研讨等工作，推进构建人类卫生健康共同体。

【关联规范】

《中华人民共和国药品管理法》第九十六条；《医疗器械监督管理条例》第十九条；《体外诊断试剂注册与备案管理办法》第六十条；《药品注册管理办法》第六十八条。

> **第九十一条 【特定接触人员防护与津贴保障】** 对从事传染病预防、医疗、科研、教学和现场处理疫情的人员，以及在生产、工作中接触传染病病原体的其他人员，按照国家规定采取有效的卫生防护措施和医疗保健措施，并给予适当的津贴。

【条文主旨】

本条是关于对因工作需要有接触传染病病原体可能性的各类人员加强防护和医疗保健并给予适当津贴的规定。

【条文释义】

在公共卫生安全维护的过程中，广大传染病防治人员发挥着主力军作用，直接面临职业暴露的感染风险。加强对传染病防治相关人员的安全防护，给予其适当的津贴补助，是切实维护传染病防治人员健康权益的举措落实，是保障其身心健康和生命安全的必然要求，是科学有效开展传染病防治的重要前提。

一、卫生防护措施保障的主体

本条所规定的卫生防护措施保障的主体为因生产、工作需要有接触到传染病病原体可能性的各类人员。感染性疾病的传播途径十分复杂，包括直接接触传播、间接接触传播（飞沫传播、空气传播和经虫媒传播）。在传染病防治工作中，因为工作需要在预防、医疗、科研、教学和现场处理疫情的人员，都有可能直接或间接接触到传染病病原体，存在感染源暴露导致感染传染病的风险。如参加传染病预防、控制和医疗救治工作的疾病预防控制机构的工作人员、医护人员以及救护车司机、有关科研实验室的工作人员、消毒服务机构人员、从事消毒产品生产、经营活动的工作人员等，还有些工作岗位（如医疗废物处置、防护仪器生产等）在日常生产、工作中也可能接触到传染病病原体，他们在工作中极易感染相关传染病，对身体造成伤害。《国务院办公厅关于加强传染病防治人员安全防护的意见》指出，对从事现场流行病学调查、口岸检疫、动物疫病防治和监督执法等工作的人员提供符合生物安全标准的防护装备，配置必要的现场调查处置设备设施，有效降低其在病例调查、传染源和密切接触者追踪运送、环境危险因素调查和疫源地消毒等现场工作中的感染风险。因此，有必要对有传染病病原体接触可能的相关人员给予适当的卫生防护措施和医疗保健措施、津贴，以降低感染性疾病暴露感染风险，确保更有效地开展传染病防治工作。

二、具体保障措施

对上述人员的具体保障措施包括有效的卫生防护、医疗保健措施、适当的津贴。

首先，本条所称的卫生防护措施包括但不限于以下类型：其一，工作人员执行职务时要穿好标准防护服装并配置必要的现场调查处置设备设施。例如，湖北省卫生健康委员会制定的《医务人员（传染）感染性疾病隔离防护技术指南》指出，在医务人员频繁操作的医疗活动场所和出入口均应设置流动水洗手池、非手触式水龙头，配备手消毒剂和干手纸巾等手卫生设施；在高风险病区、隔离病区或传染病区应设有专门的防护更衣区域；防护更衣区域除了配备上述防护装备外，还应设置穿衣镜、靠椅、污衣袋、医疗废物桶以及沐浴设施等；所有防护装备均应符合国家相关标准，按不同型号进行配备，并便于取用。其二，有关单位应建立实施操作时的隔离制度、安全操作制度、污染物的消毒制度。例如，我国《医院隔离技术标准》对医院应当采取的隔离措施、隔离原则、隔离区域消毒标准等作出详细要求。其三，各级医疗卫生部门加强实验室生物安全条件建设和管理，各级疾病预防控制机构仪器配备达到《疾病预防控制中心建设标准》规定要求。如《医务人员艾滋病病毒职业暴露防护工作指导原则（试行）》第四条规定，医务人员预防艾滋病病毒感染的防护措施应当遵照标准预防原则，对所有病人的血液、体液及被血液、体液污染的物品均视为具有传染性的病原物质，医务人员接触这些物质时，必须采取防护措施。

其次，有关单位对上述工作人员采取防护措施的同时，还应当采取必要的医疗保健措施。如应预先接种有关接触的传染病疫苗、定期进行体格检查等，确保相关工作人员职业安全防护措施的落实。以流感疫苗为例，目前我国医疗机构工作人员流感疫苗接种率不高，一线以及高危医疗机构工作人员尚未做到接种全覆盖，《中国流感疫苗预防接种技术指南（2023—2024）》和《全国流行性感冒防控工作方案（2020年版）》亦提到应优先为医务人员接种流感疫苗，因此，医疗机构应制定相应的接种计划，做到重点科室、高危人群优先接种，确保接种疫苗的便捷性与可及性。为特定易感染人群提供医疗保健措施，既可以预防个人因感染传染病导致工作效率低下或缺勤影响医疗机构运转，又能够有效避免传染给同事或患者的风险，保障和维持医疗机构的正常接诊和救治能力。

最后，有关单位应当根据工作量的大小、工作条件的好坏、防护难易以及危害身体健康程度等情况，对有关工作人员给予适当补助和保健津贴。根据《突发公共卫生事件应急条例》第九条的规定，县级以上各级人民政府及其卫生行政主管部门，应当对参加突发事件应急处理的医疗卫生人员，给予适当补助和保健津贴。对于津贴标准，根据人力资源社会保障部、财政部印发的《关于调整卫生防疫津贴标准的通知》，对保障人员根据其工作量大小、时间长短、条件好坏、防护难易以及危害身体健康的程度等情况，分别给予一类、二类、三类、四类卫生防疫津贴，具体为每人每月560元、450元、350元、260元，将津贴发放由原来按天发放调整为按月发放。

【适用指南】

本条在司法适用过程中，应当严格依据法律法规所限定的人员范围与当事人的举证情况进行主体判定，确保卫生防护措施、医疗保健措施、津贴补助的保障主体是适格主体。

【关联规范】

《中华人民共和国国境卫生检疫法》第五十五条；《突发公共卫生事件应急条例》第九条；《消毒管理办法》第六条、第十三条；《医院感染管理办法》第十二条；《医务人员艾滋病病毒职业暴露防护工作指导原则（试行）》第四条。

第七章 监督管理

> **第九十二条 【同级人大及上级政府监督】**县级以上人民政府应当定期研究部署重大传染病疫情防控等疾病预防控制工作,定期向社会发布传染病防治工作报告,向本级人民代表大会常务委员会报告传染病防治工作,依法接受监督。
>
> 　　县级以上人民政府对下级人民政府履行传染病防治职责进行监督。地方人民政府未履行传染病防治职责的,上级人民政府可以对其主要负责人进行约谈。被约谈的地方人民政府应当立即采取措施进行整改,约谈和整改情况应当纳入地方人民政府工作评议、考核记录。履行传染病防治职责不力、失职失责,造成严重后果或者恶劣影响的,依法进行问责。

【条文主旨】

本条是关于县级以上人民政府接受本级人大监督以及对下级政府进行监督管理的规定。

【条文释义】

本条共分为两款,对各级人民政府在传染病防治工作中的监督管理情况进行了规定,可以从以下三个方面进行理解。

一、县级以上人民政府建立定期研究部署重大传染病疫情防控等疾病防控工作机制

各级人民政府应当充分发挥好在研究部署疫情防控等传染病防治工作中的指挥作用,加强对各部门职能的协调管理,时刻防范卫生健康领域重大风险。2020年6月2日,习近平总书记在专家学者座谈会上强调,人民安全是国家安全的基石，只有构建起强大的公共卫生体系，健全预警响应机制，全面提升防控和救治能力，织密防护网、筑牢筑实隔离墙，才能切实为维护人民健康提供有力保障。在协调指挥环节，各级党委和政府要建立定期研究部署重大疫情防控等卫生健康工作机制，健全和优化平战结合、跨部门跨区域、上下联动的联防联控协调机制，做到指令清晰、系统有序、条块畅达、执行有力。① 因此，县级以上人民政府在传染病防治工作中应当全面建立定期研究部署重大疫情防控等卫生健康工作机制，定期研究本行政区域内传染病防控工作，提高突发重大公共卫生事件的发现和处置能力，完善各行政区域应对突发公共卫生事件指挥与协调机制。

二、县级以上人民政府向本级人大常委会作报告

县级以上人民政府应当定期向同级人民代表大会常务委员会报告传染病防治工作情况，并接受其监督。根据我国《宪法》第一百一十条第一款的规定，地方各级人民政府对本级人民代表大会负责并报告工作，县级以上的地方各级人民政府在本级人民代表大会闭会期间，对本级人民代表大会常务委员会负责并报告工作。我国《各级人民代表大会常务委员会监督法》第八条与第十四条也规定，各级人民代表大会常务委员会每年选择若干关系改革发展稳定大局和群众切身利益、社会普遍关注的重大问题，有计划地安排听取和审议本级人民政府的专项工作报告。常务委员会组成人员提出审议意见，人民政府对审议意见的研究处理情况由其办事机构送交本级人民代表大会有关专门委员会或者常务委员会有关工作机构征求意见后，向常务委员会提出书面报告，常务委员会认为必要时，可以对专项工作报告作出决议；本级人民政府应当在决议规定的期限内，将执行决议的情况向常务委员会报告。

具体到传染病防控领域，县级以上人民政府同样应当对本级人大常委会负责，定期向其报告本行政区域内传染病防治工作情况，并对其提出的审议意见或批评建议高度重视并采纳改进，接受其监督。

三、县级以上人民政府监督管理下级政府

县级以上人民政府应当对下级人民政府履行传染病防控职责进行监督管理，有权对其主要负责人进行约谈。本条第二款的规定与我国《基本医疗卫生与健康促进法》第九十条的约谈规定相照应。根据我国《宪法》第一百零八条的规定，县级以上的地方各级人民政府领导下级人民政府的工

---

① 《构建起强大的公共卫生体系 为维护人民健康提供有力保障》，载人民网，http://politics.people.com.cn/n1/2020/0915/c1024-31862450.html，2025 年 5 月 6 日访问。

作，有权改变或者撤销所属各工作部门和下级人民政府的不适当的决定。我国《宪法》第一百一十条第二款同样规定，地方各级人民政府对上一级国家行政机关负责并报告工作。因此，具体到传染病防控工作领域，县级以上人民政府作为下级人民政府的领导部门，有权主动对下级人民政府履行传染病防控职责进行监督管理。县级以上人民政府未履行传染病防控职责的，如未按照本法第五条依法履行疾病预防控制、医疗救治、应急处置、物资保障等职责的，上级人民政府可以对其主要负责人进行约谈，被约谈地方人民政府应当立即采取措施进行整改，约谈和整改情况应纳入地方政府工作评议和考核记录，以加强上级部门对下级部门的领导力与约束力，强力督促下级人民政府听取意见，积极整改。

同时，县级以上人民政府在对下级政府进行监督时，若发现下级政府存在履行传染病防治职责不力、失职失责的行为，且造成严重后果或者恶劣影响，则应依法进行问责。具体而言，"履职不力、失职失责"行为包括本法第一百零一条涉及的五类行为，"依法"包括本法第八章、我国《刑法》第四百零九条等相关法律法规，"问责"形式包括责令改正、通报批评、对相关人员给予处分等。

【关联规范】

《中华人民共和国宪法》第一百零八条、第一百一十条；《中华人民共和国各级人民代表大会常务委员会监督法》第八条、第十四条；《中华人民共和国基本医疗卫生与健康促进法》第九十条；《中华人民共和国刑法》第四百零九条。

第九十三条　【疾控部门监督检查内容】 县级以上人民政府疾病预防控制部门对传染病防治工作履行下列监督检查职责：

（一）对下级人民政府疾病预防控制部门履行本法规定的职责进行监督检查；

（二）对疾病预防控制机构、医疗机构、采供血机构的传染病预防、控制工作进行监督检查；

（三）对用于传染病防治的消毒产品及其生产企业、饮用水供水单位以及涉及饮用水卫生安全的产品进行监督检查；

> （四）对公共场所、学校、托育机构的卫生条件和传染病预防、控制措施进行监督检查。
>
> 县级以上人民政府卫生健康、疾病预防控制等部门依据职责对病原微生物菌（毒）种和传染病检测样本的采集、保藏、提供、携带、运输、使用进行监督检查。

【条文主旨】

本条是关于疾病预防控制、卫生健康等部门传染病防治监督检查职责内容的规定。

【条文释义】

依照本条第一款的规定，县级以上人民政府疾病预防控制部门有权对下列事项实施监督检查：

一、下级政府疾控部门的传染病防治职责

上级人民政府疾病预防控制部门对下级人民政府疾病预防控制部门的监督检查，是行政机关层级监督的主要方式之一。上级人民政府疾病预防控制部门对下级人民政府疾病预防控制部门的监督检查，具有经常性、随时性，监督检查事项具有全面性。如随着疫情形势的变化，是否不断更新完善防控方案；在病例发现、报告、流行病学调查以及密切接触者等方面的管理工作；对确诊病人、疑似病人、密切接触者、其他人员分类管理措施的落实情况；对医疗卫生等机构物资的调配是否合理；等等。上级人民政府疾病预防控制部门在对下级人民政府疾病预防控制部门的监督检查过程中，若发现下级人民政府疾病预防控制部门不及时处理职责范围的事项或者不履行职责的，应当责令改正、通报批评或者直接予以处理。负有责任的主管人员和其他直接责任人员未依法履行职责的，要依据本法第九章法律责任的相关规定承担相应的法律责任。

二、疾控、医疗、采供血机构的传染病防控工作

疾病预防控制机构，是指从事疾病预防控制活动的疾病预防控制中心以及与上述机构业务活动相同的单位；医疗机构，是指按照《医疗机构管理条例》取得医疗机构执业许可证，从事疾病诊断、治疗活动的机构。采供血机构是血站和单采血浆站的统称，根据我国《血站管理办法》第二

条、第三条等规定，血站和单采血浆站是两个性质不同的机构，血站是指不以营利为目的，采集、提供临床用血的公益性卫生机构，分为一般血站和特殊血站，一般血站包括血液中心、中心血站和中心血库，特殊血站包括脐带血造血干细胞库和国家卫生计生委根据医学发展需要批准、设置的其他类型血库。单采血浆站是指根据地区血源资源，按照有关标准和要求并经严格审批设立，采集供应血液制品生产用原料血浆的单位。

根据《传染病防治卫生监督工作规范》第二条第二款的规定，医疗机构、疾病预防控制机构和采供血机构共同组成医疗卫生机构。根据《国家卫生健康委办公厅关于进一步推进医疗卫生机构传染病防治分类监督综合评价工作的通知》的规定，要根据医疗卫生机构的类别和级别、传染病防治重点及风险程度进行分类监督，其中医疗机构按照级别分为二级及以上医院、一级医院和未定级医疗机构，进行分类分级监督，监督检查的内容包括综合管理、预防接种、法定传染病疫情报告、传染病疫情控制、消毒隔离制度执行情况、医疗废物处置、病原微生物实验室生物安全管理和监督抽查八项。

监督检查的具体内容包括：预防控制机构是否按照传染病预防、控制预案，采取相应的预防、控制措施；预防控制机构对疫情有关数据的调查和风险评估状况；医疗机构是否确定专门的部门以及人员，承担疫情报告、预防、控制以及责任区域内的传染病预防工作；医疗机构中相关药品、消毒防护用品、医疗器械、医用卫生材料等基础设备是否完备以及这些设施是否符合标准；对采供血机构内献血者、供血浆者是否进行身份核实登记以及对疑似病人、密切接触者密切关注，监督对供血者健康征询和体检是否依照规定执行；等等。

三类医疗卫生机构在传染病防治工作中肩负着十分重要的职责，他们工作的好坏直接影响了传染病防治工作。所以，加强对疾病预防控制机构、医疗机构、采供血机构的传染病防治工作的监督检查，对保证传染病防治工作的顺利进行十分重要。

三、用于传染病防治的消毒产品及其生产企业、饮用水供水单位等

本条规定的消毒产品，包括消毒剂、消毒器械（含生物指示物、化学指示物和灭菌物品包装物）。饮用水，是指供人饮用和在生活中使用的水。所谓涉及饮用水卫生安全的产品是指凡在饮用水生产和供应过程中与饮用水接触的联结止水材料、塑料及有机合成管材、管件、防护涂料、水处理剂、除垢剂、水质处理器及其他新材料和化学物质。水质处理器（材料），是指一般净水器、特殊净水器（除氟、除砷、软化水器）、纯水器（离子交换、电渗析、蒸馏水、反渗透水器）、矿化水器、各种水处理材料（混凝剂、助凝剂、软化剂、灭藻剂以及其他饮用水处理剂）、除垢剂。消毒产品不合格不但起不到消毒灭菌作用，而且会影响传染病预防控制措施的效果，甚至会传播疾病。饮用水和涉及饮用水卫生安全的产品不符合卫生标准和卫生规范，极有可能造成传染病的发生和传播，所以，国家将上述产品纳入卫生监督检查范围。

四、公共场所和学校、托育机构的卫生条件和传染病防控措施

所谓公共场所，是指人群聚集的地方，包括供人们学习、工作、休息、文化娱乐、旅游的公用建筑物、场所及设施等。公共场所若卫生情况不达标，极易造成传染病的发生和流行，因此，国家对各类公共场所的环境、公共设施和公用物品的卫生有明确的标准和要求。根据我国《公共场所卫生管理条例实施细则》的规定，监督检查的内容包括对地铁站、大型商场、超市等人群密集场所的人员体温检测，公共物品集中消毒，对口罩安全佩戴开展监督指导；有关单位室内空气质量、卫生设施和顾客用具是否符合国家卫生标准以及疫情期间的要求；公共场所从业人员每日健康自测状况和相应记录以及学习防控预案、预防性消毒知识和操作技能等情况；公共场所是否有专业消毒人员和消毒检测设施进而可以对出入公共场所的人员进行健康检查；等等。另外，由于学校、托育机构涉及学生群体，免疫力水平尚不高，故应重点对校园里的传染病预防、控制措施进行监督检查。

依照本条第二款的规定，县级以上人民政府卫生健康、疾病预防控制等部门依据职责对病原微生物菌（毒）种和传染病检测样本的采集、保藏、提供、携带、运输、使用进行监督检查。菌种、毒种是指可能引起本法规定的传染病发生的细菌菌种、病毒毒种。在传染病防治、科学实验和菌（疫）苗生产活动中，时有菌（毒）种丢失、实验室感染等事故。为了加强传染病防治方面的生物安全工作，本款要求疾病预防控制机构、医疗机构的实验室和从事病原微生物实验的单位，建立严格的监督管理制度，严防传染病病原体的实验室感染和病原微生物的扩散，并对传染病菌种、毒种和传染病检测样本的采集、保藏、携带、运输和使用实行许可制度，以确保其安全。

【关联规范】

《传染病防治卫生监督工作规范》第二条第二款；《单采血浆站管理办法》第二条第一款；《血站管理办法》第二条、第三条；《生活饮用水卫生监督管理办法》第二十九条。

> **第九十四条 【卫健疾控部门调查取证】** 县级以上人民政府卫生健康主管部门、疾病预防控制部门在履行监督检查职责时，有权进入传染病疫情发生现场及相关单位，开展查阅或者复制有关资料、采集样本、制作现场笔录等调查取证工作。被检查单位应当予以配合，不得拒绝、阻挠。

【条文主旨】

本条是关于卫生健康主管部门、疾控部门调查取证权利与被检查单位配合义务的规定。

【条文释义】

根据本法规定，传染病防治工作的监督检查职责由县级以上人民政府卫生健康、疾病预防控制部门负责行使。卫生健康、疾病预防控制部门在日常的监督检查中，主要通过核查反映被检查单位从事传染病防治活动情况的有关书面材料，对被检查单位履行各项监督检查责任。但是，被检查单位提交的反映自己从事传染病防治活动情况的有关书面材料是否属实，卫生健康、疾病预防控制部门要定期或者不定期进行实地监督检查，特别是接到群众举报反映有关被检查单位不依法履行传染病防治职责或者发生传染病疫情时，必须立即组织调查、核实，及时进行处理。

一、调查取证的场所范围

本条规定了县级以上人民政府卫生健康、疾病预防控制部门实施监督检查调查取证的场所范围。此范围主要包括两个方面：一是传染病疫情发生现场，即发生传染病疫情的任何单位或者场所，包括建设工地、居民家中等。二是被检查单位，即本法规定的属于卫生健康、疾病预防控制部门监督检查的对象，结合本法第九十条规定可知，具体包括疾病预防控制机构、医疗机构、采供血机构、消毒产品生产单位、饮用水供水单位、涉及饮用水卫生安全产品的生产单位、传染病菌种、毒种和传染病检测样本的采集、保藏、携带、运输、使用单位、公共场所和其他有关单位等。

二、调查取证的方式

县级以上人民政府卫生健康、疾病预防控制部门依法进行调查取证主要有以下四种方式：

一是进入被检查单位和传染病疫情发生现场进行调查取证。被检查单位是否遵守了本法有关规定、是否依法履行了本法规定的义务，传染病疫情发生现场的传染病病人、疑似病人、密切接触者是否按照规定进行了隔离、治疗、医学观察，被传染病病原体污染的污水、污物、粪便是否依照规定实施了无害化处理等，这些情况只有深入第一线调查取证，才能全面掌握和了解。卫生健康、疾病预防控制部门调查、收集证据，应当从实际出发，必须全面、客观地收集、调查一切与案件、疫情有关的证据材料，既收集对当事人有利的证据，也收集对当事人不利的证据。调查、取证必须按照法定程序进行，严格依据《卫生健康行政处罚程序规定》关于调查取证的相关规定。避免频繁地进入生产经营者的生产经营场所，从而保护生产经营者正常的生产经营活动。同时还应当听取群众的意见和反映，防止偏听偏信、先入为主和主观臆断。

二是查阅或者复制有关的资料。查阅或者复制有关的资料是收集证据的重要具体手段，为了监督管理的需要，本法赋予卫生行政部门查阅或者复制有关资料的权力。无论是从事传染病防治工作的单位，还是从事有关产品生产经营的单位，通常都有按照自己的规划、计划、项目、标准等开展相应活动的文件资料，这些文件资料在一定程度上反映了其活动与传染病防治要求的吻合程度。因此，卫生健康、疾病预防控制部门查阅和复制被检查单位与传染病防治有关的相关资料，是进行监督检查的重要方式。

三是采集样本。为保证被检查单位严格按照《传染病防治法》的要求和条件从事传染病防治工作和有关产品的生产经营活动，卫生健康、疾病预防控制部门最理想的监督检查方式是，对被检查单位的各式各样的产品、物品等从数量上进行全部的检查、检验、检测。但是，由于传染病防治监督检查的范围非常广泛，要求卫生健康、疾病预防控制部门对被检查单位从事的所有活动进行全部检查、检验、检测是不可能的，从提高行政管理效率的角度看，也没有必要。因此，在日常的卫生监督检查中，卫生健康、疾病预防控制部门使用较多的方法是通过对采集样本的检查、检验、检测来发现问题，并分析、评估传染病防治情况。

四是制作现场笔录。根据《卫生行政执法文书规范》第二十八条第一款的规定，现场笔录，是在案件调查、现场监督检查或者采取行政强制措施过程中，对与案件有关的现场环境、场所、设施、物品、人员、生产经营过程等进行现场检查时作的记录。卫生健康、疾病预防控制部门进入被检查单位和传染病疫情发生现场时，有权在进行现场检查的同时当场制作现场笔录，以确保完整及时准确地对现场执法情况以及被检查现场的传染病防治情况进行书面记载，形成书面证据。同时应注意笔录书写应当符合《卫生行政执法文书规范》的有关要求。如根据《卫生行政执法文书规范》第八条，当场制作的现场笔录，应当在记录完成后注明"以下空白"，当场交由有关当事人审阅或者向当事人宣读，并由当事人签字确认。

三、被检查单位的配合义务

对县级以上人民政府卫生健康、疾病预防控制部门依法进行的监督检查及其调查取证工作，被检查单位应当自觉接受，积极予以配合、协助，不得拒绝和阻挠，否则可能触犯我国《突发事件应对法》第六十七条、《治安管理处罚法》第六十一条，甚至《刑法》第二百七十七条的处罚规定。

【适用指南】

县级以上人民政府卫生健康、疾病预防控制部门在履行监督检查职责尤其是在进行调查取证时，应格外注意遵循依法行政原则的适用。首先，在实际工作中，对待有违法嫌疑或被举报有违法行为的单位，执法部门确有必要对被检查单位调查取证时，有权进入被检查单位进行检查，但是，在没有违法嫌疑或者没有举报的情况下，执法部门应慎重行使这项权力，避免频繁地进入生产经营者的生产经营场所，从而保护生产经营者正常的生产经营活动。其次，执法部门调查取证的疫情现场有可能是在居民家中，此时，为保持公民住宅不受侵犯权和卫生健康相关部门调查取证权之间的平衡，执法部门在调查过程中应当严格遵守本法第九十三条中关于人数、执法证件、执法文书、核对签名、告知等相关程序规定，避免对公民应有的合法权益造成侵犯。

【关联规范】

《中华人民共和国治安管理处罚法》第六十一条；《中华人民共和国刑法》第二百七十七条；《中华人民共和国突发事件应对法》第六十七条；《卫生健康行政处罚程序规定》第十七条；《卫生行政执法文书规范》第八条、第二十八条。

> **第九十五条 【临时控制措施】** 县级以上地方人民政府疾病预防控制部门在履行监督检查职责时,发现可能被传染病病原体污染的公共饮用水源、食品以及相关物品,如不及时采取控制措施可能导致传染病传播、暴发、流行的,应当采取封闭公共饮用水源、封存食品以及相关物品或者暂停销售的临时控制措施,并予以检验或者进行消毒处理。经检验,对被污染的食品,应当予以销毁;对未被污染的食品或者经消毒处理后可以使用的物品,应当及时解除控制措施。
> 根据县级以上地方人民政府采取的传染病预防、控制措施,市场监督管理部门可以采取封存或者暂停销售可能导致传染病传播、暴发、流行的食品以及相关物品等措施。

【条文主旨】

本条是关于疾病预防控制部门、市场监督管理部门在预防、控制传染病过程中采取临时控制措施的规定。

【条文释义】

本条分为两款,分别介绍了县级以上地方人民政府疾病预防控制部门、市场监督管理部门有权在预防、控制传染病过程中采取临时控制措施,以控制传染病病原体污染范围的扩大,将传染病遏制在源头。

一、疾病预防控制部门采取临时控制措施

根据本条第一款的规定,县级以上地方人民政府疾病预防控制部门在履行监督检查职责时有权在不及时采取控制措施可能导致传染病传播、暴发、流行的前提下,采取临时控制措施,这种临时控制措施是在特定的条件下采用的。

(一)采取临时控制措施的条件

县级以上地方人民政府疾病预防控制部门采取控制措施,须符合以下两个条件:

一是必须在实行监督检查职责时采取临时控制措施。根据本法第九十条的规定可知,县级以上地方人民政府卫生行政部门的监督检查职责包括:(1)对下级人民政府疾病预防控制部门履行本法规定的职责进行监督检查;(2) 对疾病预防控制机构、医疗机构、采供血机构的传染病预防、控制工作进行监督检查;(3) 对用于传染病防治的消毒产品及其生产企业、饮用水供水单位以及涉及饮用水卫生安全的产品进行监督检查;(4) 对公共场所、学校、托幼机构的卫生条件和传染病预防、控制措施进行监督检查;(5) 对病原微生物菌(毒)种和传染病检测样本的采集、保藏、提供、携带、运输、使用进行监督检查。

二是必须在发现被传染病病原体污染的公共饮用水源、食品及相关物品,如不及时采取控制措施可能导致传染病传播、暴发、流行的情况下,才可采取控制措施。根据《生活饮用水卫生标准》(GB 5749—2022)的规定,生活饮用水是指供人生活的饮水和用水。集中式供水指自水源集中取水,通过输配水管道送至用户或者公共取水点的供水方式。公共饮用水源是指集中式供水的江河、湖泊、溪潭、水库、涵渠等生活饮用水资源。食品以及相关物品指食品容器、包装材料和食品用工具、设备等。由于一旦采取控制措施,势必会对相当一部分社会公众的生产生活、日常经营造成影响,故只有当不及时采取控制措施可能导致传染病传播、暴发、流行的情况下,才可以采取控制措施,以最低限度降低对控制措施范围所涉及的群众的影响。

(二) 采取的临时控制措施的种类

1. 封闭公共饮用水源、封存食品及相关物品、暂停销售。临时控制措施是指发生传染病疫情时,为了及时有效地控制疫情,消除传染病在人群中继续传播和流行危险所采取的临时性防治措施。本条第一款规定的县级以上地方人民政府疾病预防控制部门采取的临时控制措施包括三种:封闭公共饮用水源、封存食品及相关物品、暂停销售。其中封闭公共饮用水源、封存食品及相关物品是对物的控制措施,暂停销售是对行为的控制措施。

其一,根据《生活饮用水卫生监督管理办法》第十九条的规定,被传染病病原体污染的公共饮用水源,县级以上地方人民政府疾病预防控制部门应当责令二次供水单位立即停止供水,对集中式供水单位应当会同城市建设行政主管部门报同级人民政府批准后停止供水。对井水和河水,应当查封并通知附近居民停止使用。

其二,封存被传染病病原体污染的食品可依照我国《食品安全法》第一百零五条第一款的规定实施,即县级以上人民政府食品安全监督管理部门会同同级卫生行政、农业行政等部门进行调查处理,并采取下列措施,防止或者减轻社会危害:(1) 开展应急救援工作,组织救治因食品安全事故导致人身伤害的人员；（2）封存可能导致食品安全事故的食品及其原料，并立即进行检验；对确认属于被污染的食品及其原料，责令食品生产经营者依照我国《食品安全法》第六十三条的规定召回或者停止经营；（3）封存被污染的食品相关产品，并责令进行清洗消毒；（4）做好信息发布工作，依法对食品安全事故及其处理情况进行发布，并对可能产生的危害加以解释、说明。

其三，县级以上疾病预防控制机构应当对事故现场进行卫生处理，并对与事故有关的因素开展流行病学调查，有关部门应当予以协助。县级以上疾病预防控制机构应当向同级食品安全监督管理、卫生行政部门提交流行病学调查报告。

2. 检验和消毒。县级以上地方人民政府疾病预防控制部门采取封闭公共饮用水源、封存食品及相关物品或者暂停销售的临时控制措施时，应当同时对被传染病病原体污染的公共饮用水源、食品及相关物品予以检验或者进行消毒。检验是指通过观察和判断，结合测量、试验或估量所进行的符合性评价。通过检验，可以进一步对公共饮用水源、食品及相关物品被污染的原因进行判断，有助于后续开展流行病学调查研究，对传染病病原体进行追根溯源。同时，还可以划分已经被污染的食品与尚未被污染的食品，便于后续销毁处理或接触控制措施。消毒是指用化学、物理、生物的方法杀灭或者消除环境中的病原微生物。通过消毒，可以对已经被污染的水源、食品及相关物品造成的传染环境进行消杀，对尚未被污染的物品起到防护作用。另外，经检验，属于被污染的食品，应当予以销毁；对未被污染的食品或者经消毒处理后可以使用的物品，应当及时解除控制措施。

二、市场监督管理部门采取临时控制措施

本条第二款是对市场监督管理部门可以采取的控制措施进行的授权性规定，即根据县级以上地方人民政府采取的传染病预防、控制措施，市场监督管理部门可以采取封存或者暂停销售可能导致传染病传播、暴发、流行的食品以及相关物品等措施。

相比于疾病预防控制部门对疾病预防控制工作的监督检查职责，市场监督管理部门的临时控制措施主要起到配合、协助、执行作用——根据县级以上地方人民政府采取的传染病预防、控制措施，再采取封存或暂停销售等措施。市场监督管理部门作为政府的重要职能部门之一，在政府组织传染病预防、控制工作过程中，有权根据政府或卫生健康部门的措施，采取封存或者暂停销售可能导致传染病传播、暴发、流行的食品以及相关物品等措施，对卫生健康部门的职能起到补充作用，以加强对传染源污染物的控制效果。

【适用指南】

县级以上地方人民政府疾病预防控制部门决定封存被传染病病原体污染的相关物品，应当严格遵守本法第九十三条的程序规定，做到依法行政。同时，封存的范围、期限、费用等也应当严格依据各级各部门的执行规范，不得超越界限。例如，根据《广州市卫生健康委规范行政强制自由裁量权办法》的规定，封闭或封存有证据证明被传染病病原体污染或者可能造成传染病扩散的场所、设施或者物品，不得封闭或封存无关的场所、设施或者物品。封存被传染病病原体污染相关物品的期限不得超过30日；情况复杂的，经卫生健康行政部门负责人批准，可以延长，但是延长期限不得超过30日。法律、行政法规另有规定的除外。情况复杂是指具有下列情形之一的：（1）相关物品受到多种传染病病原体污染；（2）对传染病病原体的检验需要较长时间；（3）对受污染物品进行消毒需要较长时间。延长封存的决定应当及时书面告知当事人，并说明理由。对封存被传染病病原体污染相关物品应当进行检验，封存的时间不包括检验的时间。检验的时间应当明确，并书面告知当事人。检验的费用由卫生健康行政部门承担。

【关联规范】

《中华人民共和国食品安全法》第六十三条、第一百零五条；《生活饮用水卫生监督管理办法》第十九条；《广州市卫生健康委规范行政强制自由裁量权办法》第十条、第十二条、第十三条。

第九十六条　【执法行为规范】县级以上人民政府卫生健康主管部门、疾病预防控制部门工作人员依法执行职务时，应当不少于两人，并出示执法证件，填写执法文书。

执法文书经核对无误后，应当由执法人员和当事人签名。当事人拒绝签名的，执法人员应当注明情况。

【条文主旨】

本条是关于卫生健康、疾病预防控制部门工作人员依法执行职务时的一般性程序要求与执法文书核对规范的规定。

【条文释义】

县级以上人民政府卫生健康部门与疾病预防控制部门是开展各行政区域医疗卫生行政执法工作的主要负责部门。本法第八条规定县级以上人民政府卫生健康部门负责传染病医疗救治的组织指导工作，牵头组织协调传染病疫情应对工作；县级以上人民政府疾病预防控制部门负责传染病预防、控制的组织指导工作，负责传染病疫情应对相关工作。我国《基本医疗卫生与健康促进法》第九十四条同样规定，县级以上地方人民政府卫生健康主管部门及其委托的卫生健康监督机构，依法开展本行政区域医疗卫生等行政执法工作。本章第九十二条至第九十五条又规定了县级以上人民政府卫生健康、疾病预防控制部门对传染病防治工作的监督检查的具体职责。这些职责的具体落实要依靠卫生健康、疾病预防控制部门的执法人员，本条则规定了执法工作人员具体承担传染病防治工作监督管理职责时一般行为规范。这里的工作人员是指卫生行政执法人员，卫生行政执法人员严格按照法定程序行使权力、履行职责是依法行政的要求。具体来看，本条对卫生执法人员依法执行职务提出了以下四点要求。

第一，在执法时执法人员应当不少于两人。卫生健康、疾病预防控制部门中具体承担卫生行政执法的人员称为卫生监督员。根据我国《卫生监督员管理办法》的规定，卫生监督员由卫生行政部门聘任，实行全类别综合监督执法，包括医疗（中医）服务、母婴保健、传染病防治、放射卫生防护、职业卫生、公共场所卫生、饮用水卫生、学校卫生等医疗卫生综合监督执法。卫生监督员在依据《传染病防治法》进行监督检查时，应当有两人或者两人以上卫生监督员，两人人数的规定有利于执法人员相互监督，防止个人擅断，体现执法公正。在执法中，如果出现一人执法的情况，当事人可以拒绝，人数少于两人的情况下进行的执法行为不合法，执法效果归于无效。

第二，出示执法证件。《卫生监督员管理办法》第四条规定，各类卫生监督员由聘任机关发给全国统一的证件、证章。从2003年1月1日起全国卫生监督员统一使用新的卫生监督员证，卫生监督员证内容为：持证人的近期照片、姓名、出生日期、工作单位、发证机关、发证日期和编号。卫生行政执法人员履行传染病监督检查职责时应当主动向被调查、检查的医疗机构或医务人员出示执法证件，医疗机构或医务人员也有权要求执法人员出示执法证件。执法人员不出示执法证件的可以拒绝接受调查或者检查。出示卫生监督员证，目的是表明执法人员的合法身份，防止他人假冒执法人员侵犯被监督检查单位和人员的合法权益。同时也有利于社会公众对执法人员卫生健康监督执法过程的监督。

第三，填写执法文书。执法文书是卫生健康行政机关为实现卫生行政监督各类职能，在现场卫生监督、行政处罚等过程中，针对特定对象制作的法律文书。根据《卫生健康行政执法全过程记录工作规范》第八条与第九条的规定，执法文书是执法全过程记录的基本形式，各级卫生健康监督机构及其执法人员应当严格按照法律法规规章和卫生健康行政执法文书规范等有关要求制作执法文书。执法文书制作指采用纸质（或电子）卫生行政执法文书及其他纸质（或电子）文件对执法过程进行的书面记录，包括手写文书、经电子签章的电子文书和信息系统打印文书。《卫生行政执法文书规范》规定了卫生行政执法中常用的37种文书以及对应的格式规范、内容填写规范。在传染病监督执法中，常用的卫生执法文书有：卫生监督意见书、卫生行政控制决定书、解除卫生行政控制决定书、采样记录、现场检查笔录、行政处罚事先告知书、行政处罚决定书等。卫生监督员应当按照监督的需要，填写相应的执法文书。在现场填写过程中，应当用黑色或者蓝黑色的水笔或者签字笔填写，保证字迹清楚、文字规范、文面清洁。因书写错误需要对文书进行修改的，应当用杠线划去修改处，在其上方或者接下处写上正确内容。对外使用的文书作出修改的，应当在改动处加盖校对章，或者由对方当事人签名或者盖章。

第四，执法文书需要经过核对确认并签名。根据《卫生行政执法文书规范》第八条的规定，当场制作的现场笔录、询问笔录、陈述和申辩笔录、听证笔录等文书，应当在记录完成后注明"以下空白"，当场交由有关当事人审阅或者向当事人宣读，并由当事人签字确认。当事人认为记录有遗漏或者有差错的，应当提出补充和修改，在改动处签字或者用指纹、印鉴覆盖。当事人认为笔录所记录的内容真实无误的，应当在笔录上注明"以上笔录属实"并签名。当事人拒不签名的，应当注明情况。这样做是为了保证文书的客观、真实、合法。当然，在执法实践中，往往会遇到当事人不配合的情形，最常见的是当事人拒绝签字，在这种情况下，为了保证文书的合法性，由在现场的或者负责记录的、两名卫生监督员在文书上写明"已请当事人核对，当事人拒绝签字"，或者注明有关情况。卫生监督员一般要在说明的后面签字。

【关联规范】

《中华人民共和国基本医疗卫生与健康促进法》第九十四条；《卫生监督员管理办法》第四条、第八条；《医疗监督执法工作规范（试行）》第三条；《卫生行政执法文书规范》第八条；《卫生健康行政执法全过程记录工作规范》第八条、第九条。

> **第九十七条 【内部监督与上下级监督】** 县级以上人民政府卫生健康主管部门、疾病预防控制部门应当依法建立健全内部监督制度，对其工作人员依据法定职权和程序履行职责的情况进行监督。
>
> 上级人民政府卫生健康主管部门、疾病预防控制部门发现下级人民政府卫生健康主管部门、疾病预防控制部门不及时处理职责范围内的事项或者不履行职责的，应当责令纠正或者直接予以处理。

【条文主旨】

本条是关于县级以上人民政府卫生健康、疾病预防控制部门应当加强内部监督与上下级之间监督的规定。

【条文释义】

本条分为两款，分别从内部监督、上下级监督两个方面对县级以上人民政府卫生健康、疾病预防控制部门监督工作的开展进行规定。

一、内部监督

县级以上人民政府卫生健康、疾病预防控制部门应当加强制度建设，建立健全内部监督制度，对部门内的工作人员履行职责的情况进行内部监督。根据本法第六条的规定，在传染病防治工作中，卫生健康、疾病预防控制部门肩负着组织指导传染病医疗救治、预防、控制等非常重要的职责，也具有法定的职权，很多职责的履行都是在非常紧急的情况下，需要通过行政机关内部自我评判、监控、督促等制度的完善实现对行政权的自我制约，故行政机关建立、健全内部监督制度，既可检查、纠正违法不当行为，保证行政机关依法行政，提高行政效率，同时也可起到维护行政管理相对人合法权益的作用。

内部监督工作应当从以下几方面入手：

一是结合卫生行政管理的实践，建立行政机关工作人员的培训和考核工作机制，加强对行政执法人员的资格审查和培训。《法治政府建设实施纲要（2021—2025年）》规定，要加强行政执法队伍管理，严格实行执法人员持证上岗和资格管理制度，实现持证率90%以上，建立综合行政执法培训体系和规划。通过工作人员岗前培训、领导干部集中学习、执法人员业务培训等途径，切实提高执法人员理论水平和执法能力，提升行政执法队伍整体素质，以保证工作人员依据法定职权实施行政执法行为。

二是要健全行政执法程序，完善执法文书，规范行政执法行为，特别要根据《卫生健康行政处罚程序规定》有关听证程序等规定建立行政处罚陈述、申辩和听证等制度，强化行政机关内部监督制约机制，对行政处罚等重大行政执法行为实施事前、事中、事后的监督，对机关工作人员是否按照法定程序履行职责进行督促和检查。

三是建立投诉制度，即行政管理相对人对行政机关工作人员未依据法定职责、未按照法定程序实施执法活动或者不依法履行职责的，可以直接向行政机关进行投诉，从而加强监督制约。比如，根据《浙江省县级以上人民政府行政执法监督条例》第十一条的规定，县级以上人民政府应当建立健全行政执法投诉制度，对公民、法人和其他组织举报、控告的违法或者不当行政执法活动，及时组织查处或者责成有关部门查处。

四是要建立行政执法检查制度，加强对机关工作人员履行职责的情况进行监督检查，预防和纠正执法过错行为，对发现的问题及时进行纠正。

五是建立行政执法责任追究制度，根据国务院办公厅《提升行政执法质量三年行动计划（2023—2025年）》的通知，要全面落实行政执法责任制，健全完善行政执法人员年度考核制度。对不符合执法要求的行政执法人员要依法暂扣、收回或者注销其行政执法证件，建立健全行政执法责任追究、尽职免予问责机制，细化追责、免予问责情形和容错纠错程序。以此强化事后监督，对行政违法行为进行查处。

二、上下级监督

上级人民政府卫生健康、疾病预防控制部门要加强对下级的监督，充分发挥层级监督的作用。根据《医疗监督执法工作规范（试行）》第八条与第九条的规定，设区的市级卫生健康行政部门及其委托的卫生健康监督机构、省级卫生健康行政部门负责对下级开展医疗监督执法工作进行指导、督查。传染病防治工作的特点，决定了卫生健康行政部门行政职权与行政职责的统一性、法定性和不得自由处分性。传染病防治及其监督管理是卫生健康行政部门的法定职责，这一职责必须依法行使，不得不当履行或者随意放弃，否则社会公共利益将受到损害。因此，卫生健康、疾病预防控制部门层级监督的重点，应当放在法定职责的履行情况上，以防止有关传染病防治的行政管理职责的不履行。上级卫生健康、疾病预防控制部门发现下级不及时处理职责范围内的事项，或者对法定职责不予履行的，应当责令其立即纠正；如果下级卫生健康、疾病预防控制部门未及时纠正或者在紧急的情况下，上级卫生健康、疾病预防控制部门可以直接进行处理，以保证传染病防治工作的有效和及时开展，提高行政管理的效率，保护社会公共利益。

【适用指南】

在执法实践中，各级卫生健康、疾病预防控制部门应当充分及时有效地履行本条所规定的监督权，对违反法定职责的传染病防控行为依法进行监督并予以处理。

【关联规范】

《卫生健康行政处罚程序规定》第二十条、第四十三条、第四十五条；《医疗监督执法工作规范（试行）》第八条、第九条；《浙江省县级以上人民政府行政执法监督条例》第十一条。

第九十八条　【社会监督】县级以上人民政府卫生健康主管部门、疾病预防控制部门和其他有关部门应当依法履行职责，自觉接受社会监督。

任何单位和个人对违反本法规定的行为，有权向县级以上人民政府及其卫生健康主管部门、疾病预防控制部门和有关机关举报。接到举报的机关应当及时调查、处理。对查证属实的举报，按照规定给予举报人奖励。县级以上人民政府及其卫生健康主管部门、疾病预防控制部门和有关机关应当对举报人的信息予以保密，保护举报人的合法权益。

【条文主旨】

本条是关于县级以上人民政府卫生健康主管部门、疾病预防控制部门和其他有关部门应当接受社会监督的规定。

【条文释义】

本法在规定卫生健康等部门对传染病防治工作的监督检查职责和权限的同时，还规定对其职责的履行要进行有效和广泛的社会监督。卫生健康等部门不仅要完善内部监督、加强上下级之间的监督，同时也要广泛接受社会监督。

一、建立社会监督体制的重要性

社会监督是国家治理的一种重要方式，是对政府监督的有效补充，有助于形成科学有效的权力运行制约和监督体系，增强监督合力和实效。《"健康中国2030"规划纲要》中明确指出，要建立政府监管、行业自律和社会监督相结合的监督管理体制，加强健康领域监督执法体系和能力建设。畅通公众参与渠道，加强社会监督。建立社会监督体制有助于在传染病预防控制监管体系下统筹行政监管与社会监督力量。

二、社会监督的方式

社会组织和公民应当通过多种方式对卫生健康、疾病预防控制等部门进行广泛有效的社会监督。我国《基本医疗卫生与健康促进法》第八十六条规定，国家建立健全机构自治、行业自律、政府监管、社会监督相结合的医疗卫生综合监督管理体系。对卫生健康、疾病预防控制部门和其他有关部门履行职责情况进行广泛的社会监督，可以有效督促卫生行政部门依法行政，纠正和避免法定职权的不当行使。

具体而言，社会和公民对卫生健康、疾病预防控制部门和其他有关部门的监督，可以通过多种渠道实现。例如，个人或单位来信、来访并直接对传染病防治工作提出询问、要求、批评和建议，对于卫生健康等部门不履行或者不按照规定履行职责的情况向有关机关申诉、控告、检举等。另外，舆论监督也是一种有效的社会监督方式。国务院办公厅在《关于改革完善医疗卫生行业综合监管制度的指导意见》中指出，要完善舆情监测和处置机制，发挥媒体监督作用。发挥专业机构和中介组织的技术支撑和社会监督作用。舆论监督具有信息量大、传播迅速、覆盖面广的特点，并且能够提高群众的监督意识，增加透明度，能够有效督促卫生健康等部门的传染病防治及其监督管理工作。

三、单位和个人的举报权

传染病防治工作直接关系到群众的切身利益和社会公共卫生，任何单位和个人发现违反本法的行为后，都有权向县级以上人民政府及其卫生健康主管部门、疾病预防控制部门和有关机关举报。本条第二款的规定与我国《基本医疗卫生与健康促进法》第九十七条的规定相照应，该款规定的违反本法行为的主体，可能是卫生健康主管部门或者政府其他有关部门，也可能是医疗机构、疾病预防控制机构，还可能是其他单位和个人。对于任何机关、企事业单位、社会团体或者公民个人违反本法规定的行为，单位和个人都有权进行举报。接到举报的部门应注意以下三个方面：

首先，有关部门接到单位和个人关于违法行为的举报后，应当及时调查、处理。例如，根据《重庆市卫生健康执法监督投诉举报制度》的规定，投诉举报事项应当自收到投诉举报之日起 60 日内办结，情况复杂的，经本级卫生健康行政部门负责人批准，可以适当延长办理期限，但延长期限不得超过 30 日，并告知投诉举报人延期理由。在调查处理过程中，每一件投诉举报案件应确定专人负责办理，相关业务科（处）室承办投诉举报案件后，指定 2 名以上监督执法人员对投诉举报内容进行调查核实。

其次，对查证属实的举报，按照规定给予举报人奖励。国务院办公厅《关于改革完善医疗卫生行业综合监管制度的指导意见》指出，支持社会各界参与监督，加强医疗卫生服务投诉举报平台建设，加大对举报违法行为的奖励力度。关于举报奖励的规定应参照不同地区、不同部门的举报制度而执行，例如，国家医保局、财政部制定的《违法违规使用医疗保障基金举报奖励办法》对于举报奖励条件、金额、发放方式等情形进行了具体规定，其中医疗保障行政部门对符合奖励条件的举报人按照案值的一定比例给予一次性资金奖励，最高不超过 20 万元，最低不少于 200 元。举报奖励所需资金纳入县级及以上医疗保障行政部门预算。举报奖励由处理举报的医疗保障行政部门负责发放。

最后，对于举报人的信息应予以保密，保护举报人的合法权益。虽然举报可以有效提高部门监督管理的效率，但单位或个人的举报会存在一定的风险，有些举报人可能会因为举报内容涉及敏感或复杂问题，而遭到打击报复、威胁恐吓等不法侵害，因此，有关部门应加强保护举报人的合法权益，确保其不受报复和威胁，为社会公众敢于监督提供保障。

【适用指南】

本条在适用过程中应注意与诉讼法等相关法律法规的衔接。实践中，对于举报人对行政机关受理投诉之后的调查处理结果不服,能否提起行政诉讼的问题,法院应当根据我国《行政诉讼法》的规定进行判断。

例如,在"秦某某诉某市卫生健康局不履行查处医疗违法行为法定职责案"中,法院认为在卫生行政管理领域,举报的作用并非直接保障举报人自身的合法权益,主要是为行政机关查处违反卫生管理行政法律、法规或者规章的行为提供线索或者证据,因此其规范目的在于维护公共利益,而非保障举报人自身的合法权益。我国《行政诉讼法》第二十五条规定的有利害关系是指作为行政诉讼的原告,必须主张一项属于他自己的主观权利,而非公众权利,并且该权利可能受到了被诉行政行为的侵害。该利害关系人不包括反射利益受到影响的公民、法人或者其他组织。反射利益是指法律目的在于保护社会公共利益而非个人权益,只是在保护公共利益的同时,产生了一种使个人获得某种附随效果的利益。有反射利益的公民与被诉行政行为之间是间接产生的利益,不属于我国《行政诉讼法》规定的利害关系。通常认为,法律、法规或者规章规定的举报请求权,在于促使行政机关对于举报事项发动行政权。如果行政机关发动了行政权,并将调查处理结果告知举报人,就属履行了法定职责。如果举报人对调查处理结果不服,其提起诉讼的目的是想为第三人施加负担,例如,要求作成或者加重对于第三人的处罚,则应依赖于法律、法规或者规章是否规定了为第三人施加负担的请求权。本案原告要求被告对莱州经济开发区医院和张某予以行政处罚,目的是想通过被告的行政处罚附随获得在医疗损害赔偿纠纷中可能存在的利益。该利益是一种反射利益,不属于我国《行政诉讼法》规定的利害关系,故原告不具备行政诉讼主体资格。[①]

综上,若相关部门对举报事项进行了调查处理,履行了相应法定职责并作出答复,但举报方仍然不满,提起行政诉讼,此时举报人与被诉行政行为之间是间接产生的反射利益,不属于我国《行政诉讼法》规定的利害关系,不具备提起行政诉讼的原告资格。

【关联规范】

《中华人民共和国基本医疗卫生与健康促进法》第八十六条、第九十七条;《中华人民共和国行政诉讼法》第二十五条;《违法违规使用医疗保障基金举报奖励办法》第六条至第九条。

---

① 山东省莱州市人民法院(2018)鲁0683行初58号行政裁定书,载中国裁判文书网,2025年5月6日访问。

> **第九十九条 【行政执法与刑事司法的衔接】**卫生健康、疾病预防控制等部门发现涉嫌传染病防治相关犯罪的，应当按照有关规定及时将案件移送公安机关。对移送的案件，公安机关应当及时审查处理。
>
> 对依法不需要追究刑事责任或者免予刑事处罚，但依法应当追究行政责任的，公安机关、人民检察院、人民法院应当及时将案件移送卫生健康、疾病预防控制等部门，有关部门应当依法处理。
>
> 公安机关、人民检察院、人民法院商请卫生健康、疾病预防控制等部门提供检验检测结论、认定意见以及对涉案物品进行无害化处置等协助的，有关部门应当及时予以协助。

【条文主旨】

本条是关于传染病防治行政执法与刑事司法衔接工作的规定。

【条文释义】

一、传染病防治行政执法与刑事司法衔接机制的建立

为加大传染病防治领域违法犯罪行为的打击力度，切实维护公众生命安全和身体健康，保障社会安定有序，保障传染病防控工作顺利，我国开展建立传染病防治行政执法与刑事司法案件的衔接机制。2013年11月，党的十八届三中全会通过的《中共中央关于全面深化改革若干重大问题的决定》中将"完善行政执法与刑事司法衔接机制"作为全面深化改革的战略部署之一。2021年6月，党中央印发的《中共中央关于加强新时代检察机关法律监督工作的意见》中提出要"健全行政执法和刑事司法衔接机制。完善检察机关与行政执法机关、公安机关、审判机关、司法行政机关执法司法信息共享、案情通报、案件移送制度，实现行政处罚与刑事处罚依法对接"。《医疗监督执法工作规范（试行）》第三十一条第二款进一步规定，对涉及其他违法违规的行为或线索，应当及时移交有关行政部门处理。对涉嫌犯罪的，应当及时移交司法机关处理。通过建立、健全行刑衔接双向移送机制，明确规定司法机关与行政机关各自的衔接要求，确保应罚尽罚，有助于从严惩治在传染病防控过程中的各类违法犯罪行为。

二、公安机关及时审查处理义务

卫生健康、疾病预防控制等行政执法部门向公安机关移送涉嫌传染病防治相关犯罪案件后，公安机关应当及时审查处理。根据我国《行政处罚法》第二十七条以及《行政执法机关移送涉嫌犯罪案件的规定》第八条至第十条的规定，公安机关应当自接受行政执法机关移送的涉嫌犯罪案件之日起3日内，依照我国刑法、刑事诉讼法以及最高人民法院、最高人民检察院关于立案标准和公安部关于公安机关办理刑事案件程序的规定，对所移送的案件进行审查。

审查处理的结果包括两种情形。其一，审查后认为确有犯罪事实，需要追究刑事责任，依法决定立案的，应当启动立案程序，并书面通知移送案件的卫生健康、疾病预防控制等行政执法部门；其二，认为没有犯罪事实，或者犯罪事实显著轻微，不需要追究刑事责任或者免予刑事处罚，依法不予立案，但依法应当给予行政处罚的，应当说明理由，并书面通知移送案件的行政执法机关，及时将案件移送同级卫生健康、疾病预防控制等部门，有关行政执法机关应当依法作出处理。根据《行政执法机关移送涉嫌犯罪案件的规定》第九条规定，卫生健康、疾病预防控制等行政执法部门接到公安机关不予立案的通知书后，认为依法应当由公安机关决定立案的，可以自接到不予立案通知书之日起3日内，提请作出不予立案决定的公安机关复议，也可以建议人民检察院依法进行立案监督。公安机关应当自收到行政执法机关提请复议的文件之日起3日内作出立案或者不予立案的决定，并书面通知移送案件的行政执法机关。移送案件的行政执法机关对公安机关不予立案的复议决定仍有异议的，应当自收到复议决定通知书之日起3日内建议人民检察院依法进行立案监督。公安机关应当接受人民检察院依法进行的立案监督。卫生健康、疾病预防控制等行政部门无异议的，对公安机关决定不予立案的案件，应当依法作出处理，依职权对违法主体实施行政处罚。

三、行政执法部门协助义务

在行政执法与刑事司法衔接过程中，行政执法部门在移送案件后，应当提供必要的协助义务。具体而言，首先，公安机关、人民检察院等部门应当加强卫生行政执法与刑事司法衔接工作会商，定期或适时召开会商会议，通报衔接工作情况，向卫生健康、疾病预防控制等部门提出协助需求。其次，行政执法部门应协助提供涉案物品检验检测结论、认定意见。参照《药品行政执法与刑事司法衔接工作办法》第二十三条、第二十八条之规定，公安机关、人民检察院、人民法院商请药品监管部门提供检验结论、认定意见协助的，后者部门应当按照公安机关、人民检察院、人民法院刑事案件办理的法定时限要求积极协助，及时提供检验结论、认定意见，并承担相关费用。同时，在其设置或者确定的检验检测机构协调设立检验检测绿色通道，对涉嫌犯罪案件涉案物品的检验检测实行优先受理、优先检验、优先出具检验结论。药品监管部门依据检验检测报告、结合专家意见等相关材料得出认定意见的，应当包括认定依据、理由、结论。最后，行政执法部门应协助对涉案物品进行无害化处理。对于受到病原体污染的医疗器械、运输工具等涉案物品，应当交由具备专业消毒能力、标准无害化处置流程的卫生健康、疾病预防控制等卫生部门及时处理，以避免对人身和环境造成危害。

四、检察机关的监督权

根据 2021 年发布的《最高人民检察院关于推进行政执法与刑事司法衔接工作的规定》，卫生健康、疾病预防控制等行政执法部门与公安机关的行刑衔接过程还应当受到检察机关的监督。首先，人民检察院依法履行职责时，应当注意审查是否存在行政执法机关对涉嫌犯罪案件应当移送公安机关立案侦查而不移送，或者公安机关对行政执法机关移送的涉嫌犯罪案件应当立案侦查而不立案侦查的情形。对于行政执法机关应当依法移送涉嫌犯罪案件而不移送，或者公安机关应当立案侦查而不立案侦查的举报，属于本院管辖且符合受理条件的，人民检察院应当受理并进行审查。其次，公安机关收到行政执法机关移送涉嫌犯罪案件后应当立案侦查而不立案侦查，行政执法机关建议人民检察院依法监督的，人民检察院应当依法受理并进行审查。最后，人民检察院对案件线索审查后，认为行政执法机关应当依法移送涉嫌犯罪案件而不移送的，经检察长批准，应当向同级行政执法机关提出检察意见，要求行政执法机关及时向公安机关移送案件并将有关材料抄送人民检察院。人民检察院应当将检察意见抄送同级司法行政机关，行政执法机关实行垂直管理的，应当将检察意见抄送其上级机关。行政执法机关收到检察意见后无正当理由仍不移送的，人民检察院应当将有关情况书面通知公安机关。对于公安机关可能存在应当立案而不立案情形的，人民检察院应当依法开展立案监督。

五、传染病防治领域行刑衔接机制的完善措施

对卫生健康、疾病预防控制等部门而言，可以从以下几点入手，逐步建立具备可操作性的配套机制，实现行政处罚与刑事处罚双向衔接。第一，建立双向咨询机制，定期组织会议通报、研究和会商有关行刑衔接案件的执法动态和业务探讨，卫健部门对重大疑难复杂案件，可以就刑事案件立案追诉标准、证据的固定和保全等问题与公安机关、人民检察院商讨，公安机关、人民检察院可以就案件办理中的专业性问题咨询卫健部门。第二，建立完善信息通报共享平台，建立行政执法机关与刑事司法机关之间，以及行政执法机关相互之间的信息交流共享机制，实现案件信息流程跟踪和共享。第三，建立联合执法机制，卫生健康行政部门与公安部门充分发挥各自职能优势，开展联合调查和共同追查，进而实现行政执法与刑事司法"双向、无缝、有效"对接，推动形成更大的执法司法合力。①

【适用指南】

本条在适用过程中应注意本法所规定的违法行为与我国《刑法》所规定的犯罪行为在行为定性上的衔接与区分。在司法实践中，传染病防治领域较为常见的涉及行刑衔接的罪名为《刑法》第三百三十条所规定的妨害传染病防治罪，与之相对应的行政违法行为规定在本法第一百一十一条。本法第一百一十一条规定，违反本法规定，有下列情形之一的，由县级以上人民政府疾病预防控制部门责令改正，给予警告，对违法的单位可以并处二万元以下罚款，对违法的个人可以并处一千元以下罚款；情节严重的，由原发证部门依法吊销相关许可证或者营业执照：（一）拒不执行人民政府及其有关部门依法采取的传染病疫情防控措施；（二）拒不接受和配合疾病预防控制机构依法采取的传染病疫情防控措施……比对《刑法》第三百三十条第一款与本法第一百一十一条的文义表述可知，前者比后者在行为要件上多出"引起甲类传染病以及依法确定采取甲类传染病预防、控制措施的传染病传播或者有传播严重危险"的表述，因此，区分行政责任与刑事责任的关键在于判断行为人的行为是否客观上"引起甲类传染病传播或者有传播严重危险"。

对于"引起甲类传染病传播或者有传播严重危险"的判断，实践中应重点审查三个方面：一是从行为主体看，行为人是否系确诊病人、病原携带者、疑似病人或其密切接触者；二是从行为方式看，行为人是否实施了拒绝疫情防控措施的行为，如拒不执行隔离措施，瞒报谎报病情、旅居史、行踪轨迹等；三是从行为危害后果看，根据案件具体情况，综合判断行为人造成的危害后果是否达到"引起甲类传染病传播或者有传播严重危险"的程度，如造成多人被确诊或被诊断为疑似病人等。②

---

① 《推进行刑双向衔接，防止"不刑不罚"》，载最高人民检察院网站，https://www.spp.gov.cn/zdgz/202402/t20240219_643577.shtml，2025年5月6日访问。

② 《准确把握6个涉"疫"刑法罪名》，载最高人民检察院网站，https://www.spp.gov.cn/spp/zdgz/202003/t20200306_455943.shtml，2025年5月25日访问。

综上，在司法实践中，行政机关与司法机关均应明晰行政违法行为与犯罪行为在行为定性上的具体区别，进而确保传染病防治领域行政执法与刑事司法实现有效精确衔接。

【关联规范】

《中华人民共和国刑法》第三百三十条；《中华人民共和国行政处罚法》第二十七条；《医疗监督执法工作规范（试行）》第三十一条；《药品行政执法与刑事司法衔接工作办法》第二十三条、第二十八条；《行政执法机关移送涉嫌犯罪案件的规定》第八条至第十条、第十三条、第十四条；《最高人民检察院关于推进行政执法与刑事司法衔接工作的规定》第四条至第七条。

第八章　法律责任

> **第一百条　【地方政府及其人员未依法履职的法律责任】**
> 违反本法规定，地方各级人民政府未依法履行报告职责，隐瞒、谎报、缓报、漏报传染病疫情，干预传染病疫情报告，或者在传染病暴发、流行时未依法组织救治、采取控制措施的，由上级人民政府责令改正，通报批评；情节严重的，对负有责任的领导人员和直接责任人员依法给予处分。

【条文主旨】

本条是关于地方各级政府及其责任人员未依法履职的法律责任的规定。

【条文释义】

一、地方政府的职责

地方各级人民政府有及时报告传染病疫情以及在传染病暴发、流行时采取相应救治、控制措施的职责。

（一）报告职责

依据《突发公共卫生事件应急条例》第十九条、第二十条规定的突发事件应急报告制度，存在发生或者可能发生传染病暴发、流行等情况的，县级人民政府应当在知晓情况后2小时内向设区的市级人民政府或者上一级人民政府报告；设区的市级人民政府应当在接到报告后2小时内向省、自治区、直辖市人民政府报告；省、自治区、直辖市人民政府应当在接到报告1小时内，向国务院卫生行政主管部门报告。

也就是说，各级人民政府依据上下级关系，有层层上报的义务，不报、瞒报、迟报或者干预疫情报告的均属于义务违反行为，依据上下级政府之间的领导关系，上级人民政府有权责令下级人民政府改正，并予以通报批评。

（二）组织救治、采取控制措施的职责

依据本法第六十三条至第六十九条规定，在传染病暴发、流行时，地方人民政府应依据属地管理的原则开展应对处置工作，组织力量进行传染病防治工作，如可以依法采取紧急措施、实施隔离措施、封锁相关区域、实施交通卫生检疫等。同时，依据上下级政府之间的领导关系，上级人民政府对下级人民政府的应对处置工作予以指导、统筹协调，并在认为下级政府的措施不适当时进行调整或者撤销。因此，当下级政府组织救治、采取控制措施存在严重不适当情形时，上级人民政府有权责令其改正、通报批评。

总之，传染病防治工作具有鲜明的行政主导特征，地方各级政府应当积极履职，充分发挥主观能动性，及时开展传染病防治工作。依据行政机关上下级之间的领导关系，上级政府在指导、监督下级政府工作的基础上，对于下级政府的失职、渎职行为，上级政府有权责令改正、通报批评。

二、追责制度

地方政府的职责还需落实到个人来执行，政府失职的核心在于责任人的失职，对相关责任人的追责机制表现为给予处分。

依据我国《公务员法》第六十二条、《监察法》第五十二条的相关规定，处分依据情节轻重可分为警告、记过、记大过、降级、撤职、开除。一方面，《公务员法》第十二条规定，各级公务员主管部门负责本辖区内公务员的综合管理工作，并指导同级各机关的公务员管理工作，这与我国《公职人员政务处分法》第三条第二款的规范意旨是吻合的，即任免机关、单位应当按照管理权限，对公职人员进行教育、管理、监督，并可给予违法的公职人员处分。另一方面，依据我国《监察法》的相关规定，监察机关可以对人民政府的公务员进行监察，对违法的公职人员视情节严重程度作出警告、记过、记大过、降级、撤职、开除等政务处分决定，对不履行或者不正确履行职责负有责任的领导人员，按照管理权限对其直接作出问责决定，或者向有权作出问责决定的机关提出问责建议。

两种追责制度的主要差异在于行使监督权力的主体不同，前者是行政机关内部自查自纠，名为"处分"，后者则是监察机关行使监察权的体现，名为"政务处分"。依据我国《公务员法》第六十一条规定，公务员因违纪违法应当承担纪律责任的，依照本法给予处分或者由监察机关依法给予政务处分；违纪违法行为情节轻微，经批评教育后改正的，可以免予处分。对同一违纪违法行为，监察机关已经作出政务处分决定的，公务员所在机关不再给予处分。可见，两种处分机制是并行不悖的，但是对于同一违纪违法行为，应当避免重复评价，故此处使用"或者"表示两种处分之间是选择关系。

【适用指南】

在适用本条过程中，应当注意下列三个方面：

其一，在判断地方各级人民政府是否存在违法失职行为时，需依据《传染病防治法》及相关配套法规、规章中关于疫情报告、组织救治和控制措施的具体规定进行对照分析。例如，明确规定的报告时间节点、报告内容要求、救治组织的流程和控制措施的标准等，以此来准确认定政府行为是否违法。

其二，在确定是否属于"情节严重"的情形时，应综合考虑多方面因素，如疫情扩散的范围、造成的人员伤亡和经济损失、对社会稳定的影响程度等。对此，可以参考相关的量化指标和实际案例中的判断标准，确保处分决定的公正性和合理性。

其三，在实施处分时，要遵循法定程序，保障被处分人员的合法权益，如给予其陈述、申辩的机会，按照规定的权限和程序作出处分决定等。

【关联规范】

《中华人民共和国公务员法》第六十一条、第六十二条；《中华人民共和国监察法》第十一条、第十五条、第五十二条；《中华人民共和国公职人员政务处分法》第二条、第七条、第三十九条、第四十条；《突发公共卫生事件应急条例》第十九条、第二十条；《中华人民共和国监察法实施条例》第二十三条。

第一百零一条　【卫生健康主管部门、疾病预防控制部门未依法履职的法律责任】 违反本法规定，县级以上人民政府卫生健康主管部门、疾病预防控制部门有下列情形之一的，由本级人民政府或者上级人民政府卫生健康主管部门、疾病预防控制部门责令改正，通报批评；情节严重的，对负有责任的领导人员和直接责任人员依法给予处分：

（一）未依法履行传染病疫情通报、报告或者公布职责，隐瞒、谎报、缓报、漏报传染病疫情，或者干预传染病疫情报告；

（二）发生或者可能发生传染病传播时未依法采取预防、控制措施；

（三）未依法履行监督检查职责，或者发现违法行为不及时查处；

（四）未及时调查、处理对下级人民政府卫生健康主管部门、疾病预防控制部门不履行传染病防治职责的举报；

（五）违反本法规定的其他失职、渎职行为。

【条文主旨】

本条是关于卫生健康主管部门、疾病预防控制部门未依法履职的法律责任的规定。

【条文释义】

一、本条规定的主要意义

本条与本法第一百条在追责制度上原理一致，存在高度相似性，均指向失职、渎职行为，追责模式都是对单位实行责令改正、通报批评且对负有责任的个人（包括领导人员和直接责任人）依据情节轻重予以处分，对此不再赘述。需要特别说明的是，基于双重领导的行政管理体制，除了本级人民政府，上级人民政府卫生健康主管部门、疾病预防控制部门发现下级人民政府卫生健康主管部门、疾病预防控制部门未依法履职的，亦可以责令纠正或者直接予以处理，这与本法第九十七条规定是一致的。

在具体规定上，本条相较于本法第一百条的特殊性主要在于责任主体。本法第一百条规定的责任主体是地方各级人民政府及其相关责任人，强调对传染病防治工作的统筹规划，唯有在传染病暴发、流行时才将疫情报告、疫情控制作为工作重点予以特别对待；而本条的责任主体是政府卫生健康主管部门、疾病预防控制部门及其相关责任人。作为政府功能细分后的专职部门，正如本法第八条规定，卫生健康主管部门牵头组织协调本行政区域传染病疫情应对工作，负责本行政区域传染病医疗救治的组织指导工作……疾病预防控制部门负责本行政区域传染病预防、控制的组织指导工作，负责本行政区域传染病疫情应对相关工作，可见，两部门以传染病预防、监测、控制、救治为常态化的工作内容，在传染病防治工作中具有重要作用。

二、各机关的主要职责内容

不同机关的功能定位不同，职责内容不同，相应地，失职、渎职的具体表现亦有所不同。以下为卫生健康部门、疾病预防控制部门在应对传染病疫情方面的主要职责：

（一）传染病疫情监测、报告和预警职责

1. 依据本法第四十八条、第四十九条规定，疾病预防控制部门应当及时接收、调查和处理社会群众报告的信息；并报告同级人民政府和上一级人民政府卫生健康主管部门、疾病预防控制部门以及国务院卫生健康主管部门、疾病预防控制部门。

2. 依据本法第五十三条、第五十四条规定，疾病预防控制部门如果收到疾病预防控制机构关于发布突发公共卫生事件预警的建议，应当及时组织专家进行分析研判，确有需要的，由卫生健康主管部门、疾病预防控制部门立即向同级人民政府报告；并及时向本行政区域的疾病预防控制机构和医疗机构通报传染病疫情以及监测、预警的相关信息。

3. 依据本法第五十七条规定的传染病疫情信息公布制度，县级以上地方人民政府疾病预防控制部门定期向社会公布本行政区域的传染病疫情信息。

（二）采取预防、控制措施的职责

依据本法第六十二条规定，在传染病暴发、流行时，疾病预防控制部门应当及时对疾病预防控制机构提出的传染病疫情防控方案进行研判。

（三）监督检查并及时查处违法行为的职责

1. 依据本法第九十三条规定，县级以上人民政府疾病预防控制部门对传染病防治工作履行下列监督检查职责，监督对象包括下级人民政府疾病预防控制部门、疾病预防控制机构、医疗机构、采供血机构、消毒产品的生产企业、涉及饮用水卫生安全的单位或者企业、公共场所、学校、托育机构。同时，卫生健康、疾病预防控制等部门依据职责对病原微生物菌（毒）种和传染病检测样本的采集、保藏、提供、携带、运输、使用进行监督检查。

此处鲜明地体现了卫生健康、疾病预防控制部门在传染病防治方面的纽带作用，一方面，其需要对涉及传染病防治工作的各类机构进行监督检查，另一方面，其又应当对本级人民政府负责，向其报告工作。

2. 依据本法第九十四条、第九十五条规定，县级以上人民政府卫生健康主管部门、疾病预防控制部门在履行监督检查职责时，有权进入传染病疫情发生现场及相关单位，开展调查取证工作并依据实际情况及时采取相关控制措施。

（四）调查、处理对下级人民政府卫生健康、疾病预防控制部门不履行传染病防治职责的举报

依据本法第九十八条规定，任何单位和个人对违反本法规定的行为，有权向县级以上人民政府及其卫生健康主管部门、疾病预防控制部门和有关机关举报。接到举报的机关应当及时调查、处理。

（五）其他职责

此为兜底性质的规定。依据本法第八条规定，卫生健康主管部门、疾病预防控制部门是负责传染病疫情应对相关工作的主要部门，其职责包括但不限于以上列举的几项，只要是涉及传染病预防、监测、控制、救治的内容，都在其职责范围内。例如，依据本法第九十六条规定，卫生健康、疾病预防控制部门工作人员有权对相关单位进行监督检查，这属于行政执法行为，需要遵守"不少于两人、出示执法证件、填写执法文书"等程序性规定，若有违反，则可以此项追责。

三、责任追究机制

（一）责令改正与通报批评

由本级或上级人民政府、卫生健康主管部门、疾病预防控制部门责令违法机关纠正行为，并予以通报批评，强化行政监督。

（二）处分

对情节严重的责任人员，依法给予警告、记过、降级、撤职、开除等处分，体现权责一致原则。

【适用指南】

在适用本条的过程中，要注意下列两个方面。

其一，注意在认定情节是否具有严重性时，需结合疫情危害程度、社会影响等因素综合判断，如漏报重大传染病疫情导致百人以上感染，可认定为"情节严重"。

其二，注意与刑事犯罪的衔接：若违法行为涉嫌犯罪（如滥用职权罪、玩忽职守罪），需依法移送司法机关追究刑事责任。

【关联规范】

《中华人民共和国公务员法》第五十九条；《突发公共卫生事件应急条例》第四十五条。

第一百零二条　【政府其他部门及其人员未依法履职的法律责任】 违反本法规定，县级以上人民政府有关部门未依法履行传染病防治、疫情通报和保障职责的，由本级人民政府或者上级人民政府有关部门责令改正，通报批评；情节严重的，对负有责任的领导人员和直接责任人员依法给予处分。

【条文主旨】

本条是关于县级以上人民政府其他部门以及相关责任人未依法履职的法律责任的规定。

【条文释义】

一、责任主体的法定范畴

（一）关于"县级以上人民政府有关部门"的界定

本条中的"县级以上人民政府有关部门"，涵盖与传染病防治直接或间接相关的行政机关，具有职能广泛性与层级特定性。就职能部门而言，包括承担疫情监测、医疗救治、防控措施制定等核心职责的卫生健康主管部门，以及负责流行病学调查、疫苗管理等技术性工作的疾病预防控制机构这样的核心职能部门；也包括负责防治经费预算与拨付的财政部门、承担疫情期间人员转运、交通检疫职责的交通运输部门、监管防疫物资质量与价格秩序的市场监管部门、监督医疗废物处置的生态环境部门、落实学校防疫措施等职责的教育部门这样的协同保障部门；等等。

（二）责任人员的双重认定

县级以上人民政府有关部门未依法履行传染病防治、疫情通报和保障职责的，责任主体包括负有责任的领导人员和直接责任人员。其中，领导人员是指对部门整体工作负有决策、指挥责任的负责人，如部门正职、分管副职等。其责任通常基于"领导责任"，即对下属履职监督不力或决策失误；直接责任人员是指具体实施违法行为的工作人员，如数据统计员篡改疫情数据、物资管理人员挪用防控物资等，其责任基于"行为直接性"。

二、违法行为的多维认定

本条中县级以上人民政府有关部门未依法履职的违法行为主要可以归纳为三类：

（一）未依法履行传染病防治职责

在实践中，未依法履行传染病防治职责，可能表现为两种情形：一是预防措施缺位，如未落实重点场所消毒、未开展人群免疫接种、未建立传染病监测网络、未规范设置预分诊制度等。二是控制措施不力，在疫情发生后未及时启动应急响应，如未隔离密切接触者、未暂停人群聚集活动等，导致疫情扩散至周边区域。

（二）未依法履行疫情通报职责

在实践中，未依法履行疫情通报职责，可能表现为两种情形：一是信息报告失真，如存在隐瞒、谎报、缓报、漏报疫情数据等情形。二是通报范围不当，如未按规定向毗邻地区、相关部门或社会公众通报疫情等情形。

（三）未依法履行保障职责

在实践中，未依法履行传染病防治职责，可能表现为两种情形：一是经费保障存在缺陷，如财政部门未将传染病防治经费纳入预算或拖延拨付，导致防控工作停滞。二是物资保障失效，如发展改革部门未协调生产企业保障口罩、防护服等物资供应，或工信部门未建立物资储备制度，这均违反我国《突发事件应对法》关于应急物资储备的要求。

三、违法行为的法律后果

本条设置了"责令改正—通报批评—处分"三级责任体系：

（一）责令改正

一般由本级或上级政府、主管部门责令违法部门立即纠正违法行为，具有即时性与强制性。

（二）通报批评

一般可以通过政府内部文件或官方渠道公开批评，旨在警示违法部门并强化社会监督；通报内容需载明违法事实、法律依据及整改要求。

（三）处分

处分的适用条件是违法行为造成严重后果，如导致疫情扩散、人员死亡增加、社会秩序混乱等，或经责令改正后拒不整改。依据《公职人员政务处分法》第七条的规定，处分的种类包括警告、记过、记大过、降级、撤职、开除。

【适用指南】

在实践中适用本条规定，需要注意下列两个方面：

其一，注意规范竞合的处理规则。当本条与其他法律规范产生竞合时，应当遵循"特别法优先"原则。例如，若违法主体为卫生健康主管部门，优先适用《传染病防治法》的规定；若涉及财政资金挪用，同时适用《财政违法行为处罚处分条例》的规定；若责任人员为公务员，需同时参照《公务员法》关于纪律处分的规定。

其二，在认定情节是否严重时，可综合是否导致传染病扩散、新增死亡病例超过一定阈值，是否引发公众恐慌、导致大规模停工停产、损害政府公信力等，是否故意隐瞒疫情等进行考量。

【关联规范】

《中华人民共和国公务员法》第五十九条；《突发公共卫生事件应急条例》第四十五条；《财政违法行为处罚处分条例》第三条。

第一百零三条　【疾病预防控制机构及其责任人员的法律责任】 违反本法规定，疾病预防控制机构有下列情形之一的，由县级以上人民政府疾病预防控制部门责令改正，给予警告或者通报批评，对直接负责的主管人员和其他直接责任人员依法给予处分，并可以由原发证部门依法吊销有关责任人员的执业证书：

（一）未依法履行传染病监测、疫情风险评估职责；

（二）未依法履行传染病疫情报告职责，隐瞒、谎报、缓报、漏报传染病疫情，或者干预传染病疫情报告；

（三）未主动收集传染病疫情信息，或者对传染病疫情信息和疫情报告未及时进行分析、调查、核实；

（四）发现传染病疫情或者接到传染病疫情报告时，未依据职责及时采取本法规定的措施；

（五）未遵守国家有关规定，导致因使用血液制品引起经血液传播疾病的发生。

【条文主旨】

本条是关于疾病预防控制机构以及相关责任人员未依法履职的法律责任的规定。

【条文释义】

一、责任主体的定位

疾控机构是承担传染病防治技术支撑的专业机构，具有公益性、技术性、法定性三大特征。其一，其作为政府设立的公共卫生机构，其职责以保障公众健康为根本目标，而非营利性活动，具有公益性。其二，其依托专业技术手段履行职责，如病原微生物检测、流行病学调查、疫情数据分析等，具有技术性。其三，其职责由法律直接规定，具有法定性，如《突发公共卫生事件应急条例》第三十九条明确要求疾控机构承担突发公共卫生事件现场调查等工作。

根据本条规定，疾病预防控制机构以及相关责任人未依法履职，应承担相应责任。其中，责任人员分为直接负责的主管人员和其他直接责任人员。直接负责的主管人员，是指对疾控机构具体业务板块负有领导责任的人员，如分管监测工作的科室负责人等；其责任源于对业务流程的管理失职，如批准虚假的疫情风险评估报告。其他直接责任人员，是指具体执行监测、报告、处置等工作的一线人员，如实验室检测员漏报样本阳性结果，其责任基于具体行为的违法性，如违反《病原微生物实验室生物安全管理条例》操作规范。

二、疾控机构的主要违法行为

根据本条规定，疾控机构的违法行为主要有以下五类：

（一）监测职责缺位

监测包括对传染病发生、流行趋势的持续观察与数据收集。例如，根据《传染病监测信息网络直报管理规范》的要求，县级疾病预防控制机构承担本辖区内不具备网络直报条件的责任报告单位报告的传染病信息的网络直报，或指导本辖区承担基本公共卫生服务项目任务的基层医疗卫生机构对不具备网络直报条件的责任报告单位报告的传染病信息进行网络报告，如果县级疾病预防控制机构没有遵守该规定，即违反《传染病防治法》关于监测体系建设的规定。

（二）风险评估失职

风险评估是科学防控的基础，需结合监测数据对疫情发展趋势、防控效果等进行分析。例如，根据我国《突发事件应对法》第五条、第二十九条的规定，市疾控中心在流感流行季有发布风险评估报告、提示公众重点防护措施的义务。

（三）疫情报告违法违规行为

根据本法第一百零四条的规定，在实践中，报告程序违法、干预报告独立性、信息收集与处理失职、主动收集义务缺失，以及分析核实不及时等，均属于疫情报告违法违规行为。

（四）疫情处置措施滞后或不当

当发现疫情或接到报告时，疾控机构需立即启动应急响应，采取流调、隔离、消毒等措施，否则，属于疫情处置措施滞后或不当。

（五）血液制品使用管理违规

我国《血液制品管理条例》对原料血浆的采集、供应以及血液制品的生产、经营等活动有详尽规定。需要注意的是，从构成要件的角度分析，本项适用的前提不仅是"未遵守国家规定"，还要求造成"引起血液传播疾病发生"这一后果，且两者之间存在因果关系。

三、违法行为的法律后果

本条设置了"责令改正—警告/通报批评—处分—执业吊销"四级责任体系。

（一）责令改正

由县级以上疾控部门责令违法机构立即纠正违法行为，具有强制性与即时性。

（二）警告或通报批评

警告一般适用于情节较轻的违法行为；通报批评一般适用于情节较重但未造成严重后果的行为。

（三）处分

处分的适用条件为违法行为造成疫情小规模扩散、公众恐慌等一定后果或经责令改正后再次违法。

依据我国《公职人员政务处分法》第七条的规定，处分的种类包括警告、记过、记大过、降级、撤职、开除。

（四）吊销执业证书

吊销执业证书适用于严重违法且涉及技术渎职的情形，一般由原发证部门对直接责任人员的执业资格作出否定性评价。

【适用指南】

在实践中适用本条规定，需要注意下列三个方面：

其一，注意规范竞合的处理规则。当本条与其他技术规范冲突时，应当优先适用疾控机构的专门规定。例如，《病原微生物实验室生物安全管理条例》对实验室违规行为有更具体处罚规定的，优先适用该条例。

其二，对于疾控机构的相关责任人员，依据我国《公务员法》第十一条"参照公务员管理"，故可依据其情节轻重给予警告、记过等不同类型的处分。[①] 实践中，由于历史和国情等因素，以疾控中心为代表的一些事业单位尽管依法律、法规授权承担着一定的公共事务管理职能，但是可能仍未纳入"参公管理"的范围；但由于其实际上承担了公共事务管理职能，其公务人员就属于行使公权力的公职人员，与我国《监察法》第十五条第二项所指相符。[②] 我国《监察法实施条例》第四十二条就规定"法定检验检测、检疫等机构中从事公务的人员"属于《监察法》第十五条第二项所指的人员。

其三，在认定情节是否严重时，可综合监测数据漏报率是否超过国家标准、风险评估结论错误是否导致防控策略失误，是否导致实际危害后果、是否故意篡改数据等进行考量。

【关联规范】

《中华人民共和国监察法》第十五条；《中华人民共和国公职人员政务处分法》第三十九条；《中华人民共和国医师法》第十三条、第五十五条；《中华人民共和国监察法实施条例》第四十二条；《血液制品管理条例》第三十条；《突发公共卫生事件应急条例》第三十九条；《病原微生物实验室生物安全管理条例》第四十九条；《国家突发公共卫生事件相关信息报告管理工作规范（试行）》第二章。

第一百零四条　【医疗机构及其责任人员的法律责任】
违反本法规定，医疗机构有下列情形之一的，由县级以上人民政府疾病预防控制部门责令改正，给予警告或者通报批评，

[①] 参见《对十三届全国人大三次会议第 9088 号建议的答复》，载国家卫生健康委员会网站，http：//www.nhc.gov.cn/wjw/jiany/202102/b14cf1265d804b92ba949 900efad0c6d.shtml，2025 年 5 月 5 日访问。

[②] 马怀德主编：《中华人民共和国监察法理解与适用》，中国法制出版社 2018 年版，第 59 页。

可以并处十万元以下罚款；情节严重的，可以由原发证部门或者原备案部门依法吊销医疗机构执业许可证或者责令停止执业活动，对直接负责的主管人员和其他直接责任人员依法给予处分，并可以由原发证部门责令有关责任人员暂停六个月以上一年以下执业活动直至依法吊销执业证书：

（一）未按照规定承担本机构的传染病预防、控制工作，医疗机构感染控制任务或者责任区域内的传染病预防工作；

（二）未按照规定报告传染病疫情，隐瞒、谎报、缓报、漏报传染病疫情，或者干预传染病疫情报告；

（三）未按照规定对本机构内被传染病病原体污染的场所、物品以及医疗废物、医疗污水实施消毒或者无害化处置。

违反本法规定，医疗机构有下列情形之一的，由县级以上人民政府卫生健康主管部门依照前款规定给予行政处罚，对直接负责的主管人员和其他直接责任人员依法给予处分：

（一）发现传染病疫情时，未按照规定对传染病患者、疑似患者提供医疗救护、现场救援、接诊治疗、转诊，或者拒绝接受转诊；

（二）未遵守国家有关规定，导致因输入血液、使用血液制品引起经血液传播疾病的发生。

医疗机构未按照规定对使用的医疗器械进行消毒或者灭菌，或者对按照规定一次性使用的医疗器械使用后未予以销毁、再次使用的，依照有关医疗器械管理的法律、行政法规规定追究法律责任。

【条文主旨】

本条是关于医疗机构在传染病防治工作中违反相关规定时应承担的法律责任的规定。

【条文释义】

本条用三款规定了违反不同规定情形下应当承担的法律责任。

一、第一款规定的情形及应当承担的法律责任

（一）规定的情形

1. 未履行传染病预防、控制及感染控制任务。根据我国《医疗机构管理条例》第三十四条、第三十七条等的规定，医疗机构应制定并执行传染病预防控制计划，开展员工培训，监测和控制医院感染，对责任区域进行传染病防控宣传、监测与干预等。若未履行这些职责，则属违法。

2. 未按规定报告传染病疫情。及时准确的疫情报告是传染病防控的关键，根据我国《医疗机构管理条例》第三十条、第三十七条等规定，医疗机构有及时、准确报告传染病疫情的义务。任何隐瞒、谎报、缓报、漏报行为，或干预疫情报告工作，即属违法。

3. 未对污染场所、物品及医疗废物等进行消毒或无害化处置。对污染物品和废物的有效处理是切断传染病传播途径的重要环节，根据我国《传染病防治法实施办法》第二十一条、第二十二条以及《医疗机构管理条例》等规定，医疗机构内被传染病病原体污染的场所、物品以及产生的医疗废物、医疗污水，需按规定进行消毒或无害化处理，防止病原体传播扩散。若未进行消毒处理，或处理不符合标准，即属违法。

（二）应当承担的责任

根据本条规定，对于上述三类违法情形，县级以上人民政府疾病预防控制部门可责令改正，视情节给予警告或通报批评，并处十万元以下罚款；情节严重时，原发证或备案部门可吊销医疗机构执业许可证或责令停止执业活动，对直接负责的主管人员和其他直接责任人员依法给予处分，原发证部门可责令有关责任人员暂停六个月以上一年以下执业活动直至吊销执业证书。

科以上述违法情形这样的法律责任，旨在通过行政手段促使医疗机构重视并履行传染病预防控制责任，从源头上防控传染病传播，及时掌握疫情信息并有效实施防控措施，保障公众环境安全。

需要注意的是，责令改正本身不具有惩戒性，只是要求行政相对人履行其本来就应该承担的义务，故不属于行政处罚的类型，有学者将其归结为行政命令的一种形式或者概括性地称为一种行政管理措施。[①] 此外，对医疗机构作出的通报批评、警告和一定限度内的罚款均属于我国《行政处罚法》第九条明文规定的行政处罚类型。

二、第二款规定的情形及应当承担的法律责任

（一）规定的情形

1. 疫情发生时未履行医疗救护等职责。根据本法第七十七条的规定，

---

① 李孝猛：《责令改正的法律属性及其适用》，载《法学》2005年第2期。

发现传染病疫情时，医疗机构有义务对传染病患者、疑似患者提供医疗救护、现场救援、接诊治疗和转诊服务，不得拒绝接受转诊。若对患者推诿、拒绝救治，或未按规定及时转诊，均属违法。

2. 因血液及血液制品使用不当导致经血液传播疾病发生。根据本法第三十二条的规定，医疗机构需遵守国家有关血液及血液制品使用规定，确保输入血液和使用血液制品的安全性。若因违规操作导致经血液传播疾病发生，即属违法。

（二）应当承担的责任

根据本条规定，对于上述两类违法情形，由县级以上人民政府卫生健康主管部门依照前款规定给予行政处罚，对直接负责的主管人员和其他直接责任人员依法给予处分。

科以上述违法情形这样的法律责任，旨在督促医疗机构在疫情应对中切实履行医疗救治职责，保障患者权益，维护患者生命健康。

三、第三款规定的情形及应当承担的法律责任

根据本条以及《医疗器械监督管理条例》第四十九条规定，医疗机构应按规定对使用的医疗器械进行消毒或灭菌处理，对一次性使用的医疗器械使用后必须销毁，不得再次使用。根据本条规定，若未对医疗器械进行消毒灭菌，或重复使用一次性医疗器械，均属违法，应当依照有关医疗器械管理的法律、行政法规规定追究法律责任，以确保医疗器械使用安全，防止医源性感染。

【适用指南】

在实践中适用本条规定，应当注意明确责任主体、严格遵循处罚程序、依法认定违法情节并科以法律责任。

其一，适用本条规定的责任组织体为医院、卫生院、诊所、医务室等各类医疗机构。无论公立还是私立医疗机构，只要在传染病防治工作中出现本条文规定的违法情形，均需承担相应法律责任。

其二，疾病预防控制部门或卫生健康主管部门在发现医疗机构可能存在违法行为时，应依法展开调查取证，通过现场检查、查阅资料、询问相关人员等方式，收集医疗机构违法的证据。在确认违法事实后，首先责令医疗机构改正违法行为，且责令改正应明确要求和期限，督促医疗机构立即采取措施纠正错误；再根据违法情节轻重，决定是否给予警告、通报批评、罚款等行政处罚；应注意处罚决定须遵循法定程序，保障医疗机构的陈述、申辩权利。此外，对直接负责的主管人员和其他直接责任人员，依法给予相应处分。原发证部门可以根据情节决定是否对有关责任人员暂停执业活动或吊销执业证书，应注意处分和执业限制决定也需遵循法定程序。

需要注意的是，本条中规定的卫生健康主管部门可"对直接负责的主管人员和其他直接责任人员"依法给予处分，在适用时应当对责任主体予以限缩，即主要是指由卫生健康主管部门主管的事业单位，私人诊所、民营医院等医疗机构因未承担公益事业服务管理职能，其人员不受此规定限制。对此，根据《事业单位工作人员处分规定》第二十四条第一款规定，对事业单位工作人员的处分，按照干部人事管理权限，由事业单位或者事业单位主管部门决定，故卫生健康主管部门可以依法依规对工作人员给予处分。另外，依据我国《监察法》第十五条、《监察法实施条例》第四十一条规定，公办的医疗卫生单位中从事组织、领导、管理、监督等工作的人员是监察机关的监察对象。换言之，公立医院的正副院长以及其他从事与职权相联系的管理事务的职员均受监察。故而监察机关可视情节轻重对相关责任人员的职务违法行为予以政务处分。[①] 当然，基于不得重复评价的原则，两类处分不能同时实施。

其三，注意违法情节的认定及科以法律责任的考量因素。在科以法律责任时，应当考量医疗机构的主观过错是故意还是过失，是长期存在违法行为还是偶尔违法，传染病传播范围、感染人数、对公众健康的影响程度是否严重，以及医疗机构的整改措施及效果如何等因素。

【关联规范】

《中华人民共和国医师法》第五十五条、第五十六条；《中华人民共和国行政处罚法》第九条；《中华人民共和国监察法》第十五条；《突发公共卫生事件应急条例》第五十条；《医疗器械监督管理条例》第四十九条、第八十九条；《医疗机构管理条例》第二条、第十四条、第十八条；《中华人民共和国监察法实施条例》第四十一条；《消毒管理办法》第四十五条；《医院感染管理办法》第三十三条、第三十四条。

[①] 马怀德主编：《中华人民共和国监察法理解与适用》，中国法制出版社 2018 年版，第 61 页。

> **第一百零五条　【采供血机构及其责任人员的法律责任】**
> 违反本法规定，采供血机构未按照规定报告传染病疫情，隐瞒、谎报、缓报、漏报传染病疫情，或者干预传染病疫情报告的，由县级以上人民政府疾病预防控制部门责令改正，给予警告或者通报批评，可以并处十万元以下罚款；情节严重的，可以由原发证部门依法吊销采供血机构的执业许可证，对直接负责的主管人员和其他直接责任人员依法给予处分，并可以由原发证部门责令有关责任人员暂停六个月以上一年以下执业活动直至依法吊销执业证书。
> 采供血机构未执行国家有关规定，导致因输入血液引起经血液传播疾病发生的，由县级以上人民政府卫生健康主管部门依照前款规定给予行政处罚，对直接负责的主管人员和其他直接责任人员依法给予处分。
> 非法采集血液或者组织他人出卖血液的，由县级以上人民政府卫生健康主管部门责令停止违法行为，没收违法所得，并处五万元以上五十万元以下罚款。

【条文主旨】

本条是关于采供血机构及其责任人员未依法履职的法律责任的规定。

【条文释义】

本条分为三款，规定了采供血机构的三种有害于传染病防治的违法行为，并规定了相应的法律责任。

一、责任主体的范围

根据本条规定，存在本条违法行为的责任主体为采供血机构及其直接负责的主管人员和其他直接责任人员。本条中的"采供血机构"，是指依法设立的从事采集、储存、分离、提供血液及血液制品的血站、单采血浆站等专业机构。这类机构承担着保障临床用血安全的重要职责，其行为直接关系到血液传播疾病的防控效果。依据《献血法》《血站管理办法》《血液制品管理条例》等相关法律法规，采供血机构是卫生行政部门所属的公益性卫生机构，性质为事业单位，受本行政区域内的卫生行政部门监督管理。

本条中的"责任人员"分为直接负责的主管人员和其他直接责任人员。其中，直接负责的主管人员，一般是指对采供血机构整体工作负有决策、管理责任的人员，如机构负责人、分管血液安全或疫情报告的副职领导等。这类人员的责任通常基于对机构内部管理失职，如未建立有效的疫情报告制度、未监督执行血液检测标准等。其他直接责任人员，一般是指具体实施违法行为的工作人员，如血液检测人员未按规定报告检测出的传染病阳性结果、数据统计人员篡改疫情报告数据、采供血一线操作人员违反采血操作规程等。这类人员承担责任是基于其具体行为的违法性，如故意隐瞒检测阳性结果、未履行疫情报告的法定程序等。

二、本条规定的违法行为类型

（一）未按规定报告传染病疫情的行为

本法第三章"监测、报告和预警"中有多个条文涉及采供血机构的报告职责，《血站管理办法》第三十三条也规定了血站及其执行职务的人员在发现法定传染病疫情时的报告职责。根据本条第一款规定，这类行为主要包括未按规定报告，隐瞒、谎报、缓报、漏报传染病疫情，以及干预传染病疫情报告。这三种行为会导致疾病预防控制部门无法及时掌握血液传播疾病的真实情况，难以有效追踪传染源、切断传播途径，可能引发血液传播疾病在人群中的扩散，严重威胁公众健康。

本条中的未按规定报告，一般是指采供血机构在检测到血液中存在艾滋病病毒、乙型肝炎病毒、丙型肝炎病毒等法定传染病病原体时，未按照《传染病信息报告管理规范》规定的时限、程序和内容向疾病预防控制部门报告。

本条中规定的隐瞒，是指明知血液检测结果为传染病阳性，却故意不报告，企图掩盖风险；谎报，是指故意提供虚假的疫情信息；缓报，是指未在法定时限内报告疫情，拖延报告时间；漏报，是指因工作疏忽、操作失误等原因，未将应当报告的疫情信息上报。

本条中规定的干预传染病疫情报告，是指通过授意、指使、强令等方式干扰疫情报告工作，如采供血机构负责人要求检测人员隐匿阳性结果、阻止工作人员提交疫情报告等。

（二）未执行国家规定导致经血液传播疾病发生的行为

根据本条第二款规定，这类行为主要包括采供血机构未遵守国家关于血液采集、检测、储存、运输、使用等环节的强制性标准和规范，如未对献血者进行全面的健康检查和传染病筛查，违反血液储存和运输的冷链管理规定，使用不符合国家标准的一次性采血器材等。本法第三十二条规定采供血机构应当严格执行国家有关规定,保证血液、血液制品的质量。《血站管理办法》第二条也规定采供血机构的职责是采集、提供临床用血,并依据该部门规章的第三十五条规定,血站应当保证发出的血液质量符合国家有关标准,否则不得向医疗机构提供。然而,上述行为可能直接导致传染病在受血者中传播,使得含有传染病病原体的血液被输入患者体内,导致患者感染艾滋病、乙肝、丙肝、梅毒等经血液传播的疾病,不仅损害患者的身体健康,甚至可能危及生命,同时引发社会对血液安全的信任危机,影响公共卫生秩序。

(三)非法采集血液或者组织他人出卖血液的行为

根据本条第三款规定,这类行为主要包括非法采集血液和组织他人出卖血液:非法采集的血液未经严格检测和消毒,质量无法保证,极易导致艾滋病、乙肝等传染病的传播;组织卖血行为破坏了自愿无偿献血的公益原则,扰乱了正常的采供血秩序,同时可能对卖血者的身体健康造成贫血、免疫力下降等严重损害。

根据我国《献血法》的规定,采集血液的主体是血站,医疗机构为保证应急用血可以临时采集血液。根据《血站管理办法》的规定,血站采集血液时需遵守一系列操作规范,同时,血站需持有"血站执业许可证"。本条中规定的非法采集血液,即是指未取得法定执业资质的单位或个人,擅自从事血液采集活动,如未取得"血站执业许可证"的机构在未经过任何检测和消毒的情况下,非法采集献血者的血液,用于临床供血或血液制品生产。

我国《献血法》第十一条规定无偿献血的血液必须用于临床,不得买卖;并在第十八条规定了出售或者非法组织他人出卖血液的行政责任与刑事责任。本条中规定的组织他人出卖血液,即是指以牟利为目的,通过招募、引诱、胁迫等手段,组织他人出卖自身血液的行为,如通过网络、线下张贴广告等方式招募卖血者,组织其到非法采血点卖血,并从中抽取高额差价。

三、违法行为的法律后果

(一)未按规定报告传染病疫情的法律责任

本条规定了这类违法行为的三级责任体系:

其一,责令改正,即由县级以上人民政府疾病预防控制部门责令采供血机构立即纠正违法的疫情报告行为,如补报漏报的疫情信息、撤销谎报的虚假数据、恢复正常的报告程序等。责令改正具有即时性,采供血机构需在规定时限内完成整改并提交报告。

其二,警告或者通报批评,即根据违法情节的轻重,对采供血机构给予警告(较轻情节)或通报批评(较重情节)。通报批评可通过多种渠道公开，以起到警示和教育作用。

其三，罚款，即在给予警告或通报批评的同时，可以并处 10 万元以下罚款。罚款金额一般根据违法次数、涉及血液量、是否造成危害后果等因素综合确定。

需要注意的是，如果违法行为造成传染病传播、引发公众恐慌、损害政府公信力等严重后果，或经责令改正后拒不整改，可由原发证部门依法吊销采供血机构的执业许可证，使其丧失采供血资格；对直接负责的主管人员和其他直接责任人员依法给予警告、记过、记大过等处分，并可由原发证部门责令有关责任人员暂停 6 个月以上 1 年以下执业活动，直至依法吊销执业证书，剥夺其从事采供血相关工作的资格。

（二）未执行国家规定导致经血液传播疾病发生的法律责任

根据本条规定，未执行国家规定导致经血液传播疾病发生的，由县级以上人民政府卫生健康主管部门依照上述三级责任体系给予行政处罚，包括责令改正、警告、通报批评、罚款、吊销执业许可证等；对直接负责的主管人员和其他直接责任人员依法给予处分，如降级、撤职、开除等。此外，结合我国《刑法》第三百三十四条第二款的规定，如果这类行为构成采集、供应血液、制作、供应血液制品事故罪，可以追究采供血机构及其责任人员的刑事责任。[1]

这类行为的法律责任与上述未按规定报告疫情的法律责任基本一致，旨在通过严格的行政手段促使采供血机构重视血液安全管理，杜绝因违规操作导致的血液传播疾病风险。

（三）非法采集血液或者组织他人出卖血液的法律责任

根据本条规定，非法采集血液或者组织他人出卖血液的，首先由县级以上人民政府卫生健康主管部门责令非法采供血的单位或个人立即停止违法活动。其次对于非法采供血活动中获取的违法收入全部没收，剥夺违法者的非法获利，根据违法规模、获利多少、危害后果等因素，确定并处 5 万元以上 50 万元以下罚款。

【适用指南】

在实践中适用本条规定，需要注意下列两个方面：

其一，注意规范竞合的处理规则。当本条规定与其他法律规范产生竞

---

[1] 李晓：《〈关于办理非法采供血液等刑事案件具体应用法律若干问题的解释〉的理解与适用》，载《人民司法》2008 年第 21 期。

合时,应当遵循"特别法优先"原则,例如:如果采供血机构的违法行为同时违反《传染病防治法》和《血液制品管理条例》,优先适用《传染病防治法》关于疫情报告和血液安全的特别规定;如果涉及采供血机构工作人员的贪污、受贿、渎职等行为,同时适用《刑法》《公职人员政务处分法》等相关法律规定,依法追究刑事责任或给予政务处分;如果非法采集血液的行为构成非法经营罪、故意伤害罪等,依照《刑法》相关规定定罪量刑,体现"刑事优先"原则。

其二,在判断采供血机构的违法行为是否属于"情节严重"时,可综合危害后果是否严重、主观恶性的大小,以及违法情节的恶劣程度等因素进行考量。

【关联规范】

《中华人民共和国献血法》第八条、第十一条;《中华人民共和国刑法》第三百三十三条、第三百三十四条;《中华人民共和国公职人员政务处分法》第二条、第四条至第七条、第三十九条;《突发公共卫生事件应急条例》第三十四条;《血液制品管理条例》第三十九条;《艾滋病防治条例》第二十三条、第六十条;《中华人民共和国监察法实施条例》第三十九条;《血站管理办法》第三十三条、第三十五条、第六十一条、第六十三条;《医疗机构临床用血管理办法》第二十条。

第一百零六条 【运输保障单位的法律责任】 违反本法规定,交通运输、邮政、快递经营单位未优先运送参与传染病疫情防控的人员以及传染病疫情防控所需的药品、医疗器械和其他应急物资的,由交通运输、铁路、民用航空、邮政管理部门依据职责责令改正,给予警告;造成严重后果的,并处一万元以上十万元以下罚款,对直接负责的主管人员和其他直接责任人员依法给予处分。

【条文主旨】

本条是关于运输单位未优先运送疫情防控必要人员与物资的法律责任的规定。

【条文释义】

一、适用本条规定的主体范围

根据本条规定，适用本条规定的主体范围包括交通运输经营单位、邮政经营单位和快递经营单位。本法第七十三条对此也有明确规定，这也是相关单位自觉承担社会责任的应有之义。

本条中的交通运输经营单位，可以涵盖从事公路运输、水路运输、铁路运输、航空运输等各类交通运输业务的企业或组织。这些单位在日常运营中负责大量人员和物资的空间转移，在传染病疫情防控期间，其运输资源的合理调配对于疫情防控工作的成效有着至关重要的影响。

本条中的邮政经营单位，主要指国家邮政局以及各地方邮政企业等，它们承担着信件、包裹等邮件的收寄、分拣、运输和投递等业务，在全国范围内构建起了庞大的邮政网络，能够深入到包括偏远乡村在内的各个地区，在保障物资流通、信息传递方面发挥着基础性作用。在疫情防控期间，邮政经营单位需要确保涉疫防控物资能够通过其网络及时、准确地送达目的地。

本条中的快递经营单位，涵盖目前众多从事快递业务的企业，这类企业拥有丰富的运输车辆、配送人员以及成熟的物流信息管理系统，以高效、便捷的服务特点，满足了社会各界对于物品快速运输的需求，在现代物流体系中占据重要地位。在传染病疫情防控期间，是保障应急物资快速配送至医疗机构、防控一线等关键场所的重要力量。

二、主要义务内容

根据本条规定，上述经营单位主要有下列两个方面的义务：

（一）优先运送对象

1. 人员对象。主要包括：（1）参与传染病疫情防控的人员，如医生、护士、疾控工作人员等医疗卫生人员，他们直接奋战在救治患者、防控疫情传播的第一线，其及时到达工作岗位对于患者的救治成功率以及疫情的有效控制起着决定性作用；（2）防疫志愿者，他们协助进行社区防控、物资分发等工作，是疫情防控工作中的重要补充力量；（3）相关专家，如传染病学专家、公共卫生专家等，他们为疫情防控策略的制定、疫情形势的研判提供专业指导，其快速抵达疫情相关地区对于科学防控至关重要。

2. 药品对象。主要包括：（1）传染病疫情防控所需的药品：涵盖治疗传染病患者的各类特效药物，如针对流感的抗流感病毒药物等；（2）预防传染病的疫苗；（3）缓解患者症状的辅助药品，如退烧药、止咳药等，这些药品能够在一定程度上减轻患者痛苦。

3. 医疗器械。主要包括：（1）用于诊断传染病的核酸检测仪、抗体检测仪等检测设备，它们能够快速准确地判断患者是否感染传染病，为疫情防控提供关键的诊断依据；（2）治疗传染病的呼吸机、心电监护仪等医疗设备；（3）医用口罩、防护服、护目镜等防护医疗器械，这是保障医护人员、防疫工作者自身安全，防止交叉感染的重要物资。

4. 其他应急物资对象。主要包括：（1）米面粮油、饮用水、方便食品等生活物资：在疫情防控期间，为保障隔离人员、防控一线工作人员的基本生活需求，生活物资的及时供应至关重要；（2）消毒液、消毒湿巾等消毒物资：用于公共场所、医疗机构、患者居所等区域的消毒，有效杀灭病毒，切断传播途径，是疫情防控的重要手段之一。

（二）优先运送要求

在资源有限的情况下，上述经营单位需要合理调配运输工具、人力等资源，确保上述优先运送对象在运输安排上具有最高优先级。同时，要保证运输过程的安全、高效，避免物资受损、人员延误等情况的发生。

三、违法行为的法律责任

当相关经营单位违反法律规定义务时，将承担相应的法律责任，包括责令改正、警告以及在造成严重后果时的罚款和对相关责任人员的处分，以此强化法律的威慑力，督促责任主体切实履行职责。

（一）责令改正

当交通运输、邮政、快递经营单位未履行优先运送义务时，交通运输、铁路、民用航空、邮政管理部门依据各自职责，要求违法单位立即停止违法行为，并采取有效措施进行纠正。责令改正的目的主要在于使违法单位的行为尽快恢复到符合法律规定的状态，保障疫情防控工作的正常进行。

（二）给予警告

这是一种较轻的行政处罚方式，通过书面或口头的形式对违法单位进行告诫，指出其行为的违法性和危害性，使其认识到错误并加以改正。警告具有教育和警示的作用，让违法单位明白其行为已违反法律规定，若再次发生类似违法行为，将面临更为严厉的处罚。

（三）造成严重后果的处罚

当违法单位的行为造成严重后果时，将面临1万元以上10万元以下的罚款。严重后果可能包括因未优先运送疫情防控物资，导致医疗机构药品短缺，影响患者救治，进而使患者病情加重甚至死亡；或因防控人员未能及时送达疫情防控一线,导致疫情扩散范围扩大,感染人数显著增加等情况。罚款的数额根据违法情节的轻重、造成后果的严重程度等因素综合确定,旨在通过经济制裁的方式对违法单位进行惩戒,同时也起到威慑其他潜在违法者的作用。

(四)对直接负责的主管人员和其他直接责任人员依法给予处分

直接负责的主管人员,通常是指在单位中对运输业务决策、资源调配等具有直接领导责任的管理人员,如物流公司的运输调度主管、快递公司的运营经理等;其他直接责任人员则是指具体执行运输任务,因自身过错导致未履行优先运送义务的工作人员,如货车司机、快递分拣员等。对这些责任人员依法给予处分,包括警告、记过、降职、撤职等,根据其过错程度和责任大小进行相应的处分,以强化个人在疫情防控工作中的责任意识,促使其切实履行职责。

【适用指南】

在实践中适用本条,首先,必须注意本条的两个适用前提:一是存在传染病疫情:无论是甲类、乙类还是丙类传染病暴发、流行期间,只要启动了相应级别的传染病疫情防控应急响应机制,本条文即适用。二是有明确的防控需求:相关部门确定存在参与传染病疫情防控的人员以及疫情防控所需的药品、医疗器械和其他应急物资的运输需求,并且这些需求已通过正式渠道传达给交通运输、邮政、快递经营单位。

其次,如果运输单位属于国有企业,则依据我国《监察法》第十五条以及《监察法实施条例》第四十条的规定,监察机关对国有企业管理人员进行监察;因此,可以给予国家出资设立的铁路、公路、邮政等经营单位中的责任人员政务处分。而且,根据《国有企业管理人员处分条例》第二条第二款规定,国有企业管理人员任免机关、单位对违法的国有企业管理人员给予处分,适用公职人员政务处分法第二章、第三章和本条例的规定。

【关联规范】

《中华人民共和国突发事件应对法》第七十六条;《中华人民共和国监察法》第十五条;《中华人民共和国道路交通安全法》第三十九条、第四十条;《中华人民共和国邮政法》第二十五条、第二十七条、第三十三条;《中华人民共和国监察法实施条例》第四十条;《国有企业管理人员处分条例》第二条;《突发公共卫生事件应急条例》第三十二条至第三十四条、第三十六条。

> **第一百零七条 【饮用水及消毒产品领域的各类经营单位违反卫生规范的法律责任】** 违反本法规定，有下列情形之一的，由县级以上人民政府疾病预防控制部门责令改正，给予警告，没收违法所得，可以并处二十万元以下罚款；情节严重的，可以由原发证部门依法吊销相关许可证，对直接负责的主管人员和其他直接责任人员可以禁止其五年内从事相应生产经营活动：
>
> （一）饮用水供水单位未取得卫生许可擅自供水，或者供应的饮用水不符合国家卫生标准和卫生规范造成或者可能造成传染病传播、暴发、流行；
>
> （二）生产、销售未取得卫生许可的涉及饮用水卫生安全的产品，或者生产、销售的涉及饮用水卫生安全的产品不符合国家卫生标准和卫生规范；
>
> （三）未取得卫生许可生产用于传染病防治的消毒产品，或者生产、销售的用于传染病防治的消毒产品不符合国家卫生标准和卫生规范；
>
> （四）生产、销售未取得卫生许可的利用新材料、新工艺技术和新杀菌原理生产的消毒剂和消毒器械；
>
> （五）出售、运输本法第六十六条规定的受影响的相关区域中被传染病病原体污染或者可能被传染病病原体污染的物品，未进行消毒处理。

【条文主旨】

本条是关于社会上饮用水及消毒产品领域的各类经营单位因不符合卫生标准和卫生规范而引发法律责任的规定。

【条文释义】

本条针对饮用水供水单位、涉水产品生产销售企业、消毒产品生产经营者等主体，列举未取得卫生许可擅自经营、产品不符合卫生标准等五类违法情形，并设置了分级处罚措施。

一、适用本条的主体范围

(一) 饮用水供水单位

饮用水供水单位，可以涵盖城市自来水厂、农村集中式供水单位、二次供水设施管理单位等主体，这些单位负责向公众提供日常饮用水。例如，城市自来水厂通过复杂的水处理工艺，将原水净化后输送至千家万户；农村集中式供水单位则为特定区域内的居民提供饮用水；二次供水设施管理单位主要负责高层住宅等建筑物的二次供水设施运行维护，保障饮用水的终端供应安全。

(二) 涉水产品生产销售企业

生产涉及饮用水卫生安全产品的企业，可以包括生产输配水设备、防护材料、化学处理剂等产品的企业，以及从事上述产品销售的经销商。这些产品直接或间接与饮用水接触，其质量安全对饮用水卫生状况有重要影响。

(三) 消毒产品生产经营者

消毒产品生产经营者，包括生产用于传染病防治的含氯消毒剂、酒精消毒剂等消毒剂、紫外线消毒器、臭氧发生器等消毒器械企业，以及销售此类产品的商家。此外，利用新材料、新工艺技术和新杀菌原理生产的消毒剂和消毒器械的生产销售主体，也在此范畴内。这些主体的生产经营活动，直接关系到消毒产品在传染病防控中的有效性和安全性。

(四) 物品处置相关单位和个人

物品处置相关单位和个人，主要是指涉及出售、运输受传染病病原体污染或可能污染物品的单位和个人，如废品回收企业、物流运输公司等。在传染病防控过程中，此类主体对相关物品的处置方式，会影响病原体传播风险。

二、适用本条规定的主要违法情形

根据本法第三十八条规定，消毒产品、饮用水供水单位供应的饮用水和涉及饮用水卫生安全的产品，应当符合国家卫生标准和卫生规范并取得相应的卫生许可。本法第七十二条也规定，必须对被传染病病原体污染的物品进行严格消毒处理，以切断传染病的传播。为此，本条规定了适用本条规定的下列违法情形：

(一) 饮用水供水单位的违法情形

1. 未取得卫生许可擅自供水。饮用水供水单位必须依法取得卫生行政部门颁发的卫生许可证，方可开展供水业务。未取得许可擅自供水，如未经审批自建供水设施向居民供水，或卫生许可到期未续仍继续供水，均属违法。此类行为因缺乏必要的监管和规范，水质难以保障，存在较大传染病传播隐患。例如，在"黑龙江省检察机关督促治理二次供水安全公益诉讼案"（检例第89号）中，检察院认定，涉事泵站未取得卫生许可证擅自进行二次供水，直接从事供水的人员未取得健康证直接上岗，加压站水箱未按规定进行定期清洗消毒，违反相关法律规定，水质存在安全隐患，故分别向该区卫生健康委员会、住房和城乡建设局发出检察建议，建议行政机关切实履行职责，消除居民生活饮用水卫生安全隐患，建立健全卫生许可等相关制度，严格监督小半道泵站二次供水卫生，并责令其限期改正。

2. 供应饮用水不符合标准。饮用水水质需符合《生活饮用水卫生标准》等国家卫生标准和卫生规范。如果供水单位因水源污染未有效处理、水处理工艺不达标、管网维护不善等原因，导致水中微生物超标、化学物质含量异常，造成或可能造成传染病传播、暴发、流行，即构成违法。

（二）涉水产品生产销售的违法情形

1. 未取得卫生许可生产销售涉水产品。涉水产品生产销售企业需取得卫生许可，未获许可擅自生产销售，会因产品质量无法保证，带来饮用水卫生安全隐患。

2. 产品不符合卫生标准。涉水产品必须符合国家卫生标准和规范，如输配水设备材质需无毒无害、化学处理剂添加量需符合规定等。生产销售不符合标准的产品，会给公众健康带来安全隐患。

（三）消毒产品生产销售的违法情形

1. 未取得卫生许可生产消毒产品。消毒产品生产企业应取得卫生许可，未取得许可擅自生产，产品质量无保障，无法有效杀灭病原体，可能影响传染病防控效果。

2. 产品不符合卫生标准。消毒产品需符合《消毒产品卫生安全评价规定》等标准规范，若生产销售的消毒剂杀菌效果不达标、消毒器械安全性存在问题，或利用新材料、新工艺技术和新杀菌原理生产的消毒剂和消毒器械未通过安全性和有效性评估即投入市场，将无法满足传染病防治需求。

（四）污染物品处置的违法情形

出售、运输《传染病防治法》规定的区域内被传染病病原体污染或可能被污染的疫情隔离区的废弃生活用品、医疗废物等物品，必须进行严格消毒处理。未消毒处理即出售或运输，会导致病原体扩散，增加传染病传播风险。

三、违法行为应当承担的法律责任

根据本条规定，县级以上人民政府疾病预防控制部门对轻微违法行为，首先责令改正，要求违法主体立即停止违法行为，并采取措施消除隐患，如饮用水供水单位整改水质问题、涉水产品企业召回不合格产品；同时给予警告，通过书面或口头形式对违法主体进行告诫。没收违法所得，剥夺其因违法行为获取的非法利益。此外，还可并处 20 万元以下罚款，罚款数额依据违法情节、危害程度等因素确定，如违法情节较轻、未造成实际危害后果的，可处较低数额罚款；反之，则处较高数额罚款。对于严重违法行为，原发证部门可依法吊销相关许可证，如吊销饮用水供水单位的卫生许可证、涉水产品企业的生产销售许可证，使其丧失相关生产经营资格。对于直接负责的主管人员和其他直接责任人员，可以禁止其 5 年内从事相应生产经营活动。

【适用指南】

在实践中适用本条，需要注意三个方面：其一，应当确定有违法行为发生，才适用本条。具体地，需有确凿证据证明存在本条五类违法情形之一，一般可通过现场检查、抽样检测、调查询问等方式获取证据。其二，应当准确认定违法主体，避免责任误判。例如，在饮用水水质问题中，需区分是供水单位责任，还是水源污染等其他原因导致。其三，应当严格遵循法定程序科以法律责任，保障当事人合法权益。

【关联规范】

《中华人民共和国行政处罚法》第九条；《公共场所卫生管理条例》第十四条、第十八条；《生活饮用水卫生监督管理办法》第四条、第二十六条；《消毒管理办法》第二十条、第三十一条、第四十五条；《传染病防治法实施办法》第九条、第三十三条；《人民检察院检察建议工作规定》第十条。

> **第一百零八条 【各类专业性机构、重点场所的法律责任】** 违反本法规定，有下列情形之一的，由县级以上人民政府卫生健康、疾病预防控制等部门依据职责责令改正，给予警告或者通报批评，没收违法所得，可以并处十万元以下罚款；情节严重的，可以由原发证部门依法吊销相关许可证，

> 对直接负责的主管人员和其他直接责任人员依法给予处分，并可以由原发证部门责令有关责任人员暂停六个月以上一年以下执业活动直至依法吊销执业证书：
> （一）疾病预防控制机构、医疗机构的实验室和从事病原微生物实验的单位，不符合国家规定的条件和技术标准，对传染病病原体和样本未按照规定的措施实行严格管理；
> （二）违反国家有关规定，采集、保藏、提供、携带、运输、使用病原微生物菌（毒）种和传染病检测样本；
> （三）医疗机构、疾病预防控制机构、检验检测机构未按照传染病检验检测技术规范和标准开展检验检测活动，或者出具虚假检验检测报告；
> （四）生产、销售应当备案而未备案的消毒剂、消毒器械以及抗（抑）菌剂；
> （五）公共场所、学校、托育机构的卫生条件和传染病预防、控制措施不符合国家卫生标准和卫生规范。

【条文主旨】

本条是关于各类专业性机构、重点场所违反传染病防治规范的法律责任的规定。

【条文释义】

本条针对疾病预防控制机构、医疗机构、检验检测机构、消毒产品生产销售单位以及公共场所管理方等主体，列举了五类违法情形，并设定分级处罚机制。

一、适用本条规定的主体范围

（一）疾病预防控制机构、医疗机构及相关实验室

本条规定中的疾病预防控制机构、医疗机构及相关实验室，主要包括各级疾病预防控制中心、综合医院、专科医院、乡镇卫生院等机构内设的实验室，以及专门从事病原微生物实验的科研院所、高校实验室等。这些主体承担着传染病病原体检测、研究、样本管理等关键工作，其操作规范程度直接影响传染病防控成效。

(二) 检验检测机构

本条规定中的检验检测机构涵盖第三方医学检验机构、卫生检测机构等，负责开展传染病相关的检验检测业务，其出具的检测报告是传染病诊断、防控决策的重要依据。

(三) 消毒产品生产销售单位

本条规定中的消毒产品生产销售单位，包括生产、销售消毒剂、消毒器械以及抗（抑）菌剂的企业和商家，其产品质量和合规性对切断传染病传播途径至关重要。

(四) 公共场所、学校、托育机构管理方

本条规定中的公共场所、学校、托育机构管理方，包括商场、酒店、车站、影院等公共场所的运营管理单位，以及各类学校、托育机构。这些主体需保障场所卫生条件达标，落实传染病预防控制措施，保护易感人群健康。

二、适用本条规定的主要违法情形

(一) 实验室管理违规

1. 不符合规定条件和技术标准。实验室需满足《病原微生物实验室生物安全管理条例》规定的硬件设施、人员资质、管理制度等要求。若实验室硬件设施简陋、人员未经专业培训、未建立完善管理制度，即属违法。

2. 未严格管理病原体和样本。对传染病病原体和样本的采集、运输、储存、使用、销毁等环节，需遵循《可感染人类的高致病性病原微生物菌（毒）种或样本运输管理规定》等标准。未按规定进行样本标识、未在指定生物安全等级实验室操作高致病性病原微生物、随意丢弃未经处理的样本等行为，均可能导致病原体泄漏、扩散，引发传染病传播风险。

(二) 病原微生物菌（毒）种和样本违规操作

1. 违反采集、保藏规定。根据本法第三十一条规定，疾病预防控制机构、医疗机构的实验室和从事病原微生物实验的单位，应当遵守有关病原微生物实验室生物安全的法律、行政法规规定，符合国家规定的条件和技术标准，建立严格的管理制度，对传染病病原体和样本按照规定的措施实行严格管理，严防传染病病原体的实验室感染和扩散。如果未经审批擅自采集，或保藏条件不符合安全标准，可能造成菌（毒）种和样本流失、误用，威胁公共卫生安全。

2. 违规提供、携带、运输、使用。根据本法第三十五条规定，国家建立病原微生物菌（毒）种保藏库，对病原微生物菌（毒）种和传染病检测样本的采集、保藏、提供、携带、运输和使用实行分类管理，建立健全严格的管理制度。同时，根据本法第九十三条第二款规定，县级以上人民政府卫生健康、疾病预防控制等部门依据职责对病原微生物菌（毒）种和传染病检测样本的采集、保藏、提供、携带、运输、使用进行监督检查。如果违规携带菌（毒）种和样本进入公共场所、未按规定使用菌（毒）种开展实验等行为，极易引发病原体传播事故。

（三）检验检测活动违规

1. 未按规范开展检验检测。根据本法第七十条规定，医疗机构、疾病预防控制机构、检验检测机构需严格遵循传染病诊断标准和临床检验操作规程等技术规范和标准开展检测工作。若使用未经校准的仪器设备、未按规定进行质量控制、检测流程不规范，将导致检测结果不准确，影响传染病诊断和防控决策。

2. 出具虚假检验检测报告。如故意篡改检测数据、编造虚假检测结果、未开展实际检测即出具报告等行为，这不仅误导患者治疗，还可能掩盖真实情况，延误防控时机。

（四）消毒产品违规生产销售

按照本法第三十八条等相关法律规定，部分消毒剂、消毒器械以及抗（抑）菌剂需进行备案管理。生产、销售应当备案而未备案的产品，或产品质量不符合《消毒产品卫生安全评价规定》等标准，无法有效杀灭病原体，难以发挥切断传染病传播途径的作用。

（五）公共场所及特定机构卫生防控违规

《公共场所卫生管理条例》对公共场所的范围、卫生标准、卫生许可证制度、卫生管理及罚则等作出规定。《学校卫生工作条例》和国家卫生健康委制定的《托育机构管理规范（试行）》均提出了做好传染病预防、控制和管理工作的要求。公共场所、学校、托育机构的卫生防控违规通常表现在下列两个方面：

1. 卫生条件不达标。公共场所、学校、托育机构的空气质量、水质、公共用品用具卫生等需符合《公共场所卫生指标及限值要求》（GB 37488—2019）等规定的标准。若场所通风不良、饮用水微生物超标、公共用品未及时消毒，易滋生病原体，增加传染病传播风险。

2. 防控措施不到位。如未建立传染病防控应急预案、未开展传染病防控知识宣传培训、学校、托育机构未落实晨检午检制度、未对密切接触者采取隔离观察等措施，这均可能导致传染病在人群中迅速传播扩散。

三、违法行为应当承担的法律责任

根据本条规定，县级以上人民政府卫生健康、疾病预防控制等部门对轻微违法行为，首先责令改正，要求违法主体立即停止违法行为，采取措施消除隐患，如实验室完善管理制度、检验检测机构重新校准仪器设备、公共场所加强通风消毒等；同时给予警告或通报批评，即通过书面或公开通报形式对违法主体进行告诫和警示；没收违法所得，剥夺其因违法行为获取的非法利益。此外，还可并处 10 万元以下罚款，罚款数额依据违法情节、危害程度等因素确定，如情节较轻、未造成实际危害后果的，可处较低数额罚款；反之，则处较高数额罚款。对于严重违法行为，原发证部门依法吊销相关许可证，如吊销实验室的生物安全实验室资质证书、检验检测机构的资质认定证书、消毒产品生产企业的卫生许可证等，使其丧失相关生产经营或从业资格。对直接负责的主管人员和其他直接责任人员，应当依法给予警告、记过、记大过、降级、撤职、开除等处分；原发证部门还可责令有关责任人员暂停 6 个月以上 1 年以下执业活动，直至依法吊销执业证书，从人员层面限制其再次违法的可能性，增强法律惩戒效果。

【适用指南】

在实践中适用本条文，必须注意三个方面：其一，应当确定有违法行为发生，一般可以通过现场检查、抽样检测、调取记录、询问相关人员等方式，获取确凿证据证明存在上述五类违法情形之一。其二，准确认定责任主体。例如，在检验检测报告造假案件中，需区分是机构管理层授意造假，还是具体检测人员个人行为。其三，应当严格遵循法定程序科以法律责任，并确保法律责任落实到位。

【关联规范】

《中华人民共和国公职人员政务处分法》第三条；《中华人民共和国监察法》第十五条；《传染病防治法实施办法》第十九条、第二十七条、第五十三条；《公共场所卫生管理条例》第三条、第十一条、第十四条；《消毒管理办法》第三十条、第四十三条；《病原微生物实验室生物安全管理条例》第七条、第二十一条、第四十九条；《可感染人类的高致病性病原微生物菌（毒）种或样本运输管理规定》第四条、第十一条、第二十二条。

> **第一百零九条 【在自然疫源地违法兴建项目的法律责任】**违反本法规定，在国家确认的自然疫源地兴建水利、交通、旅游、能源等大型建设项目，未经卫生调查进行施工，或者未按照疾病预防控制机构的意见采取必要的传染病预防、控制措施的，由县级以上人民政府疾病预防控制部门责令限期改正，给予警告，并处十万元以上五十万元以下罚款；逾期不改正的，处五十万元以上一百万元以下罚款，提请有关人民政府依据职责权限责令停建、拆除，对直接负责的主管人员和其他直接责任人员依法给予处分。

【条文主旨】

本条是关于在自然疫源地违法兴建大型建设项目的法律责任的规定。

【条文释义】

一、核心概念界定

自然疫源地存在特定病原体和传播媒介，大型建设活动可能改变生态环境，增加传染病传播风险。

根据本法第一百一十三条第六项的规定，所谓自然疫源地，是指某些可引起人类传染病的病原体在自然界的野生动物中长期存在和循环的地区。在此类地区，人们很有可能因接触到病原体而患病，因而对建设单位提出了额外的防范义务。国家通过专业的流行病学调查和监测，确认自然疫源地的范围，并向社会公布。

所谓大型建设项目，主要涵盖大型水库、堤坝修建等水利建设，铁路、高速公路建设等交通建设，大型旅游景区开发等旅游建设，大型风力发电场、水电站等能源建设领域的大规模工程项目。这些项目通常投资规模大、施工周期长、涉及范围广，对当地生态环境和社会经济影响深远。

二、本条规定的主要违法情形

（一）未经卫生调查进行施工

建设单位在自然疫源地兴建大型项目前，必须委托具有资质的疾病预防控制中心、卫生研究院所等专业机构开展卫生调查。调查内容一般包括当地传染病的流行病史、病原体种类及分布、传播媒介的种群数量和活动规律、生态环境特点等。如果未开展卫生调查即进行施工，或委托不具备资质的机构进行调查，导致调查结果无效的，均属违法。这种行为严重违反法律规定，极大增加了传染病传播的潜在风险。

（二）未按疾控机构意见采取防控措施

疾病预防控制机构根据卫生调查结果，会向建设单位提出针对性的传染病预防、控制措施建议。这些措施可能包括施工人员的健康监测与防护，施工现场的消毒与病媒生物防制，生态环境的保护与修复等。如果建设单位未执行疾控机构提出的措施，或采取的措施不符合要求，未能有效降低传染病传播风险，均构成违法。

三、违法行为应当承担的法律责任

根据本条规定，县级以上人民政府疾病预防控制部门发现初次违法行为后，首先责令建设单位限期改正，明确整改内容和期限，要求在规定时间内完成卫生调查，或按照疾控机构意见落实防控措施；同时给予警告，通过书面或口头形式对建设单位进行告诫，强调其行为的违法性和危害性；并处10万元以上50万元以下罚款，罚款数额根据项目规模、违法情节严重程度等因素确定。例如，对于规模较小、违法情节较轻且未造成实际危害后果的项目，可处10万元罚款；对于规模大、违法情节严重的项目，则可处50万元罚款。如果建设单位在规定期限内未完成整改，疾病预防控制部门将处50万元以上100万元以下罚款，进一步加大惩戒力度。同时，可以提请有关人民政府依据职责权限责令停建、拆除。这意味着项目将被迫停止施工，已建成部分可能被拆除，对建设单位造成重大经济损失。此外，对直接负责的主管人员和其他直接责任人员依法给予警告、记过、记大过、降级、撤职等处分。

【适用指南】

在实践中适用本条，必须注意以下三个方面：

其一，应当注意适用本条的两个前提：一是项目位于自然疫源地，即必须明确建设项目处于国家确认并公布的自然疫源地范围内，一般可以依据国家卫生健康部门发布的自然疫源地名录、地方疾病预防控制机构的认定文件等予以判断。二是存在违法事实，即通过现场检查、查阅资料、询问相关人员等方式，获取确凿证据证明建设单位存在未经卫生调查施工或未落实防控措施的行为。

其二，明确执法主体与职责。县级以上人民政府疾病预防控制部门是主要执法主体，负责违法行为的调查取证、责令改正、给予警告和罚款等行政处罚工作。在执法过程中，需严格按照法定程序进行，确保证据充分、适用法律准确。根据我国《行政强制法》第四十四条规定的行政强制执行以及《城乡规划法》第六十八条的规定，对于逾期不改正的情况，应当及时提请同级人民政府作出责令停建、拆除的决定；人民政府依据职责权限，组织建设、规划等相关部门实施停建、拆除措施，保障法律的权威性和执行效果。

其三，应当严格遵循法定程序科以法律责任，并确保法律责任落实到位。

【关联规范】

《中华人民共和国监察法》第十五条；《中华人民共和国行政强制法》第四十四条；《中华人民共和国城乡规划法》第六十八条；《中华人民共和国传染病防治法实施办法》第五十三条、第五十四条；《突发公共卫生事件应急条例》第二十八条、第四十五条；《建设项目环境保护管理条例》第九条、第二十三条、《病媒生物预防控制管理规定》第十条、第二十一条。

第一百一十条　【未依法履行个人信息保护义务的法律责任】 违反本法规定，县级以上人民政府卫生健康主管部门、疾病预防控制部门或者其他有关部门未依法履行个人信息保护义务的，由本级人民政府或者上级人民政府有关部门责令改正，通报批评；情节严重的，对负有责任的领导人员和直接责任人员依法给予处分。

医疗机构、疾病预防控制机构泄露传染病患者、病原携带者、疑似患者或者上述人员的密切接触者的个人隐私或者个人信息的，由县级以上人民政府卫生健康主管部门、疾病预防控制部门依据职责责令改正，给予警告或者通报批评，可以并处五万元以下罚款，对直接负责的主管人员和其他直接责任人员依法给予处分，对有关责任人员依照有关医师、护士管理等法律、行政法规规定追究法律责任。

传染病防治中其他未依法履行个人信息保护义务的，依照有关个人信息保护的法律、行政法规规定追究法律责任。

【条文主旨】

本条是关于未依法履行个人信息保护义务的法律责任的规定。

【条文释义】

一、政府部门的违法责任

本条第一款规定的责任主体涵盖县级以上人民政府卫生健康主管部门、疾病预防控制部门以及其他参与传染病防治工作且涉及个人信息处理的部门,如民政部门在疫情救助中收集个人信息、交通运输部门在人员流调中获取行程信息等。这些部门在履行传染病防治职责过程中,因工作需要掌握大量公民个人信息,需严格履行保护义务。

本条中的"未依法履行个人信息保护义务"在实践中包括但不限于以下情形:未建立健全个人信息保护制度,未采取必要的技术与管理措施保障信息安全,违规共享、披露个人信息,未依法响应个人信息主体的权利请求等。

当政府部门出现上述违法行为时,由本级或上级人民政府有关部门责令其立即纠正违法违规行为,并通过内部文件、官方网站等渠道进行通报批评,以起到警示与教育作用,督促其规范信息管理。若违法行为情节严重,如因信息泄露导致大规模个人信息被非法利用、引发社会恐慌,或经责令改正后仍拒不整改,则对负有责任的领导人员和直接责任人员依法给予处分。根据《公职人员政务处分法》第七条的规定,处分种类包括警告、记过、记大过、降级、撤职、开除等,视情节轻重而定。

二、医疗机构与疾控机构的违法责任

本条第二款将责任主体限定为医院、诊所等医疗机构和疾病预防控制机构,保护对象为传染病患者、病原携带者、疑似患者及其密切接触者的个人隐私和个人信息,一般涵盖身份信息、健康状况、行程轨迹、接触史等敏感数据,这些信息一旦泄露,将对相关人员的生活、工作造成严重影响。

在实践中,常见的泄露行为如医护人员因疏忽将患者病历信息随意放置,导致他人获取;工作人员出于非法目的,私自出售或向他人提供患者个人信息等。此外,未履行告知义务、超范围收集信息等行为也可能构成违法。

一旦发生信息泄露,县级以上卫生健康主管部门或疾控部门将责令涉事机构立即采取补救措施,如停止泄露行为、删除非法获取的信息,并给

予警告或通报批评，要求其加强内部管理。根据违法行为的性质和后果，可并处5万元以下罚款，对机构起到经济惩戒作用，促使其重视信息保护投入。对直接负责的主管人员和其他直接责任人员依法给予处分；若有关责任人员为医师、护士，还需依照我国《医师法》《护士条例》等规定，追究其职业责任，强化职业行为约束。

三、其他主体的违法责任

根据本条第三款的规定，对于政府部门、医疗机构和疾控机构以外的主体，在传染病防治中未依法履行个人信息保护义务的情况，应当依照有关个人信息保护的法律、行政法规追究责任。例如，社区组织在协助疫情防控时泄露居民信息，企业在复工复产登记中违规使用员工健康信息等，将依据我国《民法典》《个人信息保护法》《数据安全法》《刑法》等相关法律，结合具体情节，追究其民事、行政甚至刑事责任，实现责任追究的全覆盖。

【适用指南】

在实践适用本条判定违法行为及责任归属时，首先，需要明确信息处理行为是否处于传染病防治的法定职责或业务范围内，排除无关场景下的信息纠纷；其次，应当分析违法行为的主观过错，区分故意泄露抑或过失泄露，因为过错程度将影响责任轻重；最后，评估信息泄露的范围、对个人造成的实际影响、社会危害性等损害后果，综合判断应适用的责任条款。

各方主体应当共同努力营造安全的信息环境。具体地，行政机关在查处信息泄露案件时，需遵循严格的程序规范，确保在作出处罚决定时，准确引用法律条文，确保处罚的合法性与适当性，避免自由裁量权滥用。法院在审理个人信息保护民事纠纷案件时，应合理分配举证责任；在刑事案件审理中，应严格把握犯罪构成要件。政府部门应建立健全个人信息全流程管理制度，从收集、存储、使用到销毁，明确各环节操作规范；加强技术防护投入，采用加密、脱敏、访问控制等技术手段保障信息安全；定期组织工作人员开展法律与业务培训，提升信息保护意识与合规操作能力；畅通公众监督渠道，及时处理个人信息保护相关投诉举报。医疗机构与疾控机构应当将信息保护纳入内部质控体系，设置专职信息安全管理岗位；对接触敏感信息的人员进行背景审查与权限分级管理；在诊疗、流调等业务中，严格遵循最小必要原则收集信息；制定信息泄露应急预案，定期开展演练，确保发生事件时能够快速响应、有效处置。企业、社区组织等在参与传染病防治工作时，应参照《个人信息保护法》要求，制定本单位信息处理规则，避免出现信息安全漏洞。

【关联规范】

《中华人民共和国民法典》第一千零三十九条、第一千二百二十六条；《中华人民共和国刑法》第二百五十三条之一；《中华人民共和国个人信息保护法》第五条、第十三条、第六十六条；《中华人民共和国数据安全法》第九条、第四十五条；《中华人民共和国医师法》第五十六条；《中华人民共和国公职人员政务处分法》第十二条；《护士条例》第三十一条。

> **第一百一十一条 【行政相对人的法律责任】**违反本法规定，有下列情形之一的，由县级以上人民政府疾病预防控制部门责令改正，给予警告，对违法的单位可以并处二万元以下罚款，对违法的个人可以并处一千元以下罚款；情节严重的，由原发证部门依法吊销相关许可证或者营业执照：
> （一）拒不执行人民政府及其有关部门依法采取的传染病疫情防控措施；
> （二）拒不接受和配合疾病预防控制机构依法采取的传染病疫情防控措施；
> （三）拒不接受和配合疾病预防控制机构开展的流行病学调查，或者在流行病学调查中故意隐瞒传染病病情、传染病接触史或者传染病暴发、流行地区旅行史；
> （四）甲类传染病患者、病原携带者、疑似患者或者上述人员的密切接触者拒绝接受和配合依法采取的隔离治疗、医学观察措施，或者隔离治疗、医学观察的期限未满擅自脱离；
> （五）故意传播传染病；
> （六）故意编造、散布虚假传染病疫情信息；
> （七）其他妨害依法采取的传染病疫情防控措施的行为。
> 安排传染病患者、病原携带者、疑似患者从事法律、行政法规和国务院疾病预防控制部门规定禁止从事的易使该传染病扩散的工作的，由县级以上人民政府疾病预防控制部门责令改正，给予警告，可以并处二万元以下罚款；法律、行政法规另有规定的，依照其规定。

【条文主旨】

本条是关于作为行政相对人的单位和个人违反本法规定的法律责任的规定。

【条文释义】

一、违法行为的类型

本条的规范对象是作为行政相对人的单位和个人,采用列举加概括的方式明确了应当受行政处罚的违法行为,主要是指干扰、阻碍、妨害传染病疫情防控的行为。

依据本法规定,国务院和地方各级人民政府都应当建立相应级别的重大传染病疫情联防联控机制,采取相应的预防、控制措施。这些有关疫情防控的紧急措施在一定程度上可能会造成社会正常生产生活的停摆,但是在疫情防控大局前,一切都应当让位于公众的身体健康与生命安全。为此,本法第十四条第一款专门规定,作为社会成员的单位与个人有义务支持传染病防治工作,接受和配合为预防、控制、消除传染病危害依法采取的调查、采集样本、检验检测、隔离治疗、医学观察等措施,根据传染病预防、控制需要采取必要的防护措施。具体地,本条第一款前两项针对的正是拒不配合人民政府及其有关部门、疾病预防控制部门防控措施的行为;第三项对应于本法第六十二条第二款,有关单位和个人应当接受和配合疾病预防控制机构开展流行病学调查,如实提供信息;第四项对应于本法第五十八条,甲类传染病患者、病原携带者、疑似患者以及上述人员的密切接触者应当主动接受和配合医学检查、隔离治疗、医学观察等措施;第五项对应于本法第三十九条第三款,任何单位或者个人不得以任何方式故意传播传染病;第六项编造、故意传播虚假疫情信息属于扰乱疫情信息管理工作的违法行为;第七项属于兜底条款,亦是对于以上六项违法行为的抽象概括——妨害传染病疫情防控行为。配合疫情防控措施是每个人的义务,也是作为社会成员的各类单位的义务,特别是在传染病暴发、流行的特殊环境下。因此,妨害传染病疫情防控的行为属于违法行为,应当承担相应的法律责任。

本条第二款的行为主体是单位,不包括个人,对应于本法第三十九条。只不过第三十九条强调的是传染病患者、病原携带者和疑似患者等个人在治愈前或者在排除传染病嫌疑前,不得从事易使该传染病扩散的工作或者活动;而本款则是强调单位不得安排此类个人从事易使该传染病扩散的工作或者活动。

二、执法主体及责任承担

根据本条规定，作出行政处罚的主体是县级以上人民政府疾病预防控制部门，这是传染病防治工作的主管部门。

另外，从本条的保护法益、执法主体、处罚类别等角度看，本条的行政处罚可能符合我国《治安管理处罚法》第三条规定的适用条件，且在该法第二十九条第一项"故意散布谣言，谎报险情、疫情、灾情、警情或者以其他方法故意扰乱公共秩序的"和第六十一条第一款第一项"拒不执行人民政府在紧急状态情况下依法发布的决定、命令的"等处有所体现，因而公安机关也可依据我国《治安管理处罚法》视情况给予治安管理处罚。

三、关于本条第二款中的"另有规定"

本条第二款最后一句是"法律、行政法规另有规定的，依照其规定"，可认定为参引性规范。例如，依据我国《刑法》，本条第二款的行为可能构成妨害传染病防治罪、以危险方法危害公共安全罪。

依据我国《刑法》第三百三十条规定，妨害传染病防治罪的构成要件如下：

1. 行为主体。行为主体包括单位和个人。其中对单位犯罪实行双罚制，既对单位判处罚金，也对直接负责的主管人员和其他责任人员依据个人犯罪进行处罚。

2. 危害行为。本条第二款与《刑法》第三百三十条第一款第三项相符，即准许或者纵容传染病病人、病原携带者和疑似传染病病人从事国务院卫生行政部门规定禁止从事的易使该传染病扩散的工作。

3. 结果。本罪属于危险犯，有甲类传染病以及依法确定采取甲类传染病预防、控制措施的传染病传播或者有传播严重危险，均可构成本罪。

4. 因果关系。要求前述危害行为与传染病传播或者有传播严重危险之间存在因果关系。

5. 主观上是故意。关于以危险方法危害公共安全罪，《最高人民法院、最高人民检察院关于办理妨害预防、控制突发传染病疫情等灾害的刑事案件具体应用法律若干问题的解释》第一条规定："故意传播突发传染病病原体，危害公共安全的，依照刑法第一百一十四条、第一百一十五条第一款的规定，按照以危险方法危害公共安全罪定罪处罚。患有突发传染病或者疑似突发传染病而拒绝接受检疫、强制隔离或者治疗，过失造成传染病传播，情节严重，危害公共安全的，依照刑法第一百一十五条第二款的规定，按照过失以危险方法危害公共安全罪定罪处罚。"

具体而言，构成以危险方法危害公共安全罪要求其危险达到现实、紧迫、具体的危险，并且具有危及多数人的可能性，且危险程度应当与放火罪、爆炸罪、投放危险物质罪相当。若是安排传染病患者、病原携带者、疑似患者从事易使该传染病扩散的工作，从而造成传染病的大范围传播，乃至危害公共安全的程度，就可能构成本罪。

【适用指南】

适用本条，应当注意关注行为主体需具有主观恶意，即对于其违法行为的心态为故意。否则，不构成"故意传播传染病"，也不应被视为"散布谣言，谎报疫情故意扰乱公共秩序"，也非"故意传播虚假疫情信息"，更不具有"干扰、阻碍、妨害传染病疫情防控行为"的恶意，故也不应当予以行政处罚。换言之，适用本条规定进行行政处罚，应当审慎判断当事人的心理状态，而不能机械适用。

【关联规范】

《中华人民共和国治安管理处罚法》；《中华人民共和国行政处罚法》第二条、第四条、第十九条；《中华人民共和国刑法》第三百三十条；《突发公共卫生事件应急条例》第五十一条；《最高人民法院、最高人民检察院关于办理妨害预防、控制突发传染病疫情等灾害的刑事案件具体应用法律若干问题的解释》。

第一百一十二条　【其他部门法上的法律责任】 违反本法规定，造成人身、财产损害的，依法承担民事责任；构成违反治安管理行为的，依法给予治安管理处罚；构成犯罪的，依法追究刑事责任。

【条文主旨】

本条是关于违反本法规定的行为同时触发其他部门法上法律责任的规定。

【条文释义】

本条规定的作用更多在于提示，将其视为一种参引性规范更为妥当：违反本法规定的行为不仅可能破坏传染病防治工作的推进，造成传染病传播、流行，还可能造成隐私泄露、人身损害等危害后果，若依据本法追究法律责任不够，对于构成犯罪的，需依据我国《刑法》相关规定追究刑事责任，对于具有社会危害性但不构成犯罪的，依据我国《治安管理处罚法》给予治安管理处罚；对于构成侵权的，依据我国《民法典》相关规定要求行为人对受害人承担民法上损害赔偿责任。

具体而言，当单位或个人的行为违反传染病防治相关规定时，应当依据行为的性质、情节及危害程度，分别追究其民事赔偿责任、治安管理行政责任或刑事责任。本条明确不同性质违法行为对应的法律后果，有助于强化法律的威慑力与执行力，保障公众生命健康和社会公共卫生安全。通过这种全方位、阶梯式的责任体系，促使社会主体严格遵守传染病防治法律规范，形成良好的公共卫生法治秩序，有效预防和控制传染病的传播与扩散，最大限度减少因违法行为给社会和公众带来的损害。

【适用指南】

在实践中适用本条时，应注意准确区分不同法律责任的界限。首先，需判断违法行为是否同时符合多种责任构成要件。其次，在认定过程中，要严格依据各法律规范规定的构成要件进行判断，综合考虑行为人的主观过错、行为方式、损害后果等因素，确保责任认定的准确性和公正性。

【关联规范】

《中华人民共和国民法典》第一千一百六十五条、第一千一百七十九条；《中华人民共和国刑法》第一百一十四条、第一百一十五条、第三百三十条；《中华人民共和国治安管理处罚法》；《最高人民法院、最高人民检察院关于办理妨害预防、控制突发传染病疫情等灾害的刑事案件具体应用法律若干问题的解释》。

第九章　附　　则

第一百一十三条　【术语解释】本法中下列用语的含义：

（一）重大传染病疫情，是指造成或者可能造成公众生命安全和身体健康严重损害的传染病疫情。

（二）传染病患者、疑似患者，是指根据国务院卫生健康主管部门、疾病预防控制部门发布的传染病诊断标准，符合传染病患者、疑似患者诊断标准的人。

（三）病原携带者，是指感染传染病病原体无临床症状但能排出病原体的人。

（四）流行病学调查，是指对人群中疾病或者健康状况的分布及其决定因素进行调查研究，提出疾病预防、控制措施及保健对策。

（五）人畜共患传染病，是指人与脊椎动物共同罹患的传染病，如鼠疫、狂犬病、血吸虫病、包虫病等。

（六）自然疫源地，是指某些可引起人类传染病的病原体在自然界的野生动物中长期存在和循环的地区。

（七）病媒生物，是指能够将传染病病原体从人或者其他动物传播给人的生物，如鼠、蚊、蝇、蚤类等。

（八）医疗机构感染，是指在医疗机构内获得的感染，包括在医疗机构内发生的感染和在医疗机构内获得、离开医疗机构后发生的感染，但不包括进入医疗机构前已开始或者已处于潜伏期的感染。医疗机构工作人员在医疗机构内获得的感染也属医疗机构感染。

（九）实验室感染，是指从事实验室工作时，因接触传染病病原体所致的感染。

> （十）消毒，是指用化学、物理、生物的方法杀灭或者消除环境中的病原微生物。
>
> （十一）疾病预防控制机构，是指从事疾病预防控制活动的疾病预防控制中心以及铁路疾病预防控制机构等与上述机构业务活动相同的单位。
>
> （十二）医疗机构，是指依法取得医疗机构执业许可证或者进行备案，从事疾病诊断、治疗活动的机构。
>
> （十三）暴发，是指在局部地区或者集体单位短时间内突然出现很多症状相同的患者。这些患者多有相同的传染源或者传播途径，大多数患者常同时出现在该病的最短和最长潜伏期之间。
>
> （十四）流行，是指在某地区某病的发病率显著超过该病历年发病率水平。

【条文主旨】

本条是释明本法中一些特定用语含义的规定。

【条文释义】

本法中涉及了许多专有词汇，为避免出现望文生义、断章取义等情形，更好地理解法律规范，本条选择了一些在本法中出现频率高、相对更重要的术语进行解释说明。这是符合惯例的。在我国《国境卫生检疫法》《种子法》等涉及专业领域的法律中，在"附则"一章均专设一条术语解释。

【适用指南】

在执法、司法实践中，准确理解和运用这些术语定义是关键。例如，在判定是否构成重大传染病疫情时，需综合多部门数据，结合疫情实际影响，严格依据定义进行判断，避免主观随意性；对于传染病患者、疑似患者的认定，必须以国务院卫生健康主管部门发布的诊断标准为唯一依据，确保认定结果的科学性和权威性；在处理涉及医疗机构感染、实验室感染等案件时，要准确把握感染发生的场所、时间和原因，依据相关定义进行责任认定和处理等。

在法律适用过程中，若出现对术语理解的争议，可通过法律解释途径解决。相关部门可根据实际情况，结合立法目的和原则，对术语进行进一步阐释。例如，在判断某起疫情是否属于重大传染病疫情存在争议时，卫生健康主管部门可依据实际影响和定义内涵进行解释说明。司法机关在审理相关案件时，应准确把握术语定义，运用法律解释方法，作出公正裁决，确保法律适用的一致性和准确性，维护法律的权威性和严肃性。

【关联规范】

《突发公共卫生事件应急条例》第十九条、第三十三条；《医疗机构管理条例》第十五条、第五十三条；《病原微生物实验室生物安全管理条例》第二十二条、第三十二条。

第一百一十四条 【引致规范】传染病防治中有关突发公共卫生事件的应对，本法未作规定的，适用有关突发公共卫生事件应对的法律、行政法规规定。

【条文主旨】

本条是关于传染病防治工作中与突发公共卫生事件应对方面的法律、法规衔接的规定。

【条文释义】

一、关于"本法未作规定"的界定

在适用本条时，首先，要遵循"穷尽本法规则"原则，即只有在全面检索《传染病防治法》，确认其确实未对特定问题作出规定后，才能援引其他法律、行政法规。

其次，要注意本条中的"本法未作规定"，并非简单地指传染病防治法中没有直接对应的条款，而是一般包括以下几种情形：一是针对特定的突发公共卫生事件应对措施或情况，本法没有明确提及；二是虽然有相关规定，但规定较为原则性，缺乏具体的实施细则和操作办法；三是随着社会的发展和公共卫生形势的变化，出现了新的问题或情况，原有的传染病防治法条款无法涵盖。

二、关于"适用有关突发公共卫生事件应对的法律、行政法规规定"的理解

这意味着在传染病防治中遇到本法未规定的情形时，应当从专门针对突发公共卫生事件应对的法律、行政法规中寻找适用的条款。在具体适用过程中，需要遵循一定的原则和方法。

首先，应当遵循"特别法优于一般法""上位法优于下位法""新法优于旧法"等法律适用原则。例如，《突发事件应对法》作为法律，效力高于《突发公共卫生事件应急条例》这一行政法规，在两者规定冲突且涉及传染病防治法未规定事项时，优先适用《突发事件应对法》；在突发公共卫生事件中涉及医疗废物的处理问题，若《医疗废物管理条例》有专门针对突发公共卫生事件期间医疗废物处理的特别规定，就应当优先适用该条例，而非其他一般性的环境保护法规。

其次，在适用时要确保法律适用的一致性和连贯性，避免出现不同法律规定之间相互冲突的情况。这就要求在援引其他法律、行政法规时，对相关条款进行全面、系统的理解和分析，综合运用法律解释、法律推理等方法，准确把握法律的立法意图和精神实质。

【适用指南】

首先，在执法过程中，行政机关工作人员须具备扎实的法律知识储备，熟悉多部与突发公共卫生事件应对相关的法律、行政法规。在处理具体案件时，要准确判断案件所涉及的法律问题是否属于《传染病防治法》未规定的情形。例如，在处理疫情期间某企业违规生产不合格口罩的案件时，若《传染病防治法》未对该类企业的资质审查和产品质量监管作出详细规定，执法人员可依据《产品质量法》《医疗器械监督管理条例》等相关规定进行处理。同时，执法过程要严格遵循法定程序，确保执法行为的合法性和公正性。

其次，在司法实践中，裁判者在审理涉及突发公共卫生事件的案件时，要注重法律解释方法的运用。对于相关法律、行政法规的条文含义存在争议时，可综合运用文义解释、体系解释、目的解释等方法。如在判断某医疗机构是否尽到突发公共卫生事件中的信息报告义务时，可结合《传染病防治法》《突发公共卫生事件应急条例》以及《医疗机构管理条例》等相关规定，从法律体系的整体角度进行解释。此外，要注意类案检索和参照，确保同案同判，维护司法的权威性和公信力。

此外，对于医疗机构而言，在突发公共卫生事件发生时，除严格遵守《传染病防治法》的相关规定外，还要关注其他法律、行政法规中关于医疗救治流程、患者信息管理、医疗废物处置等方面的要求。例如，依据《突发公共卫生事件应急条例》，医疗机构在接收传染病患者后，要按照规定的程序进行隔离治疗，并及时向相关部门报告。同时，要加强对医务人员的法律培训，提高其依法执业的意识和能力。企业在突发公共卫生事件期间，特别是涉及防疫物资生产、经营的企业，要全面了解《突发事件应对法》《价格法》《反不正当竞争法》等相关法律规定。在保障物资供应的同时，要确保产品质量合格，不得哄抬物价、囤积居奇。例如，口罩生产企业在疫情防控期间，要严格按照《医疗器械生产监督管理办法》组织生产，保证产品质量符合国家标准。

【关联规范】

《中华人民共和国突发事件应对法》第二条、第三条；《突发公共卫生事件应急条例》第四条、第十九条、第二十条、第三十三条。

> 第一百一十五条　【施行日期】本法自 2025 年 9 月 1 日起施行。

【条文主旨】

本条是关于本法施行日期的规定。

【条文释义】

法律的施行日期是法律正式生效的标志。生效时间的确定是法律实施的基础性条款，关系到法律适用的时间范围、新旧法衔接规则以及社会主体权利义务的起始时点。本条简洁明确地说明了本法自 2025 年 9 月 1 日开始生效。

法律生效时间通常有自公布之日起生效、公布后间隔一段时间生效、附条件生效三种模式，本条选择间隔生效。之所以如此规定，主要是基于复杂性法律的实施需求，需为相关部门和社会主体提供充足准备时间。在此期间，相关部门可开展配套规则制定、执法培训、公众宣传等工作，确保法律平稳落地。

基于我国《立法法》第一百零四条确立的法不溯及既往原则，本法对生效前的行为原则上无溯及力，除非法律另有特别规定。此外，若本法与现行法律存在冲突，依据《立法法》第九十二条"新法优于旧法"原则处理，但需注意：其一，同位阶法律冲突，如本法与《突发事件应对法》均由全国人大常委会制定，本法生效后，两者规定不一致的，优先适用本法；其二，下位法与上位法冲突，如行政法规、地方性法规等下位法若与本法冲突，需在本法生效前修改或废止。

【适用指南】

在执法与司法中落实本条规定，需要注意时间节点的把握。就行政机关层面，行政机关需在生效当日零时起严格执行本法规定。在司法裁判层面，法院审理 2025 年 9 月 1 日后发生的案件，需以本法为裁判依据；审理生效前的案件，需适用行为时的法律，但需注意司法解释对溯及力的特别规定。

此外，为本法的切实实施，社会各主体也需要注意合规准备。例如，涉及传染病防治的医药生产企业、冷链物流企业等企业，需在生效前对照本法修订内部管理制度；公众需关注本法生效后的权利变化，如新增的个人健康信息报送义务、隐私保护规则等，避免因不知法而违法。当然，相关配套行政法规与规章的制定与修订也需要提上日程。

【关联规范】

《中华人民共和国立法法》第五十七条、第九十二条、第一百零四条。

图书在版编目（CIP）数据

中华人民共和国传染病防治法理解与适用 / 刘智慧主编. -- 北京：中国法治出版社, 2025. 8. -- ISBN 978-7-5216-5253-6

Ⅰ. D922.165

中国国家版本馆 CIP 数据核字第 2025QZ4508 号

| 策划编辑：王熹 | 责任编辑：白天园 | 封面设计：李宁 |

中华人民共和国传染病防治法理解与适用
ZHONGHUA RENMIN GONGHEGUO CHUANRANBING FANGZHIFA LIJIE YU SHIYONG

主编/刘智慧
经销/新华书店
印刷/三河市紫恒印装有限公司
开本/730毫米×1030毫米 16开　　　　　　　印张/22　字数/312千
版次/2025年8月第1版　　　　　　　　　　　2025年8月第1次印刷

中国法治出版社出版

书号 ISBN 978-7-5216-5253-6　　　　　　　　　　　定价：79.00元

北京市西城区西便门西里甲16号西便门办公区
邮政编码：100053　　　　　　　　　　　　　　传真：010-63141600
网址：http://www.zgfzs.com　　　　　　　　　编辑部电话：010-63141792
市场营销部电话：010-63141612　　　　　　　　印务部电话：010-63141606

（如有印装质量问题，请与本社印务部联系。）